历史中国书系

明朝原来是这样

张嵚——作品

中国出版集团　现代出版社

图书在版编目（CIP）数据

明朝原来是这样 / 张嵚著. -- 北京：现代出版社，2024. 12. -- （历史中国书系）. -- ISBN 978-7-5231-1098-0

Ⅰ. K248.09

中国国家版本馆CIP数据核字第2024HS2281号

明朝原来是这样
MINGCHAO YUANLAI SHI ZHEYANG

著　　者	张　嵚
选题策划	张　霆
责任编辑	谢　惠
责任印制	贾子珍
出版发行	现代出版社
地　　址	北京市安定门外安华里504号
邮政编码	100011
电　　话	010-64267325
传　　真	010-64245264
网　　址	www.1980xd.com
印　　刷	三河市宏盛印务有限公司
开　　本	710mm×1000mm　1/16
印　　张	21.5
字　　数	362千字
版　　次	2024年12月第1版　2024年12月第1次印刷
书　　号	ISBN 978-7-5231-1098-0
定　　价	898.00元（全14册）

版权所有，翻印必究；未经许可，不得转载

目 录

一 /"洪武盛世"大奇迹 / 001

二 / 洪武朝为何"诛功臣" / 012

三 / 建文帝的功过是非 / 018

四 / 藩王是个大问题 / 028

五 /"斯民小康":"永乐盛世"的治国理想 / 034

六 / 漠北大血战 / 042

七 / 明仁宗的死亡谜团 / 049

八 /"仁宣之治"有多强 / 058

九 / 谁酿造了"土木堡惨祸" / 071

十 / 铁血名将郭登 / 085

十一 / 贰臣们的舞台表演 / 093

十二 / 荆襄地区:大明王朝的"肚腹之痛" / 103

十三 / 河套风云录 / 110

十四 / 寒微天子明孝宗 / 119

十五 / 权宦刘瑾有多坏 / 131

十六 /"八虎"宦官张永 / 144

十七 / 正德"顶梁柱"杨廷和 / 157

十八 /"大礼议":争"大义" / 168

十九 / 葡萄牙人:东西交流"吃螃蟹" / 176

二十 / 全能儒将谭纶 / 188

二一 / "好人"严嵩堕落史 / 196

二二 / 振兴大明看高拱 / 221

二三 / 张居正的三位帮手：王国光、张学颜、潘季驯 / 231

二四 / 万历时代的"苏州税监事件" / 239

二五 / 万历朝鲜战争：帝国荣耀 / 246

二六 / 红封教与梃击案 / 253

二七 / 辽东问题"送大礼" / 259

二八 / 东林党"教父"高攀龙 / 265

二九 / 明朝"花木兰"秦良玉 / 270

三十 / 只手擎天孙承宗 / 276

三一 / 李自成的十次生死时刻 / 291

三二 / "舜水先生"渡东洋 / 302

大事年表 /326

一 / "洪武盛世"大奇迹

大明王朝近三个世纪波澜壮阔的历史，通常都是从这个帝国的缔造者——明太祖朱元璋开始说。

朱元璋的故事，正史里一代代研究，野史里各种演义，尤其其一生的是非功过更是充满争议。但是，无可争议的是，朱元璋所开创的是中国古代史上最大的创业奇迹！

这奇迹有多神奇？濠州钟离农民老朱家的放牛娃朱元璋，十六岁起赶上天下大乱，尝尽世间苦难，然后愤然造反，拉队伍、打天下，如斜刺里杀出的黑马，接连以弱灭强、横扫群雄，最终一统天下，开基建国，缔造中国历史上又一个"黄金时代"——大明王朝！

这是朱元璋的简单奋斗史，也是大明王朝的开国史。这样的"高难度动作"，在整个中国古代史上，办到的只有两人，而另外的那位是汉高祖刘邦，如果再较真一下出身，刘邦早年的亭长身份比起朱元璋赤条条奋斗的遭遇俨然就是"高帅富"。

无论对朱元璋的一生有怎样的评价，能开创这样的奇迹者必然是一位有着卓越眼光和坚忍品格的强人——朱元璋，正是这样的强人。

时至今日，强人朱元璋的这个奇迹，大家已经耳熟能详，因为其奋斗过程里的每一步，相关的历史事件和人物，都被后世掰碎了研究，甚至好些更成了传奇。说起朱元璋的成功，好些后人更是仰慕不已，可谓"身不能至，心向往之"。

洪武元年（1368）正月初四这天，更常被看作这个奇迹的完成：朱元璋在南京举行登基大典，正式宣告大明王朝开国。

但是，假如我们将目光回望向这一天，仔细看看这时中国的风景，却不得不生出另一个感叹：此时，朱元璋君临天下的皇位，以及这段不可思议的奇迹，依旧摇摇欲坠，因为新生的大明王朝其实是建立在一片废墟之上。

这就是奇迹背后的一个真实而残酷的事实：明朝开国所面临的，堪称前所未有的困顿开局，民生凋敝之重，内忧外患之深，都超乎后人的想象。其时，所谓的锦绣江山，其实正风雨飘摇。

所以，开创了创业奇迹的强人朱元璋，其一生里又一功业便是另一个低调的奇迹：以执政三十年呕心沥血的奋斗，将一个贫困交加、民不聊生的烂摊子，变成一个国泰民安、欣欣向荣的世界——"洪武盛世"。

大明开国多艰难

作为朱元璋一生的又一功业，"洪武盛世"这件事显得确实低调，各类史料的记录，基本都是寥寥数笔，一语带过。

但是，简约的记录却无法抹杀这件事的意义。毫不夸张地说，"洪武盛世"不但是朱元璋执政的重大成就，即使在整个中国古代经济史上都堪称"神奇的建设奇迹"，而其独特的"经济思想"至今依旧影响深远。

这件事的重要性，得从明朝开局的境况说起。

一般来说，但凡是一个经历过天下大乱、群雄割据，最终完成统一的王朝，必然会面临因战乱而经济破败的局面。主要的困难，简单说就是四个字——人少！地荒！

对于历代王朝来说，劳动力和土地都是最重要的两件事。中国自古以农业立国，有劳动力才能种地，有地种才能收农业税，有税收政府才能运转，王朝才能稳固。因此，人若少，地就荒，地荒了，国家就麻烦了。

以这两件事来讲，明朝开国面临的是历代前所未有的大麻烦。

有多麻烦？就举几个地区的例子：北方昔日的宋朝故都开封，按照地方官的奏报，土地大量荒芜，人口极度减少；山东首府济南，周边大量荒地，招人耕种都凑不起人；西北重镇河州，整个城池大多是废墟，里面尽是白骨堆积；荆州白水镇，元末还有几万人，此时全是一堆瓦砾，连人影都没有；瓷都景德镇，人口减少了九成，房屋大多毁弃，十里八乡见不到人烟……

以上这些情景，绝非地方个例。相反，在此时中国的大江南北，几乎是司空见惯的事实：城池基本是废墟，农田大多是荒地，甚至到处是无人区，好些繁华的乡镇更是完全成了一片死城……

为什么会闹成这样？原因有很多：一是元朝九十八年的统治期间，诸如乱发纸币等政策，几乎都是搜刮多、建设少。二是元朝统治的最后二十五年，大规模的蝗灾就有十九次，大饥荒十五次，水旱灾五十九次，可谓天灾人祸齐集。三是十七年惨烈的元末农民战争，战斗密集程度之高，过程之惨烈，波及范围之广，更是前所未有。其中，仅百万人规模的城池攻防战，就有高邮之战、洪都之战、平江之战等多次，以致太多昔日繁华的城池几乎都在战火中灰飞烟灭。至于战争范围，更是空前扩大，红巾军的北伐，一直打到辽东，而南方的福建等省也是内乱频仍。例如，朱元璋与陈友谅、张士诚二枭雄争天下的主战场，更是传统经济区长江流域。当时，大江南北，几乎都给打烂了。

即使与之前几大王朝比，也可看出明朝此时的局面有多难。唐朝开国，虽然也历经战乱，但一个事实是：唐之前的隋朝，固然倒行逆施、横征暴敛，但是隋王朝自身丰厚的钱粮储备，还是成了后来唐王朝开国治天下的家底。接下来的北宋，宋太祖赵匡胤黄袍加身得到的是一个历经后周两代帝王苦心经营而初步繁荣的国家，更何况当时五代诸国中如南唐、后蜀等自身经济基础更不差，这些全都给北宋的繁荣打了基础。元朝一统天下，更先有忽必烈在北方的苦心建设，后又全盘接过南宋的富庶家当。如果要论开国的本钱，比明王朝此时更惨的，恐怕只有两汉王朝了。

从经济条件角度讲，无论是人口还是土地，两汉开国的局面，都不比明朝好多少。所以，无论是西汉高祖刘邦，还是东汉世祖刘秀，开国后的第一件事就是休养生息搞发展，即使边境上匈奴闹得再欢，也得自己打落门牙忍下这口气。

但就这点说，明朝却比两汉还要难：两汉尚能忍一口气，求个和亲，争个和平环境；而明朝，连这条都没得争。

看明朝的历史年表就知道，朱元璋举行登基大典的时候，大明王朝的统一战争并未真正结束。其时，徐达、常遇春的北伐大军还正在浴血奋战。直到洪武元年（1368）七月，明朝才攻克元大都（今北京），元王朝覆亡。随后，又一路北进西讨，发动对元朝残部的征伐，相继收复山西、陕西、甘肃各省并招抚收服青藏。这期间，双方在北方发动了多次十万人以上规模的大会战，直到洪武五年（1372）北方才暂时太平。直到洪武十四年（1381），明朝才平定云南，彻底扫平南方。然后，洪武二十年（1387），明朝收复辽东。换句话说，仅完成国家的统一战争，大明王朝就断断续续用了二十二年，而与元朝残余力量——北元王朝的对峙，更是用了朱元璋一生的时间。

这就是明朝开国之初的困局：以一个经济疲敝的江山，没有和亲妥协的可能，却要在支撑长期战争的同时完成国民经济的恢复与稳定。仅此一条，便是一个艰辛的任务，更何况还要开创盛世、奠定伟业，可谓是难上加难。

然而，就这么一个难上加难的事，明王朝却真的办到了！三十年的苦心经营，明朝一边打仗一边搞建设，不但统一江山，追亡逐北，横扫北元，更缔造了一个足以笑傲青史的"GDP成就"：洪武二十六年（1393），明王朝的耕地总数达到八百五十万顷，比宋朝的最高数据多三百多万顷，更是元朝最高数据的四倍。是年，明王朝的税粮收入更高达三千二百万石，是元朝最高数据的三倍。全国的人口，根据后世的估算，接近六千七百万人，突破了此前中国历史的人口最高纪录。国家的财政储备，按照《明史·食货志》的记录，各个州县的府库都粮满仓，甚至存到"红腐不可食"，可谓是富得流油。那么，老百姓生活又如何呢？这时期有民歌就可佐证——"山市晴，山鸟鸣，商旅行，农夫耕，老瓦盆中洌酒盈，呼嚣鹾突不闻声"。

这个开国时期经济贫困、民生凋敝、内忧外患、战火不息的明王朝，历经三十年治理，成了一个国富民强、经济繁荣、生机勃勃的国家，这就是朱元璋缔造的大奇迹——"洪武盛世"。

移民与建设：两腿走路

"洪武盛世"这个奇迹，朱元璋是怎么办到的？

历代王朝，打完天下后治理天下，方法基本一脉相承，简单说就是四个字——休养生息。

所谓"休养生息"，字面意思简单解释就是全天下都休息。实际上，就是朝廷爱惜民力，轻徭薄赋，勤俭节约，经济慢慢就会恢复。

朱元璋治理天下的主旨也是"休养生息"，相关的一些政策更是和前朝一脉相承。例如，爱惜民力方面，明初的官派徭役极少；轻徭薄赋方面，农业税和商业税，都基本降到三十税一，而且大力裁撤元朝时期的各类税收机构，减少税收环节；至于勤俭节约，朱元璋更是以身作则，自己的饭菜吃得简单，衣服穿得朴素，连出行的车马装饰都用铜不用金，有官员给他进献奢侈品不但二话不说将其砸掉，还会从重惩处送礼人。如上种种，很多都成了流传至今的"美谈"。

但仅靠这些"美谈",是很难突破明初困局的:明初经济困顿之深,不是省点零花钱就能解决的;大量劳动力的减损和土地荒芜,仅靠轻徭薄赋的自然恢复,更是远远不够。换句话说,这就像一个遭受重创的伤者,如果想要恢复健康,休息和护理固然重要,强心针有时候更是必需。

朱元璋面对的问题同样如此,要让这个伤痕累累的帝国重新焕发蓬勃的生命力,休息是远远不够的,必须要有"强心针"。

于是,朱元璋从登基开始便运筹布局,以其精准的眼光和坚忍的胆略,为大明王朝的肌体注入了三支重要的"强心针"。

第一支强心针,也正是风险最大的一针,历史上的称呼叫"洪武大移民"。

"洪武大移民",即明初开始的移民垦荒运动,也就是为解决明初各地地荒劳力少的难题,利用中央集权的行政能力,将人口稠密地区的农民整体搬迁移民至人少地区定居。

这个办法并非朱元璋首创,在中国古代史上更不罕见,其中秦汉时期就有皇帝做过。例如,秦始皇开发河套草原;汉高祖至汉武帝时期,多次迁移中原地区的大族将之移居到关中地区居住等,这都是历史上著名的移民运动。

但要和朱元璋的"洪武大移民"比,之前的历次移民运动都可谓"小巫见大巫"。

朱元璋的"洪武大移民",移民的对象比较固定,主要是人口稠密的江西、江南、山西三地。但是,朱元璋移民的目的地,范围却极其广大:往东到辽东,往北一直到内蒙古地区,往西一直到甘肃地区,往南甚至一度到了云南南部地区,覆盖范围之广,可称"历史之最"。

至于移民的次数和规模,放在古代交通条件下,可以说庞大到恐怖:从明朝开国前迁移苏州百姓到凤阳开荒算起,在朱元璋在位时期,仅《明实录》和《明史》中记录的大规模移民就有十三次之多;前后迁移的人口,有数字可考的,加起来就有一百六十万之巨,甚至学者陈梧桐在其著作《明史十讲》里估算其真正的数字很可能突破三百万人。这是中国古代史上一次史无前例的人口大迁徙。

关于移民这件事,从目的上说,是为了平衡劳动力分布,恢复发展生产;从操作上说,是把人多地方的百姓往人少的地方迁。不过,移民看上去很美,执行貌似也不难,但实际的操作,却是风险性极大的挑战。

对于移民的风险,一是中国人的传统观念,中国农民素来安土重迁,有一口饭吃就不会挪地方，何况这么大规模的离乡背井，势必会有抵触；二是交通条件，古代的交通条件不方便，迁移基本靠两条腿走，一路山高水长，各种意外情况都可能发生，一次迁移就意味着迎来一堆麻烦。种种麻烦因素交织在一起，就注定了移民这事的冒险：一次移民，整个流程中一个小环节出了纰漏，很可能就点起了大火药桶。在中国古代史上，移民移出动乱甚至起义的，从来都不算少。

但朱元璋既然决心办，自然也有办法。首先是规划周详，洪武三年（1370）在河南设司农令，统筹移民事宜。然后是定福利标准，只要愿意搬家，不但免三年税粮，发优厚路费和生活费，而且移到新地方后能种多少地就占多少地，种地的农具、种子、耕牛以及头两年的粮食全都由政府提供，条件极其优厚。

饶是这样优厚的条件，反对声还是四起，特别是当时的移民大多家乡都在富庶的江南、山西地区，日子过得还可以，离乡背井往穷地方搬换谁也难答应。但是，朱元璋也留有后手，不答应就强制搬迁，其方法就是"四口之家留一，六口之家留二，八口之家留三"。确切地说，就是一家人里，老幼妇孺留下，青壮劳力搬家。按照一些野史的说法，当时的搬迁过程，移民们都是被捆着走，上厕所才解开绳子——所谓"解手"就是这么来的；而移民迁走前，村村哭声震天，家家悲伤别离，景象极为凄惨。

后世很多史家说到这里，大多认为这场史无前例的移民运动给百姓带来惨重的苦难。不过，必须看到的是，明初持续三十年、前后十余次的移民运动固然制造了无数家庭的分离，但如果细比较一下，相较于中国历代几次重大的"政府性工程"如秦长城、隋大运河之类，明朝这场规模更加空前的迁移运动却未曾酿成类似前代的变乱，而仅此一条就应该值得后世正视。

一个连后世正史都承认的事实是，在从头至尾的整个移民过程里，朝廷对移民的待遇允诺几乎每一条都兑现了——税减了，路费发了，安家费有了，离乡背井的移民们在新的地方获得了更多的土地。就这样，朱元璋治下的大明朝廷，以其高速的效率和强大的执行力，完成了这场空前的人口迁移。

随着数十次人口迁移的完成，大明王朝的人口布局和劳力分布逐渐发生了改变，诸多原本荒芜的地区获得了大量劳动力，经济开始逐步回升。对于明朝经济的复苏乃至中国的人口版图布局，甚至缩小地方经济差距、促进民族融合等，这个移民政策都对其影响深远。

不过，就明初的经济困局来说，这一支强心针显然远远不够。

于是，在大规模移民的同时，朱元璋又紧接着注入了第二支强心针，而这支针按照现代的说法叫"公共设施建设"。

放在明初，朱元璋的"公共设施建设"就是兴修水利。

兴修水利同样也不是朱元璋首创，在明朝之前的历代皇帝也都有做，但和大移民一样没有人做到朱元璋这般规模。

比起"洪武大移民"百万人的迁移规模来，朱元璋的"公共设施建设"力度也是同样巨大。

之所以这么大规模的原因其实也很简单，就是人移民了，地开始种了，但农田水利设施跟不上、交通条件不配套也照样白搭，因此大规模的水利工程建设势在必行。

但从操作难度说，修建水利工程的技术含量高，执行细节烦琐，风险性更大。况且，离明王朝最近的反面教材就是元朝灭亡，所谓"石人一只眼，挑动黄河天下反"，稍微一个闪失就出了大事。

这件事的难度，一是财政实力，也就是政府的经济实力是否承受得起；二是可行性，必须得抓最紧要的地方修，避免无用功；三是执行力，好政策得落实到位，上至技术构思下至工程进度，所有细节都要抓。

至于朱元璋的做法，套用一句俗话说，就是"有多大荷叶，包多大粽子"。

朱元璋的水利工程，从打天下的时候就开始修了。早在至正十八年（1358），朱元璋就设置了专门负责水利的营田使，负责人就是其麾下的名将康茂才。从那以后，朱元璋每打下一块地盘就修一处水利，确保了辖区内的农业生产和军用供给。

等到明朝开国后，水利工程更成了朱元璋治国的头等要事。登基第一年，朱元璋就下诏：民间凡是有关于水利事务的奏疏，必须立刻奏报。不过，水利事务的执行，却是循序渐进的。开国的头几年，水利工程主要集中在生产相对富庶的江南和淮西地区。例如，洪武元年（1368），修和州水堰200多里；五年后，又大修嘉兴、松江地区水利，动用民夫万人，不但疏通水路，更开上海胡家港1200多丈，打通了海运要道。

随着明王朝在全国的统治日益稳固，水利工程项目扩展到了全国，包括广西、陕西、甘肃、浙江、福建、广东都有大规模的水利工程建设。不过，这些水利工程建设并不是盲目修，而是和此时明王朝诸如移民、屯田之类的大动作息息相关，哪里开荒种地，配套的水利工程立刻跟上，就是种到哪儿修到哪儿，生产和灌溉无缝对接。

纵观整个朱元璋时期的水利工程，主要有三个特点：一是工程质量高，修好的水利工程能确保使用几十年；二是工程量大，行动密集，终整个朱元璋执政时期大规模的水利工程一直没停，几乎上马一个项目就是几万人的人力；三是次序循序渐进，以江南经济区为中心向周边扩展，几乎散播到两京十三省，进度非常科学。

朱元璋的苦心也没有白费，他在位时期明朝的水利工程成果达到了一个极其惊人的数字：洪武二十八年（1395），明王朝修筑塘堰40987处，河流4082处，堤坝5048处，成就极其显著。

特别值得一提的就是贯穿南北的京杭大运河，朱元璋一辈子修了这么多水利工程，但对于这条主干道的态度却极其慎重。洪武时代，明朝的北方物资供应是以屯垦为主，海运补给为辅。至于京杭大运河这条南北大动脉的完全恢复，已经是明成祖朱棣时期的事情了。

除兴修水利外，朱元璋终其一生还大力整治大明朝的公共交通，修缮了连接各省的驿道，并设立了完备的驿道管理制度和考核制度。因此，明王朝这个"翻修"得焕然一新的江山，也因此重新连成一片。

注入这一支强心针的明王朝，效果更是立竿见影：交通的恢复与延伸，不但提升了政府行政的效率，更连通了工商业往来；水利工程的全面铺展，也为明初开始的垦荒热潮推波助澜。从此，明朝经济的复苏增长开始加速。

两道诏书：惠泽千秋

上面两支强心针，之所以注入得如此顺利，却与朱元璋注入的第三针有关。这一针与其说叫强心针，不妨说是"活力针"。

在很多史家眼里，"活力"二字似乎与朱元璋不沾边。作为一个公认的政治强人，朱元璋一生都致力于强大的中央集权，政治上废宰相制，大权独揽，强化特务统治；民生上虽说大搞社会福利，推广"公费医疗"（惠民药局）、"国家救济"（养济院）、"免费公墓"（漏泽园），但法令条律森严，细化到穿衣吃饭、修房叠屋，处处都是规矩，一不留神就犯法。

说为大明王朝乃至中国古代史注入新"活力"的，却是朱元璋在位时期的两道看似不起眼的诏书。

第一道诏书，载于《皇明诏令》中的《正礼仪风俗诏》，其中有云："佃见田主，不论齿序，并如少事长之礼。若在亲属，不拘主佃，则以亲属礼行之。"意思是，佃户见了自家的地主，无论年龄大小，要行小弟见兄长的礼节；如果双方是亲属，那么不论地主与佃户的身份关系，要行亲属的礼节。

第二道诏书，发布于明朝洪武十一年（1378）五月，下诏给工部，命令"在京工匠上工者，日给柴、米、盐、菜"，又规定"休工者停给，听其营生勿拘"。这两段诏书的意思是，在京城服役的工匠们，在干活的，每天都要补助柴火米粮和油盐蔬菜；没有干活的，虽然不发这些东西，但可以干别的营生，不要因此拘捕他们。

两道诏书，第一道讲的是佃农见主人的礼仪，第二道讲的是工匠在京城干活的津贴。这两件看似不起眼的小事，在当时却是不简单的大事，因为这两道诏书对应的恰是之前元朝平民的两个底层制度——佃农制度与匠籍制度。

先说佃农制度，也就是佃户和地主的关系问题。这项制度发展到元朝，已严苛到极致——元朝的佃户，差不多就是地主家的奴仆。《元典章》里明文规定，地主和佃户之间，要行严格的主仆之礼，甚至地主如果打死了佃户，也不过是打板子赔钱了事（"杖一百七，征烧埋银五十两"）。所以，元朝统治九十多年，没有土地的佃农，过的基本上就是非人的生活。

但经朱元璋这样一改，情况就不一样了：原本是尊卑有别的主仆关系，成了"少事长"的兄弟关系，虽说还是地主高，但地位一下子拉平了。如此，地主如果再想拿佃农当奴仆使唤，律法首先就不答应。

朱元璋也不仅搞形式，接下来还有实际的内容：地主如果打死了佃农，照样杀人偿命，打板子赔钱都没用；如果地主想要佃农替自己服劳役没问题，但得给佃农劳务费，法定价格是"须出米一石，资其费用"。至此，诸如元朝统治时地主拿着佃农当奴仆，想怎么拿捏就怎么拿捏的"好日子"，就算到头了。

之所以会有这样的法令，从朱元璋个人原因说，他本就是穷出身，对佃农受的气、吃的苦很有发言权；而从明王朝角度说，元末大起义闹得这么厉害，一大原因就是佃农们忍够了，愤怒如火山一般喷发，再不改变之前的制度，铁定会走元朝灭亡的老路。

与第一道诏书比,第二道诏书的影响同样极其深远:给工匠们发津贴,看似小事,触动的却是之前元朝手工业的重要制度——匠籍制度。

所谓匠籍制度,就是将全国的工匠们编订成专门户籍,入籍的工匠便是匠户。在匠籍制度之下,如果不入籍,就等于没活路;如果入了籍,不但一辈子干这营生,而且子子孙孙世代都要干。

元朝实行匠籍制度,主要为了用工方便,要干个什么活,直接按匠籍差人。干活的工匠,不但路费要自理,来京城干活的生活费要自备,而且干活也没酬劳,只有一些粗劣的食物,同时绝不允许这期间做别的营生糊口,一旦抓到就是重罪,命运极其悲惨。

明朝初建时,也沿用了元朝的匠籍制度,因此工匠们的命运在改朝换代之后依然悲惨。直到洪武十一年(1378)的这份诏书,工匠们的命运才开始有所改变:给工匠们发津贴,数额虽不多,但日子总算好过了些。更重要的改变,则是在这事儿八年后发生的:洪武十九年(1386),明王朝正式规定,各地匠户每三年上京服役一次,每次不超过三个月。这样一来,工匠们终于不需要常年从事低廉的劳役了,有更多的时间从事自家的营生。又过了七年,即洪武二十六年(1393),法令再次修订,工匠们按照工种的不同和路程的远近,重新编订服役时间。这些轮流服役的工匠,被称为"轮班匠"。在皇宫内府服役的工匠,更可按照工种每月领工钱。这一系列看似微不足道的演变,却堪称匠籍制度的"重大突破"。

说重大,因为这样的突破,不止在于工匠们拿钱多了,自由度大了,服役期短了,最重要的却是身份的演变。朱元璋身后,在明朝永乐年间,工匠们终于有了更大的自由:服役有工钱拿,而且服役以外的时间可以自主从事营生。按照《明会典》里的话说,就是"自由趁做",工匠们有了自由。

佃农有了身份、工匠有了自由,这便是朱元璋一生执政中另一个了不起的成就。这些原本被紧紧捆绑在元朝等级制度上的底层百姓,可以在新王朝里相对自由地舒展,如佃农们可以挺起腰杆干活,工匠们不会被强迫地劳动并有了更多创造的机会。仅从两个事实,便可窥见这个成就的意义:(1)朱元璋在位三十年,农民开垦新荒地的数量,每年几乎都是滚雪球式增长。明朝建国的头十二年,即洪武元年(1368)至洪武十三年(1380),明朝的新垦荒地,就达到1 833 171顷,而洪武二十六年(1393)的耕地数目更是洪武元年的四倍还多。——中国古代史上再难找到第二个这样的农业腾飞奇迹。(2)明朝的手工业,在经历了洪武时代的累积后，特别是诸如陶瓷、丝绸等行业，一反元朝时代的粗糙形象，重新焕发出精致的美丽。例如，陶瓷业方面，洪武元年一片废墟的景德镇，到洪武晚期已重新成为陶瓷重镇；制作工艺方面，永乐时期的锥拱、脱胎，宣德时期的镂空，这些明朝独创的新技术今天依然闪烁着夺目的美丽。这一切，毋庸置疑，正来自洪武时代不起眼的改变所激发起的强大"活力"。

二 / 洪武朝为何"诛功臣"

大明十七帝中,奠定基业、一生励精图治的朱元璋却历来有个公认的评语——残暴。

这个评语,自然来自朱元璋执政一生却大肆屠戮开国功臣的历史。至洪武末期,群星荟萃的大明开国功臣们大多获罪身死,上演了"狡兔死,走狗烹"的真实史实。所以,在各类评书演义乃至影视作品中,这位开创一代盛世、文武功业骄人的大有为之君——朱元璋,多是阴狠毒辣、冷酷无情、残忍暴虐的"暴君"形象。

时下也有许多替朱元璋"翻案"的说法,认定朱元璋在位时期屠杀功臣的行为乃"重手肃贪":屠杀的结果,是带来了大明朝的"吏治清明";而遭到屠杀的"功臣"们,则一个个被贴上了"横行不法"的标签。如此一来,"暴君"朱元璋,俨然成为不徇私情、铁面无私、重手惩奸的"正面"人物。

那么,朱元璋究竟是惩奸肃贪,还是屠戮无辜,其功过是非还是从历史的真实记录里找答案吧。

开国功臣很难管

说"惩奸",自然要说到洪武时代开国功臣的种种劣迹,而这些恰是之前关于朱元璋的研究中素来注意不多的。

仅举几个例子:永嘉侯朱亮祖,史载"所为多不法"。洪武十三年(1380),朱亮祖出镇广东,接受当地恶霸贿赂,贪占民财,并在受到番禺知县道同劝阻后竟怀恨在心,遂上奏章诬陷道同,导致这位在当地颇有名望的清官被朱元璋赐死,酿成冤案。淮安侯华云龙,总兵北平时竟霸占元丞相脱脱府邸,并收纳前元宫廷器物。——王朝时代,这是"大不敬"之罪。延安侯唐胜宗,征战时期就多次"掠人妻女";镇守广西龙州时又曾"敲诈番人"。吉安侯陆仲亨,"铁面御史"

韩宜可曾弹劾他镇守临清时"巧取豪夺，侵占民田"，后来更成为胡惟庸心腹，助其构陷排斥异己。定远侯王弼，御史齐鲁曾弹劾他"好敛财，侵占国税"，结果遭其报复，罢官回乡……

位极人臣的"国公"们也不例外，劣迹最多的当数后来"胡蓝案"的主角。"凉国公"蓝玉，素来居功骄横，在各处"蓄田养子奴"，名下收养义子千人，皆仰仗其势在民间横行不法。例如，蓝玉曾在山东聊城侵占民田千亩，聊城巡按御史汤俊上门质问，竟被他乱鞭打走；平定云南时，劫掠昆明府库，掠夺大量珍宝；后来平定北元时，"私占财宝驼马无算"，甚至奸污了北元太子妃。班师回朝时，蓝玉更下令属下将士强攻边关，"破关而入，士卒死亡数十"。

由此可见，在大明开国之后，功臣宿将们的不法行为，确为明王朝曾经发生的事实，而这一点可以对照明末李自成起义和清末太平天国起义后的腐化过程。对于朱元璋来说，这事关帝位是否稳固的问题，自然要格外重视。

当然，在诸多"劣行"中，也有许多功臣居功不自傲，奉公守法如一，留下了千古美谈。

其中，最著名的自然是开国武将之首——徐国公徐达，虽位极人臣，却谦逊如初，时常训诫子女。徐达统兵数年，军规森严，严令"有违令扰民，必戮以殉"。徐达南征北战时，从不趁势劫掠；和平年代，更为官清廉。徐达墓志铭上有"妇女无所爱，财报无所取"，诚为公允。

曹国公李文忠也不差，与徐达一样治军严格，爱兵如子并严禁扰民。李文忠身为朱元璋外甥，在朱元璋猜忌功臣并几次削夺他兵权仅授闲职时，皆毫无怨言，"恂恂若儒者"，可谓与世无争。

另一位堪称朱元璋"发小"的信国公汤和也不差，在北平、延安、山西等地练兵守备，招募逃荒流民，后来又出巡山东、浙江防备倭寇，历年来勤勤恳恳毫无懈怠。

这几位在和平年代颇有善声的功臣，也最终迎来了不同的命运。

"胡惟庸案"抓相权

"劣迹"和"善声"都一一列举，且让我们看看朱元璋屠戮功臣的具体过程。

在洪武十一年（1378）以前，尽管各地遍有弹劾功臣不法的奏章报上，朱元璋的反应多是"以此训诫",甚至许多检举揭发的官员还遭到朱元璋的惩罚。这一时期,真正遭难的功臣有三个——华云龙、廖永忠、刘基(字伯温)。其中,华云龙正是因为占住脱脱府邸以及擅自使用元宫廷物品,以"违制"罪召回京问罪。至于廖永忠,众所周知的事情,就是他曾奉朱元璋之命在瓜步害死小明王,终让朱元璋"名正言顺"称帝,而其被赐死的罪名和华云龙一样是"违制",但结合前情看更有"灭口"的嫌疑。朱元璋大规模清洗功臣的导火索,却是中书省左丞相胡惟庸。

说到胡惟庸,即引出震撼明廷的"胡惟庸案",以及明朝第一谋士刘基之死。

作为大明开国第一谋士,刘基的建树颇多,进献的《十八策》更是朱元璋此后平天下的基本步骤;杀小明王,也是他向朱元璋进言。但对于刘基这样一个思维缜密、眼光卓绝的人,朱元璋自然既用之又忌之。作为朱元璋的"老乡",身为开国文臣之首的宣国公李善长,对刘基也是颇多排挤。因此,刘基、李善长二人明争暗斗数年。深知"伴君如伴虎"的刘基急流勇退,于洪武四年(1371)辞官归乡;而李善长也在朱元璋的软逼下因"健康状况"告老,取其而代之的正是李善长的亲信——胡惟庸。

朱元璋对胡惟庸颇为信任,一者胡惟庸也是"淮西老乡",常年在身边担任文书工作,可谓知根知底;二者胡惟庸在战争年代,虽不似诸多文臣武将那般立有"奇功",但长年协助李善长安抚地方、发展生产,也出力颇多。对于朱元璋来说,胡惟庸既有能力,又无"功臣履历",亦是"淮西老乡",更兼办事听话,这样的人自然容易"操纵"。于是,胡惟庸多年来飞黄腾达,至洪武十年(1377)时已成为一人之下、万人之上的左丞相。

作为淮西派的人物,胡惟庸对非淮西派的刘基自然不能容。不久之后,辞官归乡的刘基就被诬陷与人争一块"有王气"的田地而遭申斥。于是,一心保身的刘基做了最后的努力,以"诉冤"为名搬家归京闲住。洪武八年(1375),刘基患病,朱元璋遣胡惟庸赠药,于是年二月中身死,而世人多言被胡惟庸借机害死。但无论怎样,朱元璋确难逃责。

纵览刘基之死,可见朱元璋一生最在意的只有一事——专权。而后胡惟庸为相,大权独揽,朱元璋对其颇多信任,多次觐见时甚至命其贴身而坐,谈笑风生。荣宠日甚下,胡惟庸越发飞扬跋扈,对下大肆结交,对外大肆收受贿赂,史载其家整日"车马盈门"。胡惟庸更与御史大夫陈宁结成同党,凡是不利于己的奏疏，一律瞒报扣押。与此同时，连战功卓著的徐国公徐达也曾被胡惟庸构陷。胡惟庸专权如此，但素来严苛的朱元璋却表现出难得的"宽容"：凡敢弹劾胡惟庸的官员一律重办，连"铁面御史"韩宜可也险些下狱身死。徐国公徐达向朱元璋力陈胡惟庸罪恶，却被呵斥。日久天长，军队、言官、地方皆被胡惟庸安插了亲信，诸多"淮西旧将"也与其结成了同盟，朝堂内外编成了一张盘根错节的关系网。

岂料，如此"盘根错节"，却顷刻覆灭。胡惟庸的覆灭是从洪武十二年（1379）十月开始的。先是胡惟庸因儿子坠马怒杀马车夫，遭朱元璋追查。继而占城国入贡，胡惟庸却未及时上报，朱元璋震怒下令追查，一追查就"顺藤摸瓜"，大批党羽被查出，加上胡惟庸同党御史中丞涂节临事惊慌找朱元璋"自首"后撒网抓人。洪武十三年（1380），胡惟庸、陈宁、涂节等首犯被杀，"人死账不烂"，追查余党的工作之后持续了数十年，包括费聚、陆仲亨、唐胜宗等开国功臣皆被屠戮。最后被杀的是开国六国公之首李善长，于洪武二十三年（1390）被满门抄斩。在胡惟庸死后不到一个月，朱元璋即废除丞相制，从此建立了高度独裁的专制统治。

震撼洪武朝的"胡惟庸案"，持续近十年，处死一万五千人，几乎都是开国功臣宿将。但请注意的是，虽也有诸如太子朱标的授业恩师宋濂这样的无辜者，但牵涉其中的多是"淮西派"李善长一脉的文人以及中层军官。说到屠杀的原因，观胡惟庸的行为以及诸多功臣的劣迹固然该死，但真正的目的却还在朱元璋的一句话："元之大弊：人君不能躬览庶政，故大臣得以专权自恣。"朱元璋对刘基念念不忘，只因刘基足够洞穿一切的眼光；对胡惟庸的荣宠甚至放纵，只为放线钓鱼一网打尽；对李善长的秋后算账，则是要根绝后患，彻底掐灭淮西一脉文臣。这一切都是朱元璋为了直接掌控到那一人之下的权力——相权，而李善长、刘基、胡惟庸只是他实现"躬览庶政"目的的小棋子。

在这里，顺便说一个人——永嘉侯朱亮祖，洪武十三年（1380）其诬陷道同事发，被逮捕入京。朱亮祖父子二人在金殿之上被朱元璋持鞭活活"抽死"，死后竟也被归入了"胡党"。"胡惟庸案"株连无辜甚多，而朱亮祖或许是最不冤枉的。

要"躬览庶政"，除"相权"外，与之同等重要的就是军权，由此有了另一大案——"蓝玉案"。

"蓝玉案"整兵权

其实,早在蓝玉事发前,屠戮的"前奏"就打响了。此时,已是洪武朝中后期,战功卓著的徐达、李文忠两位"大帅"早就相继病故。洪武二十年(1387),刚刚在辽东会战里迫降了北元太尉纳哈出,为大明收复东北大地的老帅——宋国公冯胜因"私藏良马"之罪被逮捕,随后被拘家软禁。常年担任副帅的少壮派将领蓝玉就此"转正",成为明军中的第一人。次年,蓝玉、王弼率十五万人远征北元,历经风餐露宿行进数月,终于在捕鱼儿海(今贝加尔湖)捕捉到北元主力。一番恶战,俘虏北元"黄金家族"宗亲三千人,士兵七万人。数日后,窜逃的北元皇帝脱古思帖木儿在斡难河(今鄂嫩河,古称黑水)被宗室也速迭儿杀害,残喘漠北的北元帝国彻底灭亡。其后,蒙古分裂成瓦剌、鞑靼、兀良哈三大部,虽在其后二百年间也曾骚扰中原,却终未再成明廷致命威胁。捷报传来,朱元璋大为高兴,称赞蓝玉"吾之仲卿、药师也",以汉朝名将卫青、唐朝名将李靖将之比拟,可谓圣眷正隆。

但功勋卓著的蓝玉,终究复制了胡惟庸相同的脉络。大胜之下,蓝玉的横暴贪婪之性尽露无遗:先是贪占缴获的北元物资,继而强暴了北元太子妃,回师路上又炫耀武力强攻边关隘口。当朱元璋下诏褒奖战功时,蓝玉却嫌封赏太少,张口质问:"难道我的功劳不足以封太师吗?"行为之骄横固然不可思议,但联系他之前鞭打御史、强占民田的"光荣事迹",可见这是他的"真性情"。对蓝玉这"真性情",朱元璋如对胡惟庸一样表现了极大的"宽容",封其为"凉国公"。不过,这一个"凉"字,却也为后面的"秋后算账"埋下了伏笔,而蓝玉却全然不知。

之后几年,蓝玉陆续平定了云南少数民族的反叛,又率军西征哈密得胜。至此,大明王朝四方总算"天下太平"。不过,蓝玉的灾祸却从此来了。洪武二十六年(1393),锦衣卫指挥使蒋瓛控告蓝玉谋反,继而大狱再兴。平定云南的颍国公傅友德、平定东北的宋国公冯胜、捕鱼儿海战役中蓝玉的副将王弼,均相继被株连,连带被杀的多达一万五千人。与上次不同的是,这次的主角尽是沙场功勋卓著的"名帅"们。在蓝玉伏诛后的洪武二十七年(1394),朱元璋再次改组"五军都督府",位高权重的"大都督"们仅剩空衔。从此,兵马后勤调度管理大权牢牢掌控在朱元璋直接操纵的"兵部"。所以，探究"蓝玉案"，有说蓝玉"跋扈"招祸，有说是因朱标之死以致朱元璋担心皇太孙朱允炆难以掌控局面故而提前为其扫清障碍，但根本原因却还在"躬览庶政"四个字。

在洪武朝这场持续二十年的血雨腥风中保存下来的功臣，方式也各有不同：徐达过世比较早（洪武十五年去世）；汤和常年在外守备，特别是身担东南沿海"防倭"大任；常遇春英年早逝，但其子常茂也被控多有"不法"，但最终被安置在龙州留得一命。纵览他们能够明哲保身的原因，除人品正派、善举不断外，其实就是四个字——"听话""不争"。

在后世论起朱元璋屠戮功臣的恶劣后果时，无不提到他死后的"靖难之役"。其中，普遍的观点是，正是因为朱元璋屠戮功臣，导致朱棣起兵时建文帝朱允炆面临无兵可用的局面。然而，事实是，朱元璋并未预见到四子朱棣会起兵与皇太孙——建文帝朱允炆争夺帝位，却也为朱允炆留下了有战乱时可堪信任的能将——耿炳文。至于耿炳文的作用，留待下面一章会讲到。

大明洪武三十一年（1398），大明开国洪武皇帝朱元璋去世，庙号太祖，谥号"开天行道肇纪立极大圣至神仁文义武俊德成功高皇帝"。然而，尸骨未寒，明王朝即迎来了一场席卷北中国的血雨腥风——"靖难之役"。

三 / 建文帝的功过是非

洪武三十一年（1398）闰五月，明太祖朱元璋驾崩，二十一岁的皇太孙朱允炆即位。次年，朱允炆改元建文，这就是明朝第二个皇帝建文帝。

这位皇帝少年执政，在位四年，因其四叔燕王朱棣起兵，开始了长达三年的"靖难之役"。最终，朱允炆兵败丢了皇位，从此下落不明。在明朝十七位帝王中，属于命运悲惨的一个。

但在《明史》等官方史书中，对这位失败的帝王评价却极高。《明史》说朱允炆"天资仁厚""亲贤好学"，也就是说他是个品格厚道、任用贤臣且刻苦学习的好皇帝；更认为他在位期间革除了诸多朱元璋时代的弊政，深得天下人心。

细看朱允炆登基后做的事情，这样的评价倒也确实有道理。朱允炆治国的最大成就，就是"建文新政"。从建文元年（1399）起，先大规模平反冤假错案，赦免朱元璋执政时期各类案件的受株连官员，昭雪其中的无辜人员。同时，一改朱元璋时代"重武轻文"的政治习惯，大力擢拔文臣，走"文治"路线。其中，六部尚书的官职，也从原先的二品提拔到一品。朱允炆所建立的执政团队，如齐泰、黄子澄、方孝孺等臣子，更是后来明朝内阁制度的雏形。另外，朱允炆还大力修订《大明律》，删除其中诸多苛刻条令，全国范围内大规模减免赋税。如上种种，都是深得人心的好事。

但这样一个建树颇多的好皇帝，为什么却难免失败的命运？这还得要从头说起。

"好孩子"朱允炆 与 "野孩子"朱棣

后世很多人认为，建文帝朱允炆能力上是有所欠缺的。但是，朱元璋对这位继承人，却是下过心血培养的。

朱元璋英雄一辈子，在继承人的选择上头脑也一直清楚：能够继承自己皇位的，一是要按照皇室传承规矩来，身份名正言顺；二是这个继承人必须具有守天下的才能，虽不必一定英明神武，但要懂得治理江山、实行仁政。

所以，朱元璋早年确定长子朱标即位，就是以此为原则。后来，朱元璋对太子朱标更是悉心培养，除了建立强大的老师团队，更以"仁明果决"四字标准要求他，遇到国家大事还常叫他参与讨论。当然，朱元璋的苦心也没白费，太子朱标逐渐变成了朱元璋心目中的人选：性格仁厚，但外柔内刚，甚至意见相冲突时还敢同父亲力争。因此，父子俩虽常有冲突，但对太子朱标的成长，朱元璋却是一直很满意。

直到洪武二十五年（1392），太子朱标英年早逝的噩耗传来，时年四十岁。这件事对朱元璋而言，"白发人送黑发人"不说，继承人的位子又空了。

对于太子朱标的死，朱元璋极为痛惜，但该选谁做继承人更是难题。在朱元璋的皇子之中，最得宠的除朱标外，就是镇守北平的皇四子燕王朱棣。对于朱标的长子，即长孙朱允炆，朱元璋起初并不待见，因为这孩子长得丑，年纪又小（十五岁），而且性格又柔弱，一看就不讨喜。

所以，在选谁做继承人的事情上，朱元璋一开始也犹豫。在朱元璋眼里，四子朱棣固然能耐大，这个儿子太像自己；而且朱棣在儿子中排行老四，前面还有二子秦王与三子晋王——这二子不成器，继承人不可能——如果朱棣做了太子，这俩哥哥往哪里摆呢？为此，大臣刘三吾就劝过朱元璋："立燕王，置秦、晋二王于何地？"

更重要的是，朱允炆虽然能力一般，却有一点好——孝顺。太子朱标卧病的时候，朱允炆就侍候在身边，一直侍候到病故。太子朱标死后，朱允炆更是哀痛无比，很多天不吃不喝。为此，看得祖父朱元璋很是心疼，抚着背劝朱允炆说："你要是拖坏了身子骨，我可怎么办啊！"从此，朱元璋对这起初不待见的孙子朱允炆，也就发自内心地疼爱起来。

如上种种原因，洪武二十五年（1392）十月，朱允炆正式被立为皇太孙，成为皇位法定继承人。四年以后，朱元璋更是召集诸藩王，令他们以宫廷仪式参拜皇太孙，也借此告诉天下人——继承人就这么定了，其他人就别惦记了。

朱元璋除了给皇太孙朱允炆撑腰，对其能力也大力培养。朱元璋亲自给朱允炆选定的几个辅臣，如齐泰、黄子澄、方孝孺都是道德高尚、忠贞不贰的士大夫。朱元璋晚年，国家大事更是时时让朱允炆参与，以锻炼其行政能力。其间，明朝屡屡兴起大案，屠戮功臣。因此，许多史家认为，这是在给朱允炆继承帝位清理障碍。

但是，这种培养其实是很有问题的。朱允炆当皇太孙的时候才十五岁，登基时也不过二十一岁，其间的锻炼基本都是皇帝爷爷朱元璋手把手教，他自己从没独立应付过政治考验，而这就好比学走路的孩子一直被搀着走却从没放开过手脚。

为了帮助朱允炆快速成长，朱元璋也不是没行动。例如，朱元璋特意给朱允炆选了几位好老师，如齐泰、黄子澄等人都是忠良臣子。但是，这几位共同的特点就是有忠心、有学问，却无实际行政才能，即典型的书呆子，而书呆子教人教出来的也多半是书呆子。

朱允炆也就因此不能幸免，虽然他和父亲朱标一样是个孝顺仁厚的好孩子，但是比起朱标骨子里的坚忍性情与承担力，好孩子朱允炆直到坐上皇帝宝座时也只是形似而已。

其时，就连朱允炆自己也知道，一朵巨大的阴云正笼罩在皇位的头顶上——藩王问题。

朱元璋的封藩制度，最大的漏洞便是边境藩王手握重兵威胁中央，虽然他活着的时候没人敢动，但其死后就难说了。其中，实力最强的，便是当初朱允炆的继承人位置的最热门竞争者——燕王朱棣。

朱棣的早年成长，堪称"放羊教育"的典型。朱元璋对儿子的教育从来都非常严格，除了日常读书习武，还有意志品质磨炼，甚至还常让儿子们穿上麻鞋像士兵一样出去锻炼跑步。朱棣就是在这种磨炼中成长起来的，后来他十七岁离开京城受封燕王，更曾跟随名将李文忠出外作战，军事水平提升很快，外加朱棣的岳父更是大名鼎鼎的明朝第一名将徐国公徐达，如此耳濡目染的环境便使其从政治权谋到兵法韬略样样修炼得精熟。

所以，就藩北平（今北京）后，燕王朱棣好似蛟龙入海，很快大展拳脚。朱棣不但把一向荒僻的北平地区治理得繁荣富庶，洪武年间更多次统兵出塞，痛打北元残余势力。北方九位藩王中，燕王朱棣更是佼佼者。

从品性说，早在做藩王时，朱棣的举手投足就比建文帝朱允炆更像帝王：行事果敢坚决，为人处世老辣圆熟。特别说明，朱棣最能耐的一件事是洪武二十三年（1390）出征漠北。当时，朱棣捕捉到北元军队行踪后，不顾天气恶劣和诸将反对，坚持一路冒雪追击，终于捕捉到敌人主力。眼看要发动总攻，朱棣却突然叫停不战，反而派麾下的蒙古降将前去游说，最后不费一兵一卒便将这股北元精锐顺利收降。这场简单的胜仗，却把朱棣的卓越眼光和坚忍品质展现得淋漓尽致。

当然，一个有这样品质的人，也必然是新君朱允炆的最大对手。对这个对手，朱允炆做皇太孙的时候就曾格外担心。但是，近臣黄子澄安慰朱允炆说："当年汉景帝也面临藩镇问题，但还不是从容平叛、顺利镇压？所以，不必担心。"朱允炆听了稍微安心。但也正是这桩典故，令朱允炆确认了解决这个问题的最好办法——削藩。

随着朱元璋过世，建文帝朱允炆君临天下，削藩大业就此启动。

"削藩"大事败笔多

如果要用一句话来形容朱允炆的"削藩"过程，可以说就是"雷声大，雨点小"。

一开始动静闹得确实大，早在洪武三十一年（1368）闰五月朱元璋撒手人寰后即颁布遗诏，各地藩王所属的文臣武士，除藩王的亲身护卫外，皆由中央节制。这样，朱允炆初步掌控了各藩镇的"军政大权"。继而，朱允炆与其老师齐泰、黄子澄密谋，采纳黄子澄"断燕王手足"的建议，先将河南周王与山西代王以"贪横暴虐罪"逮捕，继而周王被发配云南。众文臣窥得风向，纷纷见风使舵，上书力陈大规模"削藩"。于是，在顺应民意下再接再厉，洪武三十一年（1368）五月岷王被召入京"切责"，湘王不堪忍受屈辱愤然自焚，齐王被废为庶人关入大狱。数月之间，"削藩"连出重手，直闹得诸藩人心惶惶。

这一系列的"削藩"动作，来自建文帝朱允炆几位近臣，特别是齐泰、黄子澄二人的筹谋。但最大的问题是，齐泰、黄子澄二位饱读诗书，办事能力却有限，虽然"削藩"的动作大，但对主要对手燕王朱棣却基本没形成杀伤力，反而惹恼了其他藩王。可以说，这是一大败笔。

但对于这件事，朝廷里不是没有明白人，如御史高巍。高巍认为，这种"削藩"之法操之过急，应该借鉴汉武帝的办法，采取"推恩"的模式，肢解藩王的土地人口，经过几代后便能日益弱化。更有眼光的是户部侍郎卓敬，他认为要

"削藩"也可以马上削，但主要对象应该是最有威胁的燕王朱棣，而且要削朱棣更不必硬来，先解除他的边境兵权，借口改善他的生活环境，将他平级调动到南昌为王，既不伤和气也不给他口实，万无一失。

高巍、卓敬二人的招数，从后来看都是绝招。后来，朱棣起兵成功即位称帝，虽然对这二人也被残酷清算，但对他俩的主张却照单全收。永乐年间，朱棣"削藩"如此顺利，对付宁王、齐王等人用的都是这些招数。但是，在当时，建文帝朱允炆却都不用。

要说建文帝朱允炆对朱棣毫无动作，却也不对。当时，建文帝朱允炆拉拢了朱棣燕王府的长史葛诚作为自己的内应，又借口防备蒙古兵侵扰，将朱棣麾下的精锐兵马尽数调走，还派亲信武将都督宋忠等人接管了北平兵权。对这些动作，老练的朱棣就一个字——"忍"，不管建文帝朱允炆怎么出招，都是逆来顺受不反抗，一副诚惶诚恐的样子。这在表面看来，昔日雄踞北方的朱棣，已经成了没牙的老虎——任人宰割。

但建文帝朱允炆这几招，对付一般藩王也许可以，要动燕王朱棣却难。朱棣经营多年，燕军全是亲信，里外都是他的人，一般人根本指挥不动。同时，建文帝朱允炆派去的都督宋忠才能更是一般，说是接管兵权，其实是被一群兵油子耍得团团转。燕王府布置了耳目，可朱棣偷偷在地下室打造兵器，还硬是瞒了过去。几招下来，建文帝朱允炆基本白干。

不过，白忙活的建文帝朱允炆，却收到了意外大礼。眼看朝廷越逼越紧，朱棣为了自救，主动在建文元年（1399）三月入京朝贺，这等于是送上门让建文帝朱允炆抓。但建文帝朱允炆却犹豫不决，朱棣又太会装，一番叔侄情深的表演后还是安然脱身了。两个月后，为了稳住建文帝朱允炆，朱棣又派儿子朱高炽和朱高煦入京觐见。当时，建文帝朱允炆如果抓住朱高炽和朱高煦，朱棣必然不敢轻举妄动，但朱允炆还是犹豫不决，又放两人脱身了。就这样，建文帝朱允炆本可提前摆脱"靖难之役"厄运的最后机会，已经无情错过。

建文帝朱允炆犹豫，但燕王朱棣却果断。这年七月，在得到内应葛诚的密报后，建文帝朱允炆终于下定决心，令北平指挥使张信抓住朱棣，谁知张信火线倒戈向朱棣告密。于是，朱棣果断行动，先诛杀建文帝朱允炆派在其身边的眼线葛诚，继而火速举兵杀死建文帝驻北平亲信张芮、谢贵并控制了北平城，而后杀退驻开平的宋忠的三万精兵，以"靖难"的名义号称要清除朱允炆身边的"奸臣"

齐泰和黄子澄，从而正式举起了"造反"大旗。这场持续三年的内战，就此正式爆发。

后世说到这里，无不指责建文帝朱允炆在几个关键环节上的犹豫。但是，如果放在建文帝朱允炆自己身上说，他的犹豫不是没有道理：新君登基，就要抓捕手握一方重兵的藩王，放在谁身上都不是小事，所以必然谨慎。

但是"削藩"这件事情却不同，既然确定了燕王朱棣为大对手，那么争斗起来就注定你死我活：不削他，不知哪天造反；要削他，必然立刻造反。因此，无论犹豫不犹豫，都要做好战争准备。但在这事上，朱棣准备了很久，建文帝朱允炆这边却毫无准备。得知燕王朱棣造反后，建文帝朱允炆也确定出兵平叛，但是反复告诫前线将领最多的竟然是"勿使朕有杀叔之名"——人家刀都举起来了，他还想息事宁人。

"靖难"战场瞎指挥

大战骤起，朱棣先声夺人，先败宋忠的三万大军，继而连克云中、开平、怀来、上谷、永平。其时，如雷轰顶的建文帝朱允炆也迅速做出了反应，派出了以长兴侯耿炳文率领的三十万中央军出师讨伐。

由此，牵出了朱元璋为建文帝朱允炆做的最后一个苦心安排——长兴侯耿炳文。

耿炳文，凤阳人，淮西旧将的老班底，大明开国功臣。"靖难之役"爆发时，耿炳文时年六十五岁，可谓久经沙场。在漫长的三年"靖难之役"中，耿炳文留给历史的只有短短一瞬，但他一度是最有可能改写建文帝朱允炆命运的人。

之所以这样说，是因为耿炳文的作战特点——擅守。朱元璋争天下时，耿炳文曾受命镇守江苏长兴达十年。在朱元璋麾下的各路英杰，乃至彼时中国的将领中，耿炳文是最擅打防御战的人。耿炳文不仅防御经验丰富，而且军事思想卓越——他提出的"以战车克胡骑"的作战思路在明朝中后期被戚继光、俞大猷等人发扬光大，成为明军的主战法。因此，朱元璋留下耿炳文的苦心正在于此——一旦国家有事，一个耿炳文就足够镇守边关。从"靖难之役"的局面看，大势更是清楚，起兵造反且部队多骑兵的朱棣，其最大的特点是擅攻，最有利的局面是速战，一旦战局拖向相持乃至寸步不前就是其灭顶之灾。对于耿炳文乃至建文帝朱允炆来说，平乱的方式很简单——守住便是胜利。

洪武时代最擅长防御战的老将耿炳文，与15世纪初叶横空出世的军事新星朱棣，就这样展开了激烈的碰撞。碰撞的时间，是建文元年（1399）九月，地点河北真定（今正定）。

刚一交手，耿炳文就尝到了厉害。耿炳文一开始原本还没拿朱棣当回事，还想着速战速决，但谁知朱棣巧用妙计以夜袭的战法发挥骑兵机动力，接连消灭其属下潘雄、杨忠等部。耿炳文眼看不好，立刻拿出了看家本领——死守真定。这下轮到朱棣尝到厉害了，虽然英勇善战的燕军轮番猛攻，骑兵火炮全拿来招呼，但就是打不动。这场新星和老将间的对决，到此时还是平手。

对朱棣来说，他是造反叛乱，地方反中央，人口物资都有限，时间就是生命；但对耿炳文来说却不同，中央军人员充足，物资雄厚，拖住了就能赢。

眼看朱棣就要坏事，建文帝朱允炆却瞎指挥了，不但下诏书申斥耿炳文，更临阵换帅：同年十一月，由已故名将李文忠之子李景隆接替耿炳文指挥，又集结五十万大军重兵北上。

但是，李景隆这位将门虎子，却极有问题：论身份是朱棣的表侄，论才能更和朱棣差得太远。朱棣得知情况后更是喜形于色，竟然当场给部下发表演说并断定李景隆必败，特别是其中一句"赵括之败可待矣"，直接把李景隆比作了战国时纸上谈兵的赵括。

这样一个人物，之所以得到任命，还是来自建文帝朱允炆的重臣黄子澄的推荐。以黄子澄的话说，如果早用了李景隆，在真定就把朱棣解决了。黄子澄之所以这么做，本意还真是好心：李景隆别的本事没有就是会装，人长得帅气，举止雍容大度，而且还很自信，兵法韬略张口就来，谈得滔滔不绝，这让书呆子黄子澄一瞧真觉得就是名将坯子——说到底就是水平问题。

挂帅后的李景隆，一开始威风无比，就连出征作战都有专门的皇家豪华马车，行军打仗极其风光。

但真到了战场上，李景隆就完全现了眼：先大兵包围朱棣老巢北平，当时北平只有世子朱高炽的几万孤军，外加老幼妇孺，但就是这么一群人严防死守，竟然让李景隆也没占到便宜。其间，李景隆也不是没机会，部下瞿能曾一度攻破张掖门，眼看要大功告成，谁知李景隆临战犹豫迟迟不肯救援，结果机会错失，被燕军一通反扑杀回。此后又逢严冬，北平守军趁机往城墙泼水，偌大北平城泼成了冰城。这样，中央军爬墙都困难，更加攻不动，反而被城内燕军反扑，一下给杀退十里。

更现眼的还在后面，随后朱棣率军驰援。这时，朱棣已经挟持了宁王，更招抚了宁王麾下北方最强骑兵——朵颜三卫，实力大为升级。紧接着，双方决战，李景隆先在北平城下被击溃；又在白沟河整军再战，虽然中央军三军用命，如平安、瞿能等大将，更个个奋勇争先，谁知李景隆这个主帅无能，竟在战局最僵持阶段拨马逃命，结果五十万中央军大溃，不但败得比赵括惨，比起赵括力战殉难来更败得没种。

两场战败后，建文帝朱允炆的局面一度大坏，眼看重地山东不保。就在这时，机会再次垂青了建文帝朱允炆：先是山东布政使铁弦死守济南府达三月，硬是顶住了朱棣的攻势，保住了山东不失；同年十月，新任大将军盛庸率部在山东东昌与朱棣鏖战，凭火器弓弩大破朱棣骑兵，歼敌一万多人，以至于建文帝兴奋得忙向太庙告祭；次年二月，建文帝转守为攻，派盛庸率三十万大军北征朱棣，双方在夹河鏖战，尽管盛庸败阵，却也杀掠朱棣的燕军甚重。尤其搞笑的是，两战之中，朱棣数次陷入盛庸火枪队的重围，却皆因建文帝朱允炆"勿使朕有杀叔之名"的训诫令其平安突围而去，否则这场惨烈的鏖战或许早已画上句号。

战争已经进行了近三年，此时历史再次给了建文帝朱允炆机会。其时，双方在山东、河北一线相持，互有胜负，谁也进退不得；但是在补给、资源、人心等各方面远占优势的建文帝朱允炆一方，在这种消耗战里的位置显然是有利的，而拖得越久朱棣就越入死地。久战不克下，朱棣也曾心灰意懒，对谋士姚广孝戏言说："早知今日，不如归家做一平头百姓。"急得姚广孝愤然大呼："殿下，若败我等恐连做百姓也不可得。"怒吼之下，方激起心灰意懒的朱棣的死战之心。

绝境之下，朱棣铤而走险。建文四年（1402）一月，朱棣率轻骑绕开中央军山东防区，大迂回直捣南京，兵临长江沿岸宿州。与此同时，中央军将领平安火速回援，在宿州淝河与朱棣相持，双方互有杀伤；将领盛庸则抄后路，断绝朱棣后援补给；将领徐辉祖（徐达之子）等人也率兵增援，将朱棣陷入合围。前后夹击下，朱棣"屋漏偏逢连夜雨"，军中瘟疫流行死伤大半，诸多将领也纷纷苦劝撤兵。这位筹谋造反已多年的燕王朱棣，此时腹背受敌，终陷于走投无路的绝境。在如此境况之下，以"瓮中捉鳖"结束"靖难之役"，宛然就在眼前。

然而，历史在此时再次露出了黑色幽默：得知中央军连捷后，大儒方孝孺担心"京城兵力单薄"，劝说建文帝朱允炆回兵守卫京城。于是，建文帝朱允炆再次做出了错误的选择，一纸调令下淝河一线"中央军"尽撤，只留将领平安一支人马与朱棣周旋。此时，背水一搏的朱棣发动了最后一次决死的攻击，结果平安部大溃，平安本人被俘，而撤退的中央军所部也被朱棣发动"骑兵的机动性"于沿途尽数消灭。就这样，建文帝朱允炆的一纸调令，终于亲手毁掉了他最后的"嫡系部队"。然后，就是朱棣节节胜利，连下蚌埠、泗州、扬州，兵临京城下。这时，建文帝朱允炆慌忙令群臣出外"募兵"，并向"恩师"方孝孺继续问计，而这位帮了无数次倒忙的大儒吭哧半天终于蹦出一句："长江自古天险，京城坚固，可挡百万兵。"

但这次方孝孺说的是实话，京城尚有几万残兵，出战虽不能，据城防御却尚可。同时，外出求救的齐泰、黄子澄也初见成效，几支"勤王"兵正火速赶来。这是建文帝朱允炆最后的机会——坚守待援，成败的关键是守住京城。这一次，建文帝朱允炆也坚定了这一选择，他拒绝了群臣要求"迁都"的建议，下令整治城防，准备决战。然而，防御的重任，却交给了一个最不该交给的人——李景隆。这是建文帝朱允炆一生中犯下的最后一个错误，却是最无可挽救的错误。建文四年（1402）六月十三日，李景隆勾结朱棣，主动打开城门，燕军兵不血刃地破城了。随后，走投无路的建文帝朱允炆在皇宫里焚起一把大火，然后不知所终。

屠戮旧臣罪行重

建文四年（1402）六月十七日，朱棣在拜谒完明孝陵后，正式举行了登基大典，并宣布次年改年号为"永乐"，由此开始了他二十一年的帝王生涯。

在登基前后，朱棣还做了一些事情，如把建文四年称为"洪武三十五年"，意思是不承认建文帝朱允炆这四年的统治。相关的政策，凡是和朱元璋时代不符合的，也一律更改回来。为了拉拢人心，朱棣更把建文帝朱允炆在位时期各路臣子攻击他的奏折，在朝廷上当众一把火烧掉——这事过去了，都安心过日子吧。

但对建文帝朱允炆身边的几个核心文臣，朱棣却坚决不放过。黄子澄手脚被砍，经受酷刑而死，全家除了一个小儿子悉数被杀；齐泰之前外出募兵勤王，在安徽被抓，也是全家被杀；死守济南的铁弦，被割下耳鼻后杀死，妻女被充作官妓，只有一个长子活命；最为惨烈的是方孝孺，不但个人被杀、满门抄斩，而且门下弟子也多被株连，史称"诛十族"；御史景清起初被朱棣重用，但他心怀故主而借机在朝堂上行刺朱棣，事败被抓后不但其本人被杀，就连邻居也被株连。类似受难的无辜极多，史称"瓜蔓抄"。

　　清算建文帝朱允炆遗臣的浩劫，之后持续了十多年，甚至为此鼓励民间告密，以致大批无辜百姓受难。就连《明太祖实录》也因此被篡改，由降臣李景隆监修的《明太祖实录》里面充满了大量歪曲的笔墨，对相关的历史事件也进行了很多加工，以至于后世研究这段历史都变得极为困难。不过，这位在关键时刻出卖建文帝朱允炆的李景隆，后来也遭了报应，被告发"越礼谋反"，全家从此被软禁；虽然他绝食十天竟然没死，却彻底失去了自由，最后死于永乐末年。

　　一心清算甚至抹黑建文帝朱允炆的朱棣，其后在位的执政政策好些竟也走向了建文帝的轨道。例如，建文帝朱允炆当政时修改刑律，废除苛刻刑罚；朱棣当政后，在经过早期的酷烈清洗后也逐渐这样做。此后，明朝的法律案件，特别是死刑判决，依法判决成为定例。

　　其中，比较著名的一件事是这样的：

　　一次，明朝某官员冒支钱粮事发，朱棣听后怒极，下令将其处死，但刑科给事中抗命，说这个罪不至死，处死了才违法。朱棣立刻醒悟，连忙收回成命。自此以后，依法办事，放在帝王身上也成了准则。

　　另外，像建文帝朱允炆重用文臣一样，朱棣身边也日益聚拢了强大的文臣团队，如明朝重要行政制度"内阁制度"正是在朱棣执政时期形成雏形。建文帝朱允炆当政时做得极失败的"削藩"，朱棣也接过手来，顺利做完。可以说，建文帝朱允炆未完成的政治理想，恰是明成祖朱棣完成的。

四 / 藩王是个大问题

明朝三个世纪以来，一个贯穿始终的政治问题，就是藩王问题。

分封藩王，是历代王朝的通用制度。朱元璋建立明朝后，也沿用了这一制度。从目的说，正如朱元璋所说"以藩屏帝室"，就是用藩王权力来拱卫中央。

本着这个目的，朱元璋做了一件公认的错事：洪武年间分封的藩王，不但待遇优厚，而且军政权力极大，尤其是有兵权。当时，北方几个藩王，诸如宁王、燕王、谷王、辽王等王爷，更掌握着明朝精锐武装，个个雄视天下。

但对这个潜在威胁，朱元璋也不是没有预判。明朝藩王制度比较前代而言，其中一个进步就是管理严格——特制了《天潢玉牒》，凡有皇室子弟出生，就要记录在册，封赏赐爵乃至皇位传承排序，都是按照玉牒来；另外一个是重视藩王教育——朱元璋编写了《永鉴录》和《御制纪非录》，这两个材料记录了历代藩王的作恶教训，发给各地藩王学习，告诫他们要忠心为国、勿重蹈覆辙。同时，规矩也多，藩王们穿衣服不注意，盖房子盖出格，出门仪式招摇点，都很可能给扣上"违制"的帽子，并按"谋反"来处理。

但千防万防，却还是防不胜防，毕竟手里有兵就有造反的风险。另外，朱元璋的制度，本身还有个漏洞：明朝藩王制度规定，如果中央有奸臣弄权，藩王就有权起兵拱卫皇室，清除奸臣。结果，朱元璋死后，燕王朱棣起兵造反，夺了继承人建文帝朱允炆的皇位，起兵的名义就叫"清君侧"——钻的就是这个空子。

朱棣"削藩"很聪明

作为藩王叛乱的胜利者，永乐皇帝朱棣对于藩王拥兵的危害，自然感同身受。在坐稳了皇位之后，除清算建文帝朱允炆旧臣外，朱棣大张旗鼓做的另一件事情就是"削藩"。

其实，"削藩"这件事，早在建文帝朱允炆当政的时候就已经开始办了，不但当时的燕王朱棣被恶治，其他诸如周王、代王、齐王不是被削去王号就是惨被关押。在朱棣登基早期，他为了收拢人心，对这些倒霉王爷们也曾大力安抚。

朱棣杀进南京后，第一件事就是给藩王平反，之前被建文帝朱允炆收拾过的藩王们大都恢复了爵位。另外，这些被平反的藩王们还有优待，不但提高了藩王们的经济待遇，还提高了王府官员的品级，同时封赏也很大方。例如，对周王，朱棣一即位就赏赐其两万多钞；接着周王过生日，朱棣又送了大批财物。《万历野获编》里说，朱棣那时对藩王"倍加恩礼"，仿佛如春天般温暖。

但"春风拂面"过后，接下来就是"电闪雷鸣"——"削藩"行动开始了。

早在对藩王无比恩宠的时候，朱棣就已经行动——在各位藩王的身边密布眼线，严密侦测一举一动。这些藩王除了蜀王、周王等少数人，大多数都劣迹斑斑，故而是"罪过不难找，就看时机"。

最先倒霉的是宁王朱权。早年宁王坐镇北疆，手握重兵，一个不留神被朱棣裹挟了造反。事后，朱棣也很"关怀"，把宁王迁到南昌，说是给他一个经济富庶的好地方享受，实则是将之监视起来。随后，朱棣就对宁王百般找碴儿，偏宁王本身也时常发牢骚，闲暇时常有怨言，被朱棣知道后便立刻派人搜查，虽然没找出什么证据，但明白利害的宁王就此吓得不轻，从此沉迷鼓琴诗书而绝口不提政事，总算躲过一劫。

比起接下来的其他人，宁王的遭遇，其实还算好。

紧接着倒霉的是代王，刚恢复了爵位，没半年就被朱棣治了三十二条大罪，虽然勉强保住爵位，但兵权基本被削光，成了"死老虎"。齐王很嚣张，恢复爵位后恶性不改，甚至还杀死了地方官，这下可被朱棣逮住了由头。永乐四年（1406）五月，齐王被囚禁南京，子孙废为庶民。类似倒霉的还有岷王和肃王，都是被揭发过错，然后严肃处理，王号都被削夺了。

其中最传奇的，却是周王朱橚。朱橚本身是朱棣的同母兄弟，按说关系最亲，但也因此很张狂，甚至还在封地上张榜贴文，给地方官发号施令。这下触了朱棣大忌，其间朱橚几次被削去爵位，几次又宽大处理复爵，直到永乐十八年（1420）十月再度被告发，而且朱棣放话说要严办。这次朱橚终于悔悟，进京哭求免罪，总算再次宽大，只被削去了护卫兵权，从此老老实实。

但这个几次被削的朱橚，却还有另一奇功。朱橚是明初杰出的学问家，特别是朱橚眼看仕途黯淡后，更是闭门研究起学问来。朱橚埋头编著的《救荒本草》，堪称"《本草纲目》之前，中国内容最丰富的中医宝典"；另还有著作《普剂方》，更是中国古代最完备的方剂学著作。这位"削藩"削出来的学问家，以其杰出的学术贡献，值得被后世纪念。

经过朱棣一番动作后，明初几位势力极大的藩王，都被削得损失惨重；而边境上的藩王们，更大多被迁入了内地。例如，辽东，宣府等边境地区的王爷，更几乎无一幸免，即使保留爵位，也要挪地方。这样的后果，虽是巩固了中央权力，但更深远的后果，却是作为边境重地的辽东地区防务大为削弱，从此都要靠当地部落镇守维护。后来，努尔哈赤的起家，从这时起就挖了坑。

即使这样，朱棣还是不放心，对于存留的藩王们更是极力削减他们的力量。于是，各地藩王的武装，被想方设法削减。藩王干涉军务乃至地方政务的现象，更是明令禁止，发现了就抓。在那以后，明朝对藩王的禁令越发严苛，甚至藩王们不但不能与官府结交，更不许从事士农工商之类的行业，连出城郊游都要被监控。自此以后，所谓位高权重的藩王，大多成了一群锦衣玉食的"高级囚徒"。

朱棣的"削藩"，从效果上说，是立竿见影。之后，明朝虽然也发生过藩王叛乱，但几乎每一次都被迅速平定，从没闹出过"靖难之役"那样的大折腾；而藩王们的生活，也从生下来就注定——只要不乱说乱动，生活还算美好。

藩王从此养不起

在永乐朝之后严厉的"削藩"下，明朝的藩王们，政治上没了出路，生活上却总算还有追求。

明朝的藩王制度，一个最大的麻烦就是历代分封不断，即只要是皇室子弟就要分封给爵，换言之就是要用国家的财政把王爷们养起来。日久天长，王爷们越养越多，财政负担也就越来越大。

明朝养藩王的开支有多大？看看制度规定就知道：皇帝的其他儿子封亲王，亲王的世子袭爵，其他儿子都是郡王；郡王的长子袭爵，其他儿子封镇国将军；再往下，镇国将军的儿子们封辅国将军，辅国将军的儿子封奉国将军，奉国将军的儿子封镇国中尉。如此世代传承，宗室里靠国家财政养活的寄生虫，可以说是呈几何级数增加。

从财政开支说：亲王的禄米（相当于固定工资）每年两千石，镇国将军一千石，辅国将军八百石，其他的各类爵位都有数额规定，累积下来本身就是个天文数字。另外，还有每年不固定的各色赏赐，有时候甚至比固定工资还多。

对于藩王来说，政治上没自由，吃饭穿衣受限制，但生孩子的自由却是绝对有的。因此，大多数的藩王都是逮着机会可劲儿生，生了就要给待遇，世代繁衍下来，人数像滚雪球一样增加。就拿《天潢玉牒》里的记录说，到了嘉靖初年，明朝的宗室总数就比明初膨胀了上千倍；万历年间，总数长到三十多万人；明末天启年间，更有六十多万人。

所以，自此以后，明朝历代皇帝面临的藩王问题，也就因此不同：明初的皇帝，愁藩王们造反；明中期以后的皇帝，愁怎么养活这群人吃饭。

这个问题，嘉靖年间明朝御史林润的奏折里说得就很清楚："天下供应京城的粮食，每年四百万石，但各王府消耗国家的粮食，每年却有八百万石。具体到地方上，军事重镇山西省，每年存留粮食一百九十万石，但当地王府消耗粮食，却有三百多万石。河南省存粮九十四万石，当地藩王消耗粮食，却有一百九十多万石。"也就是说，全国的税粮加起来，也填不满藩王的嘴。

除了这些固定的财政补贴，各地的藩王们其实也都生财有道，他们搞政治没"前途"，搞经济挖国家墙脚却是个个都有一套本事。

最固定的办法是"钦赐"，就是向朝廷讨要土地。在明朝中前期，如宣德、正统年间，明朝赐予藩王的土地通常都是几十顷。到了明朝中期，就有了几千顷，如明孝宗的弟弟兴献王，就藩的时候一次就赏赐给他四千多顷土地。等到万历天启年间的明末，更是变本加厉，如万历皇帝最宠爱的儿子福王朱常洵，一次赏赐庄田就有四万顷。

这样做的恶果，可想而知——肥了藩王的腰包，却坏了国家的财政。如此一来，赐出去多少田地，国家就流失多少财政收入。外加每年巨额的恩养藩王的开支，哪怕是太平年月，国家的财政也常捉襟见肘；倘若赶上闹灾打仗，更时常穷得叮当响。

即使如此，藩王们还是不消停。大多数藩王，一辈子都在想尽办法发财，通用的招数就是侵占民田。

侵占民田的招数，也有好几种。一种是造假，就是故意把看中的好田地，勾结官府指认成荒地，求得朝廷赐予，然后强行侵占。另一种叫"投献"，就是很多交不起税的小民，自愿把田地放在藩王名下，以此来逃避赋税。如此一来，明朝中后期的土地兼并，也就愈演愈烈。

到了明末，土地兼并极为剧烈的河南地区，当时号称"中州地半入藩府"，也就是说差不多一半的土地都被藩王侵占。与之对应的，河南成了明末农民起义的"重灾区"。那位曾一次性拿到四万多顷赏田的福王朱常洵，后来被农民起义领袖李自成杀掉。在整个明末农民战争中，藩王们的巨额财富平日里藏着掖着，舍不得拿出来，但一闹农民起义，几乎都被农民军打包全收，成了农民军的钱粮资本。后来，明朝亡于农民起义，从这个角度说，藩王们做了"大贡献"。

《宗藩条例》玩真的

明朝藩王的这些大问题，历代明朝君臣们也不是没有重视，许多有识之士也一直想尽办法遏止其日益膨胀的危害性。其中，最著名的是嘉靖年间的《宗藩条例》。

嘉靖帝朱厚熜，即位于正德十六年（1521）。这时，明朝的藩王制度，经过近两百年的发展，已经成了一个大负担。

这个负担多沉重，说几个当时的情况就知道：嘉靖七年（1528）国家全年的财政收入，只有一百三十万金，然而每年的财政支出，却高达二百四十一万金。其中，占支出项目第一位的，就是宗室开支；占第二位的，美其名曰"武职"开支，实际就是供应藩王以下诸如镇国将军、辅国将军之流的角色，全是为了养活这些人。

当时的藩王宗室，不但人口多，滥支国家财政的现象也很严重，向朝廷要赏赐更常常狮子大开口：不但藩王要养，藩王下面的子弟们，乃至子弟的亲眷们，七大姑八大姨，八竿子打不着的亲属，都敢巧立名目要赏赐。按照户部尚书梁材的说法，"明初的时候，如果养活一府的藩王，需要一万石粮食，那么现在同样的王府，就需要至少十三万石"。因此，梁材还发出了一个惊人的预言："百姓的税粮有限，藩王的繁衍无穷，这样继续下去，后果不堪设想。"

放在明朝政治下，官员如此指摘藩王，是需要勇气的。嘉靖帝朱厚熜本人就是以藩王身份入继皇位的，给这样一个背景的帝王说这事，可以说极其不给面子，但局势严峻，面子也顾不得了。当然，嘉靖帝朱厚熜也看到了问题所在，遂命令群臣设法解决。

自此以后，明朝也出台了一些相关管理规定。例如，严格审查，发现冒名请赏的一律严办；此外还加强教育，给藩王们办学校，教育他们要为国分忧，勤俭节约；另外还有"均人役"，就是改革以往的免税政策，令藩王分摊部分国家税赋。这几样政策，确实也省了不少钱，但解决不了根本问题。

其实，在这期间，最有效的办法也有人提出来过，就是当时礼部尚书霍韬提出的"定子女"。其内容是把藩王们的后代，特别是旁支庶出的后代，尽可能编入民籍，允许他们参与士农工商活动，从此自食其力。如果照此实行，藩王资格门槛提升，增长幅度必然大为减少。但嘉靖帝朱厚熜思考半天，还是决定"从容审处"，毕竟牵涉十几万藩王的利益，不是小事。

一直到嘉靖帝朱厚熜晚年，即嘉靖四十一年（1562）十月，御史林润的奏折再次震惊了朝野。在这封奏折里，林润不但揭露了恩养藩王开支巨大，国家难堪重负的严峻现实，更指出先前朝廷的各色规矩都是小打小闹地修补，如果要彻底解决问题，必须要出台一部根本法令以作为后世遵循的准则，即"以垂万世不易之规"。

这封奏折着实有效，嘉靖帝朱厚熜也明白有些事必须要抓紧办了。随后，经过多方讨论，终于在两年之后由礼部尚书李春芳主持，出台了著名的《宗藩条例》。其内容共六十七条，核心内容有二：一、严格限制藩王们的妻妾人数，婚娶都要礼部审核，且藩王子弟赐爵更要有资格审查。二、对藩王的开支进行财政核算，削减大笔无用开支，更减少原定的禄米数额。从那以后，藩王们从袭爵、赐田到日常开支，都有了严格的监管，挥霍无度的日子就不是那么容易了。

在明朝中期，《宗藩条例》的作用也十分巨大。嘉靖身后的隆庆、万历年间，明王朝在藩王开支方面大大缩减，国库也日益充实，后来的"隆万中兴"确有这方面原因。不过，这个著名的条例——《宗藩条例》还是难以治本，不但对朝廷赐予藩王土地没有规定限制，关键的"定子女"这条也是毫不提及，因此藩王后代的寄生虫角色，依然丝毫未变。

对于诸多藩王子弟来说，《宗藩条例》还带来一个恶果：由于藩王后代们请爵、封赐都要礼部拍板，而且随着明朝财政日益拮据，礼部对此卡得也越发严格，因此得不到名分的藩王既没有国家养，更无法入民籍，自食其力别说干不了，朝廷也不许干，就此没了活路。到了明朝崇祯年间，好些藩王因为得不到名分，又不许出去自食其力，竟然活活饿死。

· 四／藩王是个大问题 · 033

五 /"斯民小康"："永乐盛世"的治国理想

得位不正的朱棣，却与他的父亲朱元璋一样，是明朝赫赫有名的治国强人。

纵观朱棣的帝王生涯，可谓极其忙活：对外五征漠北，南征安南，向西设立哈密卫，行使中央对西域的主权；派陈诚出使野心勃勃的帖木儿帝国，使其恢复与明朝的"朝贡关系"；发动了中国历史上空前的大航海行动——郑和下西洋，引得"万国来朝"，向大明朝贡称臣的国家达到三十多个，最远到达今日西非地区；对内修治皇皇巨著《永乐大典》，迁都北京，重修京杭大运河。可以说，明朝最有面子的事情，基本都做了个遍。

要问朱棣这辈子最想做到的是哪件事情，其实他自己是曾回答过的。永乐元年（1403）九月一天，在与近臣讨论治国得失时，朱棣突然感慨说："如得斯民小康，朕之愿也。"意思是，让天下的百姓都过上富庶的日子，这才是我的愿望。

事实证明，这话朱棣不是随便说的，终其一生都在为此孜孜不倦。

"小康"是生活目标

对于朱棣"斯民小康"的愿望，他在永乐七年（1409）一次会见京城寿星们的时候，有过更详细的阐述："农力于稼穑，毋后赋税；工专于技艺，毋做淫巧；商勤于生理，毋为游荡。贫富相睦，邻里相恤，相安相乐，有无穷之福。"

也就是说，朱棣一直想创建的，就是这样一个世界——"农民勤劳耕作，不用为赋税发愁；工匠专心干活，不用靠歪门邪道发财；商人诚信经营，不用招摇撞骗。不管穷人富人，都能和睦相处，邻居间更互相帮助"。这样一个繁荣富庶、和谐友爱的世界，便是朱棣的治国蓝图。

朱棣的理想很美妙，但其即位早期的经济局面却相对糟糕。不过，若论责任，却还是朱棣自己闹下的。

三年"靖难之役"，论年头不算长，战争规模却极其惨烈，几次大战争都是近百万人的阵仗，加之又是冷热兵器混杂时代，大量火器用于战场，破坏力相当巨大；论战争的范围，更是从河北一直到长江流域，还全是明朝的经济发达地区，使得大明国民经济遭到了沉重打击。

就连《明太宗实录》里也承认，拜这场战争所赐，"淮以北鞠为茂草"，而且大批百姓流离失所，闹得"田地荒芜，庐舍荡然"。其时，虽没有明朝立国时严重，却也是一片破败，而战后重建更是当务之急。

对这件事，朱棣本人也很认账，登基早期就颁布命令——"各级官员，凡是擅自劳苦百姓的，一律要治以重罪"。例如，有拍马屁的给朱棣投献战阵图，没想到却拍到马腿上，当场被劈头痛骂。其时，就连好些跟随他起兵的部队，也大批复员军人回家种地。以朱棣自己的话说，就是"今天下无事，惟当休养斯民"。换言之，仗不打了，农业劳动第一。

和朱元璋一样，朱棣恢复经济也是把农业放第一位：遇到的相关问题，和明初更类似，都是土地荒芜、人口逃散；解决的办法，也是按照明初的老经验来——招抚垦荒。

不仅方法类似，朱棣的行动力，也不比父亲朱元璋差。登基的头一个月，朱棣就往各地派人，招抚流亡农民回家种地，还特意立下规定——"只要是已经回家种地的，地方官要优厚抚恤，就连新开垦的土地也暂停征收赋税。凡是逃亡的农民，不但新开垦的土地免税，逃亡以前拖欠的赋税同样一概减免"。这招很管用，命令颁布后，北方各地掀起"返乡热"，不但战乱中逃跑的农民多有回乡，就连战乱之前好些为逃税跑掉的乡民也都欢天喜地地回来了。

招抚的同时，另一件事朱棣也同样做得紧锣密鼓——移民垦荒。但比起父亲朱元璋全国性的大移民来，朱棣做得比较集中，主要迁移江南和山西的无地百姓到北方山东、河北各地垦殖。移民的对象，除经济发达地区的无地农民外，更有一个特殊群体——"罪犯"，特别是在"靖难之役"中招祸的罪犯家属们大多都是这样的遭遇。这类罪犯出身的移民们迁移地区很固定，主要都流放到北平地区，在朱棣的老巢监管劳动。

就移民的目的来说，除了发展生产和处置罪犯，更与朱棣的另一件大事分不开——迁都北平。这事从登基起，朱棣就一直在筹划，但要迁都，就要先有钱。这么大工程，国家财政不但要支持住，新都建设也很重要，而垦荒北平就是为了发展当地生产。此外，大批的移民沿京杭大运河故道分布安置在鲁西和鲁北地区，特别是山东地区（至今保留着很多永乐年间建起的村庄），就是为这场迁都工程打前站而建立的。

在这场持续的大移民中，朱棣的福利条件同样也做得好，和朱元璋一样经常给移民们补贴稻种耕牛，而所有的移民同样也免服三年徭役赋税。这几条固有政策，基本都执行到位。

比起朱元璋时代，在社会福利问题上，朱棣也有几条"创造发明"。一是强化奏报制度。在治理民生问题上，中国古代官场最常见的一个现象就是欺上瞒下，特别是碰到闹灾，地方官怕折腾，经常隐瞒不报，瞒不下去才报告。对这个问题，朱元璋在位的时候就极为光火，多次惩治官员，甚至屡兴牢狱。朱棣登基后，也很快碰到这个问题。朱棣的办法就是定规矩——"地方上发生水旱灾害，地方官必须在限期内奏报，晚报就要治罪"，而最狠的一招是——"如果地方官不报告，被别人报告了，那么不但瞒报的人治罪，而且举报的更有奖"。这样一来，官员们互相监督，瞒报事件大为减少。

二是简化赈济流程。在救济福利上，朱棣也继承了朱元璋的作风，除了增设预备仓作为国家应急钱粮储备，在赈济灾民的流程上更大胆简化：从永乐年间开始，明朝地方上闹灾，只要地方官核实，不需奏报中央，就可执行赈济；而且赈济的内容也更加丰富，除了给灾民发放钱粮，国家甚至还常出资帮助灾民们代赎回被卖的儿女。这条人性化的规矩，也同样沿用终明一代。

三是废除"陪纳"制度。在很多救灾的细节上，朱棣的见识也超过了父亲朱元璋。其中，最著名的一件事就是废除了明朝的"陪纳"制度。所谓"陪纳"，就是指一旦乡村发生农民逃亡事件，那么没逃跑的农户们便要分摊逃跑者的赋税徭役。明朝立国的时候，这就是农村的一项固定制度，因为在官员眼里这招可让农民互相盯梢，阻止逃跑事件发生，十分方便有效。但朱棣却发现了问题：逃跑的欠了税，没跑的替他扛，长此以往，岂不逼着大家一起跑？全跑光了谁种地？从永乐早期起，朱棣便传召各地，彻底废除这项制度。

除了强化赈济制度，朱棣的另一个举措也沿袭自朱元璋，即兴修水利。如果说朱元璋时期的水利工程是全国铺开，那么朱棣时代就是集中重点，主要的修治对象就是江南地区。

江南的水利工程，虽然从朱元璋时期就开始修，但其时的几次大工程主要集中在海堤的修缮，而内涝问题却很严重，一旦下大雨还是容易闹灾。这时，江南已经成了明朝的财政重地,轻易闹不起灾,但偏怕啥来啥——朱棣登基头一年,即永乐元年(1403),江南水灾又折腾起来了:从苏州到上海,全成了一片泽国,当地官员们虽大举抗灾,却收效甚微。

朱棣这下也下定了决心——治!其时,朱棣不但征用了民工十万人,更选派了一个能人——明初杰出经济学家、户部尚书夏元吉。就这样,朱棣还不放心,特意派人给夏元吉送去相关水利书籍。这次夏元吉也不含糊,他最大的创举就是纠正了以往江南治水的大错——一直以来江南治水,主要办法就是排水,即挖掘水道将水排泄入海,而这个办法看着正确却弊病很多——今年刚挖完,明年水道阻塞,再赶上大雨,又得重新涝。夏元吉的办法是入海水道要挖,内网支流更要疏通。随后,经过两年奋战,治水大军接连挖通了刘家河、大黄埔等支流河道,建立起密集的泄洪水网。这下一举多得,不但水道畅通无阻,更灌溉良田无数。这套一举多得的水利工程便是著名的苏淞河水利工程,直到今天依旧余荫后人。

随着江南地区水利治理的完成,当地的经济更以直线速度迅猛发展,甚至北方的物资军粮也越发依赖于南方的物资供应。随之,另一大问题也浮出水面,即重修京杭大运河。

京杭运河终疏浚

作为隋朝以来,贯穿南北的一条主动脉——赫赫有名的京杭大运河,到明初已经发生了大变化。

最大的变化,就是线路。元朝以前的大运河,其中心在洛阳,从杭州出发后绕一个大弯子到洛阳,然后再往北走。等到元朝一统天下,以大都(今北京)为首都,绕道洛阳没必要,就改了线路——重新开通了济州河、会通河、通惠河三个河道,将大运河重新连接成了一条直线,全长三千多里。

但万万没想到,这样一改,整个大运河的运输量都打了折,原因还是出在会通河上。会通河,即元朝初年在济宁至临清间开凿的运河,为连接南北大运河的枢纽干线,但其竣工后就出了问题:这条运河流量太浅,导致大运河流量减少,运输量更锐减。因此,元朝统治时期,大运河的作用也一直有限,北方的物资供应,相当多都依赖海运。再后来,元末天下大乱,会通河也荒废,这条南北主干道,也就基本废了。

明朝建立后，随着国民经济的恢复，运输问题也日渐突出。特别是北方边境防务，军粮供应，南北交通贸易，越发依赖大运河。可修大运河不是小事，花钱多不说，会通河的技术问题更愁人。元朝当初修这条大运河犯了个严重的技术错误，就是地形没选好：水道的枢纽位置，即汶上南旺地区地形最高，以此为分界点往南往北地形都低，所以一旦赶上水量少时，船只走到这里就搁浅。

因为修大运河费钱，加上技术问题难，所以哪怕一生勇猛的朱元璋，这个问题也不敢碰。朱元璋在位三十年，修了水利工程无数，但京杭大运河却依然不动，北方运输主要依赖海运。

但到了朱棣执政时期，这事却必须碰：一是迁都提上日程，这条南北交通线，就必须要打通；二是海面上不太平，外加倭寇成天闹，海运风险太大；三是北方的钱粮供应，依赖南方运输更多。综合如上原因，大运河必须要修。

永乐九年（1411）二月，工部尚书宋礼受命，发动三十万民夫，大举疏通会通河。这次，宋礼吸取了元朝的教训，除了河道尽可能拓宽，增加水力流量，更在当地老人白英的建议下以"南旺导汶"的方式了攻克这个技术难题。所谓"南旺导汶"，就是切断当地河流汶水的原有线路，将汶水完全注入会通河，而这样一来地势极高的南旺就成了分流的脊梁，一下子把整个运河支撑起来了。同时，宋礼又修筑了大量水库和蓄水池用以调节水量，确保水力供应。经过半年修治，这项重大的水利工程彻底完成，而且历经明清两代始终是重要水利枢纽。

会通河疏通后，漕运的运输量也因此大为改观，一改原先流量有限、运输有限的局面。从永乐年间起，自徐州至临清九百里，可以过船万艘，运载粮食四百万石。如此强大的运输力，堪称历史空前。

随后，朱棣又命宋礼再接再厉，大规模整治了黄河。在这件事上，宋礼更有创新。宋礼疏通了河南至山东的黄河故道，解决了运河中段地区的灌溉问题，更在荆隆口设闸：运河水少的时候，就开闸往运河排黄河水，确保运河流量；黄河水太大的时候，就关闸门断黄河水，杜绝黄河水灾。这个独特的水利操纵系统，既治了黄河，又方便了运河。对此，《明史》的说法叫"黄、运兼治"。

在会通河疏浚竣工后，朱棣又命陈瑄挂帅，打通了另一水利枢纽——清江浦。这样一来，江南至淮安的运河线路也从此连成一片，贯穿南北的京杭大运河从而正式畅通。

随着京杭大运河的恢复，永乐十三年（1415），自元朝起的海运也被彻底罢除。这条传统的南北主干道，在经过了元代的衰微和明初的废弃后，再度焕发起强大的生命力。随后，明王朝的迁都不但顺利完成，而且明王朝的工商业乃至市民经济发展更从此突飞猛进。其中，一个直接的影响是，大运河沿岸的济宁、临清等地，成为明朝新兴的工商业城市，直到鸦片战争之前其经济地位在中国依然举足轻重。

对外贸易重繁荣

如果说发展农业、兴修水利、疏通运河这三件事情，朱棣只是对父亲朱元璋的继承，那么同时期做的另一件事却是对朱元璋的颠覆——放松海禁。

海禁是元朝末年的一大发明创造，即禁止一切海外贸易，既不许外国商船来，更不许中国商人出去。等到朱元璋登基后，这件事的禁令更严：不但做买卖不允许，连沿海渔民出海打鱼都是罪。到了朱元璋晚年，更连传统的官方贸易机构市舶司也一并给废除。至此，中国的沿海大门，从而彻底向世界关上。

对这件事，朱元璋极其认真，甚至每隔两年还要下诏书重申一次，更时常派官员在各地巡查，发现违禁就严办。朱棣登基早期，也曾发布过类似的命令，如在他即位刚半个月后就曾下诏书命令——"沿海的军民百姓，如果有谁违反海禁政策，一律按照洪武年间的规矩治罪"，措辞极为严厉。

随着朱棣的皇位日益稳固，对海禁这件事的管理也越来越松。到了永乐元年（1403）八月，朱棣更干了一件大事：恢复被朱元璋裁撤的市舶司，在广东、福建、浙江三省重新设置市舶司。其中，每个市舶司设提举一人，官职正五品，副提举两人，官职正六品，另外还有吏目一人，官职正九品。

朱棣之所以这么做，政治目的要大于经济目的。比起南宋市舶司以税收为主来，明朝市舶司的主要工作是设置驿馆，接待安置外国使团，实际上是为朱棣即将进行的郑和下西洋服务。至于贸易也有，但都是"朝贡贸易"——好比花买人参的钱买外国萝卜，实际就是高价交换外国贡品，完全是个撑面子的事情。

但在面子背后，商业往来也繁荣。来访的外国使团，除了办理朝贡贸易的公务，这些使者和随行人员也常常夹带私货来中国进行贸易买卖。对这事，朱棣的态度也很宽容，允许他们在市舶司等指定地点进行交易。但发展到后来，"洋骗子"甚至扎堆，好些外国商人根本不是什么使节，也跟着冒名顶替假装使者来华，趁机大搞走私贸易。

这些外国商人来中国，除卖货外，更重要的目的还是买货。中国的丝绸、瓷器等货物，常年是当时国际市场的热门商品，卖出去就赚大钱。所以，好些外国来使们也常找准机会，找中国商民私下贸易，收购各类货物，倒手贩卖到国外。最开始，干这类事的还都是一些使团随从，或是冒充使团的外国商人；而发展到后来，就连一些名正言顺的使节也纷纷参与其中。例如，琉球山南王的使者来华，不但在市舶司贸易，竟然还带着银两偷跑到景德镇，想私下收购当地瓷器，结果事败被逮，差点儿被法办。

跟父亲朱元璋不同，朱棣对这类事情的态度基本是宽容的。例如，那位跑景德镇的琉球山南王使者，本来按法律要严惩，但朱棣说："他一个使者懂啥？就是想赚点钱，算了，免罪吧。"永乐年间搞走私的外国人，大多数都是这么处理的。不仅如此，对这些使者在市舶司的贸易也颇多关照，给予各类免税照顾。朱棣这么做主要还是为了面子，但带来的成果恐怕他自己都料想不到。

其中，最直接的一个成果就是对外贸易的繁荣。自从市舶司重设以来，相关的私货贸易就一直火热，规模也越来越大，甚至还出现了"互市"，也就是中外集市交易。这类的贸易，甚至比官方贸易本身还热闹。在永乐时代，"互市"还是免税的。到 16 世纪早期，也就是正德年间，眼看着相关贸易规模越发扩大，于是明朝也做出规定，对于这类贸易征收百分之二十的关税，从而使本是外交部门的市舶司也基本变成了经济部门。从此之后，市舶司的经济收入，渐成明朝财政的重要部分。在明初一度萧条的工商业，经过对外贸易的刺激，重新复苏了起来。

间接的后果，更是料想不到：一是沿海的走私贸易，日益抬头。早在郑和下西洋时代就有沿海商民冲破禁令到东南亚一带活动，好些人甚至成为东南亚华侨的祖先。二是明初一度被打压的海商势力，更逐渐死灰复燃。私商贸易和走私活动，自明朝中期起日益增多，越发强烈地冲击着传统海禁制度。

唐赛儿起义敲警钟

对于朱棣的治国理想来说，上面的一系列举措相继都收到了回报：仅就财政收入来说，朱棣时代每年的税粮收入就比朱元璋时代增加三百多万石，地方上的钱粮更是储备充足。例如，四川按察司周南就曾奏报："仅重庆府下属的几个县城，储备的粮食就可供全县食用百年。"随着京杭大运河的畅通以及海外贸易的兴起，明朝的工商业和手工业也蓬勃发展起来。这个财政富庶、安居乐业的景象，真有了"斯民小康"的气象。

但眼看着国家富庶了，朱棣的治国方略却也悄然改变。虽然还追求"斯民小康"，但大功业同样不能少。朱棣一辈子干的事大多都极有面子，但越有面子的事情也就越花钱。就内外战争说，发动对安南的战争，动兵三十万人；五次北征漠北，每次动兵都是三十万人到五十万人。仅这六次战争，军费就是天文数字。外加郑和七次下西洋，接待外国使团，各色的威风，哪样都少不了银子。

除面子工程外，即使许多"利在千秋"的实在工程也同样耗费巨大，好些更闹出民变来。例如，营建新都北京，仅采集大型木材，就动用民夫十万多人，甚至闹出江西动乱。外加疏通运河，营建长陵，修建武当山道观，更都是大工程。朱棣在位时期虽然一直注重减轻百姓负担，即使干这些大工程也注意不误农时，但百姓赋役加重，特别是劳役过重却是事实，为此更是民变不断。

朱棣在位时期，明朝最大规模的农民起义，就是永乐十八年（1420）三月的唐赛儿农民起义。这位自称白莲教"佛母"的农妇，居然一口气纠集数万人，连续攻城略地，击败官军。直到朱棣调重兵合围，抗倭大将卫青出马，才最终将这支农民军"剿"灭。不过，策动农民起义的唐赛儿等人，却都在乡民的庇护下安然脱身。朱棣最后甚至发了狠，听说唐赛儿当了尼姑，就一口气抓了几万尼姑到京城轮流审讯盘查，却还是找不到人。对于朱棣"斯民小康"的理想，这场震惊明朝廷的农民起义堪称莫大的讽刺。

六 / 漠北大血战

从执政风格上说，明成祖朱棣也堪称"创业皇帝"。

在登基早期，朱棣挂在嘴边的口号虽然是要遵循朱元璋立下的"祖制"，但在好些事上却也有自己的制度设计。例如，朱元璋在位时苦心拆分地方权力，在各省设立"三司"，分别掌管地方行政、司法、军事大权，但朱棣登基后的第三年，即永乐二年（1404），就委派七品给事中雷填"巡抚广西"。这个口子一开，随后历经沿革，巡抚以及总督都成为地方常设行政官职。

在中央职权的演变上，朱棣执政时代更是个重要转折点：朱元璋废了丞相制度，朱棣则设立"文渊阁大学士"，其后历经沿革使得这个起初只是辅佐皇帝办公的"秘书班子"更成了实际的宰相机构——内阁。明朝的内阁制度，其实是朱棣在位时期草创的。

明代被后世诟病极多的"宦官专权"问题，同样也是朱棣肇始。正是朱棣在位时期，明朝宦官相继有了监军、出使、分镇地方等大权，更设立了专由宦官把持的特务机构——东厂，并使其话语权大大提升。在朱棣执政时期，虽然宦官没闹什么风浪，但后来的宦官专权却是在这时埋下了伏笔。

除了这些内政制度的设计，朱棣的一个公认贡献便是巩固维护国家统一，特别是加强了少数民族地区与中原之间在经济和政治上的紧密联系。其间，朱棣在西域设立哈密卫，行使中央主权；在西南推动"改土归流"政策，同时建立贵州省；在东北设立努尔干都司；在西藏封赠乌斯藏；甚至借郑和下西洋的机会，对南海诸岛屿也进行勘测并且重新命名，著名的"永乐群岛"即由此而来。如上种种，都是影响深远的好事。

在巩固维护国家统一这件事上，朱棣一辈子操心最大的是与蒙古草原的关系问题。

鞑靼来了个下马威

自从洪武二十年（1387），明将蓝玉在捕鱼儿海大战中全歼北元主力后，蒙古草原的格局接连出现了骤变。

在捕鱼儿海大战中捡回一条命的元益宗脱古思帖木儿，没死在明军手里，却被宗室也速迭儿杀死。之后，经过多年内讧，最终由非"黄金家族"的贵利赤篡夺大权。贵利赤取消了"元"的称号，恢复了蒙古部落的古称"鞑靼"。

这时，蒙古部落也分成了三大部分：除了贵利赤控制的"鞑靼"，还有卫拉特蒙古即瓦剌部，以及早在洪武年间就得到明朝册封并曾帮助朱棣"靖难"的兀良哈部。

论起和明朝的关系，鞑靼、瓦剌和兀良哈这三大势力在当时也各有不同。

最亲的当数兀良哈，即"靖难之役"时期的"朵颜三卫"。"朵颜三卫"开始是宁王朱权的护卫，后来又成了朱棣的急先锋。等朱棣登基后，为了表示感谢，便把原先属于宁王朱权的大宁卫封赏给他们，且允许他们在开原、广宁两地与明朝互市。同时，就连三卫中的各级大小头目也都给予了官职，而且每年厚赐稻种农具，关系好得不行。

日益变得亲密的却是瓦剌。明初的瓦剌，定居在今阿尔泰山山麓至色愣格河一带，共分为三大部：分别是辉特部及其首领把秃孛罗、绰罗斯部及其首领马哈木、客列亦惕部及其首领太平。这时，瓦剌虽然实力蒸蒸日上，但比起有"黄金家族"背景的鞑靼来却还是弱势，二者的仇怨早就结得深，常年相互攻打不休。但瓦剌跟明朝的关系却越走越近，朱棣登基伊始就派使者来朝贺。到了永乐六年（1408）冬天，瓦剌三大部落的首领，即马哈木、把秃孛罗、太平，一道接受了明王朝的册封，分别授爵"顺宁王""太平王""贤义王"。至此，瓦剌也与兀良哈一样，成为接受明王朝册封的地方势力。

在朱棣登基早期，一直和明王朝敌对的却是鞑靼。

这时的鞑靼，实力在蒙古部落中最强大，内部矛盾也最大。贵利赤篡权没几年，又被另一大将阿鲁台打败。阿鲁台杀掉贵利赤后，把一直在帖木儿帝国逃难的"黄金家族"后裔本雅失里接回来做傀儡可汗，实际上是他自己掌握大权。

不过，无论是谁掌权，鞑靼对明朝的态度都是一贯强硬。特别是阿鲁台掌权后，本来朱棣还一心想争取，不但在边境开设互市，以经济手段拉拢，更划拨土

· 六 / 漠北大血战 · 043

地招抚归降的蒙古人，甚至还多次派使者出使。阿鲁台起初只是虚与委蛇，而随着对瓦剌战争的节节胜利，他的胆子也壮了。永乐七年（1409）三月，朱棣再次派使者出使，做出友好表示——"释放大批先前俘虏的鞑靼军官"。不料，阿鲁台胆大包天，竟然将明朝使者郭骥杀害。这下惹恼了朱棣，遂决定与鞑靼开战！

打仗这事，朱棣一向效率高。阿鲁台三月杀明使，是年七月朱棣的爱将丘福率领的北伐大军就出征。谁知"欲速则不达"，丘福早在"靖难之役"时就是出名的有勇无谋，这次更轻敌冒进：七月出兵，八月就中了埋伏，十万大军全军覆没不说，丘福及麾下五位大将全数战死。败讯传来，一生所向披靡的朱棣愤恨不已：打了一辈子仗，哪吃过这么大的亏？于是，一个更大规模的战争计划迅速启动——御驾亲征。

御驾亲征破胡虏

在对待鞑靼的问题上，朱棣真是铁了心：丘福不行，就干脆自己来。接到败讯的当月，朱棣就下令命长江以北所有精锐部队限期集合，一共集结五十万人，非要打服鞑靼不可。

为了这次出征，朱棣充分准备，仅运输粮食的武刚车就准备了三万多辆。同时，情报工作也做得好，大力策反拉拢鞑靼军官，获得了阿鲁台等人的迁徙动向。为了打赢，朱棣甚至还颁布大赦令——"武将官员犯罪的，只要不是死罪，都可以来军前报到，上战场立功"。

朱棣的决心这么大，还跟当时草原的局势有关。在草原三大势力中，兀良哈和瓦剌虽然都相继归附明朝，但之间的关系并不牢靠；而鞑靼代表"黄金家族"，素来威望高，只有打服了鞑靼，才能真正威慑草原。更何况丘福战败，影响恶劣，如果不能扳回局面，瓦剌和兀良哈的叛变只是时间问题。所以，朱棣要不惜一切代价，一定要打赢。

永乐八年（1410）二月十日，这支必须胜利的北伐大军，在朱棣的率领下正式出发。对于职业军人出身的朱棣来说，这次他更兴奋无比，一路上除了给群臣灌输必胜信念，还忙里偷闲地时常闹些"游乐项目"——要么是拉大家赏雪，要么时常给路上所见的山川河流命名，甚至还常弯弓搭箭追逐野兔。这支声势浩大的大军，在朱棣的这番引导下更像是一个"欢乐的旅行团"。

作为一个久经沙场的军事奇才，朱棣自然深知此战的艰巨：深入漠北，后勤补给面临极大考验；面对具备机动力优势、战斗力凶悍的鞑靼骑兵，即将到来的将是一场严峻的恶战。但在恶战面前，朱棣却如此轻松，至少说明两点：一、他有必胜的信心；二、他享受这个胜利的过程。随着明军成功捕捉到鞑靼主力，这两条都成了现实。

五月，苦苦寻找敌人的朱棣经过严密搜索，终于有所斩获。原来，闻听朱棣大军压境，鞑靼可汗本雅失里与太师阿鲁台，竟然双双脚底抹油——分头逃窜。其中，本雅失里最倒霉，本以为逃到斡难河该安全了，谁知朱棣横下一条心率领轻骑兵死追，追到这里将其逮个正着。随后，大战打响，明朝皇帝和鞑靼可汗进行了一场硬碰硬的厮杀，朱棣越战越勇，甚至身先士卒冲入敌阵，终把本雅失里打得崩溃，仅带了七人七骑逃窜。

斡难河大战，朱棣出奇制胜，赢得干净利索。但真正的考验还没到，鞑靼的主力部队都掌握在阿鲁台手里。六月八日行军路上途经飞云堑时，朱棣却正遇到藏身山中的阿鲁台，在经过三天僵持后，战斗终于打响。这次朱棣再度身先士卒，率领骑兵奇袭阿鲁台军阵，终将敌人打得崩溃。随后，明军追杀，阿鲁台仓皇逃窜。至此，这场精心准备的北伐大获全胜。

朱棣北伐全胜，心情自然格外好：班师回朝的路上，每当遇到石碑和景物，都不忘刻石表功；就连俘虏的蒙古士兵，也大多当场释放。虽然胜利的滋味着实美好，但真实的过程却格外艰辛：明军回师路上粮草匮乏，甚至好些士兵缺粮饿死。对于明军而言，胜利其实艰难无比。

这场艰难的胜利，意义却非常重大：虽然跑了本雅失里，也没逮着阿鲁台，但此后不久本雅失里就被瓦剌杀死，阿鲁台则乖乖向明朝臣服，并于永乐十二年（1414）七月受封为明朝"和宁王"。

忽兰忽失温真凶险

自从被朱棣狠打一顿后，阿鲁台在明朝面前暂时老实了。不过，阿鲁台一面频繁遣使朝贡，一面更寻机会时常挑唆、拼命离间明朝和瓦剌的关系。同时，阿鲁台每次遣使前来朝贡，内容也千篇一律，不是说瓦剌欺负他，就是说瓦剌心怀不轨。

对阿鲁台的用意，朱棣心知肚明。因此，朱棣虽然对阿鲁台的挑唆不上当，但对其也尽量拉拢，除了给爵位、不断厚赏，连阿鲁台失散在中原的哥哥妹妹也一并找到送回，令他们一家团圆。

但随着明朝与鞑靼关系的不断升温，明朝和瓦剌的关系却日益降温。

鞑靼败于明朝后，实力大为削弱，但瓦剌则趁机崛起，在马哈木的率领下屡屡痛击鞑靼，抢占了不少人口和地盘。于是，马哈木的腰杆子，也逐渐硬气起来，竟然连明朝的账也越发地不买了。马哈木每次暴打阿鲁台，明朝出面阻拦，但马哈木都充耳不闻。这还不算，到了永乐十一年（1413），马哈木更干脆停止向明朝纳贡，甚至放话说要一统漠北草原。当然，眼里不揉沙子的朱棣哪里受得了这个，在精心准备之后决定大举进攻瓦剌。

这次的出征，开始于永乐十二年（1414）三月二十三日。跟上次出征比，这次朱棣还有一个额外目的：带着当时的皇太孙、后来的明宣宗朱瞻基一路随行，打算好好锻炼一下这个朝气蓬勃的年轻人。

随后，大军一路向西北进发。与上次不同的是，比起鞑靼人当时的惊慌失措来，这次瓦剌人却极为镇定，虽然也是一路撤退却井然有序，完全是计划中的坚壁清野。以马哈木不服输的性格，撤退必然是个圈套，一个巨大的埋伏圈正在前方等着明军。

六月七日，朱棣的大军，抵达了这个圈套的袋口上——忽兰忽失温。

这次马哈木的算计，可以说是环环相扣：先有计划地节节撤退，引诱明军追击，然后集结精锐骑兵埋伏在忽兰忽失温的高山上，利用骑兵优势发动反扑，准备一举击溃师老兵疲的明军。

对马哈木的算计，朱棣不是不清楚，但是清楚也要跳进去，因为这是一场不能输甚至不能退的战争，而在必须要赢的目标下刀山火海也要闯，最重要的是他相信这关他闯得过去。

当日战斗打响，朱棣戎马一生，第一次看到了如此高素质的骑兵——瓦剌骑兵。瓦剌骑兵凶悍的战斗力，成熟的作战模式，以及居高临下、暴风骤雨般的冲击，都远远强于之前朱棣所见识的任何对手。然而，对这个套路，朱棣也早有准备，他祭出的法宝便是大明王朝的王牌部队——神机营。这支历史上最早的成建制热兵器部队，以15世纪早期最先进的火器将凶悍的瓦剌骑兵扫得人仰马翻，紧接着明军骑兵出动与瓦剌军殊死搏杀，步兵正面突击，苦苦缠斗。明军以更成熟的步骑炮协同作战模式，成功克制了瓦剌的骑兵冲击。

在战斗的最关键时刻，朱棣再次提兵冲锋，终于将瓦剌军阵冲溃。明军随后追杀，一直杀到土剌河（今土拉河，《元史》作"土兀剌河"），终于取得彻底胜利。然而，明军的损失也极其惨重，除了战场上互有杀伤外，朱棣悉心培养的皇太孙朱瞻基更在战斗中被冲散——这位后来开创"仁宣之治"的一代明君差点血沃沙场。

比起第一次痛打鞑靼来，明朝第二次北征瓦剌，威慑力同样强劲。这场战争之后，一直到"土木堡之变"之前的足足三十五年的时间里，瓦剌始终未敢与明军发生直接冲突，一直对明朝恭恭敬敬。

瓦剌钻了大空子

在经过两次北征的胜利后，明朝的国威军威从此更如日中天。瓦剌此后一度很老实，从战败的马哈木到其子脱欢一直都是明朝的"乖臣子"，虽说其和鞑靼间争斗不断，却不敢找大明的麻烦。

明朝北部边防格局，也在朱棣这两次胜利后形成了这样的景象：大明王朝好比一杆秤，有中央政府的名义；瓦剌和鞑靼好比秤杆两边的俩秤砣，还时常较劲不休，而边防要想无事就要搞好平衡。

这以后的朱棣晚年的三次北伐，也和维持这种平衡有关系。自从瓦剌战败后，实力大幅度削弱，但鞑靼的阿鲁台却又起势了。鞑靼不但多次击败瓦剌，就连马哈木也被其打死，马哈木的儿子脱欢更一度被俘。其时，自我感觉良好的阿鲁台的野心也膨胀了，不但拒绝向明朝纳贡，甚至还拉拢兀良哈三卫一道反明。这下朱棣再次愤怒，于永乐二十年、二十一年、二十二年连续三年发动对阿鲁台的讨伐。

但比起前两次北伐的战果丰硕，这三次出兵都好似拳头砸跳蚤——每次都是一样的情节：阿鲁台惹事，朱棣讨伐；阿鲁台跑，朱棣搜；没搜着，朱棣班师。明军每次都弄得师老兵疲，而阿鲁台也不好过，部队被打得七零八落，每次更被瓦剌紧接着追打，实力大为衰弱。永乐二十二年（1424）六月，朱棣第五次北伐，一直追到今俄罗斯境内还是没有寻到阿鲁台踪迹。在班师回朝的路上，打了一辈子仗的朱棣更是病故于榆木川，享年六十五岁。

侥幸躲过一劫的阿鲁台,在此后一直东躲西藏,却没躲过瓦剌的追击。宣德九年(1434)九月,瓦剌可汗脱欢在蒙古巴丹吉林沙漠将阿鲁台击毙,既给其父马哈木报了仇,更向明朝邀了功。然而,朱棣苦心构建的战略平衡至此也被打破:脱欢此后实力上涨,不但控制了瓦剌,更拥立了蒙古可汗脱脱不花。从此,瓦剌的可汗以蒙古可汗身边"太师"的身份,成为草原实际的统治者。

对这个正在崛起的强大敌人,明王朝的反应却异常迟钝,依然只拿瓦剌当个恭敬的边陲小部落。朱棣过世后,从明仁宗朱高炽开始,几代明朝帝王都"不务远略",再没朱棣那番战略眼光。所以,在瓦剌开疆拓土期间,明王朝只是乐看其痛打鞑靼,却丝毫没意识到一场巨大的危机正在临近。

在正统四年(1439)脱欢过世后,一个更强大的对手从此登场——脱欢的儿子也先。也先比起他父亲脱欢来可谓更有头脑,他起初对明朝不但恭顺,更借着相互间的贸易大发横财,并借此扩张地盘。正统六年(1441),也先攻克了朱棣生前苦心经营的哈密重镇,把持了"丝绸之路"要道。至此,瓦剌部落已经掌控了西至西域、东至辽东、南至兀良哈的庞大疆土。自从元王朝灭亡后,蒙古可汗披着"忠顺王"的外衣,逐渐在草原上再次崛起为一个足以挑战大明王朝的强敌,而这个强敌即将奉送给明王朝的却是一场"惊天动地"的惨祸——"土木堡之变"。

七 / 明仁宗的死亡谜团

与永乐皇帝朱棣在位二十二年、一生纵横捭阖建功无数、文治武功名扬四海相比，他的长子朱高炽在永乐二十二年（1424）七月朱棣过世后以皇太子身份即位是为明仁宗，并于次年五月末即撒手人寰，虽在位仅仅十个月，但长久以来也同样是一个话题颇多的人物。

公认的说法，这是一个苦命人。

看朱高炽这辈子，确实够苦：天生残疾不说，人生的大部分时间几乎都在猜忌与争斗中度过；表面身为太子，风光无比，却上有父亲朱棣猜疑，身旁有弟弟朱高煦争宠陷害，生活在水深火热中；最后好不容易咬牙熬出头盼到了君临天下的那天，谁知在位才十个月——皇位屁股还没坐热——却早早撒手人寰。可以说，从头到尾，朱高炽就是个受苦的命。

然而，对这位苦命人，后世的名声却极其好。《明史》评价说，朱高炽对父亲朱棣的仁孝，堪称历代子臣的典范。朱高炽登基以后，从用人到行政，做过的好事，更是多得数不过来；如果多给他几年时间，他甚至可以开创堪比"文景之治"的盛世。这是一个极高的评价。

朱高炽的去世也颇多争论，历来都有人怀疑他不是"自然死亡"。有关其子朱瞻基（明宣宗）将朱高炽谋杀的说法，几乎成为一桩类似宋朝"烛影斧声"的谜案，至今争论不休。如此，坎坷、美誉、谜团，构成了这位帝王话题颇多的一生。且让我们循着朱高炽人生的脉络，仔细地看一看究竟是如何的。

"苦孩子"朱高炽

朱高炽，明洪武十一年（1378）生于南京。母亲徐氏是明朝开国元勋、名将徐国公徐达之女，朱棣的正房王妃徐氏，即后来永乐朝的徐皇后。朱高炽不但是朱棣的第一个儿子，也是朱元璋的第二个"皇孙"。次年，父亲朱棣就藩北平，尚且年幼的朱高炽被留在南京，后进入朱元璋为教育皇室子弟开设的"大本堂"读书。其间，朱棣两次来京朝见时与之见面，大多数时候则与父亲"南北相隔"。明初皇室教育制度极严，"大本堂"学规是由太子"东宫太师"宋濂亲手创建，规定：凡六岁以上皇子，每日卯时开始送学宫就学，时间长达十二个小时，且不可无故告假；每年仅年节及皇后、皇子生日才可放假，每年仅十八天假。同时，其学习章程由皇帝批准后，即使皇子母妃甚至皇帝本人都不可干涉。在苛刻学规下，多数皇子苦不堪言，常有怠学贪玩之举（尤其是朱高炽的亲弟弟朱高煦）。朱高炽却是少数勤于学业的皇子之一，尊师重道，对各位师傅敬礼有加；诸"皇兄皇弟"们有违规行为时，也竭力为之说情；学业更是拔尖，天生喜爱读书，更常与诸"教师"纵论古今，见解精到。史载"众师皆称其贤"，也因此引起了祖父朱元璋的注意。

和后来被立为"皇太孙"的堂兄朱允炆一样，朱元璋从朱高炽自小开始就对其分外"隔辈亲"。某日，朱元璋检视诸"皇孙"学业，观一纵论垦荒政策的文章条理清晰、论辩有据，大为称赞。得知是朱高炽所作时，朱元璋大赞道："吾孙仁厚也。"其后，朱元璋对朱高炽分外器重，不但常在狩猎或出巡时带在身边，也经常命他帮助自己审阅奏章，而朱高炽也每每应答得体，多有建言。特别是有一年冬天，朱元璋命朱高炽于破晓时检阅南京玄武湖卫队，但朱高炽却很快去而复返，故朱元璋嫌朱高炽敷衍而大为不悦。朱高炽却坦然答道："清晨寒冷，我让将士们先吃早饭，待到饭后再检阅也不迟。"一番话令朱元璋转怒为喜，朱高炽的"仁厚"更在朱元璋心中加深了印象。此事后不久，朱元璋对太子朱标说："汝侄（朱高炽）天性仁孝纯良，善于守成治民，他日封藩燕地，必为国家屏障，汝要善待之。"果然，明洪武二十八年（1395），朱高炽被立为燕王世子（继承人）回归燕地，从此才真正与多年聚少离多的父亲朱棣团聚。

明枪暗箭争太子

观朱高炽的性格以及早年的人生履历，同朱元璋英年早逝的长子朱标以及后来被立为"皇太孙"的朱允炆比，他们有太多相似之处——都是天生尊儒好学，为人谦虚有礼，也颇得朱元璋赏识。但与朱元璋终其一生对长子朱标推心置腹的信任比，身为人父的朱棣对自己的"世子"朱高炽却常年颇多不满：一方面，朱高炽尊文尚儒、性情儒雅，且天生肥胖并脚有残疾，日常走路尚需人搀扶，完全是"手无缚鸡之力"的样子，这让一生征战杀伐的朱棣常有"子不类父"之感；另一方面，朱棣次子朱高煦自幼生长在燕地，常年与朱棣朝夕相处，自然感情更深，而且朱高煦天生孔武有力，沙场之上屡屡建功，当然颇得朱棣赏识。自封世子开始，朱高炽就这样一直生活在父亲朱棣的偏见中。

但是，朱高炽很快就让朱棣认识到了他的价值。先是建文元年（1399）五月，朱元璋周年忌日时，正筹划起兵的朱棣为打消朝廷怀疑，派朱高炽率两个弟弟朱高煦、朱高燧入京参拜。这时，以兵部尚书齐泰为首的一批官员力主将朱高炽三人扣押为人质，以让朱棣不敢轻举妄动。甫入京城，即是危机四伏，但朱高炽不惧，先是在觐见建文帝朱允炆时"应答得体，极陈燕王忠孝"，令本已下定决心的建文帝犹豫不决。之后，朱高炽私下找到建文帝朱允炆信任的两位亲族——左都督徐增寿（徐达的小儿子，朱高炽的小舅）和驸马陈宁（朱元璋幼女之夫，朱高炽的小姑父），请二人在建文帝面前多多美言。在两位"亲戚"的劝解下，建文帝朱允炆终打消了"劫持人质"的念头，并在参拜礼仪结束后即放三人回去，以致朱高炽和弟弟朱高煦、朱高燧三人终平安回到北平，而此事也被看作"靖难之役"前建文帝朱允炆的最大失招。朱高炽一行人归来后，朱棣兴奋异常，大叫"天令我父子保全也"。当然，之所以能"父子保全"，处乱不惊的朱高炽功不可没。随即，朱棣于年底起兵，拉起了反叛大旗。

正是这件事，朱棣开始改变对世子朱高炽的印象。"靖难之役"开战后不久，建文帝朱允炆即派李景隆率大军六十万北进，朱棣深知自己兵力远非"中央军"对手，决定北上大宁（今内蒙古多伦），挟裹驻扎此地的宁王朱权一道叛乱。临行前，朱棣把守卫大本营北平的任务交给了朱高炽，并叮嘱说"此战关乎全局，汝要凭城死守，万勿出战，待大军归来时，即为全胜之日"。随后，朱棣于建文元年（1399）十一月底提兵北上大宁，仅给朱高炽留下一万兵将。十日后，李景隆的六十万中央军便兵临城下并志在必得，修筑了九座堡垒，安置了二百余门重型火炮，一时之间炮火齐鸣猛轰北平城，六十万中央军从四面齐发狂攻。危急之下，朱高炽毫无惧色，他首先是合理分配城防兵力，击退了中央军首轮攻势；继而不畏炮火穿梭于城中，"亲切慰问"死于兵火的百姓；最后因北平城中缺粮，朱高炽又亲打"白条"，承诺战后一定优厚抚恤，终令北平百姓感动不已，城中男丁组成"民壮"，妇女老幼皆编成"战地服务队"送水运饭，齐心协力帮助守城，令中央军攻击屡屡受挫。特别是有一次中央军已经攻破东门，东门守军死亡殆尽，危急时刻城中妇女组团杀出扑向中央军，竟把中央军杀得大溃。朱高炽还特别擅用智谋，他不顾朱棣"勿要出战"的嘱托，时常在深夜派小分队发动夜袭，数次杀掠甚多；甚至有一次竟然成功炸掉了中央军的炮兵阵地，"毁火铳十数门"。后来，中央军暴怒，发动了不惜一切代价的"自杀式攻击"，一时间几十万大军前仆后继，奋勇登城。朱高炽处乱不惊，命军民们泼冷水于城头，而是时北平天寒，冷水泼下后立刻成冰，偌大的北平城墙成了"冰山"，任中央军士兵费尽牛劲也爬不上来。就这样殚精竭虑之下，仅有一万余士兵的北平城，竟成功地顶住了六十万中央军达三十天。随后，朱棣率兵驰援，向中央军发动强攻，一举把李景隆打得全军覆没，从而彻底扭转战局。之后漫长的三年"靖难之役"期间，朱高炽因体弱多病被朱棣安排在后方，负责安定地方筹措粮饷。朱高炽兢兢业业，使得地盘狭小的朱棣竟能与占有国家大部分资源的中央军相持三年，并最终一举击破。可以说，朱高炽的"后勤工作"尤其重要。

但即使这样，朱高炽还是免不了父亲朱棣的猜忌。建文帝朱允炆为离间朱棣父子，派使臣至北平和朱高炽密谈，许诺说"如归朝廷，许汝为王"，并暗赐诏书。消息被燕王府的太监黄俨通报给朱棣，接着朱高炽的弟弟汉王朱高煦也从中挑拨，激得朱棣大怒而欲派使者回北平"赐死"朱高炽。但朱高炽处理得当，在建文帝使臣赐诏书后看都没看直接将其捆了，连同未开封的诏书一道送给身在前线的朱棣。此举果然令朱棣疑虑顿释，连声庆幸说"几杀吾子"。

建文三年（1401）六月，朱棣攻入南京，建文帝朱允炆兵败后下落不明。随后，朱棣称帝，次年改年号为"永乐"。永乐二年（1404），朱棣正式册封朱高炽为皇太子。对于这位之前饱受猜忌、历经生死考验的"长子"来说，朱高炽可谓苦尽甘来。

朱高煦机关算尽

定天下，封太子，看似"熬出了头"，其实对太子朱高炽来说凶险才刚刚开始。

朱高炽这太子之位来之不易，尽管其在"靖难之役"中立功颇多，但长久以来朱棣最喜爱的还是能征善战的二儿子朱高煦。在"靖难之役"的关键战役白沟河之战前，朱棣就曾暗示朱高煦要做好继承人的准备（"勉之，世子多疾"）。朱棣登基之后，其麾下曾与朱高煦一起出生入死的将领们，如朱能、张辅、邱福等人，也力主册立朱高煦。这些将领们都是后来位列功侯执掌军权的"功臣"，影响力甚大。同时，朱棣的三儿子朱高燧，也和朱高煦勾连一气。因此，朱棣从建文三年（1401）登基后，直到永乐二年（1404）才正式册立太子，实为在朱高炽、朱高煦二子之间犹豫不决。

支持朱高炽的却是文臣一派。一是曾在"靖难"期间协助朱高炽留守的文臣，如后来的礼部尚书吴中等人，对朱高炽颇为支持。在朱棣登位后，他所倚重的文臣，如夏元吉、蹇义、方宾、解缙、胡广等人，对朱高炽也颇多支持：一则是因为朱高炽为人宽厚谨慎，在文臣中深得人心；二则是朱高煦性情横暴，当年在南京"胜利大逃亡"期间就曾在沿路杀人，"靖难"成功后更是"倚功多有不法"，民愤极大。二是历代王朝"立长"的传统，也让文臣们更多地倾向于朱高炽一边。永乐元年（1403）一月，群臣即上表要求册立太子，但朱棣以太子"正在学习阶段"（属尚进学之时）为由予以拒绝。两个月后，群臣请朱棣的同母弟弟周王朱橚出面再次请求册立太子，但反遭朱棣下旨斥责。

朱棣最终拿定主意册立朱高炽为太子却是因为如下几件事：一是兵部尚书金忠的意见。金忠善于占卜，朱棣起兵期间就曾多次向他问计，史载"无卦不灵"。关于立太子之事，金忠用卜卦的方式向朱棣进言，告之"若废长立幼，日后必然引发兄弟相残"，令朱棣大为震动。二是另一个常年为朱棣卜卦的相士袁拱的意见，他也对朱棣说朱高炽有"帝王之相"。三是大学士解缙的话也颇为重要，他对朱棣称赞朱高炽有"好圣孙"。"圣孙"即朱高炽之子，后来的明宣德皇帝朱瞻基，从小就和朱棣"隔辈亲"。另外，朱高炽从立为世子开始，一直小心谨慎，从未有过任何错事，和他不法行为不断的两个弟弟对比鲜明。如此种种，最终才让朱棣下了决心。永乐二年（1404），朱棣正式册封朱高炽为太子。之后，选拔杨士奇、杨荣、蹇义等人相继成为"东宫詹事"，辅佐朱高炽。但对于朱高炽来说，考验才刚刚开始。

被封为汉王的朱高煦果然不死心，他先是以种种借口拒绝就藩，接着和三弟朱高燧以及宦官黄俨勾结，屡屡陷害朱高炽。朱棣为朱高炽选择负责太子教育的"太子太师"丘福，但其更是朱高煦的亲信。永乐六年（1408），朱棣又命丘福辅佐"皇太孙"朱瞻基，这样父子二人实际都在汉王朱高煦的监视之下。朱棣从永乐八年（1410）起，连续发动了五次对蒙古的御驾亲征，每次都命太子朱高炽坐镇南京监国，这更把常年受朱棣猜忌的朱高炽推到了风口浪尖。在汉王朱高煦的陷害下，朱高炽身边的亲近大臣也不断有人遭罪：永乐四年（1406），大学士解缙遭贬，四年后又被处死，原因正是朱高煦诬陷他"擅与太子谋，恐不轨"。永乐十年（1412），大理寺右丞耿通向朱棣揭露朱高煦的不法行为，反被朱棣以"离间父子"罪赐死。永乐十二年（1414），朱棣亲征蒙古得胜归来，心情大好之际，随行的朱高煦借机向朱棣诬陷朱高炽，而这也是最严重的案件。回到南京后，因在监国的太子朱高炽迎驾迟缓而引得朱棣大怒，甚至动了废黜朱高炽的念头。危急时刻，朱高炽身边的杨士奇、蹇义、杨溥等大臣主动承担了罪责，力陈此事是自己的责任，结果纷纷被朱棣下狱。朱高炽虽躲过一劫，但太子之位已然风雨飘摇。

朱棣之所以对太子朱高炽常年颇多防范，一则是他天生的猜忌心理，二则是他对汉王朱高煦的偏爱以及朱高煦亲信的太监和武将常年的影响。但最重要的却是，朱高炽虽然谨慎小心，但他为政宽厚，特别是在朱棣北征期间留守监国时，每次都赦免许多无辜得罪的犯人并减轻刑罚，这无疑是与朱棣"唱反调"。身为帝王，朱棣自然忌惮身后即位的帝君更改自己的国策，而太子朱高炽无疑是犯了大忌。

但朱高炽最终平安地渡过了难关，这得益于他身边亲信文臣的帮助，也得益于他自己"几十年如一日"的良好表现。朱高炽信任的杨士奇、杨荣、杨溥等大臣分外有智谋，每遇危机不但能勇担罪责，更能设法化解危险。特别是杨士奇，身为内阁大学士，朱棣时常向他询问太子朱高炽的表现，每次都美言甚多。吏部尚书蹇义也是关键人物，他执掌"吏部"素来以看人眼光极准而得朱棣器重。朱棣派丘福北征时，蹇义向朱棣进言丘福"有将略无帅才，不堪大用"，而结果正如其所言，遂令朱棣大为赏识。对于立储这一"敏感"问题，蹇义甚少发表看法，但他在洪武年间就曾是朱高炽在"大本堂"时候的老师，"立场"自不必说。汉王朱高煦每次进谗言陷害朱高炽一派的官员时，蹇义虽然表面不说，但暗地却利用自己"人事部长"的身份从中周旋，尽量使获罪官员减轻责罚，每次都"保全善类甚多"。另一位负责"大账房"的户部尚书夏元吉，也时常对朱棣言太子朱高炽"素节俭"，令朱棣大为满意。当然，最关键的还是朱高炽自己的表现，虽然屡遭两个弟弟陷害，但朱高炽不计前嫌，每次朱棣询问他对弟弟们的看法时皆言其善，甚至每次汉王朱高煦有劣迹被告发时更是主动乞求朱棣宽恕，而这与两个弟弟平日"打小报告"形成鲜明对照。与此同时，朱高炽每次受命"监国"时虽屡遭朱棣猜忌，却依然坚持行"仁政"，且每份诏书皆以朱棣名义行事。蹇义向朱棣进言道，太子朱高炽此举实为"树陛下之恩德也"。朱棣看到太子朱高炽为自己"收买人心"之举，不禁也有所感动，连连感叹"先皇（朱元璋）常赞太子仁孝，今观果不虚也"。在几次朱棣欲废朱高炽时，当年曾为朱棣占卜的金忠也屡屡阻止，声称愿"举家连坐保太子"。日久天长，朱棣的"心理天平"终于倾斜了。

在这过程里，汉王朱高煦也终于触怒了朱棣。朱高煦勾连三弟朱高燧，不但时常陷害太子朱高炽，且胡作非为。史书上记录最多的是朱高煦常以李世民自居，引起朱棣厌恶。其实，除此以外，朱高煦触怒朱棣的还有两件事：一件事是私自走私茶叶至青海西藏，破坏朝廷与西藏地区的"茶马贸易"。"茶马贸易"一直是明朝战马的重要来源，对意在征服蒙古的朱棣尤为重要。朱棣二征瓦剌回来，战马死伤甚多，却得知战马储备不足，一时大怒命夏元吉严查，却牵出了朱高煦的"走私案"。朱棣虽最终"睁一只眼闭一只眼"，但对朱高煦印象大恶。而另一件事是不久后的永乐十三年（1415），朱高煦在南京招募"护卫"，建立了一支三千人的亲兵队，而偏偏这其中有几个人横行不法，在南京买东西时强买强卖打死了居民。当时，南京的兵马指挥使徐野驴将之捉拿，却被朱高煦随后派人殴打致死。此事被兵部尚书金忠报之朱棣，经查问得知这些人都是朱高煦亲兵，此事自然犯了朱棣"大忌"。永乐十四年（1416），朱棣就朱高煦封藩一事询问杨士奇，杨士奇巧答道："陛下正谋迁都，汉王却留居南京，望陛下深查其心。"此话暗指朱高煦有谋反之意，却正中朱棣下怀。同年，朱高煦被强行迁往山东青州做"汉王"。从此，朱高炽的太子之位彻底稳固。此后朱棣过世，朱高炽在杨荣和张辅的巧妙安排下有惊无险地即位。此事值得一提的还有张辅，他虽是汉王朱高煦一派，但史载他"识大义"，关键时刻与杨荣合谋，终令朱高炽顺理成章地登上了大明皇位的宝座。

短暂执政业绩多

与今天许多人的想象不同的是，君临天下的朱高炽在接过朱棣留下的丰厚家产的同时，也接下了"永乐盛世"结束后大明帝国的千疮百孔。

朱棣一生，文治武功伟业赫赫，却终免不了劳苦百姓。至朱高炽即位时，户部尚书夏元吉就向朱高炽奏报，天下已然"民穷财尽""疲惫至极"：一是内政方面，江西、福建以及山东西南，小规模的农民起义时有发生。此时，因北征征用大量民夫，北方山东、山西、河北、河南四省"十室四五空"，劳力大量流失，粮食也连续三年歉收；因土地兼并以及各地大兴土木，江苏、浙江、江西各省大量农民失去土地四处流浪，形成严重的"流民问题"。二是物价方面，仅大米价格就比朱棣即位初期上涨了十倍。在永乐朝初期足够支用十余年之久的"国家战略储备粮"，此时只够支用一年有余。三是对外方面，安南叛乱仍在继续，当地明军败绩连连。为此，国家耗费钱粮无数，却成了一个填不满的"无底洞"。

在这样的情况下，朱高炽果断更改了朱棣时代的内外国策，开始"仁德治国"。一是对朱高煦、朱高燧两个曾与其争皇位的弟弟，朱高炽体恤有加，毫不念旧恶。二是内外政策方面，对外停止了"下西洋"和"通西域"；对北方鞑靼和瓦剌改以招抚，暂停用兵；对南方的安南叛乱也暂停用兵，派使者展开"和平对话"。三是经济方面，依夏元吉建议停止发行纸币"宝钞"，并由国家控制盐价，实行"紧缩银根"，控制物价。四是针对越发严重的土地问题，朱高炽一方面派出以监察御史周乾为首的"工作组"赴江西、江苏、安徽、山东等省"展开调研"；另一方面废除朱元璋时代部分禁令，将之前诸多不允许平民进入的湖泊山泽，甚至军用马场均划归民用，招募农民垦荒，以解决"流民问题"。五是为缩减国家开支，在政府方面开展"机构改革"，裁撤了朱棣时代设立的闲散府衙，"下岗分流"大批官员，对地方官设立了七十岁必须致仕的"退休制度"。六是对屡平屡反的各地农民起义，也变"剿"为抚，改以招抚之策。短短几个月间，各地民乱纷纷平定，国家物价日益回稳，国家财税收入日渐增加。至洪熙元年（1425）一月，国家税粮收入即达到接近永乐朝最繁荣期的三千五百万石，物价水准特别是米价也回落到朱元璋时期的水平，而濒临"民穷财尽"的明王朝终逐渐重回正轨。

在稳定内政的同时，朱高炽也对传统的司法和政治制度着手改革。首先是司法方面，赦免了大量在"靖难之役"后获罪的家庭，如铁弦、方孝孺、齐泰、黄子澄等"罪臣"的亲属皆重获自由，"罪臣"们也得以"平反昭雪"。进而对《大明律》做了修正，废除了如宫刑、扒皮塞草等残酷刑罚，为政以宽松为主。最重要的却是国家政治改革，进一步强化朱棣时代确立的"内阁大学士"的权力，治国倚重文臣。例如，在朱高炽做太子期间成为亲信的杨士奇被任命为内阁首辅，是大明朝创建内阁制以来首任首辅。在朱高炽执政期间，内阁更形成了明朝历史上著名的"三杨内阁"（杨荣、杨溥、杨士奇）。这一切，不仅是当年建文帝朱允炆想做而未能做出之事，更成为明王朝后世的沿用制度。

明洪熙元年（1425）五月二十九日，正励精图治的朱高炽猝死于宫内钦安殿，时年四十八岁，追谥为孝昭皇帝，庙号仁宗。明仁宗朱高炽短短十个月执政时间，却奠定了明王朝之后"文官政治"的雏形，影响其后二百年。《明史》称朱高炽"定万世臣子之法""景比隆哉"，观其贡献，至为恰当。

死亡谜团多争议

但与朱高炽生前"史不绝书"的赞誉相比，他的死因却成为一个争论。其中，《明仁宗实录》和《明史》都只字不提朱高炽的死因。主流的史学观点认定朱高炽死于"耽于淫乐""纵欲过度"，大都来自洪熙元年（1425）国子监祭酒李时逸批评他的奏折。其时，李时逸批评朱高炽"自建宁选取秀女，恐阻维新之望"，气得朱高炽险些将李时逸斩首。直到垂危时，朱高炽还怒骂说"时逸辱我"。明人《病逸漫记》中也考证说，朱高炽是为了治疗"阴症"（阳痿）服药中毒而死。但根据《明史》记录，朱高炽在位时的皇妃，除张皇后外仅郭、李、谭三妃，"纵欲说"确实有待商榷。另一种说法是"暗杀说"，则起自一个疑点：洪熙元年（1425）三月，朱高炽命太子朱瞻基南下中都（凤阳）和南京祭奠明朝皇陵。但朱瞻基离京后，并未按照行程先去凤阳，而是直奔陪都南京，显然是为"即位"做准备。同时，负责侍奉朱高炽饮食起居的御用监宦官海寿却是朱瞻基的亲信，而其在朱瞻基登基后更摇身一变成为大明朝司礼监掌印太监。更让人疑惑的是，汉王朱高煦在朱瞻基登基后起兵造反，事败后被审讯的记录中承认：他在闻知朱高炽驾崩后曾专门派兵在朱瞻基必经的各要道布控，准备截杀回京即位的朱瞻基，谁料却最终扑空。此时，朱瞻基本远离京城，如无意外不可能比朱高煦更早知道朱高炽去世的消息，唯一的"意外"——也许就是所谓"驾崩"，正来自朱瞻基的亲手谋划。

然而，历史的谜团伴随着争论延续到了今天，却终究未见其水落石出。

八 /"仁宣之治"有多强

在位只有短短十个月的明仁宗朱高炽，其帝王生涯宛若一颗璀璨的流星，虽然转瞬即逝，却光耀无比。

清朝官修的《明史》，对朱高炽的评价尤其高，将他列入明朝"五大仁君"榜单；甚至断言说，假如他的寿数可以再延长几年，必然会缔造堪比西汉文、景二位圣君的大功绩。至于后世史家们，他们对朱高炽更是称赞不断，凡是"仁君"该有的荣誉称号基本全齐了。

评价如此之高，除了明仁宗朱高炽个人善良的人品以及做过的诸多好事，更因为一个公认的事实，即执政短暂的明仁宗开启了一个足以超越历史的伟大盛世——"仁宣之治"。

"仁宣之治"是大明王朝继"洪武盛世"和"永乐盛世"后又一段成就骄人的光辉岁月，虽然时长只有十年，但其富庶的民生经济、廉洁高效的行政运转却造就了一个国泰民安的繁荣时代。仅以治国成就论，这一时代已足够与前朝诸多盛世媲美，堪称中国历史上著名的"治世"。

然而，说"仁宣之治"超越历史，最重要的一条原因却是：这个时期更是明朝政治经济制度的变革期，明朝历史上几项影响重大的改革都是在这十年里完成的。不夸张地说，明王朝在这期间完成了治国模式的一次完美升级。之后两个多世纪里，明王朝的政治经济运转，更都是在"仁宣之治"确立的轨道上前行。

开启这个变革时代的是英年早逝的明仁宗朱高炽，而真正完成这个业绩的却是他的长子，即继承其帝业的明宣宗朱瞻基。

明宣宗的美好童年

比起父亲朱高炽的苦命人生来，早年的朱瞻基可以说是生在蜜罐里。

朱瞻基的出生很有意思，他生于洪武三十一年（1398）。在朱瞻基降生的当夜，其时还是燕王的祖父朱棣忽做一梦，梦见明太祖朱元璋赐予其大圭。这梦非同小可，大圭象征帝王身份，十足的吉兆。当时，朱棣正在梦中乐呵着，孙子朱瞻基呱呱坠地了。乐醒的朱棣连忙去看孙子，抱着越看越喜欢，当即称赞说："这孩子就是大明朝的福分啊！"

从此以后，对朱瞻基这个孙子，朱棣一直疼爱有加。这以后的朱棣，先"靖难"，再登基，从雄踞一方的燕王升级为君临天下的帝王。与此同时时，朱棣对孙子朱瞻基的疼爱更是与日俱增，甚至为此做出了一个惊人的决定：在确立儿子朱高炽为皇太子后，于永乐九年（1411）十一月将十三岁的朱瞻基册立为皇太孙，使其成为大明王朝下下一代合法继承人。明朝历史上，太子尚健在就指定太孙，这是唯一一次。

朱棣如此疼爱这个孙子，除了"隔辈亲"的情分，却也有更重要的原因：朱瞻基相貌英武，天资聪颖，特别是博闻强识，处处透着灵性，好些个脾气秉性，更与年轻时的朱棣格外相似；外加他的母亲张氏，即后来的"诚孝张皇后"，素来是出了名的贤惠。如上因素，终于令朱棣做出判断：这孩子身上深藏着帝王的潜质，假以时日，必成大器。

自此以后，朱棣对朱瞻基的成长操碎了心。首先，给朱瞻基组建了一个强大的教育团队。其中，负责他学业的首席老师是号称"靖难第一谋士"的姚广孝，此人不但学识渊博，更深通权谋兵法。另外，还有胡广，这是建文年间的状元郎，明初杰出的学问家。以这二位强人领军，辅以一批名臣学者，教学内容更丰富，从儒家典籍学问到行政经验，乃至御人之术、统兵打仗，凡是做皇帝需要的本事都得全方位教学。

其次，除学业要求外，好些教育项目朱棣还亲力亲为，手把手带孙子锻炼。最初的时候，朱棣常带着朱瞻基出门打猎，或者走访农家、访贫问苦。后来，朱棣北征漠北，更常带着朱瞻基随军，亲历战场厮杀。

朱瞻基也没让祖父朱棣失望，学业进步极快，而且能文能武。朱瞻基武功练得好，还曾在宫中宴会上表演射箭，当场连发连中，博得满堂喝彩；文化水平同样高，尤其擅长对对联，诗词也写得好，还精通书法绘画，是典型的全面发展的好学生。

但比起上面这些优良成绩来，真正令祖父朱棣感到欣慰的，却是朱瞻基十六岁那年的一件事。正是这件事令朱棣认定，这个他一直寄予厚望的孙子朱瞻基果然没有变成只会啃书本的书呆子，相反已初具独当一面的才能。

这件事，发生在永乐十二年（1414），也就是著名的忽兰忽失温战役期间。

当时，朱棣御驾亲征瓦剌，命已是皇太孙的朱瞻基随行。继而忽兰忽失温血战，明军一举击溃敌军。正在乘胜追击间，孰料一个不留神，督战的皇太孙朱瞻基遭瓦剌反扑，居然深陷重围，险些给抓了俘虏。

正是在这场突发危机面前，年轻的朱瞻基第一次表现出过人的能力：临阵毫不慌乱，反而镇定指挥、从容周旋，终于等来了援兵，有惊无险地脱困。

接下来的事情，朱瞻基更令祖父朱棣刮目相看：是夜，祖孙俩长谈，分析白天战局的得失。当朱棣踌躇满志，打算第二日乘胜追击，一举荡平瓦剌残部时，长期在身边当听众的朱瞻基却突然语出惊人："今天天威所加，敌人已经闻风丧胆了，经过这场战败，他们生息都很困难，已经不敢再杀回来了。现在已经不需要穷追，应该尽早班师回朝。"

以朱棣的性格，要是旁人敢这样顶他，恐怕早已气坏；但这次不同，眼看着孙子朱瞻基侃侃而谈，把战局分析得丝丝入扣，真是说不出的高兴。第二天一早，当杀敌心切的众将士争先请战时，朱棣却一反常态照搬了孙子朱瞻基昨夜的论调："敌人已经跑远了，追也没意思，班师回朝吧。"

声势浩大的朱棣远征瓦剌之役，就这样圆满结束。在朱棣眼里，孙子朱瞻基的这番表现，与这场胜利有着同样意义：这个十六岁的孩子，在祖父面前完美表现了过人胆气与卓越判断力，自己多年的苦心培育已然开花结果。

从那以后，朱棣对孙子朱瞻基的培养也更加升级。到了晚年，朱棣甚至允许朱瞻基在文臣辅佐下独立处理一些国家事务，相关的行政经验也早早累积。

在常年的宫廷斗争中，朱瞻基的另一样本事也同样悄然升级——权谋心机。

要说朱瞻基这本事的形成，也有教育因素。朱瞻基的老师姚广孝就是权谋大家，但同样重要的因素，却是实战锻炼——拜永乐年间的争太子风波所赐。

彻底解决野心二叔

在朱瞻基看来，自从父亲朱高炽被立为太子后，几位叔父就没一天消停过，尤其是二叔——汉王朱高煦更是常年处心积虑：不是造谣诬陷，就是四处活动，最张狂的时候甚至还当众羞辱父亲朱高炽，行为极其恶劣。

对于这些凶险的考验，老实人朱高炽一度非常孤立无助，身边的亲信大臣们不是遭陷害蒙难就是弃他而去。朱高炽本人除谨慎行事外，更一度给吓出毛病：一次朱棣听信朱高煦谗言，张榜申斥朱高炽，吓得朱高炽立刻卧病不起。《明史》里记录说，脸都给吓蓝了。

就是在这样的凶险环境下，年轻的朱瞻基与父亲朱高炽一道见证了世态炎凉，人情世故了然于胸。面对明枪暗箭，朱瞻基更是常常挺身而出，用行动保护父亲朱高炽。

最著名的一个事件发生在一次祭陵时。当时，朱瞻基陪父亲朱高炽一道，与叔叔朱高煦去祭陵。朱高炽天生残疾，走路一瘸一拐，而朱高煦看了就幸灾乐祸，在旁边嘲笑说："前人蹉跌，后人知警。"这话说得特缺德，既笑话朱高炽的生理缺陷，更暗含警告——"大哥你留神点，摔倒了可有弟弟我呢"。

但没想到，朱瞻基不紧不慢回了一句："更有后人知警也。"这话说得更有水平，意思是"叔叔你不用管闲事了，我爹倒了还有我，照样没你什么事"。朱高煦闻言当场大惊，看来这个侄子可比大哥更难惹啊。

随着永乐二十二年（1424）七月明成祖朱棣病故于北征归途上，朱高炽顺利即位，这场储位之争才暂时平静了下来。谁知不到十个月，明仁宗朱高炽英年早逝，局面骤然再变：当时留守南京的朱瞻基，在进京即位的路上就险些遭到汉王朱高煦截杀；而等到朱瞻基顺利即位后，受封乐安且手握重兵的朱高煦也终于露出了獠牙——"老爹的反不敢造，大哥的反没来得及造，侄子的反说什么也要造！"

所以，自从洪熙元年（1425）七月朱瞻基登基后，朱高煦就一直找碴儿：先狮子大开口，不断向朝廷要封赏，同时招兵买马，准备作乱。然而，朱瞻基的反应却出人意料的软弱，基本是"叔叔要什么，他就给什么"，甚至还"亲笔写信大力表扬这位气焰熏天的叔叔"。

眼看朱瞻基越发软弱，朱高煦反而更来劲。转眼到了宣德元年（1426），越发来劲的朱高煦一下更闹出大动静：派部下枚青入京，游说名将英国公张辅，企图起兵作乱。谁知张辅不傻，立刻将枚青绑了检举揭发。这下双方摊牌，朱高煦大张旗鼓，发檄文传天下，借口朱瞻基身边的文臣夏元吉等人是"奸臣"，声称要"清君侧"，公然发动叛乱。

朱高煦之所以这么自信，一是他认为自己战功多，"靖难"时候就打仗，自

八／"仁宣之治"有多强　061

谙久经沙场；二是他认为登基后一直软弱的朱瞻基和当年的倒霉皇帝建文帝朱允炆没两样，可以重复父亲朱棣当年的成功且似乎形势大好。

然而，朱瞻基的软弱只是个圈套，目的就是放线钓鱼——等朱高煦上钩。朱高煦一公开叛乱，这下就好办了：是年八月，朱瞻基御驾亲征，亲率大军讨伐朱高煦。结果，大军包围了朱高煦老巢乐安，还没开几炮其军就全军哗变，吓得朱高煦穿一身白衣服慌不迭地跑出来请罪。一场看似阵仗大的叛乱，就这样轻松平定了。

平叛成功后的朱瞻基，后续事务更处理得聪明。其中，协同朱高煦叛乱的相关人等，只重办了六百多人，其他几万将士大多赦免。一直和朱高煦有勾结的赵王朱高燧，则被吓破了胆，慌忙主动投诚。朱瞻基也宽大处理，除削掉赵王朱高燧的兵权外，并未废除王号。如此一来，人心大定。

对朱瞻基来说，这场轻松平定的叛乱，更好似一个特殊的舞台：二十八岁的年轻皇帝，完美表演了一番自己的心机手段，既整治了旧敌，更展现了威风。处理完朱高煦这个麻烦，朱瞻基接下来就该放手治国了。

安南乱局终料理

从治国条件说，明宣宗朱瞻基的运气极好，比起明初的惨淡来，祖上传给他的江山是一个丰厚无比的家业。

此时，明王朝经过明成祖朱棣时代的南征北战，边境基本太平，特别是北方边关的瓦剌和鞑靼两大势力基本消停；经过明仁宗朱高炽时期的改弦更张后，国民经济也日益稳定；解决掉汉王朱高煦叛乱后，仅存的两个握有兵权的藩镇——汉王和赵王都被一并解决，天下基本太平。

相比于这些，祖父朱棣和父亲朱高炽两代留给朱瞻基最大的家业，却是人才。

朱瞻基登基时，正是明朝政府一个群英荟萃的时期。朱棣创立的文渊阁里，如杨荣、杨溥、杨士奇三位内阁重臣，此时已历经沉浮正是行政经验最成熟时。英国公张辅的赫赫战功，也早已名声在外。此外，还有老成持重的吏部尚书蹇义以及精通财政的经济强人夏元吉，都是老成谋国的人物。可以说，这是一个运转已然成熟和经验能力都极为强大的团队。

但自从朱瞻基登基后，上面的这些人才就一直争吵个不停，原因在于大明王朝纠结已久的一个问题——交趾问题。

当年永乐皇帝朱棣在位时，曾为平定安南国内叛乱，发动征讨安南战役。在大获全胜之后，朱棣并未重立安南王室，反而在当地设立交趾郡——划为大明一省。

谁知此后却麻烦不断，从永乐六年（1408）开始，交趾就动乱不断。明朝多次调兵平乱，谁知来回折腾多次，这边动乱刚平掉，那边又起了纷争。到了朱棣晚年，明朝迁都北京，精锐部队多集中在北方，对交趾地区也就越发顾不过来。

在这时，交趾地区的动乱已经愈演愈烈，更出了一位强悍的领袖黎利多次将明军击败。明宣宗朱瞻基登基后，本来也想拿交趾立威，调动七万多大军南下，谁知却碰了一鼻子灰，连吃败仗不说，到了宣德二年（1427）九月连都督崔聚和工部尚书黄福都被抓了俘虏，局面不可收拾。

之所以闹成这样，一是明朝鞭长莫及，首都都迁到北方了，对南方越发管不过来；二是这事该怎么办，明朝高层也一直争吵不休，如几位重臣里内阁的杨荣和杨士奇坚决主张放弃，英国公张辅和户部尚书夏元吉却力主打到底，于是高层你争我吵，明朝的政策也就左右摇摆，甚至朝令夕改。如此折腾下来，明朝廷自然越发狼狈。

在这样的局面下，朱瞻基再次展现了他的决断力，果断停止了对交趾的战事，将留在当地的八万六千多明朝军民撤回。随后，又授权黎利"权署安南国事"；黎利死后，其子黎元龙在明朝正统元年（1436）正式接受了明王朝的册封，受封安南国王。这场持续明朝三代帝王的战争，就此彻底解决。

放弃交趾这事，至今依然存有争议。但不可否认的事实是，当时的明朝，不但深陷交趾的战争泥潭，甚至财政也被其拖累。就国家的承受力而言，明宣宗朱瞻基确实做出了明智的抉择。随着交趾问题的解决，明朝一大战争负担也终于卸下，而自明仁宗朱高炽起就一直倡导的休养生息政策开始全面推行。

反腐风暴很猛烈

然而，卸掉战争负担的朱瞻基还没来得及喘一口气，却紧接着看到一个更强大的敌人——腐败。

其实，腐败问题在历朝都有，并不奇怪，而朱瞻基见到的奇特景象却是：彼时明朝腐败的重灾区，却是朱元璋当年为反腐败苦心设立的部门——都察院。

当年，明太祖朱元璋深恨贪污腐败，为此设立了都察院制度。都察院的御史们官职极小，权力极大，七品的芝麻官在中央可以弹劾重臣，在地方更可督查官吏，反起腐败来素来简洁高效。

但日久天长，这项制度就出了问题：御史们可以查百官，可是没人来查御史。渐渐地，贪官们也摸清了门道——有罪不怕，把御史拉下水就行。于是，贪官和御史相互腐蚀，一开始还是贪官收买御史，后来竟发展成御史朝官员索贿，风气越发恶劣。

这其中最典型的就是都察院左都御史刘观，虽身为都察院的一号人物，但其人生可谓奇葩：早在洪武十八年（1385）高中进士，朱元璋在位时曾是出名的廉洁人物，多次受到表彰。可就是这样一个人，后来却变了质，到朱瞻基在位时已经贪到所有人都知道。这人的一大毛病就是好收贿赂，还极讲学问，收钱的时候自己不出面，全由儿子刘福代理。刘观这儿子更不省心，除了替父亲收钱，他还包揽词讼，热衷于打着父亲的名号跑关系，是京城出名的"腐败经纪人"。

连反腐败的都察院尚且如此，明朝的吏治状况自然迅速恶化。当时，京城的大小酒楼的生意都特别热闹，公款吃喝极其普及，宴会整夜不停，大小官员招妓作乐甚至竞相攀比奢华。

对于腐败的危害性，朱瞻基即位后也越发感同身受。就拿一度闹得焦头烂额的交趾问题说，其地动乱四起的一大原因正是由于明朝当地官员贪腐成风，激起民愤。以"权署安南国事"黎利自己的话说，"倘若明朝派到交趾的官员，人人都能清廉，我又怎么会造反呢？"

为了惩治腐败，朱瞻基也做了很多努力，但都收效甚微。痛定思痛后，朱瞻基决定下个重手，抓个位高权重的腐败典型——开刀的对象就是贪得声名远播的刘观父子。

和当年治朱高煦一样，朱瞻基这次的办法还是引蛇出洞。先是宣德三年（1428）六月，借故贬刘观去督查河道。这风声一放出来，各路御史为了邀功，纷纷上奏弹劾，揭发刘观的奏折雪片一般飞来——这正好省了取证的麻烦。这下朱瞻基顺水推舟，立刻逮捕刘观父子，然后一番审讯数罪并罚，判了充军辽东。这样，刘观这个明朝永乐末至宣德初年的最大巨贪就此倒台。

刘观被查后，接替刘观职务的就是清官顾佐。事实证明，朱瞻基很会看人：这位新任的都察院左都御史顾佐，既是著名清官，更是著名狠官，行政恪尽职守，为人孤僻自傲，平日里除了工作往来从不和同僚交流，官场绰号"顾独坐"，堪称官场独行侠。

这样特立独行的人物，办起案子来更雷厉风行。上任不到一年，顾佐就借着刘观案子顺藤摸瓜，一口气撤了四十三个御史，又选拔增补了多名清廉干才，一度烂透了的都察院就此生机焕发，再度撑起了反腐重任。

都察院靠谱了，紧接着官场大震荡：大批铁面御史们积极活动，大力整顿贪官。不出几年，明王朝吏治一片清明。这事的好效果，朱瞻基本人也得意，有一次更给内阁大学士杨士奇夸耀说："当年要是不重办刘观，官场风气哪能这么好？"

但即使这样，明宣宗朱瞻基还是不敢怠慢。为避免都察院腐化的教训重演，宣德十年（1435），又在制度上做了个修正：都察院选拔御史，以后要由都察院定名单，写明其具体事迹，然后交付吏部审核，一旦御史出问题，推荐人和审核人都要一道办罪。这样一来，吏部和都察院之间既要互相盯，出事更要连带陪绑，御史的准入标准一下严格了起来。

经济改革最头疼

在解决腐败问题的同时，经济改革也在深入。自明初以来一直蒸蒸日上的国民经济，这时也遇到了瓶颈：一是通货膨胀。这事说到底还是明朝的货币制度闹的。明初以来的货币制度是铜钱与纸币（大明宝钞）并行，但随着商品经济的发展，这一制度很快遇到大问题：纸币贬值太快，经常性通货膨胀。从朱元璋在位时期就发生，一直到宣德年间，通胀越发厉害。二是欠税问题，主要集中在江南地区。这是由于江南地区税重，迁都北京后运输成本增长，百姓负担加重，所以自从永乐末期开始就经常性欠税。

朱瞻基解决这两个问题，却都倚重了永乐时期的第一经济强人——夏元吉。夏元吉的理财能力，早在永乐年间就名扬天下。别的且不论，就说永乐皇帝朱棣一辈子折腾了那么多大功业而国民经济却能支撑，长期担任户部尚书的夏元吉可谓功不可没。后来，夏元吉因为反对朱棣的第五次北征，一度被下牢狱。也正是在这期间，明朝通货膨胀骤然恶化，仅大米价格就比朱棣刚登基时涨了整整五十倍。

到了朱瞻基登基后，夏元吉早已官复原职，也开始放手救火了。夏元吉的主要办法，就是全力恢复大明宝钞的信誉：第一招是把食盐价格和宝钞挂钩，用盐作为纸币准备金。第二招是多回收宝钞，少发宝钞。第三招则配合反腐败，官员每受贿一两银子则罚一万贯宝钞。这招有学问，明朝当时禁用金银货币，这样一罚等于是把宝钞价格和金银挂钩。如此三招齐下，物价果然稳定。

比起通货膨胀问题来，欠税问题却更难办。这事从根本上说，还是由于朱元璋当年愤恨江南人民支持张士诚，设立了重税制度。然而，这条"祖制"却轻易碰不得，碰了是死罪，不碰解决不了问题，可谓进退两难。

这个难办的问题并非夏元吉亲自解决的，稳定物价的事已耗尽了夏元吉人生最后的能量。夏元吉于宣德五年（1430）过世，但他在此之前已经物色到了一位解决这一问题的人选——周忱。

在这之前，周忱可谓默默无闻。永乐二年（1404），周忱中了进士，而且年纪轻轻就进过文渊阁，很得当时的永乐皇帝赏识。但这以后，周忱仕途就一片黯淡，虽然也做到了刑部员外郎的职务，却一直毫无建树。

之所以没建树，直接原因是有人压他，而这人就是夏元吉。这倒并非夏元吉、周忱二人有过节，相反夏元吉深知周忱才干，但每当有升迁机会却全被夏元吉破坏掉，理由也是一致：这个职务太平常，根本无法发挥周忱的才干。如此一来，光阴蹉跎，直到宣德年间，周忱的官职还是在原地踏步。

作为老成谋国的能臣，夏元吉之前做的这一切其实是对周忱的考验。当看到周忱一如既往、毫无抱怨后，夏元吉终于确认——他，就是解决这个大难题的不二人选。

宣德五年（1430），经夏元吉以及大学士杨荣的举荐，周忱获任江南巡抚，开始直面这一挑战。一开始，周忱就出师不利，到任后虽想尽了办法，不但毫无成效，而且当地豪绅大户还趁机作梗，外加天公不作美——江南闹水灾，结果一番折腾，反而落下了个绰号"周白地"。

但周忱心态好，听了绰号也不急，反而自嘲说："今天叫我周白地，来年我叫谷满地。"相当信心十足的样子。接下来，果然如此，经过失败的周忱终于找到了解决问题的最佳办法——虽然"祖制"不能动，但具体细节可以灵活掌握。例如，百姓的赋税，先前分为两块，一是应交田赋，二是运输费，也就是"损耗"，田赋既然不能减，那就在损耗上做文章，即有钱的多交、没钱的少交，这样负担大大减轻，税收效率也提高。这个著名的法令，就是"平米法"。

这样一调整，效果果然大好。不出几年，江南地区的欠税全面交清。而后周忱再接再厉，又在正统年间首创了"金花银"制度——就是把应交的粮食，部分折合成银两征收。这个重要的改变，后来更变身成一个重大的改革——"一条鞭法"。这几项改革一推广，江南的局面立刻不一样：不但老百姓负担减轻，税收增长，更从税粮中拿出多余部分设立了"济农仓"。在周忱任上，"济农仓"遍布江南大地，不但用于赈济救灾，甚至商业贸易、创业贷款都可从中告贷。在当时，明朝的这些"济农仓"更有一重大作用：几次明王朝遭遇重大变故以致钱粮短缺时，基本都是从江南"济农仓"调钱粮补充，特别是后来的"土木堡惨祸"后，正是江南的钱粮输送帮助明朝打赢那场战争。如此，周忱也真正兑现了他到任的承诺，其时江南大地已是一派家家户户粮满仓的繁荣景象。

周忱能办成这事，还是和本事有关的。周忱不但眼光准，管理水平更是高，最有名的一个绝招就是会筹算，特别是每次运送钱粮时，哪天刮风下雨都记得一清二楚。一次，有官员谎称江面遇风暴翻船，企图私吞税粮。周忱立刻驳斥，说那天"你说的地方是晴天，哪来的大风"。周忱办事更是高效，《明史》说他"素乐易"，也就是擅长用最简捷的方法解决最复杂的问题。周忱这位能臣于宣德五年（1430）担任江南巡抚，任职长达二十年，是整个明朝历史上在一地任职时间最久的巡抚。

同样是从宣德年间起，"巡抚"这一早期的临时性官职也日益常态化，成为诸多省份的固定职务。这样，地方行政的事权因而统一，办事也日益高效起来。

内阁进化史

与之相比，同样是在宣德年间，明朝政治的另一体制改革也终于完成——内阁制度。

自从洪武年间明太祖朱元璋废除内阁后，大明王朝便建立了高度君主专制的政治模式：帝王大权独揽，集各种事权于一身，件件国事都要事必躬亲，虽然起初确实威风，但日子久了就累得不行。

所以，在明太祖朱元璋在位时，这项制度就已经开始修正。明太祖朱元璋本人就曾多次设置"大学士"辅佐他处理国家事务，但这些人在当时官职低，职权小，并未形成气候。

到了明成祖朱棣登基后，同样受够了事必躬亲的辛苦，也开始修正制度：朱棣设立了"文渊阁"，安排了他所信任的解缙等文臣入值成了自己的"秘书班子"。但最早的时候，这几位"秘书"职务更低，最初只是"入直"（入值），后来陆续升为学士，也不过正五品。

但这时的大学士们，对朝政的影响却已经日益扩大。各种国家大事，都是他们围拢在皇帝身边献计献策，好比一个"智囊团"。但论话语权却还是极小，当时批答奏折的权力依然由朱棣本人牢牢掌握，他人无法染指。

在朱棣过世后，内阁的职权更是层层提升。明仁宗朱高炽在位时，确立了内阁大学士的兼职身份。虽然"大学士"这一职务，本身只有正五品，但各位大学士却都身兼六部的侍郎，后来诸如杨荣、杨溥、杨士奇等大学士更是身兼尚书职务。极其重要的一件事是，明仁宗恢复了建文帝时代的"公孤官"制度，也就是给大学士们加诸如"少保""太保"等名誉称号。这样一来，大学士们更有了一品身份，凌驾于百官之上。

到了明宣宗朱瞻基在位时期，内阁制度最重要的两个演变则在他手里完成：一是"置僚属"，朱瞻基在内阁增设了两个机构——诰敕房与制敕房，而且皆设"中书舍人"。这就意味着，原先只是"秘书"身份的大学士们，这下也有了自己的"秘书班子"，而且这些"秘书班子"的人选都由大学士们选定，连执掌人事权的吏部也无权干涉。如此，内阁的实力大大增强。

更重要的一个变革，则是内阁有了"票拟权"，也就是国家大事再也不是皇帝亲力亲为，相关奏折送过来主要由内阁成员拿出批复意见，并拟定草稿送皇帝审阅，即"票拟"。这样一来，实力强大的内阁，其实权彻底压倒六部，成为整个政府运转的发动机。

当然，在宣德年间，"票拟权"并非内阁专有，像夏元吉、蹇义这些六部尚书也时常参与票拟。至于内阁真正垄断票拟权还是在明宣宗朱瞻基过世后，当时即位的明英宗朱祁镇年幼，外加蹇义等六部老臣早已作古，内阁才真正成为"票拟"的专有者。

在明宣宗朱瞻基执政时期，明朝的内阁也第一次形成了一个强大的政治团队，这就是赫赫有名的"三杨"内阁，即杨荣、杨溥、杨士奇三位重臣。宣德年间的内阁大学士里，早期的黄淮年老致仕，一度入阁的张瑛与陈山因表现太差而没多久就被调走，十年里始终操持国家运转的就是杨荣、杨溥、杨士奇这三位。

就才能来说，"三杨"每一位单独拿出来论未必是明代大臣里最强的，但组合在一起却极其互补：杨士奇为人宽厚，善于调处关系，而且精通谋划，属于三人里的核心人物；杨溥学问精深，操守清廉，为人低调，办事认真，是三人中的行政干才；杨荣则多谋善断，精通军务。论处理国家大事，杨荣、杨溥、杨士奇三人着实各有一套本领。

杨荣、杨溥、杨士奇这三位重臣，论脾气秉性，其实一度也不和谐。例如，杨荣恃才傲物，还常收受贿赂，甚至多次出言中伤杨士奇。但明宣宗朱瞻基有水平，多次想法调处三人关系，外加杨士奇此人很会来事，擅长调和矛盾，因此总体来说国家大事方面三人还算团结，在好些难题面前更是通力合作。换句话说，"仁宣之治"的十年，首先来自这三人——杨荣、杨溥、杨士奇的齐心协力。

宽松统治真和谐

就帝王心术而言，明宣宗朱瞻基的统治方式，也和前几代帝王大不相同。明太祖朱元璋和明成祖朱棣，对待百官通常是高压政策：朱元璋屡兴大狱；朱棣虽相对温和却也同样不好惹，国家大事从筹划到决策更是各种大权集于一身。那时候，大明王朝的高官基本就是高危职业，连夏元吉这样的重臣也因一两句话触怒朱棣曾惨遭囚禁。

从明仁宗朱高炽登基开始，这种统治模式就已经开始转型，明仁宗朱高炽除了赦免诸多建文帝时期的文臣，更强调要实行仁政，鼓励大臣进谏，禁止滥用酷刑。明宣宗朱瞻基登基后，这个思路也在延续。朱瞻基本人就以"敬礼大臣"著称，而且每当国家讨论大事更是详细咨询，并鼓励大臣知无不言。更大的进步是，自"仁宣之治"开始，明王朝立下规矩，除谋反等大罪外，其他一切罪过禁止实行连坐法令，同时死刑等重刑的审核也更加严格。至此，大明王朝的司法，真正开始文明化。

在处理群臣关系上，明宣宗朱瞻基更匠心独运，他常用的办法就是写诗。朱瞻基喜欢把各种国家大事的观点整理成相关诗文，臣子们不但要学习领会，更要对诗唱和。如此诗文往来，形成了明朝早期诗歌的一大流派——台阁体诗，也因此使其进入繁荣期。这样一来，立国后长期紧张到恐怖的君臣关系，从此变得其乐融融。

作为一个帝王，明宣宗朱瞻基更有极其亲民的一面，早年祖父朱棣培育他时，就常带他访问农家，而这在登基为帝后也成了他的习惯，甚至还多次微服私访探访农家艰辛，并因此出台诸多惠民政策。如此，老百姓的负担也因此减轻，经济迅猛发展。

在这诸多艰难的变革转型中，大明王朝的综合国力也更加蒸蒸日上。明朝的国民经济稳定增长，政府储备增加，仅福建一个丁州府的存粮竟然足够当地官军支用百年。棉花等经济作物的种植，更从南方推广向北。更骄人的成就是手工业，如纺织行业，明初的时候就连江南这样的纺织中心也只是城里才有，而到了宣德年间却扩展到乡镇，如吴江县这些县城里都有乡民从事这行业。陶瓷业也更发达，著名的"青花瓷"正是宣德年间出产。瓷器产业重镇，除传统的景德镇外，更向大江南北扩展。冶炼业的进步更是惊人，宣德年间的最高铁产量达到了8 329 000余斤，是永乐年间最高数值的六倍。

也正是伴随着生产进步，明朝的工商业更加繁荣，各色繁荣的工商业城市在大江南北如雨后春笋般涌现。宣德年间仅新增的商业税收入，就比永乐年间多出五倍。这是一个经济高速发展，综合国力蓬勃上升的帝国。

也正是因为诸多骄人的成就，一直以来人们对"仁宣之治"都有着极高的历史评价。经济成就骄人，统治施行仁政，帝王勤政爱民，这三条"盛世"的硬标准"仁宣之治"样样全占。因此，一直以来，明宣宗朱瞻基都有极高的历史地位。

然而，就在一切欣欣向荣的时候，宣德十年（1435）正月初三，突患急病的明宣宗朱瞻基意外离世。九岁的太子朱祁镇即位，次年改年号为"正统"。这位童年登基的小皇帝，便是大明王朝的又一代执政者——明英宗朱祁镇。

表面看来，大明王朝的黄金岁月依然还在继续。然而，就在这个"正统"年间里，一场突然的意外给了顶峰的大明朝沉重的一击——"土木堡惨祸"。

九 / 谁酿造了"土木堡惨祸"

明英宗正统十四年（1449）八月十五日，御驾亲征瓦剌的明英宗朱祁镇被瓦剌可汗也先围困于土木堡。是日深夜，瓦剌军总攻，明军全线崩溃，号称最精锐的数十万明军三大营顿时被打得灰飞烟灭。这一战，仅骡马损失就达二十多万匹，兵器火药损失更无从计算；战场的尸首堆积如山，贵为天子的明英宗朱祁镇更是惨遭俘虏。明朝名臣李贤更在其《顺天目录》里悲愤地慨叹："自古胡人得中国之利未有胜于此者。"

这是大明王朝建立以来最为惨痛的奇耻大辱。这场载入史册的悲剧，便是"土木堡之役"。

历经开国之后，数代帝王励精图治，且不断打造盛世图景的大明王朝，为何会这样轻易一战摧锋，落得这般狼狈的失败？古代的史家们谈及此事，大多将其简单归为明英宗朱祁镇宠信宦官王振，好大喜功，以致贸然亲征、自取其辱。但细究起来，事情却没这样简单。

宦官从此腰杆硬

说句公道话，御驾亲征的明英宗朱祁镇之所以沦落至此，不只是他个人的错误，甚至他那几位英明神武的"仁君"父辈好几个都前后给他挖了坑。

第一个该负责任的，恐怕得是明英宗朱祁镇的曾祖父——永乐皇帝朱棣。朱棣的一大功业便是"削藩"，但这事执行下去却有一条做过了头：当初朱棣削掉了手握重兵的宁王朱权，将其迁至南昌养老，但宁王先前的属地大宁却被朱棣废弃。另一重镇东胜卫，也被东迁到内地。这样做的后果，就是明朝建立于元朝古都上的重镇开平卫从此独木难支，也不得不于宣德五年（1430）内迁。至此，原本巩卫"九边"的一大屏障不复存在。

在明英宗的父亲，即宣德皇帝明宣宗朱瞻基时期，这位帝王虽然少年时即跟随祖父朱棣出征，但骨子里并非锐意开边的人物。朱瞻基曾经有首诗赠予边将们——"慎守只需师李牧，贪功何用学陈汤"，也就是把家门口守好就行，不必大规模征缴。

这话道理没错，执行起来却生硬。这时，蒙古草原出现了一个巨变：瓦剌迅速崛起，除了击败鞑靼独霸草原，更扶植了本雅失里的侄孙脱脱不花为可汗，至此蒙古三部间的战略平衡被彻底打破。正统四年（1439），也先继承瓦剌可汗后自称"太师淮王"，成为蒙古草原的实际统治者。这以后，也先四处南征北讨，向西攻克哈密卫，向东控制辽东女真部落，已经摆出全面压制明朝的架势。

对这日益临近的危险，明朝君臣上下始终坚持"安边持重"的战略，更没把瓦剌放眼里，连哈密卫沦陷都坐视不救。瓦剌虽然长期以来一直采取与明朝通好的政策，没有发生战争，但以也先的野心，这场较量迟早要发生。

除却上述外因，另一个酿造悲剧的内因是其责任，更被后世史家多归罪于明宣宗朱瞻基——设置内书堂，即在宫廷里设立学堂教宦官读书识字。

在明朝宦官权力演变史上，内书堂的设立堪称分水岭。原本宫廷的宦官们不识字，而且对国家大事也极少有参与权，即使朱棣在位时期宦官权力提升，获得的也不过是诸如出使、镇守等职权，核心的国策运转是宦官们无法染指的。

但内书堂设立后，一切就不一样了。从这里学习出来的宦官，大多被分配到同一个地方——司礼监。正是从此开始，当内阁有了"票拟"大权后，宦官执掌的司礼监也同样有了批阅回复奏折以及盖章的职权，也就是"批红"。

在后世眼里，明宣宗朱瞻基此举是明朝"宦官专权"景象的关键一步：正是从此开始，原本只是"打杂"部门的司礼监，具备了国家核心决策的参与权，地位大大提升，更成为宦官机构中最位高权重的部门。

但是在明宣宗朱瞻基看来，此举却很有必要，因为司礼监这个特殊部门的兴衰本身就与内阁相始终。早在朱元璋在位时代，正是在设立内阁的同年，增设了司礼监这个部门，彼此就是相互制衡的结果。

随着内阁有了"票拟"大权，司礼监的职权也水涨船高。如果说内阁已经成了国家运转的发动机，那么司礼监就成为必需的掌舵操纵装置，彼此两相配合，帝王才能高枕无忧，国家才可运转稳定。

然而，这时的明王朝，无论"内阁"还是"司礼监"，都还处于初步完备的阶段，相互之间的协调运转更需有个磨合期。其时，倘若是个成熟稳重的帝王执政还能确保平稳过渡，偏偏明宣宗朱瞻基三十八岁那年过世，即位的朱祁镇只是个九岁孩童，操纵这个刚刚进入磨合期的政治体制必然要出麻烦。

事实也正是如此，自正统年间开始后，明朝这种司礼监与内阁相互制衡的运转体制，逐渐就变得严重失衡：司礼监一家独大，甚至压倒百官，尤其宦官王振更权倾朝野。也正是在王振的撺掇下，明王朝才最终做出了那个疯狂的决定——明英宗朱祁镇御驾亲征瓦剌，而只有在一个行政运转严重不正常的体制内才会发生如此荒唐的一幕。

对这样的麻烦，明宣宗朱瞻基在弥留之际也不是没有预警，他的应对办法就是留下一个强大的辅政团队——除行政能力卓越的"三杨"（杨荣、杨溥、杨士奇）阁臣外，另有永乐年间的老臣礼部尚书胡濙以及战功卓著的名将英国公张辅。这样一个文武荟萃的强大阵容，按理说足够确保朝政稳定了。

除了这五位大员，明宣宗朱瞻基的母亲，即太皇太后张氏，更有决断国家大事之权。这位张太皇太后，是明朝少见的女政治家，素以"贤德"著称。如此一来，哪怕辅政团队不争气，张太皇太后也足以压住局面。

在正统元年（1436），明王朝更做出了一个重大的改革：内阁完全执掌了"票拟"大权，正式确立了百官核心的地位。从这时看，明王朝的内部政局依旧运转正常，后来那场耻辱的浩劫也丝毫没有征兆。

然而，最大的漏洞，在这个辅政团队初步确立时就已悄然暴露。

"教书先生"王振逆袭

从表面看，明宣宗朱瞻基的这个人事安排已经近乎完美。

可真运转起来，却未必是这么回事。首先是年龄问题。当时，"三杨"（杨荣、杨溥、杨士奇）已垂垂老矣，甚至在朱祁镇登基时就连最年轻的杨溥都已有六十三岁。胡濙和张辅更是永乐皇帝时期留下的老臣，这个核心执政团队年龄严重断层。

然而，作为朱祁镇身边最亲近的宦官——王振的年龄不详，却早就是蒸蒸日上的新势力。王振长期陪伴朱祁镇，与小皇帝感情极深，深得宠爱。同时，这人性格狡黠，很会来事，早已暗地勾连了各色关系网，权力扶摇直上。自从朱祁镇登基后，王振更是很快取代了先前的司礼监太监金英，成为宦官的一号人物。

其次是工作业绩问题。必须说明的一点是，这个宦官王振并非不学无术的草包，早年虽说学业不成，只是个教书先生，但典籍中的权谋学问也都用得圆熟。更值得一提的是，早在朱祁镇极小的时候，王振就负责督促其学业，并非像诸多史籍所说的成天撺掇小太子不学好，相反学业抓得很紧，发挥其教书先生出身的职业优势，把朱祁镇教育得有模有样。因此，早在明宣宗朱瞻基在世时，王振就深得宠爱。其中，非常有名的一件事是：在朱祁镇登基早期，有一次想踢球取乐，王振知道后立刻拦阻，并当场扑通跪倒流泪劝说朱祁镇不要沉迷嬉闹。如此，连一旁的"三杨"老臣也都感动得不行，连声称赞："宦官中也有这样的贤良人物啊。"

也正因这份出色的工作业绩，朱祁镇长期以来对于宦官王振的感情极深，终其一生都不直呼其名，始终称其"王先生"。

但对比王振的出色工作业绩，其他几位被寄予厚望的辅政大臣，可就一个个差远了。其中，杨荣的贪腐一直以来就是老毛病；胡濙虽说为官简朴，但不巧犯了大错——多次遗失官印；杨士奇工于心计，权谋圆熟，但是后院起火——他的儿子在家乡横行不法，民愤极大，还外加一个政治污点——偏私，不止袒护儿子，就连同乡犯法也时常包庇。就是说，有实权的三位重臣，人人都有毛病。另外，杨溥虽然为官清正，但权谋水平有限；张辅战功卓著，但早早被解除了兵权。也就是说，没毛病的这二位，话语权又一直就不大。

如上的情况，长年累月，早就牢牢收在了宦官王振的眼里。于是，王振处心积虑，不但结交文官中的亲信，搜罗各位大员的劣迹，早早捏住了他们的短处不说，更四处安插亲信，步步为营争权。

不过，王振虽然自以为做得巧妙，但事实证明他还是着急了一些。正统元年（1436），王振提拔了自己的亲信纪广为禁军都督佥事，自以为做得不动声色，却没瞒住张太皇太后的眼睛。张太皇太后立刻行动，将五位辅政大臣和小皇帝朱祁镇都叫来，继而宣召王振，当着大家的面历数王振各色过错，并声言要杀王振。这下可把王振吓坏了，慌不迭地求情。这时，九岁的小皇帝朱祁镇更急坏了，甚至不断地叩头请罪，求祖母饶过王振一命。一番哭诉后，张太皇太后气消，也就抬手放了王振一马。

这事之后，王振老实了好些年，确切地说是装了好些年，见谁都特别谦虚，让大臣们放松了警觉。王振装得最成功的，却是在张太皇太后面前树立了好形象。起初，张太皇太后确实对王振不待见，甚至隔三岔五都要把王振叫来骂一通。不过，王振能忍，不但逆来顺受，而且极力逢迎。王振真正讨得张太皇太后欢心的主要有两件事：一件事是张太皇太后想带朱祁镇外出进香，但群臣认为劳民伤财，上奏折拼命反对。这下朱祁镇犯了难，不烧香不孝顺，烧香就骄奢淫逸，两面都不讨好。但王振完美解决了这个问题，就是把佛像请进皇宫来，既省钱又孝顺，一举两得。这下可挠中了张太皇太后的痒痒肉，老太太笑逐颜开，不住口地夸王振会办事。

另一件事却更是王振的意外收获。王振一直以来都想办法整"三杨"（杨荣、杨溥、杨士奇）的"黑材料"，但谁知"三杨"竟"窝里反"：福建按察使廖谟因为小事打死驿丞，廖谟是杨士奇的同乡，死者却是杨溥的同乡。这下俩老同僚真翻脸了，竟从朝廷一直吵到张太皇太后身前。张太皇太后也为难，还是王振一句话解决了问题：这事不处理难服众，处理了又寒老臣心，不妨折中一下——廖谟杀人有罪，但给杨士奇面子从轻发落，将其降职调动。

一语既出，张太皇太后茅塞顿开，从此对王振信任有加。但是，几位德高望重的老臣却因此颜面扫地，彼此关系更是就此破裂。

随着王振权力日大，内阁四分五裂，王振也不忘乘胜追击：先是往内阁里"掺沙子"——陆续提拔了一批自己的亲信进来，后是对几位老臣更加穷追猛打。首先是杨荣贪污事发，不得已黯然致仕。紧接着，杨士奇儿子杀人事发，杨士奇为给儿子脱罪也只得引咎辞职。剩下的杨溥能力有限，只是个摆设。随着正统七年（1442）张太皇太后病故，王振更加肆无忌惮，从此大权独揽，连朱元璋生前立下的"不许宦官干政"的铁牌都偷偷派人砸毁了。

掌权的王振，不经意间也就开创了明朝政治的新模式——宦官专权。

专权的王振，几乎是呼风唤雨，朝野上下全是同党。其中，两大特务组织锦衣卫和东厂，一家被他侄子王山操控，另一家被其心腹马顺掌握。朝堂上全是同党，如工部郎中王佑主动认王振当干爹，甚至为巴结王振将胡子全都剃光，哄得王振哈哈大笑而立刻提拔其当了侍郎。这口子一开，好些逢迎拍马之徒，全都聚拢在王振身边。

这时的王振也威风到了极点，就连参加宫廷宴会，百官都围着他朝拜，就跟侍奉皇帝似的。王振大权在手，自然也胡作非为，贪污腐败必不可少。例如，就连和王振见面也明码标价，如百两黄金才能见一面，千两黄金才能吃顿饭；想要送礼请托，甚至买官跑官更得下大本钱。

对不服从自己的官员，王振也手段酷烈。比较知名的事件，除了王振把上书揭发自己罪状的侍讲刘球害死，以及恶治不肯向自己下跪的御史李严——将其发配铁岭劳改，更创造了一种刑罚——制造一种二百多斤的大枷锁，谁惹了他就要戴上受罚，哪怕侥幸不死，也是重伤。

但是在整人这件事上，王振倒也有个优点——顾念乡情。大儒薛瑄起初被王振拉拢，但随后看不惯王振所为，与之愤然闹翻。王振闻讯大怒，将薛瑄罗织罪名打入死牢。这位后来的明朝学问家眼看就要冤死锦衣卫诏狱，孰料当天晚上王振听到家里的老仆人偷偷抹眼泪遂连忙惊问缘故，老仆人流泪答道："薛少卿要被处死，所以我才哭的。"然后一番细说，王振才知道和自己同是蔚州老乡的薛瑄在家乡一直享有盛名。接着，王振便改了主意，仅将薛瑄罢官了事——毕竟是家乡有名望的人物，真弄出好歹来，那就没脸回老家了。

但大多数的朝臣却没薛瑄这么好的运气，被恶整甚至害死的更是不少。归根结底，王振这时的专横却是来自明英宗朱祁镇的全力支持。在整个正统年间，朱祁镇对于王振一直信任有加：一是情感依赖。由于自小形成的习惯，在年轻的皇帝眼里，这位严厉的"王先生"正是自己成长的恩师。二是政治需要。朱祁镇幼年登基，亲政之前一直生活在五大辅政大臣（杨荣、杨溥、杨士奇、胡滢、张辅）与张太皇太后的训导中，长此以往自然产生逆反心理，而对他百依百顺的王振就显得尤其亲信。三是最重要的一个原因是：在史书记录中，干尽了坏事的王振，这期间做的也并非全是恶行，相反业绩也不少。

王振教书先生出身，肚子里不缺墨水，自正统年间做了司礼监掌印太监，干起工作来也从不缺小聪明。就拿搜罗党羽说，王振的手下虽然多是徐佑这样的无耻之徒，但也有王文这样做事干练的御史。王振整掉的文官重臣们，虽有不少忠良，却也不乏巨贪大恶。另外，对于许多治国能臣，王振也着力拉拢。例如，此时依然担任江南巡抚的名臣周忱，他依然在推行的各项经济改革，也多得到王振的全力支持。

在正统十四年（1449）"土木堡惨祸"前，王振最拿得出手的一项政绩，就是著名的麓川平叛。

功过争议：麓川平叛

麓川，位于今天云南腾冲县西南，在明朝的全名叫"麓川平缅军民宣慰使司"，属于明朝治下的土司政权，由当地思氏家族世代镇守。

这个土司机构，设立于明朝洪武年间，但是多年来经常不消停，时不时就闹点动乱。等到第三代宣慰使思伦发时期，更是闹得变本加厉。宣德年间，思伦发就曾多次出兵侵略周边土司，气得镇守云南的明朝沐国公沐晟愤然请旨，要求出兵讨伐。但当时明朝刚从交趾撤军，实在不愿生事，因而睁一只眼闭一只眼。等到明英宗朱祁镇即位后，思伦发更变本加厉，大肆侵吞周边土地，欺压忠于明朝的各地土司，俨然成了一方豪强。

对这个不消停的土司，朱祁镇开始还想忍，甚至还多次免征其各类赋税。谁知事与愿违，眼看思伦发越发嚣张：正统四年（1439），思伦发大肆侵扰腾冲等地，公然武装叛明。于是，朱祁镇也终于忍够了，愤然出手先后派大军进剿。不过，思伦发却极强硬，连续多次击败明军，连明军统帅沐国公沐晟也因忧愤交加而暴死于军中。次年，明王朝再度南征，由沐晟之弟沐昂统军。然而，事与愿违，思伦发坚壁清野，打得明军灰头土脸，再度劳而无功。

眼看战局不乐观，明朝内部的反战声也四起，此时依然主政的杨士奇等文臣们更极力主张罢兵休好，年轻的明英宗朱祁镇也不免心生动摇。恰就在此时，初掌大权的王振站了出来，二话不说就否决了罢兵建议——坚决打！

在王振的力主下，外加张辅等人的支持，明军对麓川的第二轮征讨启动。王振之所以全力支持此战，说到底还是为了树政绩立威。但在这次筹谋中，王振却不是瞎指挥，相反物色了一位得力能将——兵部尚书王骥。

当时，王骥可谓文官带兵的杰出人物。朱元璋之后的明朝文官里，因为战功而封侯的只有三人，其中就有王骥。在这次大战前，王骥早就立功颇多，多次出征蒙古，打了一堆胜仗。这次，王振命王骥提督军务，更开了一个先例——这是明朝历史上第一次由文官带兵的大规模军事行动。

接下来的战局证明，王振没看错人。正统六年（1441）起，麓川战役第二阶段打响。明军一改上次的狼狈打得高歌猛进，特别是发挥火器优势，在马鞍山战役中一次性歼灭思伦发部十多万人，将其精心训练的战象部队消灭殆尽。两年以后，王骥再度南下，终于逼迫缅甸方面交出思伦发。这个长期作乱的枭雄思伦发于正统十年（1445）被王骥斩首，函送京城。

至此，思伦发败亡，其领地麓川宣慰使司被明英宗朱祁镇改为"陇川宣慰使司"。思伦发的余部则由其子思机发带领躲在孟养苟延残喘，而大明的兵威也将其彻底吓怕，事后其派弟弟入京请求招抚讲和。事情到了这里，按说该圆满结束，即挟战胜的兵威收服思氏家族残部，便可一举安定西南。

然而，明英宗朱祁镇与王振对这事却不这么看，非要彻底赶尽杀绝。结果，正统十三年（1448）三月，王骥再度率军出征。然而，这次的战斗打得异常艰苦，明军深入金沙江，一路浴血厮杀，在鬼哭山强行攻坚，终于一举击溃思机发。谁知明军前脚刚班师，思氏残部又拥立另一儿子思禄发再度攻占孟养。这下明军师老兵疲，只能与之议和，承认了其土司地位。麓川地区，这才终归和平。

平定麓川之战，是"土木堡惨祸"之前王振专权时期的最大政绩。若以功过论，此战消灭了一直作乱的思氏家族，稳定了西南局势，确实功业多多。但王振好大喜功，特别是正统十三年的这次远征更堪称重复劳动，结果徒费钱粮不说，更陷入战事泥潭。

更严重的后果是，正是由于大批精锐部队相继南下征讨，明朝在京城地区的军事力量大为削弱，而后来"土木堡惨祸"的败因也在这里种下。

军政败坏埋隐患

征讨麓川虽然留下了诸多隐患，但无论明英宗朱祁镇还是王振，他们都自然看不到。

对照后来的"土木堡惨祸"，其实更多的伏笔在明英宗朱祁镇执政的正统年间早期也已相继埋下，而论罪过很难归于哪一个人。

在经历了"仁宣之治"的高度繁荣后，正统年间的明王朝逐渐暴露出诸多问题。当时，土地兼并日益严重，而这既是历代王朝的自然经济规律，更与宣德年间后期起吏治的日趋腐败有关。

土地兼并的直接后果，就是流民的大量增加。从宣德年间后期起，明朝的流民问题就越发严重。大批的无地农民，争相向湖广地区甚至闽浙地区聚集，成为严重的社会隐患。在"土木堡之变"前，南方的浙江、福建相继发生叶宗留、邓茂七等人的农民起义，广东也爆发黄萧养农民起义，明军遂大举南下镇压。换句话说,"土木堡之变"前,大明的军队一直是多线作战。

与此同时,天公也不作美。自从明英宗登基后,一直到"土木堡惨祸"前,明王朝几乎无年不闹灾,特别是北方的山东、河南、山西地区更是连年持续不断地闹蝗灾。这时,明王朝的赈灾问题做得还算靠谱,其中明英宗朱祁镇本人更是连年下旨,督促地方官员开仓赈济,更颁布规定"凡是逃荒百姓积欠的赋税,一律减免"。同时,王振的表现也相当不错。正统七年(1442),王振还做主减免了明王朝往各地的采办,减轻了百姓负担。

但一个最严峻的问题,无论明英宗朱祁镇还是王振都没有看到——军政败坏。其中,最直接的表现,就是卫所制度废弛,大批士兵逃亡。

由于土地兼并剧烈,原属于军队卫所的各类军屯土地也大面积流失;外加腐败滋生,军户负担加重,各地士兵不堪重负纷纷逃亡。正统年间,明朝进行了多次军队户籍的清理,好些地区军队缺编极其严重。例如,山东御史李纯奏报:山东的不少卫所,一些原先有百多士兵的军事重地,竟然逃得只剩下一两个人。

没逃的部队,不但战斗力低下,而且供应严重不足。例如,军事重地大同,御史张鹏就曾奏报:亲眼看到大同当地的驻军衣不遮体,生活极度困顿。同时,军械质量也下降,就连号称大明最精锐的高科技部队——神机营,他们在正统四年(1439)领到的兵器盔甲的质量都不过关,根本不能用于战争;甚至大明最精锐的骑兵三千营,战马竟然缺两万多匹。这样的军队,根本打不得仗。

如上的各种情况,明英宗朱祁镇不是不知道,每次也都及时办理。但是问题累积成堆,处理办法更都是小修小补,根本问题在于明初确立的卫所军事制度在这时已经遇到了大麻烦。然而,明英宗朱祁镇这边还没等着解决这麻烦,那边瓦剌打来了。

瓦剌敌人很强大

正统十四年(1449)七月,瓦剌首领也先借口明朝削减马匹价格,发动了对明朝的入侵。其中,中路军由也先亲自率领,攻打重镇大同;东路军由蒙古草原的傀儡可汗脱脱不花率领,攻打辽东;另有阿剌知院率军,攻打宣府。

这场战争的导火索,是明朝与瓦剌之间的"互市"贸易纠纷。然而,更深层次的原因是,也先为这场战争先已经准备了很久。

早在正统十一年（1446）的时候，也先就曾大举攻打辽东女真。当时，明朝廷里已经有诸多大臣警惕到也先的野心，而麓川战役期间之所以诸多朝臣拼力反对的一大原因也正是对北方边患的警醒。

但在这事上，王振却眼光极短。王振这人是权谋一流，但在国家大事上的眼光却只是末流，最大的能耐不过是些小聪明。因此，对于多年来瓦剌的大肆扩张，明朝基本不管，直到战火烧到家门口却还浑然不觉。

事实是，这次瓦剌的入侵，是明朝自朱元璋时代后北方面临的一次巨大考验，因为即使永乐皇帝朱棣在位时对蒙古部落也是打一批拉一批，从来未曾与整个蒙古草原开战。但这次的瓦剌入侵却不同，三路大军中既有瓦剌本部兵马，更有蒙古草原的傀儡可汗脱脱不花率领的早已臣服瓦剌的鞑靼兵马。换句话说，这是明王朝自北元瓦解之后，第一次面对蒙古草原部落的联合入侵。

开战之后，一边是历经多年战争磨炼、踌躇满志的蒙古骑兵，另一边是多年来积弱不振、问题成堆的大明边军，其过程毫无悬念，军事重地大同损失最惨。其时，大同驻军主动出兵抵抗，先后在猫儿庄和阳和口被杀得大败。值得一提的是，这两场战斗中明军表现得非常英勇，两个主将吴浩与宋瑛都先后为国捐躯。不过，明军拼了死命，但还是打不过。

败讯传来，朝野震动。对此，明王朝也火速做出应对，由驸马井源率四万大军出击大同。然而，谁知井源的大军刚出发，七月十五日明英宗朱祁镇就做出决定——率领五十万大军御驾亲征。

之所以做出这个决定，正是由于王振的撺掇。对于这个在国家大事上鼠目寸光的权宦来说，王振是大难临头尚不知，反而小聪明发作。当王振得知瓦剌军队人数极少后，他心中也盘算开来：如果集结重兵出击打个大胜仗，岂不更能巩固自己的地位？

王振的小聪明把战争想得太过简单，根本不清楚个中的残酷性；外加明英宗朱祁镇年轻，只觉得御驾亲征壮怀激烈，也根本没想操作性。结果，这主仆一拍脑袋，大明王朝的战争机器火速开动，不到两天就集结了几十万人。七月十七日，明朝大军开拔，留下郕王朱祁钰在京城监国，内阁重臣曹鼎、张益以及英国公张辅乃至六部尚书等重臣全部随行。也就是说，大明王朝的朝廷官员有三分之二都上了战场。

无论从哪个角度看，这样一个决定都堪称荒唐。就这样，一个不懂军事的皇帝，外加一个拍脑袋的宦官，竟然就联手导演了这样一场闹剧般的出征。这样的情景，放在任何一个政治制度运转成熟的王朝，都是不可想象的。

这恰是此时明朝政治最大的短板。明宣宗朱瞻基留下的辅政团队，早已轻易被击破；而以王振为首的宦官势力一家独大，完全压倒了文官集团，先前话语权极大的内阁与六部全成了其马前卒。对于文官制度的制衡体制，一个重要的职能就是对专制帝王的制约，特别是遇到重大抉择时，这种制约往往可以纠错。然而，在此时这些却成了空谈。

于是，这场出征于七月十七日起开始了悲剧的情节：大军出征后就麻烦不断，先一路遇雨，道路泥泞，行进非常艰辛。很快又遇到了断粮，好些大臣饿得饥肠辘辘；士兵士气更是低落，一路抱怨声不断。

之所以闹成这样，还是王振想得简单了，总觉得打仗就是把人凑起来就好，所谓兵马粮草、物资供应、战略战术更是想都没想。这次出征的军队总数号称五十万人，但对比正统年间的战争就知道：当时南征麓川以及东南平定邓茂七早已抽走了京城相当多的精锐，留守的本身就是一些二线部队，而且以当时愈演愈烈的军户逃亡景象，无论如何也不可能两天之内凑齐五十万人。同时，论质量，这帮士兵的素质更差，几乎没有受过什么训练，好些人连刀枪盔甲都没有。事实上，他们把这么一群人拉到前线，完全就是送死。

随着行军的进行，越来越多不想送死的大臣争相给明英宗朱祁镇进言。这时，王振却大发淫威：凡是进言撤军的大臣不是被罚跪，就是被编入前线军队，等着打仗的时候当炮灰；就连将门之后成国公朱勇向他奏报，也要"咸膝行进"。然而，这么一群文臣武将，就是拿这个宦官没招。

在王振的几番威逼下，大臣们都不敢再说话了。于是，这支沮丧的大军经过十多天艰难行进后，终于在八月初一抵达了目的地——大同。此时，明朝先期派出的驸马井源的部队已经被瓦剌消灭，而瓦剌闻明朝大军已到则已然后撤二十里，企图诱使明军出塞追击以全歼。

谁知这一次没有大臣敢劝，但王振自己却改主意了。到达大同后，王振亲眼看到战场的惨状后着实惊了：真实的战争远没有想象中轻松，自己热情高涨地跑上来送死，其实是干了一件大蠢事。结果，荒唐的一幕再度发生，明朝大军抵达大同还没等着喘口气，第二天明英宗朱祁镇就在王振的撺掇下再度下令——班师回朝。

听说要班师回朝，明军的行动力极强，全军火速开拔。如果按照原路撤退，基本万无一失，然而王振却又心血来潮非要回他的老家蔚州耍威风，这一下大军又要绕道改成从紫荆关回京，等于几十万士气低落、疲于逃命的军队直接暴露在了瓦剌军眼皮底下。

这样做的严重后果，大臣们不是不知道，但王振的威风大家更知道，就连精通军务的英国公张辅也干脆一言不发。经过多日观察后，久经沙场的也先终于摸清了这支明军的底，开始尝试尾随追击。

事实上，从大同到紫荆关的这一路原本应该十分安全，早在明朝洪武年间起，这条线上就有明朝的大批卫所。然而，时过境迁，各处卫所不是沦陷就是裁撤，这一条线路早就变成蒙古骑兵的自由通道，于是数万瓦剌大军尾随追击，很快逼近了明军。

眼看着火烧眉毛了，王振却再度犯傻。好不容易确定了从紫荆关回京，谁知王振又犯嘀咕，生怕大军踩坏了老家的庄稼。眼看就要到蔚州，立刻又下令全军原路折返，改从居庸关入京。这么一闹，等于走了个折返跑，丧失了撤军的黄金时间。

在瓦剌大军日益逼近后，王振也终于做了一个正确的选择：由成国公朱勇等四员大将，率领五万骑兵分头阻击瓦剌。结果，训练有素的瓦剌骑兵给明军上了一堂生动的骑兵训练课，三下五除二就将明军击败。即使如此，明军奋勇的阻击也总算迟滞了瓦剌追击的脚步，再次赢得了三天逃命的时间。

这宝贵的三天是这支明军最后的机会。

奇耻大辱"土木堡"

利用这宝贵的时间，明军星夜兼程于八月十四日中午抵达了怀来北面的土木堡，而只要再坚持走一个时辰（两个小时）就可安然进入怀来城，这次来去匆匆的北征也就可全身而退了。

但意外偏偏又在此时发生了，王振因为运载自己家产的十几辆车子没有到，坚持让部队停下来等，一等就等了整整一下午。瓦剌就趁这宝贵的机会黑压压地扑了过来，先占据了当地唯一一处水源，然后骑兵四处扎营将明军团团包围——御驾亲征的明英宗朱祁镇，这下跑不了了。

其实，就在瓦剌骑兵追到前，明军还有最后一次逃生的机会：兵部尚书邝埜主张，集中最后的精锐骑兵护送明英宗朱祁镇火速前行，能逃出多少是多少。这本来是最后一桩办法，然而铁了心的王振却不知为何坚决不肯答应。这次，邝埜也终于胆气充盈地和王振当场大闹起来，但最后被卫兵打出。就在争执间，瓦剌大军合围——明朝没救了。

八月十五日白天，瓦剌大军集结重兵，向断水缺粮的明军发动了总攻。就此，悲剧到达高潮：明军竟然爆发出了强大的战斗力，结成军阵数次打退瓦剌的进攻。眼看强攻不力，狡猾的也先再次耍诈，假装要与明朝议和。结果，明英宗朱祁镇果然上当。眼看瓦剌撤出了水源地，已经苦苦坚守三天、断水断粮的明军早已饥渴难耐，蜂拥前去取水。就在这时，瓦剌的突袭发动了，明盔亮甲的蒙古骑兵一面高呼着"解甲者不杀"，一面肆意砍杀着失去武器的明军。原本惨烈的攻坚战，这下彻底变成了一边倒的屠杀，数十万明军土崩瓦解、全线崩溃……

这场浩劫一般的战败，整整杀了一夜才落幕：明军只有千余人突围出来，数百文武大臣遇害，数十万士兵阵亡，而酿造这一惨祸的王振也一并惨死于军中。翻开阵亡名单，更令人痛心疾首：内阁阁臣曹鼐等人，乃至战功卓越的英国公张辅，兵部尚书邝埜等人，全在阵亡之列。大明王朝的核心执政团队，几乎全部覆没。这耻辱的一幕，便是土木堡之败。

然而，就在这一系列耻辱中却还有一幕场景，即使瓦剌人见到也不禁动容。当惨烈的屠杀接近尾声时，尸横遍野的战场上却隐然飘扬着一面大明的龙旗。一个二十多岁的年轻人，在数名护卫的簇拥下淡然地下马放剑，等待着未知的命运。也先的弟弟赛刊王见状惊讶无比，后经过明朝俘虏的辨认，终于确认了这个惊天的事实——大明皇帝朱祁镇，被俘了。

这以后的朱祁镇，承受着沦为俘虏的耻辱，在瓦剌军营中度过了一年多囚徒的时光，更经历了多次生死考验。然而，值得称道的却有一点，无论身处怎样的险恶局面，受到怎样的磨难，朱祁镇在瓦剌人面前都一如既往，保持着他的淡然。因此，也先的弟弟伯颜帖木儿更对朱祁镇钦佩不已，甚至到了后来朱祁镇得以被放归时，他竟然一路相送依依惜别。这个执政失败的青年皇帝，唯一值得称道的便是一直保有这高贵的气节了，甚至他的雍容大气还感动了敌人。

但在当时，不论朱祁镇本人多么淡然，京城上下却真是乱作一团。大臣们除了哭天抢地，就是呼吁迁都。关键时刻，代理兵部尚书的于谦站了出来，愤怒驳斥了迁都的奏议，定下了整军备战的抉择。八月十八日，监国的郕王朱祁钰召开会议，众大臣怒斥宦官乱政，当着朱祁钰的面吵作一团，并在争吵中爆发了群殴——当场殴死了王振的亲信太监马顺。因众怒难犯，朱祁钰当场宣布王振罪状，并将王振全家满门抄斩。九月，朱祁钰正式登基，次年改年号为"景泰"，正在蒙古草原当囚徒的朱祁镇被尊为"太上皇"。同时，大规模的清算行动展开，诸多王振的亲信宦官及党羽纷纷落马。于谦全权负责北京防务，整肃内部，调集重兵，安定人心，最终于十一月在北京保卫战中击退瓦剌。至此，为"土木堡惨祸"买单的，也只能是王振及其党羽们了。

十 / 铁血名将郭登

随着"土木堡惨祸"的发生，权宦王振的罪过也终于被清算，其侄子王山等人被凌迟处死，全家更被满门抄斩，同时家产也被充公用作接下来的军费。

但大明王朝的危机却并未解除，反而日益加剧：皇帝被俘，京城兵马空虚，百姓人心惶惶；长城那边，瓦剌大军气焰嚣张，磨刀霍霍。各种图景看来，似乎京城就是要沦陷的节奏。

严峻的现实面前，承平日久的大明王朝再次咬紧了牙关，开始了全面总动员。在群臣的劝进下，监国的郕王朱祁钰临危受命继承帝位，宣布改次年年号为"景泰"，更遥尊被俘的明英宗朱祁镇为"太上皇"，而这就摆明了告诉瓦剌——你抓的皇帝"过期"了。

作为胜利者的也先也兴奋得不行，甚至还给明朝写信，狮子大开口地要金银。但也先不知道的是，在明朝人心惶惶的时刻，代理兵部尚书于谦挺身而出，承担了保卫北京的重任。于谦先定下全力备战的基调，然后大规模调兵，各地有作战经验的部队全数向北京集结。十一月，瓦剌以送明英宗朱祁镇回朝为借口，大举攻打北京，本以为会像土木堡一样轻松取胜，谁知却碰到了铜墙铁壁。在于谦的镇定指挥下，明军上下一心奋勇抗战，连百姓也踊跃支前出工出力。历经一个月浴血奋战，瓦剌在付出了数万人伤亡的代价后，始终摸不到北京城的边，只得撤军。

对于大明王朝的命运走向来说，北京保卫战堪称一场光辉的胜利。

如果要论功绩，首功当然是大英雄于谦：主张清算王振罪过的是他，主张景泰皇帝火线即位的也是他，而正是两件事及时稳住了政局；再接下来，确立北京保卫战方略，大胆擢拔各路将领，身先士卒浴血奋战，终于赢得胜利的核心依然是他。这位清直刚正、勇担家国责任的名臣，至今依然备受敬重。

在整个系列过程中，以军事贡献论，若问谁能最追近于谦，答案或许有很多。除了在北京城外浴血奋战并堪称正统第一勇将的石亨——他后来却把老战友于谦送上法场——更有一位始终忠心为国，甚至成为瓦剌骑兵战场噩梦的猛将，而他虽然未曾参与北京保卫战，却在自土木堡战败至明英宗朱祁镇归来的一系列大事件中发挥了举足轻重的作用，足可比肩于谦。

这位猛将，正是郭登。

名将世家好儿郎

郭登，字元登，安徽凤阳人，明王朝开国名将武定侯郭英之孙。史载郭登自幼仪表堂堂，博闻强记，尤其酷爱军事，经常喜欢和人讨论战争，天生是个军事迷。

放在明朝的勋贵家庭里，这样的孩子似乎没啥特殊，如当年"靖难之役"中屡次上演军事笑话的李景隆也是这种类型——相貌堂堂，能说会道。但就像李景隆一样，好些这类孩子一旦真上战场，多是绣花枕头——中看不中用。

然而，郭登却真不是这类，相反他早早受到历练：洪熙年间，因父辈功勋被授予锦衣卫经历一职，开始了戎马生涯；宣德年间，参加平定青海部落叛乱战役，又随明宣宗朱瞻基北征兀良哈；正统年间，跟随王骥参加南平麓川之战，特别是在腾冲等地更是恶战多年，立了不少战功。在"土木堡惨祸"前，论恶战硬仗，郭登一直打了不少。

正因为战场表现优良，郭登的官职也升得快。正统十四年（1449），郭登更作为扈从跟随明英宗朱祁镇御驾亲征。等到了大同后，明英宗朱祁镇更做出一个扭转郭登命运的决定——任命郭登为都督佥事，充任参将，辅佐总兵官刘安镇守大同。

这是一个非常关键的决定，甚至可以说救了郭登的命，否则十几天以后郭登也必然被围困在土木堡，而以他扈从的身份和忠诚的品格就算逃得一命，十有八九也要陪明英宗朱祁镇在蒙古草原当俘虏。

明英宗朱祁镇之所以做出这个决定，也来自常年以来对郭登的了解。当时，大同刚刚经历阳河口战败，兵马损失惨重，城池人心惶惶，需要的正是郭登这样的干才。

在获得这次任命后，郭登接下来做的一件事，既证明了其卓越的才能，更是差点挽救了明英宗朱祁镇的战俘命运。当时，眼看明军大部队撤退，郭登果断建议，明军应该从紫荆关撤离，必能避开瓦剌的追击。孰料王振之流不听，然后"土木堡惨祸"上演。在土木堡那边，明军遭受灭顶之灾后，郭登所在的大同局面也骤然恶化起来：本身就新遭失败，"土木堡惨祸"的消息又传来，士气更横遭打击；眼看着瓦剌大兵压境，城内人心慌乱，沦陷指日可待。

如此危急局面，新任大同总兵刘安也急得不行。此时，大同谣言四起，部队士气涣散，还常有士兵逃跑，想尽了办法也不能解决问题。

当然，在好多人眼里，这事对郭登不是什么问题：他本身就不是大同人，又是勋贵子弟，而且更非总兵，担不了主责，找个借口脚底抹油也很方便、很容易。

就在这关键时刻，郭登展现了其刚强的一面，非但不跑且还把妻子孩子全接来，更天天走访士兵安抚人心，身体力行地告诉大家：我不但不会跑，更要带领你们守住这里，战胜那个强大的敌人——瓦剌！

就这样，在郭登的努力下，大同的人心日益安定，防务也走向了正轨。等到明景泰帝朱祁钰即位，无能的刘安被撤，郭登升任大同总兵，从而在这场大明朝卫国战争中承担起了中流砥柱的角色。

说郭登是中流砥柱，一个首要原因就是他所驻守的大同，正是此时明朝边防的重要屏障。

大同的地位有多重要？"土木堡惨祸"后的两个细节可以佐证：一是也先在土木堡大捷后，非但没有乘胜追击直捣北京，反而火速撤退。二是也先大举进攻明朝时，由他亲自率领的最精锐的中路军攻打的目标正是大同。大同这座坚城战略位置极其重要，只要其控制在明朝手中，瓦剌就有后路被断的危险。

在以往，大同这样的军事重镇的总兵职务足够让武将们眼馋；但在郭登接手时，这里却是一个烂摊子。

铁壁防线大同城

根据当时明朝兵部的记录，大同军镇原本应有士兵"马步官军十三万五千八百七十八名"。然而，在"土木堡之变"前，由于常年的军屯被侵占，以及军官"吃空额"等种种问题，大同的实际兵力为"八万五千零十一名"。在明英宗朱祁镇到达大同前的阳和会战中，原总兵宋瑛及其所率领的五万官兵几乎全军覆没，且损失的大部为骑兵。郭登就任大同总兵后，城中能作战的士兵仅几千人，马匹竟只剩下一百多匹。在朝廷专注于北京防务，暂无力增援大同的情况下，守住大同几乎是不可能完成的任务。

深知局面紧迫，郭登立刻火速行动：一方面四处派出骑兵，搜寻之前战争中打散的明军部队，招募他们前来大同会合；另一方面争取百姓支持，号召大同当地士绅富户带头捐赠马匹，言明战后朝廷将按原价偿付，更是为了筹措资金不辞劳苦，终于感动得大家有钱出钱、有力出力。此外，郭登还火速派人去青海等地购买战马，补充军用。短短数月间，郭登便重建了一支新军。

上面这些招数，如果说还没什么新奇的话，那么其间郭登的两个创举却足以载入史册：一是在大同当地招募义兵，补充入正规军队，堪称明朝募兵制度的尝试者。二是除重建骑兵部队外，更大力修造火器战车，组建了一支新型火器战车部队，而正是这支奇特的部队在不久的将来会给予凶悍的瓦剌骑兵极为沉重的打击。

在郭登的精心布置下，短短两月间，大同重镇重新拥有了数万精兵，城防坚固、兵甲精良、三军士气高涨，面目焕然一新。

但更大的考验紧接着来了：正统十四年（1449）十一月，经过精心准备的也先再度发动了对明朝的进攻。这次，也先首先打击的对象依然是大同，但手里握有明英宗朱祁镇这个人质，他的办法也改了——挟持朱祁镇在大同城下喊话，要求郭登开关献城。

其实，这招也不新鲜，早在明英宗朱祁镇刚被俘的时候，也先就在大同城下闹过一出。当时，大同的总兵还是刘安，差点就上钩开城，幸亏郭登及时阻止，总算没干傻事。

这次也先又故技重演，而且感情战术十分到位。也先让朱祁镇不断在城下喊话，晓之以理，动之以情；更命亲信袁彬在城下哭喊撞门，"君君臣臣"的大道理磨破嘴皮子地说——"太上皇的命眼看不保，你就一点没感觉吗？"

郭登的应对却灵活：一方面拒绝和明英宗朱祁镇见面，另一方面派给事中孙祥、知府霍瑄出城向明英宗朱祁镇"问安"，让瓦剌感到赚开大同城门"有戏"。果然，郭登遣人向瓦剌提出了要给明英宗朱祁镇"送饭"的请求，但暗地里已然集合了七十多名精壮士兵，打算以给明英宗朱祁镇"送饭"为名杀入瓦剌大营，趁乱救出明英宗朱祁镇。十月七日，郭登秘密给士兵训话，要大家全力死战，险中求胜。正当这支部队准备出发时，监军太监陈公却出面阻止，与郭登争执不下。战机稍纵即逝，老谋深算的也先觉察出郭登的图谋，慌忙连夜拔营撤退。至此，一场营救明英宗的"斩首行动"终未能成行。虽然如此，郭登虚虚实实地令瓦剌在大同城下劳而无功数日，为北京保卫战成功赢得了备战时间。

十月十一日，北京保卫战正式打响。也先绕过边陲重镇大同，先攻破北京门户紫荆关，继而兵锋直抵北京西直门。统筹北京防务的于谦亲率二十二万大军列阵北京城外，与瓦剌大军展开血战。火烧眉毛下，郭登派快马入京城，既遣先头精锐骑兵入京增援，也带去了他提出的足够置瓦剌于死地的战略——由其亲自统率新组建的大同精锐数万人，从大同出发东进断绝瓦剌后路，以内外夹攻的方式彻底聚歼瓦剌军主力。

但在景泰帝朱祁钰以及于谦眼里，这个计划的风险性实在太大，因此被否决不用。此后，于谦率明军依托城池防御，在北京城下与瓦剌展开拉锯战，数次击退瓦剌的疯狂进攻。经过四天浴血奋战，十月十五日，瓦剌军开始陆续北撤，明军集结重兵火速追击，先以火炮夜袭瓦剌罗店大营并歼敌万余人，继而在清风店、固安连续重创瓦剌大军。十月十七日，伤亡惨重的瓦剌军挟持明英宗朱祁镇全线撤往塞外。攸关大明国运的北京保卫战，至此以大明完胜而告结束。

郭登虽未参战，但他的忠勇也在景泰帝朱祁钰心中留下深刻印象，战后特加封他为"右都督"。当时，郭登这个大胆的计划未被认同，但很快他便用实际行动让打遍草原无敌手的一代名将也先尝到了厉害。

扬眉吐气频捷报

北京城保卫战后，明朝君臣上下都大松了一口气，开始论功行赏。诸多在战争中劳苦功高的人员，为了谁功劳大互相闹得不可开交，甚至就连劳苦功高的于谦也曾因此被人攻击。

但这时的郭登，却顾不上争这个。瓦剌退兵后，郭登也没闲着，除了继续忙于防务，更积极上奏折，先后献上十多个用兵方略。作为一个老军人，郭登十分清楚：北京保卫战赢得十分凶险，京城的驻军更大多都是新兵，战斗力尚需提高；拥有骑兵优势的瓦剌，在京城碰壁后更不会善罢甘休，反而将会利用他们的野战优势继续侵扰边关。

果然如郭登所料，入冬以后，瓦剌的侵扰又来了。正统十四年（1449）十二月，瓦剌先攻延绥，幸好明军早有防备而击退了瓦剌进攻。此后，瓦剌先后在宣府、辽东、蓟州、瓜州等地陆续展开攻势，明军坚壁清野，凭城坚守，总算没叫瓦剌占到便宜。但边关乡镇，却给祸害得很厉害。

这样的局势，对明朝依然很不利。如果不能在野战中重创敌人，那么明朝依然没有主动权，始终被动挨打。可凶悍的瓦剌骑兵，究竟谁能战胜？郭登决定碰一碰。

长期以来，郭登一直在苦苦地思索，怎样才能战胜号称"草原无敌"的瓦剌骑兵。在历经艰辛的探索后，郭登找到了自己的方式，而现在到了验证的时候了。

转过年来，即景泰元年（1450）正月，数次碰壁的也先始终不甘心失败。为了给明朝一个震慑，也先决定要重点打击一个目标，这次的对象依旧选择了大同。

景泰元年（1450）正月十六日，也先率数万精兵，再次展开了对大同的大规模攻势。正月二十日，瓦剌先头精锐三千人进抵大同北面的沙窝（今山西右玉）。郭登得知军情后果断做出决定，精选麾下八百精骑，亲率部队长途奔袭七十里展开攻击。正月二十日黄昏，郭登部队秘密抵达沙窝地带，而这时确切的军情传来——此地扎营的瓦剌军共有十二营三千人，是明军的三倍多。有部将建议暂且退兵，郭登愤然抽剑训斥道："敢言退兵者，立斩。"说罢，郭登亲自充当先锋，率部直冲瓦剌军大营。明军同仇敌忾奋勇冲杀，瓦剌军营被冲得溃散了，只得丢盔弃甲四下逃亡。郭登率军紧追不舍，接连追了四十里，在山西考劳山再次击败瓦剌军，先后斩首敌军一千余人，史称"沙窝大捷"。

对于被欺负了很久的明军来说，沙窝一战堪称扬眉吐气。明军以往同瓦剌作战，多是凭城坚守，甚少有野战，即使是北京城保卫战也是依托城墙火器展开防御，而这一次郭登却率部长途奔袭一百一十里以寡击众，在野战中大破瓦剌精骑，粉碎了瓦剌"野战无敌"的神话。至此，明军上下畏惧瓦剌野战能力的情绪一扫而空，可谓意义非凡。捷报传来，明景泰帝朱祁钰也下旨，加封郭登为"定襄伯"。

但自诩"草原无敌"的也先还是不甘心，三个月后瓦剌卷土重来，集重兵再次攻击大同。这次郭登亲自率军在东门迎战，瓦剌先锋凶猛，明军一触即溃。瓦刺军大喜，趁势强攻，却忽然见周边爆炸声四起，炮弹如雨点般落下，周围骑兵纷纷血肉横飞。原来，这是郭登为瓦剌军预备的另一件"礼物"——火器战车。

比起强悍的大同骑兵来，火器战车战术更堪称郭登的独创，不但大量制造火器，且设计出两种新型火器战法——夹地龙、飞天网。明军先是在战场上预埋地雷等物，假装溃败引诱瓦剌军追击；待进入"雷区"后即引爆地雷，让瓦剌军陷入"地雷战"的汪洋大海，这是"夹地龙"。同时，明军的大中小火炮也准备就绪，趁瓦剌被地雷炸得大乱时发动"地毯式轰炸"将其炸成火海。在"飞天网""天罗地网"下，气焰滔天的瓦剌军再次狼狈退去。

一个月后，怒火填膺的也先再次杀来。这次，也先集结了蒙古三部精锐——瓦剌、鞑靼、兀良哈，战前也先训诫三军要齐头并进，不可轻举妄动陷入郭登埋伏。孰料，郭登这次也不再"耍诈"，堂堂正正三军列阵大同城外与也先决战。号角吹响，蒙古骑兵汹涌冲锋，却忽见明军又使出"新玩意儿"——军阵之中推出五人一组的小车，小车上密排枪炮，野战中炮火轰鸣。在蒙古骑兵遭火力打击退却时，小车竟然也徐徐推进，同明军步骑一道追杀蒙古骑兵。这次攻击再次以也先的惨败而告终，而郭登发明的又一新型武器——火器战车从此登上了战争舞台，成为明军此后克敌制胜的利器。现代军事学家普遍认为，这种战车恰是后来坦克的前身。步骑车合击的打法，在之后百年渐成明军战术的主流。

从景泰元年（1450）正月至七月，瓦剌及其蒙古各部向大同发动了多次进攻，每次都以失败告终。是年六月，也先又和郭登斗了次心眼，谎称要送明英宗朱祁镇回朝，让郭登开城迎接。这次郭登出人意料地爽快答应开门，原来他也有自己的算盘：打算假装开门，然后伏兵大起，一举救回明英宗朱祁镇。但也先也不是省油的灯，眼看计划周详，他却突然察觉，慌忙挟持明英宗朱祁镇撤退了。

但在经过了多次战败后，也先的局面也大坏。也先不但在战场上找不回便宜，其部落内部更冲突不断，和蒙古草原的傀儡可汗脱脱不花更是最终翻脸。内外交困下，也先终于顺水推舟，于景泰元年（1450）秋天趁明朝派杨善出使的机会，爽快地放回了烫手山芋明英宗朱祁镇。论个中缘由，郭登战场上的功业，同样是重要因素。

郭登有功，明代宗朱祁钰待郭登也不薄：镇守大同的太监陈公素与郭登不和，朱祁钰闻讯后随即撤换陈公；郭登的"领导"——大同巡抚沈固也常与郭登"不睦"，朱祁钰得知后立刻命郭登的好友年富代替沈固担任大同巡抚。明代宗朱祁钰如此倾力支持，郭登当然也尽心竭力操持边防。景泰二年（1451），劳苦功高的郭登申请致仕，明代宗朱祁钰却舍不得，反将郭登官升一级，以"五军都督府左都督"的身份负责操练禁军。是年二月，郭登离开了他苦心经营数年的大同边镇。彼时的大同，拥有"步骑车兵十万八千二百三十一人"，其中精锐骑兵一万五千人，可称明军"九边"的精锐翘楚。此后终明一世，这支郭登亲手缔造的精锐部队，更有一个响亮的称呼——大同精骑。

起起落落真唏嘘

然而，郭登的人生命运在景泰八年（1457）再次发生了转折。

景泰八年（1457）正月十六日夜，明代宗朱祁钰病重。太监曹吉祥、武清伯石亨、左副都御史徐有贞三人趁机发动政变，拥立被明代宗朱祁钰软禁了近八年的"太上皇"明英宗朱祁镇重新登基，次年改元"天顺"，史称"夺门之变"。"复辟"了自然要"秋后算账"，北京保卫战的顶梁柱于谦以及明代宗朱祁钰的宠臣王文被杀害；陈循、江渊等朱祁钰时代的重臣纷纷遭贬斥。这场大清洗风暴，郭登也未能幸免。郭登虽然在"复辟"后连续上了八个条陈向明英宗朱祁镇表忠心，但当年两次拒绝明英宗朱祁镇开关请求的"梁子"却终未解开。郭登先被调往南京任职，于天顺二年（1458）二月被夺去伯爵头衔，调往甘肃"戴罪立功"。即便是这样，明英宗朱祁镇还是不解气，亲写诏书申斥道："原大同总兵郭登屡拒朕于城外，欺君之罪不可不究。"

但郭登任劳任怨，在甘肃任上仍兢兢业业，训练士卒整顿边防。十年后，成化四年（1468），苦于明王朝外患严重且明军战斗力低下的明成化帝朱见深终于想起了这位功勋卓著的老将，下旨提升郭登为十二营团提督，负责禁军训练。四年后，这位功勋卓著的老帅郭登在京城病逝，明成化帝朱见深追封他为侯爵，谥号"忠武"。这个称号，足够涵盖郭登不平凡的一生。

十一 / 贰臣们的舞台表演

如果用一个词来形容从正统十四年（1449）至景泰八年（1457）的明朝政局，那就是——"戏剧性"。

哪怕是最妙笔生花的编剧，都难以勾勒这八年里明朝政治军事的诸多奇特剧情：明英宗朱祁镇在土木堡惨败被俘，败得很戏剧性；接着北京保卫战胜利，朱祁镇又被瓦剌平安放回来，同样很戏剧性；之后朱祁镇命运悲惨，虽然有"太上皇"的名分，却被弟弟明景泰帝朱祁钰软禁，过上了"高级囚徒"的生活；眼看着一辈子没指望了，谁知景泰八年（1457）又神奇逆转——趁着景泰帝朱祁钰病重，朱祁镇在曹吉祥、徐有贞、石亨三人的拥立下发动"夺门之变"，神奇地重登皇位，同样极具戏剧性。

这戏剧性的八年里，大明王朝功业颇多，能臣颇多，内部争斗颇多，掌故颇多。然而，除了名垂青史的于谦，令人一声叹息的两位帝王——朱祁镇、朱祁钰兄弟外，同样值得后人思考的却还有摇摆于其间的各路臣子。诸多大臣演绎出的"贰臣"活剧，在这八年戏剧性的剧情中同样十分热闹。

这里还是让我们从"土木堡惨祸"发生后开始，把大明官场的芸芸众生相仔细地梳理一下。

惨案过后打架忙

明正统十四年（1449）八月十五日，令明朝上下蒙受奇耻大辱的土木堡之战结束，几十万明朝大军全军覆没。与此同时，这个晴天霹雳也激起了大明朝政坛的波涛汹涌。

惨祸面前，明王朝的反应还算迅速。朝臣们哭成一团，监国的郕王朱祁钰起初也吓得目光呆滞，后宫更是全乱了套。等到明英宗朱祁镇被俘的消息传来，皇后钱氏二话不说，搜罗了三车珠宝财物送往瓦剌赎人。也先欣然收下，至于"人质",当然不放。

不过,在慌乱的时候,有些人却开始打自己的算盘。在土木堡战死的朱勇之子朱凯、张辅之子张良,纷纷忙着往南京"转移财产";各大臣虽然留守,却也多把子女送离京师;京城大小商铺富户,大多也慌忙"搬家"。其时,单是雇车轿的费用,在八月十六日至八月十八日这三天便"增四倍"。大家争先恐后,都忙着卷包袱逃命。

随着危机的加剧,大明朝堂之上围绕三件大事也展开了纷争:一是"战"还是"迁";二是谁为惨败负责;三是谁做皇帝。八月十八日,孙太后压阵,监国郕王朱祁钰代为主持召开"御前会议",商讨对策。会议开始后,史载"众皆号啕",震天的哭声响彻在朝堂之上。侍讲学士徐程首先发言,声称自己"夜观天象,认定京城必然不保",随即提出了"南迁"之议。此言既出,满朝皆惊。朱祁钰向其他大臣问计,王直、陈循、王文等重臣们皆"缄口不言"。都督张軏却表忠心,自告奋勇愿"护送太子及后宫家眷南下",等于是认同了"南迁"之议。直到这时,一直冷眼旁观的于谦终于忍不住,掷地有声地喊了一句:"建议南迁者,该杀。"接着,于谦侃侃而谈,以北宋灭亡为"反面教材",痛陈"南迁"是亡国之论。慷慨陈词下,时任东宫"展书官"的商辂也表明立场,支持于谦的看法。此举终激起了朱祁钰的血性,令他也频频点头。见朱祁钰"表态"了,众大臣才群起而动,纷纷怒斥"南迁"乃卖国之论,于是终于有了"群情激昂,齐心抗战"的样子。紧接着,灰头土脸的徐程当场就被呵斥赶出朝堂。"屋漏偏逢连夜雨",徐程路遇好友江渊,得知事情来龙去脉的江渊先好言安慰了徐程一番,继而进宫面见朱祁钰却将徐程骂得狗血淋头。其实,就在土木堡兵败消息刚传来时,江渊还正慌忙地把儿女送往南京。

无论怎样,团结抗战的"大调子"是定了下来。八月十九日开始,于谦陆续将山东、辽东、浙江、河南等地部队调往京城驻守,尤其是赦免了阳和兵败中逃回的石亨协助自己守卫,调来了善操练火器的辽东都指挥使范广接掌神机营,这两个人在之后的北京保卫战里发挥了重要作用。四天以后,第二件事又浮出了水面——秋后算账。

八月二十三日朝会,都察院右都御史陈溢突然发难,要求将土木堡之败的罪魁祸首——王振余党绳之以法,并要求"杀其同党,灭其全族"。陈溢的一番慷慨陈词引得群臣情绪激动,纷纷附和。朱祁钰犹豫再三,只能回答说"再议"——他不能不这么回答,王振随明英宗朱祁镇北征时,带去的多是大臣里的"同党",留守的多是"政敌";深宫内大小太监盘根错节,东厂锦衣卫尽是王振的"徒子徒孙",而他为"监国"根基不稳怎好轻易"清查"。大臣们见朱祁钰含糊其词,更是愤怒。锦衣卫指挥使马顺当场呵斥群臣,户科给事中王竑冲出来揪住马顺暴揍,群臣纷纷拥上前群殴,竟将马顺当场殴死。至此,明朝堂局面彻底失控,大臣们又揪出了马顺余党毛贵和王长随并同样殴死。接着,又逮捕了王振的侄子锦衣卫指挥使王山,而这一切都在"监国"朱祁钰的眼皮底下进行。毫无执政经验的朱祁钰惊慌失措地企图逃跑,关键时刻于谦一把扯住了朱祁钰,要朱祁钰顺从"民意"宣布王振的罪状。于是,朱祁钰"顺水推舟",宣布今日朝会大臣无罪,并随即清查王振余党。然后就是清查行动,王振全家被满门抄斩,党羽纷纷落网,可谓大快人心。

　　在"大快人心"中,却忽略了这次朝会的另一个细节。当王竑愤怒地冲上去殴打马顺时,群臣里跟着跳出来的是都察院左都御史王文。王文跟着对马顺拳打脚踢,带动群臣将之殴死,俨然一个"锄奸英雄"。然而,王文恰恰是王振的"党羽"。王文,字千之,河北束鹿人,史载"面目严冷,然中实柔媚"。王振"专权"的时候,王文对王振很"柔媚"。王振弹劾杨士奇,整治杨溥,皆是当时身为御史的他做"急先锋"。薛瑄下狱,也是王文罗织罪名。弹劾王振的陈溢在正统年间被王振陷害,撤掉了陕西巡抚的职务,而王振派去接替陈溢的人还是王文。正统年间,王文与徐希堪称王振的"左膀右臂"。其时,"左膀"徐希已惨死在土木堡,而"右臂"王文却反戈一击带头"慷慨激昂"查余党。之后,王振之侄王山定罪,也是王文参审定出十三条大罪,亲手把王振全家满门抄斩。不过,王文确实有能力,史载他镇守陕西时"镇静不扰";又曾主持宁夏防务,在之后的北京保卫战里也成为于谦的得力助手。另有一位太监也同属"王振余党",却走了朱祁钰亲信宦官金英的门路,最后被命"戴罪立功"并在北京保卫战中出力颇多,之后被朱祁钰重用节制禁军"团营",而他就是后来"夺门之变"的主谋之一——曹吉祥。

　　大明王朝整防务、清余党,备战工作也有条不紊地进行着,却还有一个大麻烦在面前——明英宗朱祁镇怎么办?瓦剌挟持朱祁镇四处侵扰,更大肆向明朝勒索,解决的办法只有一个——另立新君。八月二十八日,王文首先上书,要求郕王朱祁钰即位。接着,此举得到了主持防务的兵部尚书于谦的支持,于谦表白说"臣等诚忧国家，非为私计"。这是于谦的想法，但群臣想法不一。户部侍郎陈循、刑部侍郎江渊、刑部尚书俞士悦、内阁大学士萧镃纷纷支持；但曾支持于谦主战的商辂、户部尚书金濂、曾建议南迁的徐珵、太常寺卿许彬以及都督都纷纷反对；而德高望重的吏部尚书王直、礼部尚书胡濙、右都御史王翱则建议由朱祁镇之子朱见深即位，孙太后"垂帘听政"，于谦等大臣辅政；内阁大学士高谷则说"此事非臣等可言"，拒绝发表看法。在这其中，商辂是太子朱见深的"展书官"，徐珵是"东宫侍讲"，胡濙深受朱瞻基"托孤辅政"重任；至于陈循、江渊，均是在正统朝"不得志"的官员，俞士悦与于谦交好。实际上，大部分人其实都是"为私利"。三方争执之下，由于负责京城防务的于谦坚决站在郕王朱祁钰一边，最终朱祁钰的即位"顺理成章"。于是，"站对了队"的陈循、江渊、王文三人顺利入阁，成为明代宗朱祁钰的亲信；而商辂虽"站错了队"，但他是明朝历史上唯一一个"连中三元"奇迹的创造者，名声在外，又有于谦、高谷等重臣支持，官位也节节高升，于次年也成为内阁大学士。当然，为了"政治平衡"，朱祁钰将明英宗朱祁镇的儿子朱见深立为太子，遥尊朱祁镇为"太上皇"。至此，大明上下顺利完成了这次"权力交接"。九月六日，朱祁钰正式登基。一个月以后，明军在"北京保卫战"里重创瓦剌，风雨飘摇的国家也转危为安，并于次年改元"景泰"。至此，火线登基的朱祁钰，终于凭借北京保卫战树立的崇高威望，坐稳了本不属于他的帝位。

烫手山芋太上皇

说起景泰帝朱祁钰在位近八年的"景泰朝"，今人津津乐道的无外乎如下几件事：早期的迎还明英宗朱祁镇问题，中期的太子废立问题，晚期的太子复立问题。其实，这位皇帝在任期间的"善举"颇多，如厉行节俭，减免宫廷开支，禁止各类"采办"业务，多次减免山东、河南、湖北、江西诸省税粮，起用于谦改造"三大营"，建立"团营"，提升禁军战斗力。尤其重要的是，朱祁钰起用徐有贞治理沙湾黄河决口，根治山东水患；下诏天下巡抚署理各省农桑事务，倾力发展生产；起用王翱担任两广总督，平定当地叛乱。以上种种，确实令经历了"土木堡惨祸"损失惨重的大明王朝，得到了很好的"休养生息"。《明史》赞朱祁钰"笃良任能，励精政治，再造之绩良云伟矣"，至为公道。

但与《明史》称赞相对应的，却是他被历代史家所诟病的"污点"——对待"太上皇"明英宗朱祁镇的刻薄。先是瓦剌在战败后屡次主动要求送还明英宗朱祁镇，朱祁钰皆反应冷淡。朝臣们要求速派使节去和瓦剌交涉送还明英宗朱祁镇问题，皆被朱祁钰以种种理由搪塞。直到于谦说出"今天位已定"后，朱祁钰才转怒为喜，连声说"从汝，从汝"。但明朝接连派了户部侍郎李实和右都御史杨善两批使者，却对是否迎还明英宗朱祁镇的问题依然模棱两可。最后，杨善变卖家产凑齐礼物，又凭借巧言打动也先，加上瓦剌接连被郭登打败而急于同明朝修好，这才成功将明英宗朱祁镇带回。当朱祁镇刚回到京城外，礼科给事中李侃建议"厚礼迎接"，却遭朱祁钰呵斥，只以一顶小车将朱祁镇接进南宫软禁。此后，朱祁钰更在南宫广布眼线，百般监视。为彻底断绝"后患"，朱祁钰从朱祁镇回来后就开始谋划，怎样废去原太子——朱祁镇的儿子朱见深，改立自己的儿子朱见济为皇储。

出乎朱祁钰意料的是，反对易储的声音非常大。朱祁镇的母亲孙太后自然不同意，朱祁钰自己的贴身太监金英也反对。朱祁钰曾暗示金英，七月初二是太子生日（其实是他自己儿子朱见济的生日），金英却不紧不慢地硬顶说："十一月初二才是太子（朱见深）生日。"一下子让朱祁钰"默然无语"，甚至连朱祁钰的皇后汪氏也反对。被朱祁钰视作亲信的王文、江渊、陈循诸人也都模棱两可不敢表态，商辂和于谦都坚持"国本不可动摇"。朱祁钰无奈之下竟想出了"行贿"法，赐内阁各位学士每人黄金五十两、白银一百两。众人果然不好反对，可兹事体大，而就在这个时候一个"帮闲"的小人却帮了朱祁钰的忙——广西寻州守备黄蛇杀害兄长被人告发，为免罪责竟上奏折到中央，提出要"易储"。为此，朱祁钰喜得大叫"万里之外有此忠臣"，并立刻命内阁商议，而"拿人手短"的内阁自然默许了。景泰三年（1452）五月，太子朱见深被废，朱祁钰之子朱见济被立为太子，朱祁钰的皇后汪氏被废，朱见济之母杭氏被立为皇后。两个月后，朱祁钰又向"太上皇"明英宗朱祁镇动手，以朱祁镇赠太监阮浪金刀为由，企图坐实朱祁镇的"谋逆"之罪。幸亏大学士商辂力劝，最后只杀了朱祁镇的亲近太监阮浪、王尧了事。如此，对于朱祁钰的帝位稳固来说，一切都很顺利。

不过，意外偏偏发生了。次年十一月，太子朱见济病死，但偏偏景泰帝朱祁钰又无其他儿子，这下本对朱祁钰废黜原太子朱见深不满的大臣们哗然。复储之议大起，起先大臣们只是私下议论纷纷，引得朱祁钰不满。为彻底断了大臣们的

"念想"，原本勤于朝政的朱祁钰开始沉溺于美色中，企图尽快生出儿子来。谁料"心急吃不得热豆腐"，儿子没生出来，朝臣们却沸反盈天。忠于朱祁钰的内阁大学士王文又出"馊主意"，建议朱祁钰选外省藩王做"继承人"。消息一出，引得群臣私下里更是议论纷纷，一股"换太子"的暗流日渐汹涌。景泰五年（1454）五月，御史钟同上奏折要求重立太子。朱祁钰强忍愤怒，将奏章分发给群臣，意图试探众人态度。怎料一石激起千层浪，礼部郎中章纶立刻上奏，不但同意钟同的奏议，更赞扬朱祁镇为"天下之君父"，督促朱祁钰要"以上皇之礼待之"，不但应该立朱祁镇之子为太子，更要在每年初一、十五"率文武百官朝见太上皇"，这样才"合乎伦常之道"。此疏一上，不少大臣纷纷附议。但对于朱祁钰来说这无疑是"打脸"，果然激起雷霆之怒，当场下令将钟同、章纶二人下诏狱，凡"附议"的大臣一律处以廷杖。五月二十一日，朱祁钰在朝堂上行"廷杖"之刑，共有二十七名官员遭责打，但多是郎中、主事等小官，朝中大员们并未参与。章纶、钟同二人却在牢中受尽严刑拷打，被逼迫说"主谋"，但二人宁折不弯。其实，论"主谋"却也简单，章纶的座师是礼部尚书王直，钟同的座师是大学士商辂，与之牵连的更有诸多位高权重的大臣。最终的结果是，章纶被活活打死在诏狱，钟同则长期被关押，直到朱祁镇"复辟"后才得以释放。次年七月，刑科给事中徐正上疏，建议将"太上皇"朱祁镇和沂王朱见深一同迁往封地沂州。考虑到兹事体大，朱祁钰并未采纳，反斥徐正"妄议国事，其心可诛"，将其贬官到辽东铁岭。恩威并施下，明朝堂上先前"气势汹汹"的复储之议总算平静下来。整个过程里，商辂、王直、于谦等重臣并未表态，"表明立场"的有王文、陈循、萧滋三位大学士，特别是萧滋一句"先废再重立，国本岂是儿戏"更是正中朱祁钰下怀。此后，朱祁钰广纳美妃沉湎于美色之中，意图抓紧时间"培养下一代"，而一场复辟的暗流也在渐渐滋生。

"夺门之变"：小人赌博

说暗流，不得不提起一位"贰臣"——徐有贞。"土木堡之变"后，徐有贞因主张迁都，遭于谦呵斥并受尽群臣嘲笑；后又反对朱祁钰即位，彻底在新君的心头"挂了号"。此后，徐有贞历经数年不得升迁，甚至求于谦说情也没用。无奈之下，徐有贞不得不将自己的名字从"徐珵"改名为"徐有贞"，果然从此官运亨通。景泰三年（1452），徐有贞升为都察院右副都御史，次年又升为左副都御使。之后，徐有贞上下串联，最终趁朱祁钰病危制造了迎接朱祁镇复辟的"夺门之变"，其后害死于谦，把持朝政，排斥异己。后世几百年来，徐有贞早就被看作与秦桧"齐名"的奸臣。

但真实的过程，却不是这么简单。徐有贞虽说提出迁都，但北京保卫战时他以监察御史身份去彰德募兵，兢兢业业出力颇多，并非今人想象的"投降派"。景泰三年（1452），徐有贞之所以时来运转，一是大学士高谷的推荐，二是不用不行。此时，山东、河南一带黄河频频泛滥，不但祸害无数，更阻断了京杭大运河，而彼时明廷唯有徐有贞是最杰出的治水人才。徐有贞抓住了这个机会，独创地提出了"分流运河法"，开挖广济渠，整治山东张秋河水患，不仅恩泽当地百年，而且也换得官位节节高升。但对徐有贞来说，左副都御使的官职于他却是"到头了"，毕竟内阁有王文等人且都是朱祁钰的"拥立功臣"，"入阁拜相"自然没有他的份儿。徐有贞之所以介入这场"复辟"阴谋，却完全是因为另外几个人的邀请——武清侯石亨、团营都督张𬭚、太常寺少卿许彬、大内御马监总管曹吉祥。

先说石亨，后人之所以说他参与"复辟"并害死于谦，起因是他保举于谦儿子于冕为官反被呵斥，因此怀恨于谦并图谋报复。但真实的情况是，石亨身为团营提督，不但作战骁勇，贪污也同样"骁勇"。石亨提督团营后，仅北京周边地区，被他以个人名义侵占的"军屯"就有近千顷，而且他的侄子石彪后来也接替郭登镇守大同，可谓内外勾连盘根错节。石亨也显然比于谦"会来事儿"，史书上评价"任用贤能"的朱祁钰对他的信任甚至超过于谦。景泰八年（1457）正月，朱祁钰病重，派去代其祭天的大臣正是石亨。后来，"夺门之变"发生后，朱祁钰的第一反应竟是"于谦造反了"，丝毫没有怀疑石亨这位骄兵悍将。但即使如此，素来刚直不阿的于谦依然不屈不挠。事实上，身为兵部尚书的于谦，八年来一直为整顿军屯、提升明军战斗力而呕心沥血：景泰二年（1451），于谦奏请派都察院文臣督管宣府、大同、蓟州三地军屯复耕；景泰三年（1452），于谦提出"核丁法"，即每年两次由兵部和都察院联合核查团营人数，防止军官"吃空额"；景泰五年（1454），于谦更奏请清丈"九边"田亩土地，严查贪占行为；景泰七年（1456），于谦命兵部武库司设立"准样图"，明朝武器的制造和发放有了"标准管理"。其间，于谦还查办了大批违法军官，多为石亨亲信，而显然利益才是

• 十一／贰臣们的舞台表演 • 099

这对北京保卫战的"老战友"最终反目的根本原因。至于御马监总管曹吉祥，他本就是王振的党羽，在王振一手遮天的时候对他极为信任，甚至多次对他说"他日吾之子侄赖你照应"，可谓早内定好的"接班人"。朱祁钰时代，曹吉祥屹立不倒，又兼提督团营，却受到兵部尚书于谦的节制，以致朱祁钰对他的信任也是"有限"的。于是，曹吉祥寄望于"太上皇"复位来改变命运，自然就成了他的选择。

张轨和许彬的情况则略有不同。张轨是英国公张辅的弟弟，世袭的爵位，"土木堡之变"后附议徐有贞迁都。朱祁钰登基后，张轨又和石亨一起掌团营，和徐、石二人都有"共同语言"。与石亨同流合污的张轨，自然与于谦不共戴天。许彬的情形则具有戏剧性。在杨善成功接回明英宗朱祁镇时，许彬掌明朝"四夷院"，负责"外交工作"。当明英宗朱祁镇回到土木堡时，许彬曾前去迎接，并在土木堡作祭文祭奠死亡将士，更为朱祁镇和王振借机开脱而深令朱祁镇感动。然而，许彬此举却更叫朱祁钰恼火，以致这位永乐十三年（1415）即中进士的老臣此后再也得不到升迁。但许彬虽对朱祁钰不满却老谋深算，当石亨拉他"入伙"时，他表示"精神上支持"，却推荐了徐有贞加入。于是，石亨、徐有贞一拍即合。其中，"复辟"中起到关键作用的还是徐有贞，他制订了一个完善的计划：趁朱祁钰病重时，先借助边关警报让都督率精兵进大内，再接出明英宗朱祁镇，清晨在奉天殿登基。如此，步步连环，计划周密。

景泰八年（1457）正月，朱祁钰患重病。正月十四朝会上，礼科给事中刘钦重提"复立太子"一事。见朱祁钰日渐病危，众大臣也纷纷进言。与上一次重臣皆沉默不同，这次王文、陈循、江渊等朱祁钰的心腹与商辂、于谦等力主复立朱见深的大臣吵得面红耳赤。最后，朱祁钰拖着病体艰难"定调子"——"所请不允！"，再次压下了"复太子"的声音且也是最后一次。之后两日，朱祁钰因病体加重而"免朝"，但大臣们的奏章依然如雪片般送来。十六日夜，内阁大学士商辂、兵部尚书于谦、礼部尚书胡濙三人密议，由商辂起草了联名要求"复立朱见深"的奏疏，准备在次日早朝时再做据理力争。这场持续多日的争吵牵引了朝堂上下的目光，而在目光的暗处"复辟"的阴谋也在悄然进行。石亨秘密觐见孙太后，取得了孙太后的"懿旨"，而徐有贞也和幽禁南宫的明英宗朱祁镇"取得联系"。十六日夜，众人提兵入大内，先进南宫接出明英宗朱祁镇，再趁大内毫无防备的情况下轻松进入奉天殿。在朱祁钰的眼皮底下，次日清晨明英宗朱祁镇赫然"复辟"成功。病入膏肓的朱祁钰，在闻听明英宗朱祁镇复位的钟鼓声后，气息奄奄地说："好，好，好。"一个月后，这位明代宗朱祁钰在深宫中溘然长逝，年仅三十岁。

明英宗朱祁镇"复辟"成功，次年改元"天顺"。在这期间，朱祁镇开始对"贰臣"们秋后算账。那些明代宗朱祁钰的"心腹"们，内阁大学士王文下狱，后被杀；内阁大学士陈循和江渊被充军铁岭；萧滋和俞士悦被罢官回乡，而这几位都是当年支持朱祁钰即位的"干将"。于谦的爱将、团营副将范广，因之前多次协助于谦整顿军队里的"腐败问题"得罪了石亨，被诬陷下狱，后遭杀害。同时，大同都督郭登被贬至甘肃；曾主张"复立太子"的胡濙留任；王直被罢官回乡，责成当地官员"看管"。上述重臣的结局，从他们在"土木堡之变"后的表现里就已注定。其中，原职留任的是这些年间在"敏感问题"上一言不发的内阁大学士高谷以及吏部尚书王翱；而"天下冤之"的却是于谦，和王文一道被认定"拥立外藩进京"，这对在"复太子"问题上意见不一的大臣却因相同罪名双双受死。后世史家虽然一直为明英宗朱祁镇开脱，将于谦被害说成是"奸臣蒙蔽"，但对照朱祁镇即使在相继除掉了徐有贞、石亨、曹吉祥等"奸臣"后依然未给于谦平反，足以可见于谦真正的死因。

"同人不同命"的却是商辂，这位在明代宗朱祁钰时期多次挺身而出保护了"废太子"朱见深以及明英宗朱祁镇本人的忠臣，却因为不肯在起草朱祁镇重新登基诏书时"秉承上意"，被朱祁镇一怒之下革职回乡。如此，被称为"好人"的明英宗朱祁镇，胸襟之狭隘可见一斑。

英宗"复辟"建树多

说到明英宗朱祁镇在位时期的天顺朝，尽管杀害于谦的行为"不光彩"，之后石亨和曹吉祥闹出的"曹石之乱"也引起了动荡，但对于朱祁镇在位最后八年的政绩，《明史》等相关史料评价素来颇高。一则是朱祁镇首创了"国家养老制度"，颁布了"优老之礼"，规定六十岁以上老人免除徭役，七十岁以上老人国家每年赐予"补贴"。二则是朱祁镇临终前废除了古代中国延行千年之久的"妃嫔殉葬制度"，可谓善莫大焉。所以，《明史》评价说，"英宗承仁宣之业，海内富庶，朝野清晏"。那么，事实究竟是怎样的呢？

明英宗朱祁镇在位的最后八年，确实做了许多"善举"。和明代宗朱祁钰一样，多次减免受灾省份税赋，并及时赈济。在最后的八年里，明英宗朱祁镇虽然坚持"为政以宽"，但"宽"的结果却是西南地区民族矛盾激化，中原地区土地兼并加剧，流民数量激增。其中，天顺元年（1457），陕西王斌起义；天顺三年（1459），四川松潘起义；天顺五年（1461），贵州李天保起义；天顺七年（1463），广西瑶民起义。在明英宗朱祁镇去世的天顺八年（1464），广西断藤峡起义和荆襄流民大起义先后爆发并持续数年，给明王朝以沉重打击。对外方面，瓦剌日渐势弱，鞑靼日益势强，并多次攻略明朝边关。天顺五年（1461），鞑靼孛来部以"入贡"为名骗过明英宗朱祁镇，趁机窃据河套这一明王朝的边境战略要地，酿成了之后困扰明王朝一百多年的"套寇"之祸。明王朝内忧外患的局面，正是在明英宗朱祁镇在位的最后八年里加剧的。

天顺八年（1464）正月初二，朱祁镇身体不适，命太子朱见深在文华殿"监国"。十五天后，这位富有传奇色彩的明朝皇帝朱祁镇与世长辞，谥号"英宗"。就在同月，广西大藤峡起义已然爆发，荆襄流民也相继爆发小规模骚乱，而这一切都留给了明英宗朱祁镇的儿子——成化帝朱见深来承受。

十二 / 荆襄地区：大明王朝的"肚腹之痛"

在位二十三年的成化帝朱见深，一生的功过评价，从来都充满争议。

后世史家说朱见深昏庸的，一直都不算少，而最重要的原因是朱见深开了明朝皇帝"不上朝"的先例。在朱见深之前的历代明朝皇帝，执政虽有功过，但上朝总算勤快；而到了朱见深在位的时候，干脆"歇班放羊"——从登基后的第六年开始，朱见深就基本很少上朝，国家大事也越发甩手不管，日常最大的爱好竟然是炼丹修道、追求长生。

就"八卦"来说，这位皇帝的也格外多：论"家庭生活"，朱见深宠爱比他年长十九岁的贵妃万贞儿，放任万贞儿把持后宫，逼众多妃子堕胎，间接造成了他的儿子朱祐樘的艰辛童年。论"业余爱好"，朱见深酷爱修道炼丹，甚至在后期一度不理国事，而他所宠爱的"传奉官"们尽是些装神弄鬼的巫师神汉，不但诓骗国家钱财，更借他的旗号横行霸道。论"选贤任能"，朱见深宠信宦官，开设西厂，制造冤案，其心腹太监汪直被后人骂作"明朝四大祸国权阉之一"。

但就是这样一个看似怠工的皇帝，却也有很多好品质：一是关心民生，朱见深在位的二十三年是明王朝开仓赈济极其频繁的时期。二是脾气好，不管朝臣怎样攻击，朱见深基本都不会动怒，对待言官也从来宽容，什么样的建议都认真听，虽然也极少照办。朱见深执政的时期，是明王朝一个著名的人才荟萃的时代，文臣中如"三元宰相"商辂、武将中的能臣王越都是独当一面的干才。因此，后世对这个时代有个通用评价——"臣奋于下"。也就是说，诸多能臣云集在朱见深的身边，缔造了不少业绩。

就业绩而言，这位帝王初登基时，也极其勤政。除了为"夺门之变"中的于谦平反，其叔父景泰帝朱祁钰也是在朱见深执政时期恢复了名誉。对比这些，朱见深更亲手解决了一个自明朝前期开始就越发头疼的问题——荆襄流民问题。

荆襄流民成麻烦

说起荆襄流民问题，得从成化帝朱见深登基第一个月就遇到的一场大乱说起，即荆襄流民之乱。

这事说起来，也是明英宗朱祁镇在位时候的遗留问题。荆襄流民之乱从天顺年间就开始闹，到朱见深登基后更闹出了大阵仗：天顺八年（1464）三月初五，在湖北房县正式爆发了明王朝立国以来规模最大的流民起义，参与人数多达五万多人，并以白莲教为"精神旗帜"，建立了"汉王政权"，改年号为"德胜"。

说荆襄流民之乱的起因，得先介绍下荆襄地区。

明朝荆襄地区，北抵陕西秦岭，南邻四川大巴山，东及山东熊耳山，中有湖北武当山，包括湖广荆州府、襄阳府、德安府、黄州府，四川夔州府所属之巫山、大宁（今重庆巫溪县）、大昌（今重庆巫山县大昌镇）等县，陕西西安府所属之蓝田县、洛南县、商县，汉中府之汉阴、紫阳、洵阳（今旬阳）、平利等县，河南南阳府、汝州府、汝宁府南部、河南府西南部的卢氏县、嵩县、永宁县（今洛宁县），为川、楚、陕、豫四省交界地带，素来人少地广、地势险要，丘陵、水脉纵横。

元末农民大起义时期，这一带即是陈友谅的"根据地"。后来，明王朝建立后，陈友谅的余部盘踞在此，反抗明王朝统治的战争竟长达十年之久。直到明洪武九年（1376），明朝卫国公邓愈统兵进剿将当地作乱势力彻底平定，方才恢复了平静。次年，朱元璋下诏，"空其地，禁流民不得入"，将这片肥沃的乐土变成了大明王朝中部的"无人区"。

明朝之所以这样做，主要是为了避免动乱。但随着明朝土地兼并越发厉害，这个"无人区"反而成了动乱的火药桶。在宣德年间，荆襄流民问题已经比较严重。为缓和矛盾，明宣宗朱瞻基曾于宣德二年（1427）、宣德五年（1430）两次下诏，开放荆襄地区的部分山林湖泊，允许流民前去耕种。此举虽一时缓解了社会矛盾，却也令各地流民向荆襄地区的迁移大大加剧。到明王朝正统年间，荆襄地区流民数量已大大激增，如时任山西巡抚的于谦就曾奏报"山东、山西、陕西就食河南者逾二十万"，直隶巡按彭昂奏报安徽地区"所见逃民，动以万计，扶老携幼，风栖露宿，询其所自，皆真定、保定、山东诸处之民"。

在明英宗朱祁镇的第二个执政时期，即天顺年间，荆襄流民问题变得更加突出,当地不但聚集大批流民,而且还画地为牢,甚至很多人自觉聚拢并拥有武装。为解决荆襄流民问题,明英宗朱祁镇采取了强硬措施,设立"逃户周册",并严令全国各府州县严厉勘察缉拿,皆收效甚微。依当时文献记录:"流民之入山者,北则取道西安、凤翔,东则取道商州、郧阳,西南则取道重庆、夔府、宜昌,扶老携幼,千百为群,到处络绎不绝。"至天顺末期,荆襄地区的流民数量已达一百五十万人,依明朝兵部尚书项忠所言:"荆襄地连数省,川陵延蔓,环数千里,山深地广,易为屯聚。如若坐视,必为大患。"对此,明王朝当然不会"坐视"。天顺八年(1464)正月,深感无力解决问题的明英宗朱祁镇设湖广参议一职,意图加强对荆襄地区流民的监控。怎知适得其反,新任湖广参议刘子钟下了严令,命令当地流民必须限期返回原籍,一下引发众怒。次年三月,荆襄流民首领刘通、石龙在湖北房县聚众起兵,自号"汉王",建年号"德胜",拉开了轰轰烈烈的荆襄流民大起义的序幕。

这场起义之所以发生,论原因却和一个组织有关——白莲教。

这场起义的首领刘通,不但武艺过人,号称"刘千斤",还有另一个身份——白莲教教徒。史载刘通"正统中惑于妖言,潜往襄阳、房县,与妖僧允天峰谋乱"。所谓"妖僧"允天峰,其实是白莲教教徒。在结识了允天峰后,刘通即加入白莲教,且按照白莲教的"组织程序"整顿队伍,四处传教。荆襄地区流民云集,也有诸多逃犯等"危险分子",自然为白莲教的传播提供了广阔的土壤。作为政府的明王朝,在这块"无人区"长期没有派遣官吏负责,相互交界的湖北、河南、四川、陕西各省官员大多相互推诿,睁一只眼闭一只眼的结果就是白莲教势力在湖广地区的疯狂传播。于是,当年败于朱元璋之手的元末农民起义领袖陈友谅,便被白莲教拿来做了"旗帜"。刘通起兵后,自称"汉王",以房县梅西寺为宫殿,年号"德胜",皆是借助了当年"汉王"陈友谅的影响力。果然,振臂一呼,"从者四万人",其下设将军、元帅、国师、总兵等官,可谓分工明确、谋划周详。

刘通"起势"很猛,在房县建立政权,在豆沙河等地的大山中设立七个军屯,且耕且战,向明王朝的周边府县发起攻击。成化帝朱见深在接到奏报后,重重地叹息了一声,然后迅速做出反应,命时任兵部尚书的李复全权统筹战事,命工部尚书白圭提督军务,会同湖广巡抚王俭、荆襄右副都御史王恕、湖广总兵李震,合兵征剿荆襄流民。为解决军费问题,成化帝朱见深更采纳户部郎中王育的建议,号召全国官员向朝廷"捐献"。其中,凡之前罢职官员,捐献米粮一百五十石的，可官复原职；国子监监生捐献米粮二百石的，可不经科举由吏部授官；候补官员捐献米粮三百石的，即可立刻安排官职。就这样，在明王朝两线作战（还有广西大藤峡起义）的情况下筹足了军费。

成化元年（1465）十二月，明朝征剿大军抵达湖广前线。湖广总兵李震亲率所部官兵长驱直入，直捣起义军的"首都"房县，一路节节胜利，但孰料这是义军有意设伏。在房县以东十五里的梅溪，李震所部一万明军遭到刘通的合围，苦战三昼夜，明军惨遭全歼，仅军官死者就有三十八名，士兵伤亡更无法计算，史称"梯儿崖之战"。次年三月，提督白圭调集重兵，集中十三万大军从南章、远安、房县、谷城四个方向进攻，且吸取了李震的教训，四路大军齐头并进，互为掎角之势，很快突破了起义军防线。刘通率部转战寿阳，却被明军包围，血战两天后被俘，后被杀。同时，这一路起义军中有五千多起义军家属，多是老幼妇孺，皆被明军杀害。刘通部将石龙率军转战四川，攻下巫山、大昌等地，杀夔州通判王侦，之后屠戮整个夔州城，饱掠后盘踞巫山地区。白圭采取分化瓦解战术，用高官厚禄引诱了石龙部将刘长子，经其配合攻入巫山，全歼石龙部起义军，石龙以及义军家属六百人被处死；而最先叛变的刘长子，也在被处死的"逆贼"之列。战后，白圭向朝廷上书道："元恶既擒，余孽殆尽，境内宁谧，黎庶乐生。"整个战斗过程，明军斩首数万人，但其中"老幼妇孺者十之四五"；官军所到之处捕获的"流民"，不是发回原籍为苦役，就是以"附逆"罪坐牢，更有不少军官将这些人"私卖势家大户为奴"。战后，明朝在暴乱的发生地房县设千户所，屯兵驻守；在周边州县也设立同知、巡检司等各类机构，驻守重兵。平乱大战，至此似乎大功告成。

但时任右副都御史的王恕看得远，归京后立刻上奏成化帝朱见深，声言"根源未除"。依王恕之见，荆襄地区多山林草泽，须大规模移兵屯垦并驻守重兵，且在周围修筑防御工事，方可收长治久安之效。对此，后世台湾历史学家严耕望讽刺这种建议是"当兵的去防老百姓，开天辟地头一回"，况且此时明王朝已是歌舞升平。成化三年（1467）七月，朱见深在京城大行"表彰"。平乱"总指挥"白圭加封太子太保，抚宁伯朱永加封抚宁侯，之前打了败仗的李震也加封右都督。居安思危的王恕，虽意见未被采纳，却也晋升为左都御史。但四年之后的十月，原刘通的部将李原、王洪在湖广南章起义，自号"太平王"。此次规模更大，史载"流民附贼者百万"，而四年前王恕的担忧不幸被言中。

天灾人祸流民乱

说到成化七年（1471）十月李原、王洪的起义，除了之前明王朝的"历史遗留问题"，却也有另一个催化剂——天灾。

根据史料记载，成化三年（1467），山东旱灾；成化四年，陕西、山西、河北旱灾；成化五年（1469），黄河决口，河南、淮北大水灾；成化六年（1470），钱塘江决堤，江苏、浙江水灾，安徽、陕西、甘肃、四川旱灾，持续的自然灾害导致大量灾民纷纷逃荒，蜂拥至物产丰饶的荆襄地区。仅是成化六年（1470），湖广参议林聪奏报，"荆襄地区流民逾九十万"。

就在这些年里，原刘通的部将李原，蛰伏在荆襄山区里，以传教为名联络部署，更和另一位刘通部将王洪取得了联系。成化六年（1470）入秋后，夏季刚经过旱灾的中原地区再遭劫难，关中地区爆发水灾，死者数十万计。于是，大量的灾民再次成群逃亡荆襄地区。趁此"天赐良机"，李原、王洪等人再举起义大旗，自号"太平王"。与上次刘通且耕且战不同的是，荆襄流民这次以荆襄山区为基地，开始了流动的"游击战"。一时间，声势浩大，沸反盈天。

要说这几年明王朝在安定荆襄方面什么都没做，却也"冤枉"。荆襄问题如何解决，明王朝从中央到六部一直在争吵。其中，已调任兵部尚书的白圭主张在中原地区严行"保甲法"，责成各省按察司清点本省人口，但有发现户口逃亡者则实行"责任连坐制"；户部尚书杨鼎主张移民河套草原，一方面可缓解内地土地矛盾，另一方面也可充实边防，可谓一举两得；礼科给事中张宾主张减免各地赋税，以此减少农民逃税事件。各条见解皆头头是道，但具体实施起来却牵涉兵部、户部、刑部等各部的协作问题，而"部长"们又全都互相推诿，不肯担责。争吵几年，明王朝除依张宾建议屡次减免赋税外，基本上"不作为"。

成化六年（1470）十月底，当流民起义消息传至京城，已数年不上朝的成化帝朱见深焦急万分，破天荒地召集群臣商议，并很"高效率"地做出决定：任都察院右都御史项忠为提督，总督河南、湖广、荆襄、山东、浙江各省共二十五万兵马南下进剿。为表信任，成化帝朱见深破例没有给项忠派遣监军，委任项忠全权负责，并允许项忠"便宜行事"。次年十月，项忠大军抵达襄阳。项忠先是放风说带来"百万大军"，接着派细作潜入荆襄山区，诱骗流民说朝廷将"招抚"，承诺朝廷将承认流民已耕种的土地。流民多是手无寸铁的贫苦农民，经此"忽悠"，纷纷扶老携幼走出山林。如此一来，短短一月间，流民竟有四十万人向项忠投诚。接着，项忠大军兵分八路进剿，在竹山与李原决战，李原兵败身死。王洪转战湖北均州，随即被项忠擒获后处死。不过，比起几年前白圭"斩首数万"的战功，这次明军的战果有些"逊色"：先后斩首一千余人，阵亡八十三人，但招抚流民的数量惊人，足足有九十三万八千人。

战后，明朝却出尔反尔，再次采取粗暴政策："招抚"的流民全部发配回原籍，甚至连当地早已取得"合法户口"的居民，也都统统没收财产后充军。之后几个月里，项忠共驱散当地流民一百五十万人，随即又作为"赏赐"命属下军官们在荆襄山区圈占土地。惨烈过程，恰如兵科给事中梁景的奏疏中所写："纵兵驱逼，略无纪律，以致怨声震天，肝脑涂地，比之夷狄入侵，惨酷过之。"

如此局面，流民问题依然难以解决。项忠"平乱"后不久，明王朝即在荆襄周边地区筑堡垒守卫，并赐予周边藩王以及驻军土地，试图以此杜绝流民涌入。然而，事与愿违，仅仅一年之后，大批的流民即重新涌入，并与当地驻军发生血腥冲突。对此，湖广当地官员叫苦说"入山就食，势不可当"。到成化十二年（1476），荆襄地区的流民数量竟又达到四十万人，且常与驻军和藩王械斗，流血事件时有发生。在这段时间的地方官，几乎"谈流色变"。

然而，就是在这一年，即成化十二年（1476），一份看似不起眼的奏疏却让明王朝找到了解决荆襄流民问题的办法。

上奏疏的人，就是成化朝"奋于下"的名臣——时任国子监祭酒的周洪谟。是年正月，周洪谟经实地详细调查，向明王朝上了奏疏——《流民说》，提出流民问题"势不能禁"，"唯因势利导之"，建议在荆襄地区设立府县，承认当地流民的"合法户口"，并丈量土地、清点人口、编排户籍，用安抚政策解决流民问题。此疏一上，立刻引起轩然大波。内阁万安、商辂等人以"违背祖制"为由坚决反对，但六部的白圭、项忠等亲历过流民之乱的官员却极力赞成。经过激烈讨论，成化帝朱见深终于表态支持此议。

同年二月，成化帝朱见深派遣都御史原杰为钦差南下荆襄，设置郧阳府和湖广行都司，将荆襄地区所有流民登记入册，共十一万三千三百一十七户、四十四万八千八百四十四口。随后，根据流民个人意愿，或在原地入籍，或返回原籍。以河南吴州知府吴远为首任郧阳知府，并在全国"择能臣良吏就职荆襄"。

经过一番安抚，动荡十多年的荆襄地区终现和平，四十万流民在当地合法落户。从此，明王朝每年的"财政收入"多出了至少一万四千石税粮，原本的"无人区"以超高的速度发展起来。

荆襄地区，这个明王朝持续十多年的"肚腹之痛"至此根治。

十三 / 河套风云录

如果说荆襄地区的流民问题令成化年间的大明王朝肚子疼，那么另一场战争却一直让大明朝脑袋疼——河套争夺战。

说起这场战争，还得从蒙古草原局势的变化讲起。

蒙古草原再骤变

一场"土木堡惨祸"令明朝损失惨重，但作为战场对手的瓦剌其实下场更惨：先是北京保卫战等一系列边境冲突，没占到便宜反而吃了亏；接着明英宗朱祁镇被放回后，景泰帝朱祁钰干脆中断了双方的贸易往来，也不再互派使者，关系降到冰点。

更严重的后果是，这以后明朝的"策反"工作做得极好，与蒙古可汗脱脱不花以及瓦剌阿剌知院间的关系都走动得热乎。日久天长，作为蒙古草原实际首领的瓦剌"太师淮王"也先，也就和这二人越发不对付。各种矛盾加剧，终于内讧爆发。也先一如既往勇猛，先打败了脱脱不花并将其兄弟子侄全数杀死，然后将其所属的鞑靼部落人口也强行吞并。

这样一来，也先的声威如日中天，对"太师淮王"的称号也就不满意了，并干脆于景泰三年（1452）自立为可汗，号称"大元田盛大可汗"，相当威猛。

不过，毁了也先一辈子的恰是这件事。多年以来，蒙古草原虽然战争不断，但以"黄金家族"成员担任蒙古可汗，是各部落共同的规矩。这样，坏了规矩的也先一下就惹了公愤，而外加其自立为蒙古可汗后心态飘飘然，傻事也干得多——不但沉迷酒色享乐，更常强制各部落迁移，将治下的蒙古部落一得罪就是一大片。如此一来，无论鞑靼还是瓦剌，好些部落首领都对也先是同仇敌忾——打他。

结果，不到两年，蒙古草原内战风云再起。这次是阿剌知院和也先火并，众叛亲离的也先不但一战崩溃，他本人更被乱刀杀死。然而，得胜的阿剌知院还没高兴几天，又被鞑靼部落痛打，他自己也被杀掉。

这样一通打完，先前威风无比的瓦剌部，也就彻底衰弱。各部落四分五裂，迁徙西北。蒙古草原，再次成了鞑靼部落的天下。

也正是这场持续的内乱，从景泰年间起，明朝边境一下太平了好多年，除了几次小打小闹的骚扰，基本没有大战争。

等鞑靼赶走了瓦剌后，草原的局面更乱了套。由于脱脱不花被杀，鞑靼部落群龙无首，各方势力你争我抢，依旧打得热闹；而捎带把手也多次劫掠边境，但基本都是抢完了就跑，大多小打小闹。

但从明英宗朱祁镇"复辟"的天顺年间起，局面却骤然严峻起来。以往，鞑靼的劫掠之所以形不成大患是因为他们居无定所，以游牧为生，每次骚扰行动都要跑远路；但是日久天长，鞑靼人在明朝的眼皮子底下惊喜地发现了一块"根据地"，于是就想着"占住它，扎住脚，打劫就方便得多"。

这块"根据地"便是河套草原。

河套草原成跳板

河套草原，是指蒙古南部和宁夏东部贺兰山以东，狼山和大青山以南的黄河南岸地区。这里物产丰富，战略位置重要，自古以来便是兵家必争之地。在逐水草而居的蒙古草原部落的眼中，这个水草肥美的地区更是宝地。

但是这块宝地自从明朝建立以后，却一直荒着。明初虽然夺取了河套草原，但既没在这里设卫所，更没有移民实边，一直以来都只是块空地。结果，到了天顺年间，这块宝地终于被鞑靼人钻了空子：先是鞑靼阿罗出部进入河套，紧接着贝来、毛里孩各部落也来了，一开始还只是冬天的时候来暂住，后来干脆常住不走，从此扎下根来。

这样一扎根，结果极其严重：本来鞑靼人骚扰边关需要长途奔袭，而占了河套平原就好比在别人家院墙外面打地铺，溜门撬锁乃至入室打劫都变得方便容易。如此一来，自从天顺年间起，明朝的边关局势立刻紧张起来：以往只是隔几年才会有大规模侵扰，而这下是年年都有，甚至一年好多回。河套沿线的山西、陕西、宁夏、甘肃各省军民，无不大受其害。这些前来侵扰的鞑靼部落，被明朝统称为"套寇"。这就是从明中期开始，明朝边防一直头疼的问题——套寇问题。

一个很明显的变化，便是河套被占后鞑靼人的侵扰规模。从景泰八年（1457）起，各路鞑靼部落几乎年年闹乱子，每次劫掠的规模都是数万人。更严重的后果是，明朝境内很多归附的蒙古人也开始与之勾结，甚至发动叛乱。比较有名的，就是成化三年（1467）的"满四之乱"。当时，屯兵陕西固原的明朝蒙古族军官满俊，纠集同族两万多军民发动叛乱。明朝动用五万多人，围攻三个月之久，才最终惨胜平叛。

河套问题越发严重，但一直以来明朝除了集结重兵，修缮城池，加强防御，也没什么好办法。结果，明朝军费开支连年增加，边境防御却顾此失彼，毕竟是漫长的边境线，再多的兵也守不过来，而且敌人扎根在眼皮底下，更是占有主动权。于是，自从明宪宗朱见深登基后，边关的战事就越发严重。

明宪宗朱见深这个皇帝，虽然常被后世评价为懒惰，但骨子里面却还怀有英雄梦。朱见深性格里本身就有尚武的一面，还时常巡查禁军，考察士兵训练，甚至连他最宠爱的万贵妃也时常身着戎装，以讨取其欢心。因此，眼看鞑靼人侵扰越凶，朱见深也不再坐视不理，多次颁下严旨让朝臣们拿出办法来。

朝臣们对此的反应，却也基本一致——收复河套。

有关收复河套的奏议，自从明宪宗朱见深登基后就一直没少。比较有名的是，天顺八年（1464）十二月，延绥西路左参将都同知房能首先倡议"搜套"，而且还拿出了三个办法：一是集中兵力，主动进攻，用优势兵力大面积搜捕，将河套的鞑靼部落全部剿灭；二是增加堡垒，加强防御；三是配备火器，发挥部队技术优势。这奏疏一上，明宪宗朱见深也激动起来，连忙发给兵部商议。

作为明朝行政运转核心的内阁，对收复河套的主张也是相当地积极。成化二年（1466）五月，当时作为百官之首的内阁大学士李贤更上了一份奏折积极支持房能的主张，要求集中优势兵力，发动一次大规模搜剿河套的行动，一劳永逸地解决问题。

李贤上这份奏折，时机也选择得很巧。这时，明朝刚刚平定了广西大藤峡起义，南征大军凯旋在即，趁热打铁收复河套貌似正是最好的机会。于是，好些官员也都跟着激动了，纷纷上奏折支持。言官们也没闲着，吏科给事中程万里的奏折写得尤其慷慨激昂，他认为河套的鞑靼部落驻扎非常分散，只要集中优势兵力各个击破，必然能取得大胜。同时，程万里还特别强调，这个战术正是唐朝名将李靖破突厥的打法，其言下之意也很明显——唐朝做得到，咱也做得到。

皇帝很激动，内阁大员很激动，百官很激动，但是具体执行军事行动的兵部反应却极冷淡。

收复河套的动议提出后，兵部的大臣们就找尽各种借口反对。当时，兵部尚书王复回复说：收复河套固然应该，但打仗不是闹着玩，必须得选拔得力将领。结果，兵部找来找去，找到了大同总兵杨信。这位杨信不是别人，正是"土木堡之变"时镇守宣府的名将杨洪之子。按说将门虎子应该没有问题的，但放在杨信身上问题却着实不小：此人虽然也打过不少仗，但拿得出手的战功实在少得可怜，甚至还闹出过大笑话——一次押送军饷，听到号炮声响，误以为鞑靼人来了，慌忙拨马逃命。

推荐这样一个人，倒不是因为兵部不负责，实在是可选的将才太少。但无论怎样，经过周密准备后，杨信率领的两万"搜套"大军还是于四月出发了。这支大军里集中了大同、宣府、宁夏等地的精锐，更配备了精良火器。明朝廷本来指望着一战定乾坤，谁知杨信带兵到了边境后便坐看观望，只把部队四下分散驻防，能不打仗就不打仗，折腾一番以后只是"雷声大雨点小"。

其实，这也不能全怪杨信没胆。当时，收复河套的主张从边防看确实正确，内阁大员以及言官们的详细计划从表面看也很靠谱，但以明朝其时的军事力量，执行难度却实在太大。

进入成化年间的明王朝，土地兼并越发激烈，军屯流失同样严重。明英宗朱祁镇时代起就有的这些问题，到了明宪宗朱见深时代反而更加严重，反映到军队战斗力上情况更加糟糕。明宪宗朱见深时代的几次内乱，无论是广西大藤峡之战，还是"满四叛乱"，甚至荆襄流民之乱，每次明王朝都大出精锐，战事却打得跌跌撞撞且败仗极多，而这还都是拼尽全力才勉强惨胜。

进入河套的鞑靼部落更都是精锐的蒙古骑兵，天生全是战士，表面看人少，却个个能打仗。明军虽然人多，但是士兵空额大，战斗力低下，士气严重低落。这样的情况，也只有兵部的相关官员以及真正在前线打仗的将官们才知道得最清楚，所以兵部谨慎、杨信胆小，真实原因还是对军事情况心知肚明。

第一次"搜套"草草收场后，明宪宗朱见深并不甘心，而对军事实情一知半解的大臣们也更不甘心。那几年说起河套，明朝朝堂上下基本是喊打一片，群情激奋下收复河套的行动只得继续上马。成化六年（1470），明王朝发动了一次更大规模的"搜套"行动,这次一口气动用了八万多兵力。领兵的主帅是抚宁侯朱永,左右副总兵分别是刘玉和刘聚。这三人可大有来头,其中朱永是名将朱能的后人;刘玉曾参加过麓川平叛,《明史》说他"勇决过人";刘聚也厉害,早在北京保卫战时就曾血战西直门,面对面和瓦剌骑兵硬碰过。可以说,朱永、刘玉和刘聚这三人都是声名赫赫的勇将。

对这个强大阵容,明宪宗朱见深也寄托厚望,甚至允许朱永随机行事,赐予其"先斩后奏"之权。然而,战争开打后,这支征讨大军一样到了边境就驻足不前,反而又是分头把守,硬是不敢进入河套草原一步。接着,从五月到九月,这支大军更多次在边境与鞑靼军发生冲突,双方互有胜负。到了十月上报伤亡时,明军俘虏了十一个人,歼敌二百五十七人,而自己却阵亡了六百六十四人,受伤两千多人。可以说,战绩非常惨淡。

但如此惨淡的战绩,作为主帅的朱永却还自我感觉良好,竟然当"捷报"给上奏了。明宪宗朱见深也大方,仗打成了这个样子,也当"捷报"给封赏了——全部八万多士兵,单受到表彰的就多达一万来人。

明宪宗朱见深之所以如此大方,其实也有他自己的苦衷:收复河套这事是毕竟是他自己一手推动的,总是不出战绩的话,面子上也过不去。不过,更令明宪宗朱见深困惑的是,为什么下了这么大本钱,却还是一胜难求?

对于这个问题,不但明宪宗朱见深困惑,大臣们也更困惑。为此,明宪宗朱见深开了几次朝会,群臣情绪激动,对前线将官们更大肆口诛笔伐。最后,终于形成了"会议精神":战况不如意,一是主帅无能,朱永水平有限;二是边境各部队事权不统一,难以调度。所以,解决问题的办法,就是换一个有名望的主帅,能够调动所有部队,这样就能一口气灭了鞑靼。

但这办法说起来容易,做起来却难。其实,朱永就够有名望了,谁能盖过他呢?明宪宗朱见深反复权衡,这次选了武靖侯赵辅。

要说这位赵辅,论资历还比不过朱永,但之所以选他是因为其在成化初年的广西大藤峡之战中表现优异、荣立战功,是大明军界一颗耀眼的将星。同时,这人还有个特殊之处,他除了打仗猛,文采也好得很,和诸多文官的交情也很深。所以,无论从哪方面看,赵辅都是最合适的人选。

就这样,经过精心准备,成化八年(1472),由赵辅挂帅的明军再度出发。这次,明宪宗朱见深不但增派了兵力,而且更下了死命令,要求赵辅必须"大挫贼势"，言下之意是"不管怎么样，都得给我打个大胜仗"。

带着死命令的赵辅到了前线，也辛苦地打了好多仗，但四个月后送来的第一份战报就差点儿没把明宪宗朱见深气死。战报里说，明军经过浴血奋战，多次击退敌人，但如果想彻底收复河套，困难依然极大。所以，打胜仗可以，必须得再增派军队，至少得十五万兵力。也就是说，赵辅还没打胜仗，就狮子大开口讲条件了。

明宪宗朱见深一向好脾气，但这次真的忍够了，接着又召集群臣开会商讨，然后讨论会变成了批判会——与会大臣们纷纷指责赵辅等人，要求将其逮捕治罪。不过，明宪宗朱见深倒是谨慎，还是决定派人先去调查一下。

调查出来的结果，更差点儿没把明宪宗朱见深震晕——赵辅这次的表现，比朱永还不如。到了前线后，赵辅基本就是关门防守，鞑靼人来了就躲进去，连正面交锋都不敢，所谓"浴血奋战"基本全是文字游戏。四个月里，鞑靼人大肆劫掠，单抢走的牲口就有三十多万头。

上面这些事情，虽说都是事实，但要说赵辅什么都没做却也不对，而他干得最多的就是在边境大修堡垒。这些堡垒沿着河套布置，每当鞑靼入侵时，边关的军民们便可以躲在堡垒中避难。所以，经历数月袭扰，虽说村庄被毁极多，财产损失巨大，但百姓伤亡确实不大。更重要的是，这些堡垒成了明军的前哨，在后来的边关防御中一直发挥着重要作用。

可明宪宗朱见深和朝臣们不管这个，在大多数大臣眼中，鞑靼就是土匪，以大明的天威居然打不过土匪，脸往哪里搁？至于打仗的具体困难，这些人却极少考虑。结果，这次劳而无功的出征后，赵辅虽然被从轻发落——只是减了禄米，但从此名声扫地，晚年时更生活困顿。

从天顺八年（1464）起，一直到成化八年（1472），明宪宗朱见深热情高涨发动的收复河套行动已经持续了九年。在这九年里，群臣们上奏讨论，各种军事计划五花八门，精兵猛将更轮流往前线调，但每次都声势浩大，折腾来折腾去却都是放空炮。河套的鞑靼部落越聚越多，对边关的侵扰越来越烈，明军每每被动挨打，战局一团糟糕。

仗打成这个样子，大臣们自然愤怒，明宪宗朱见深的压力也很大。成化八年（1472）的"搜套"行动失败后，明朝也大力追责，按照兵部的说法就是"不正其罪，恐众怒不解"。结果，众怒之下，主帅赵辅被罚了禄米，召回京城；前线的

·十三/河套风云录· 115

将领也好些被责罚，不少将领更是被调回京城。如此一来，前线的军事行动，暂时消停了。

这时，河套草原的鞑靼势力却已空前强大。明宪宗朱见深登基伊始，河套草原还是鱼龙混杂的各路部落，但这时候一个强大的首领已经到来——满都鲁。此人是"黄金家族"后裔，昔日蒙古可汗脱脱不花的胞弟，极具军事能力。进入河套草原后，满都鲁不断兼并蒙古诸部，尤其是其在成化七年（1471）排挤了河套草原另一部落博来部，已然独霸此处，实力极度膨胀。

因此，明军虽然消停，满都鲁却毫不消停。其时，河套草原更被满都鲁打造成一个稳固的基地，每年都以此为跳板大肆劫掠明朝边境，规模越来越大，侵扰的范围也越来越广，甚至深入甘肃地区，且每次的收获都是盆满钵满。

但是就在成化八年（1472）赵辅的出征失败、明军暂停行动后，次年九月，实力强大的满都鲁却突然横遭明军沉重一击——红盐池大捷。

文臣王越立大功

这场红盐池大捷的缔造者，便是之前朱永、赵辅几次军事行动中一直担任"襄赞军务"的明朝名将王越。

王越，河南浚县人，景泰二年（1451）进士。在成化年间之前，这位文官王越就久历边事，长期在大同担任巡抚，得到过不少历练。

一直以来，王越就是出了名的奇特。年轻的时候，王越明明是个书生，却精通武艺，饱读兵书，而且心理素质极好。当年考科举的时候，王越好不容易答完题，谁知忽然刮来大风，竟把试卷刮跑了。就这样，王越还不慌，面不改色地重要了份试卷，在剩余的时间里快速答完并考取进士。可见，王越是出了名的处乱不惊。

在经过多年战场锻炼后，王越的军事水平也日趋成熟，特别是几次随朱永和赵辅参加战争后更深切地领教了敌人的强大。所以，在收复河套这件事上，王越是个出了名的反对派，一直主张采取守势，先把国门守好，积聚了实力后再反击。就为这个，多年以来，王越没少挨骂。特别是赵辅受罚时，王越也被论罪，甚至有言官建议要把他下狱论死。

但对这个人，明宪宗朱见深确实看得准，处罚了好多人，却对王越网开一面，只是下诏书批评了一番，命令他在边关戴罪立功，更给了他一个出人意料的职务——总督军务。也就是说，自从正统年间的王骥之后，王越成为明朝历史上第二位手握"专征"大权的文官。

对于河套战局，一直主张稳守的王越，也在有条不紊地实施自己的思路：除了加强防务，修缮城池，更着手打造一支精锐的骑兵。这番苦心，终于在成化九年（1473）九月获得了扬眉吐气的回报。当时，满都鲁大举入侵甘肃定西地区，却将家小与辎重安置在宁夏红盐池，而闻听消息的王越则当机立断——抄其后路。

于是，一个月黑风高的深夜，王越统率五千精锐骑兵火速出击。这一路夜行八百里，而且风沙大作，但王越身先士卒，硬是克服了艰难困苦，准时发起了攻击，并一战捣毁了满都鲁的红盐池老巢。这是自河套战事以来，明军第一次取得胜利。

胜利的结果也十分有效，战败的满都鲁极其恐惧，果断做出决定——撤！就这样，满都鲁放弃了刚刚站住脚的河套，整个部落渡过黄河北迁至蒙古大草原。离开河套的满都鲁，随后又挫败几个对手成为蒙古可汗。至此，河套草原总算安定了好几年。

对于明朝北边防务来说，红盐池大捷的意义不止于赶走了满都鲁。红盐池地区，是明朝北部防务的一大缺口，几乎每次鞑靼入寇都是以此为入口进入内地大肆骚扰。王越的这一场胜利后，明朝也开始堵缺口，延绥巡抚余子俊在当地修筑边墙等工事，成了阻遏鞑靼骑兵南下的又一屏障。

另一大意义却是红盐池大捷时明军的战术，王越以骑兵长途奔袭直捣鞑靼人老巢的打法，渐在明军中普遍推广。因此，这个战术也有了通用的称呼——"捣巢"。之后，明朝的不少边将们都是这个突击战术的继承者。

立下大功的王越，也得到了明宪宗朱见深的垂青。红盐池大捷后，王越立刻提升受封为三边总制，也就是执掌延绥、甘肃、宁夏三省的军政大权，成为成化一朝炙手可热的封疆大吏。到了成化十六年（1480），王越又再度祭出"捣巢"法宝，率军直扑鞑靼人盘踞的威宁海子（今和县），再次取得大捷。这场胜利后，王越受封为"威宁伯"，成为明朝又一位因战功而封爵的文官。

比起之前之后明军畏首畏尾的狼狈来，王越的这几场胜利真可说风光无限，而他本人也不断加官晋爵，甚至一度升任兵部尚书并监掌都察院。王越一手抓监察权一手抓兵权,是成化年间位高权重的人物。按照很多野史的说法,在鞑靼人那边,王越也落了个绰号"金牌王";甚至每次鞑靼入寇,看到有"王"字的战旗,都立刻拨马逃跑。

但威名远播的王越,名声却素有争议。王越虽然战功卓著,但政治上却更乖巧,尤其擅长结交宦官,特别是成化年间一度权倾朝野的宦官汪直更和他是莫逆交情。王越能获得明宪宗朱见深支持,甚至升任兵部尚书都和汪直有关。在为人处世上,王越也情商超高,性格十分豪爽,出手也阔绰,因此他的部下也都殊死为他效力。但凡事物极必反,正因为王越和汪直等宦官走得太近乎,他也一直被非议。后来,汪直倒台,王越也被株连,被剥夺了官职爵位,贬到安陆居住。直到明孝宗朱祐樘登基后,王越才重新获得重用,重任三边总制,并再次立功河套——在贺兰山之战中击败鞑靼入侵。孰料好景不长,由于与明孝宗朱祐樘的亲近宦官李广交好,王越再次受到攻击。最终,王越在忧恨中于弘治十一年(1498)病故于甘州任上,享年七十四岁。

十四 / 寒微天子明孝宗

明宪宗朱见深在位二十三年，遇到的麻烦事不少，解决的问题也不少。论治理成就，后世的好评也多：这时期的明朝，政治气氛更加宽松，对待大臣进谏等现象处理也很宽容；而且还多次减免民间赋税，善政史不绝书。《明史》等史料甚至认定，成化年间的明王朝，论治理成就，堪与"仁宣之治"媲美。

成化时代功过多

具体到社会风情上，成化年间的风尚演变，更堪称千姿百态。这时期，明朝工商业更加繁荣，出现了好些新型商业城市，商人的地位也更高。明朝原先是"重农抑商"，但从这时候起好多读书人却转行经商，更多的商人还通过捐纳等方式获得了科举资格。特别划时代的事件是：成化二十二年（1486），四十多岁的江西商人罗杞，在科举考试中大爆冷门——先考取了顺天府解元，继而再接再厉在次年以更高分考取庶吉士，成功进入翰林院。这份优异的成绩，对于素来被边缘化的商人群体来说，实在扬眉吐气。

商人越发扬眉吐气了，市民经济同时也繁荣了，腰包里有钱的富裕阶层也越来越多了，消费观念自然也转变了。比起明初崇尚简朴来，这时的明朝人生活越发讲究品质，衣食住行都追求奢华，开始是城市里这样，后来连偏僻的乡村也竞相效仿。普通农家的节日喜庆，排场规模都越发豪华。消费一繁荣，生产水平也进步，这时的手工业也更发达。闻名后世的成化瓷器，就是在这时应运而生。

文化的成就更骄人。这时，明初开始确立的高度文化专制大为松动，出现了不少新兴的学派和儒学大师。其中，成就最斐然的正是广东江门的"白沙先生"陈献章。陈献章一生勤于治学，倡导在自然和谐中体会学问的思想对传统礼教形成冲击，更影响了其后的"阳明心学"，堪称承前启后的思想巨匠。此外，文学和书画方面更形成了各种流派。对于这丰富多彩的文化，明宪宗朱见深本人的态度更极其宽容，本身就多才多艺的他还绘制了著名的《一团和气图》。这画构思巧妙，表面看是一位笑面弥勒盘腿而坐，但仔细一看却是象征儒佛道的三位老者各持经卷团膝相接，其乐融融。这幅堪称中国古代绘画精品的力作，也诠释了明宪宗朱见深个人的治国追求——和谐最好。

如上各种风情，在后世有个通用称呼——成化新风。明朝中后期经济上的"资本主义萌芽"，文化的百花齐放，正是在这股"新风"中开花结果、欣欣向荣。

但成就不少的明宪宗朱见深，一生遭到的诟病却也格外多。明宪宗朱见深在位的二十三年多，大臣轮番上书批评他各类错误的景象，从头到尾就没间断过。批评的内容，主要也是四条：一是常年不见大臣，歇班怠工；二是专宠后宫万贵妃，以至于万贵妃作威作福，做坏事不少；三是宠信宦官，特别是偏爱宦官汪直，设立新型"特务组织"——西厂，迫害了不少大臣、百姓；四是沉迷炼丹修道，不但把自己身体修坏了，更导致宦官们借机四处采办而在地方上劳民伤财。

但上面几条错误，如果细究一下，其实都不是关键问题。明宪宗朱见深虽然不上朝，但并非不管事；相反，他判定大臣一直眼光极准，国家大事也常放手。成化年间的"臣奋于下"，诸多后来政绩不错的名臣，都是由明宪宗朱见深发现提拔。这种行政模式，后世称为"垂拱而治"，对后来的明朝政治演变更是影响深远。至于专宠万贵妃这条，万贵妃虽说干了不少坏事，也很飞扬跋扈，但明朝宫廷制度严格，后妃再得宠也极难干预政事，破坏不了国家大事。相比之下，宠信宦官这事知名度很大。但实事求是地说，在明宪宗朱见深信任的宦官中，汪直害过人，梁芳贪过钱，却绝非当年王振这样的巨奸，干坏事的程度也差得远。再就是明宪宗朱见深个人的私生活，无论炼丹修道还是营造宫殿，都是在深宫里搞工程，规模不算太大，而外出采办虽多，但论捞钱数量也不算过分。所以，综合说来，那几条公认的错误都不严重。

但看似犯错不严重的明宪宗朱见深，在他执政晚期却真闹出了惨淡的治国成果，即国家财政收入锐减、土地兼并加剧、自然灾害四起、行政效率低下。

那么，明宪宗朱见深晚期的土地兼并有多厉害？仅说明宪宗朱见深在位的最后一年，全国的户口总数竟一年间减少了十多万户。经济更困难，按照当时吏部侍郎杨守随的说法，当时朝廷国库储备空虚，各地官仓更少有储蓄。外加军屯官田，样样都流失严重。这时，看似一片繁荣的大明朝，其实穷得叮当响。

比穷更可怕的，则是效率。这时期，明朝最大的弊病，就是行政效率减缓。一件事交代下来，从讨论到执行，各级官吏互相推诿，经常啥事都干不成。就以当时民间俗话形容，内阁三位大员，即大学士万安、彭时、刘吉三人，人称"纸糊三阁老"；六部六位尚书，更得绰号"泥塑六尚书"，基本不干事。

造成这样局面的原因有很多，但核心一条便是明宪宗朱见深的执政风格。

明宪宗朱见深的人生从孩童起就极度坎坷，先是碰上"土木堡惨祸"，父亲明英宗朱祁镇被抓走，然后太子位被废，受尽世态炎凉。

这样的生活给明宪宗朱见深一生的人格都造成了严重影响，不但落下口吃的毛病，心理还极度缺乏安全感。明宪宗朱见深童年最艰难的一段时光，是由当时的宫女、后来的贵妃万氏陪伴度过并给予了他人生最温暖的关怀。因此，明宪宗朱见深终其一生，对这位年长十九岁的贵妃万氏都始终感情深厚。以明宪宗朱见深对母亲周太后所说的话说，"只有在万贵妃的身边，我的心灵才能安宁"。

也正是这段动荡的经历，对明宪宗朱见深的治国风格影响尤其大。由于明宪宗朱见深从小开始，对待人生的各种波折，基本都是消极逃避，以致即使后来君临天下遇到治国难题，哪怕火烧眉毛，也是能逃避就逃避。所以，大多数国家要事，基本都是从皇帝到大臣反复踢皮球扯皮，几年都办不成。

更为严重的后果是，由于明宪宗朱见深缺乏安全感，所以他渴望太平安宁。因此，明宪宗朱见深一辈子的执政、生活都是在想方设法寻求安宁，甚至求神问道、沉迷修炼都与此有关。

当然，这般经历对于明宪宗朱见深来说也有一个好处——人情世故懂得多。明宪宗朱见深从小就看够了世态炎凉，因此决断国事、判定大臣的眼光都是极准。明宪宗朱见深提拔的好些大臣后来都名垂史册，而在其二十三年执政生涯里，从中央到地方更是人才济济。同时，明宪宗朱见深对政事管理也基本放权，除加强厂卫、监督百官外，具体到行政过程基本不乱指挥。

但放松过头，就会出麻烦。由于明宪宗朱见深管得少，具体行政监督松散，外加皇帝本人做甩手掌柜，发展到其执政生涯晚期就是各种国家大事闹成了一团乱麻。这时，从中央到地方，看似一团和气，其实却人浮于事；遇到风调雨顺的年景，或许还能维持，但一旦天有不测风云，必然造成巨大统治危机。

成化二十三年（1487）八月，明宪宗朱见深过世，太子朱祐樘即位，并宣布次年改元为"弘治"。这位弘治帝朱祐樘，就是同样被列于《明史》"五大仁君"

之列的一代英主——明孝宗。

明孝宗朱祐樘登基的这一年，对于明王朝来说是个多难之年：黄河发大水，陕西闹地震，外加遇国丧，件件事务都堪称麻烦。但接过一堆麻烦的明孝宗朱祐樘，之所以同样被称为"仁君"，是因他不仅解决了麻烦，更因势利导地开创了大明王朝又一个黄金时代——"弘治中兴"。

孝宗童年多苦难

和父亲明宪宗朱见深一样，明孝宗朱祐樘的童年也堪称多灾多难。

朱祐樘生于成化六年（1470），母亲纪氏本是广西土官家的女儿，因广西大藤峡起义被株连才入宫做了宫女，又意外得到明宪宗朱见深的宠幸而得以生下他。

对母亲纪氏来说，朱祐樘的出生却是她人生最痛苦岁月的开始。

当时的明朝后宫，完全是明宪宗朱孝宗最宠爱的万贵妃一手遮天，她自己生不出孩子，就更不许别人生，但凡怀孕的妃子基本都被强制流产。虽说纪氏走运，从怀孕到生育都躲过了万贵妃的耳目，但躲得了初一躲不过十五，这事迟早要暴露，而一旦暴露了就是死路。哪怕不暴露，小小弱女子拉扯一个孩子，日子咋过？

好在纪氏人缘好，有不少宦官、宫女帮衬着。后来，早前被明宪宗朱见深废黜的前皇后吴氏也站出来帮助收养朱祐樘。直到朱祐樘六岁时，总算由太监张敏借机向明宪宗朱见深告知了真相。这下明宪宗朱见深欣喜若狂，忙不迭地父子相认。是年十一月，明宪宗朱见深更宣告天下，册立朱祐樘为太子。

这桩看似圆满的父子相认，却改变了朱祐樘的人生轨迹。正是在同一年，朱祐樘的母亲纪氏神秘死亡，揭开朱祐樘身世真相的张敏也被逼吞金自尽，而幕后的黑手依然是那位万贵妃。

朱祐樘还算幸运，在祖母周太后的呵护下总算茁壮成长。之后很多年里，万贵妃也曾想尽各种办法意图劝说明宪宗朱见深废掉朱祐樘的太子位。朱祐樘为人谨慎小心，后来出阁读书更是学业成绩优良，其日常表现就是拿着放大镜也挑不出任何毛病。在万贵妃的撺掇下，明宪宗朱见深不是没动过这心思，但因为如上原因也断了这心思。到了成化二十三年（1487）的七月到八月间，万贵妃和明宪宗朱见深相继离世，朱祐樘正式继承帝位，登基执政。

对于朱祐樘的性格，其早年艰辛的岁月确实有着很多影响。朱祐樘出身寒微，但母亲纪氏为人善良、知书达理，外加他受过系统儒学教育，学问、教育都很不错。同时，多年的宫廷斗争更将朱祐樘的内心锤炼得无比强大，而正是这一条与其父明宪宗朱见深区别最大。明宪宗朱见深一辈子都喜欢逃避问题，而明孝宗朱祐樘不同，虽说性情善良宽容，但用不动声色的手段最高效地解决问题却是他一直以来的风格。

登基后的明孝宗朱祐樘，在如何处理万贵妃家族一事上第一次展示了其宽容的一面。朱祐樘前脚刚登基，后脚奏折就雪片般送来，全是要求清查昔日其母纪氏死亡真相的。接着，万贵妃的几位亲属也被相继坐牢下狱。眼看就要大快人心复仇，谁知明孝宗朱祐樘却果断叫停，只撤掉了万贵妃家族几个人的官职，然后诏告天下停止追查此事。就这样，明孝宗朱祐樘以这种宽大的方式，了却了这桩痛苦的旧怨。

然而，其母纪氏的死却是明孝宗朱祐樘一生最难释怀的痛苦，因为当时他自己年纪尚小，对其母纪氏的家室亲属完全一无所知。因此，比起宽大处理万贵妃家族来，明孝宗朱祐樘很久以来一直认真做的便是寻访其母纪氏的亲属。这一寻就是多年，几乎是把广西每寸草皮都寻遍了，但除了冒出几个假装皇亲的骗子，始终一无所获。最后，在弘治三年（1490）八月，明孝宗朱祐樘宣布结束寻访，并在桂林为其母纪氏立庙纪念。在立庙的诏书中，明孝宗朱祐樘仍难掩悲痛之情，"每念及此，悲痛如割"一句更是道尽了一个儿子无助的酸楚。

内忧外患全头疼

无论有多么大的痛苦，明孝宗朱祐樘的家庭恩怨总算在宽容中了断了，但登基后国家的困局却更加严峻。

这时，明朝主要有三大麻烦：一是缺钱，财政支出增加，国库储蓄减少；二是效率差，从中央到地方，各级官员全都混日子；三是自然灾害多，四川、河南、陕西相继闹灾，各类问题成堆。

但其中最让明孝宗朱祐樘恼火的，却是混日子这条。国家麻烦如此，百官却还像没事人，大小事情交代下去，中央官员推诿，地方官员扯皮，没几个当回事的。尤其是弘治元年（1488）的"嘉兴盗"事件，更令明孝宗朱祐樘恼火至极。

当时，一个叫陈辅的百户，因为贩私盐被查，愤然纠集匪帮作乱。就这么一伙土匪，不但在当地打家劫舍，到后来甚至攻陷城池、劫掠官仓。起初，地方官不管，各种隐瞒，后来隐瞒不下去了，知府竟然翻墙逃窜。如此闹剧，便是此时明朝官场的缩影。

对这样的歪风，处理家庭问题宽容无比的明孝宗朱祐樘，则用起了雷霆手段——整顿。

整顿的第一个对象，就是内阁。当时，内阁号称"纸糊三阁老"，即万安、尹直、刘吉三位，都是混日子出名的。尤其这位万安，人称"万岁阁老"。身为百官之首，万安遇事除了喊"万岁"，基本没半点主张。当年，万安更厚着脸皮跟万贵妃攀亲戚。至于本事方面，万安除了会给明宪宗朱见深搜罗诸如"房中术"类的"歪材料"，基本没有正路本事。

对这位老混子，明孝宗朱祐樘早就十分反感了，而且整治理由更是好找，毕竟万安当年收集的"歪材料"全都在宫里有存档。于是，朱祐樘登基后立刻算账，命太监怀恩将"歪材料"送到内阁当面给众臣展示，臊得万安当场扑通跪下，当天就被罢官回家。其后不久，和万安一同混日子的尹直也黯然去职回乡。

但在处理"纸糊三阁老"问题上，明孝宗朱祐樘最聪明的做法就是留下了三人中的刘吉。这位刘吉名声同样臭，除了会混日子，还擅长玩权谋坑人。但朱祐樘却看出来：万安、尹直除了混，基本没本事，而刘吉除了会混，还会干事。果然不出所料，接替内阁首辅的刘吉在弘治年间一反常态，不但时常建言国事，更出工出力对工作极其负责。特别是西北哈密战事，正是在刘吉的统筹下得以圆满解决，而驾驭奸人办好事正是明孝宗朱祐樘的手腕。

在清洗了诸多混子的同时，明孝宗朱祐樘也大力提拔了诸多能臣，其中最有名的就是吏部尚书王恕和兵部尚书马文升。王恕和马文升两人，都是成化年间就业绩卓著的老臣。王恕在明宪宗朱见深时期，就做过多地巡抚，出了名的正直敢言，而其也正是因为太直肠子，当年被明宪宗强迫致仕，在家赋闲了好多年。

明孝宗朱祐樘登基后，立刻将王恕召回，并委任其一个极其重要的职务——吏部尚书。明孝宗朱祐樘的目标很明确，就是用这老直臣王恕整风。王恕也不含糊，上任就风风火火，先大搞官场考察，考察的标准也极严——不但是有经济问题的要被追查，就连健康有问题不能胜任的也一概都要罢免。仅弘治元年（1488），经吏部考察被罢免的官员就有一百多人，从中央到地方一片"大扫除"。

同样担任"大扫除"工作的，就是另一位老臣——兵部尚书马文升。和王恕一样，马文升早在成化年间就名声在外，在平定"满四之乱"和辽东战事中都屡建战功。就任兵部后，马文升最大的政绩就是整顿军队：除了罢免大批不合格武官，更清理屯田，整顿地方武备，使得明军的战斗力一度焕然振作。但马文升也因此招恨，甚至当时有大批被清退的军官甚至埋伏在他下朝回家的路上，企图伺机行刺他。消息传开后，马文升没怎么怕，明孝宗朱祐樘却紧张得不行，赶快派锦衣卫日夜护送，生怕有什么闪失。

正是在王恕和马文升的强力行动下，基层一大批庸官、懒官得以清除，诸多才俊良臣得以提拔。一时间，从中央内阁六部到地方，可谓英才荟萃。如果说成化晚期的大明王朝好比一个血栓严重、行动不便的病人，那么经过明孝宗朱祐樘早期的清理后，这个王朝的肌体终于恢复了健康的气色。

在吏治得以整肃的同时，成化年间的其他弊政也逐一得到革除。明宪宗朱见深时期的大批"传奉官"，基本都被罢免；宠信的诸多僧道，大部分人被赶走，少数罪大恶极的则依法严惩。例如，成化年间有名的骗子和尚继晓，常年仗着明宪宗朱见深的信任横行霸道，除了敲诈钱财，甚至还多次强抢民女；而在他最凶狠的时候，京城里的女眷在街上看到光头的都吓得赶紧跑。到了弘治元年（1488），这个恶僧终于得到应有的惩罚，被斩首示众。

为了应对严重的财政问题，明孝宗朱祐樘也做了一个大胆的决定——割肉，即叫停明宪宗时代的各类奢靡活动。例如，各类正在修建的寺庙道观，没有完工的一律叫停；各色的民间采办也叫停，连宫廷的日常开支也缩减，仅皇宫的太监、宫女等各色人员就比明宪宗时期一下子减了一半。在宫廷开支最俭约的时候，只有成化年间的六成，完全是捏紧荷包过日子，如此七省八省总算给省出了执政启动资金。

在吏治整顿逐渐完成后，一桩新的考验却劈头袭来——天灾。

明朝开国之后，国家稳定的一大基石，便是自朱元璋登基起不断完善的各类水利工程。但是到了明宪宗时代，由于长期荒废怠政，各类水利工程也缺乏维护，好些年久失修，终于闹出大麻烦。

起先是黄河，弘治二年（1489），黄河在开封决口，一下子河南全境乃至山东南部全成了"黄泛区"，中原大地一片泽国。这是自明朝开国以来，黄河发生的最大规模水灾。

由于这次水灾闹得太大以致局面严重如此，朝野中的大多数意见，竟然是不能救。主流的看法，就是干脆把开封城迁走，选址重建。也有少数官员坚决反对，认为必须要救，如兵部尚书白昂就是其中之一。

明孝宗朱祐樘见状拍板——你说救，那就你去救。于是，白昂发动民夫二十五万，开始了大规模整治黄河。这次的治理思路，和元朝贾鲁治河一脉相承，即通过挖掘排水河，将黄河引入淮水入海。但具体操作，却是个跨时代进步：采取了多点开挖，分流入淮的方式。历经一年时间，黄河治理成功完成。

这次治理黄河的成果，可以说极其好。自从治理过后，一百多年时间，黄河水灾多发地河南再未闹灾。但是，施工过程却还是落下一个大漏洞：治理思路是引黄河水入淮河，万一黄河水流量过大超过淮河承受力怎么办？当初白昂也想到过这个问题，建议从淮河往山东挖十二条月河进一步分解流量，谁知朝廷嫌费钱，最终没同意。

没同意的后果，极其严重。这次治理后才三年，河南虽然没闹灾，但于弘治六年（1493）淮河又闹灾了。这次黄河从张秋决堤，继而由汶水入海，以致京杭大运河全线断绝。

这下麻烦大了。当时，京杭大运河连接南北运输，国家的财政赋税更全指着运河输送，如此一来等于主动脉被卡。随后，后悔药都没得吃的明王朝，只能再度发动二十五万民夫治理。这次的治理工程由名臣刘大夏负责，而且吸取了上次的教训，除了疏通河道，更增修了多处河道，确保河水能分流。历经三年治理，再次顺利完成。

就在这次治理的同时，明孝宗朱祐樘又委任徐贯整治江南苏松河水利。这次修治堤坝河道二百五十多所，彻底解决了江南水运淤泥堵塞的问题。经过这次治理后，以往水患多发的江南大地，从此水灾顿减，并在之后的近二百年里几乎都是旱涝保收的"鱼米之乡"。

经过这三次大规模修整后，明王朝的自然灾害威胁顿减。三次水利整顿，共调动人力六十多万，但如此大规模的工程既没有激发民变，也没有造成严重财政负担，基本顺利解决问题。除了明孝宗朱祐樘知人善任，更是由于弘治初年几次官场大整顿后明王朝高效的行政效率。

不动声色行革新

比起父亲明宪宗朱见深来,明孝宗朱祐樘的管理水平明显要更高一筹。明孝宗朱祐樘对文臣极其礼敬,特别是对待王恕等老臣以及谢迁、刘健、李东阳几位阁臣,更是体贴备至;而早年曾经教过他读书的几位重臣,终其一生都称他们为"先生",关系极其融洽。

除了勤俭节约、整顿官场、兴修水利这几件大事,"弘治中兴"时代影响深远的还有几项重要的改革。

首先值得一说的,就是官员考察改革。

明朝的官员考察,有京察和外察两种。京察,六年一次,考核京城五品(含五品)以下各级官员;外察,三年一次,考核各地方官吏,也被称为"大计"。在明孝宗朱祐樘执政时期,变革最大的就是"大计"制度。

明朝的"大计",起初的规定是由各省的按察司负责,但后来御史权力大了,在永乐年间起就逐渐变成巡按御史与按察司一道负责。这样做的本来意思是:按察司职务高,但御史权力大,两方互相制衡,确保考核公正。

但执行起来,就出了问题。巡按御史毕竟是中央朝廷的官,而按察司是地方官,一旦地方上互相勾结,巡按御史就被掣肘。成化年间明朝行政效率低,跟这个关系很大。于是,弘治八年(1495),这规矩改了,变成由各省的巡按御史与巡抚来主持考核,以往有地方司法大权的按察司这下彻底靠边站。

这么做的效果也很明显,直接的成果是加强中央集权,防止地方官员勾结舞弊。但消极后果也不少,最严重的是毕竟御史人少,考察对象多,难免出疏漏。所以,在当时,"大计"制度也有改革:一是巡按的考察内容经吏部判定后,可允许科道言官进行弹劾;二是在考察中不合格的官员,也可以上书自辩申诉。这样,既确保中央威权,也防止冤假错案,官员管理审查的力度大大加强。

比起官吏考察来,在日常政务的管理上,明孝宗朱祐樘也大刀阔斧,拿出了一套新的监督制度。

早年明宪宗朱见深在位时期,后来时常恼火的一件事就是政府执行力差,哪怕是圣旨发下去,官员们依然是左讨论、右讨论,折腾大半年执行还不见影。

这种拖沓风格,明孝宗朱祐樘登基之后也是深受其苦,于是干脆定了一个新规矩:凡是交给大臣讨论的奏章,普通内容的,复奏处理不能超过两天;如果事关多个部门的，不能超过十天；如果是涉及战争等重大事务的，最多不能超过十五天。也就是说，十五天里，一件奏折必须要处理完。

这个政务规矩立下后，明朝的行政效率大大提速。与此同时，几个重要的经济改革，也从此快速完成。

经济方面，首先一个变革就是征收制度。明朝自开国以来，赋税征收的一个常见难题，就是欠税太多。这种景象，首先是源于明朝一个福利制度：如果一个地区出现欠税，那么欠到第二年就可以酌情打折，甚至减免大部分。当初之所以立这个制度，原本是为了惠顾百姓。

但真执行起来，却是惠顾了贪官。好些人发现了其中的发财门道：税粮照样收，但交税的时候故意拖延不交。然后，拖到第二年成了欠赋，就可以申请打折甚至减免。这样，减免出来的这部分，就入了地方官自己的腰包。如此发财，很方便又很容易。

所以，多年以来，百姓辛苦交税，朝廷却收不上，全便宜了中间这群蛀虫。对这事，明孝宗朱祐樘也有自己的办法——实征册制。

所谓实征册制，就是计划手册。每年秋粮征收，地方上八月出预算，九月造花户实征册，填写通知单，十一月起开始征粮，十二月征完。然后，对照实征册，有一分出入就等着被追责。

这样一来，不动声色地把贪官的漏洞就给堵上了，以往那种钻空子的发财绝招也彻底没得用了，国家财政收入大涨，腰包也鼓起来了。

更让明朝财政好转的，还有另一个改革——开中法。

开中法，也是明初建立时的旧制度，主要内容是商人们只要在边境屯田，给国家输送粮食，就可以换取食盐贸易的资格，即"盐引"。长期以来，这个办法既充实了边境粮食储备，又活跃了经济，可谓好处多多。

但到了弘治年间，这个好处也基本没有了。明中期土地兼并严重，外加粮食价格与食盐价格的比价早已改变，正规商人若拿粮食换盐则成本已经大亏，外加腐败加剧导致"盐引"流失，于是不法商人反而大肆利用"盐引"赚钱牟取暴利。如此一来，愿意送粮的商人越来越少，食盐业更混乱不堪。

弘治五年（1492）起，在户部尚书叶琪的主持下，明朝又重新调整开中法。其中，最大的改变就是：从此以后，商人如果要拿"盐引"，不必再辛苦运粮食，只要按照比价缴纳白银就好。这样一变，利润也变了：原先输送粮食，运输成本本身就高，这下换成送白银后成本大减，食盐贸易利润更是大涨，商人的积极性也一下子提高了，大家都争相来送钱。如果折合成货币收入的话，开中法这一项的收益，弘治年间每年是之前永乐年间的八倍，效果极其好。

当然，这件事的消极效果也有：由于货币多了，商人不送粮食了，边关的粮食价格也大涨。但相比之下，积极效果更多，除了国家储备充实，几大盐商集团也趁机兴起，特别是著名的两淮盐商正是起于此时。

对比经济和政治改革，弘治年间在司法和军事方面也有几样重要的变动。《问刑条例》和《大明会典》是两部重要的司法典籍，其内容除了倡导宽仁治国、减省刑法，《问刑条例》更针对《大明律》中与现实不符的状况增补了二百七十多个条例。作为大明律法的重要补充，从此律例并行，更成为中国古代法律由明至清的一个重要特点。

弘治年间天下承平，对外战事比较少，但边境却并不安定。除了为收复哈密而发动的几次战事，明孝宗朱祐樘也曾大修边墙阻遏鞑靼的侵扰，几任三边总制如王越和秦纮等人都曾多次挫败正在上升期的鞑靼部落。比起对外战事来，这时期对明朝影响最大的却是弘治七年（1494）颁布的《佥民壮法》。这部律法规定，各州县要征发民兵，这些民兵平时由官府进行训练，战时则补入军队。这个民兵制度的最大影响，就是为明朝中后期大规模的募兵准备了充足兵源，后来明朝几大战斗力强大的募兵部队都是以"民壮"为单位。

英年早逝留隐患

在明孝宗朱祐樘的苦心治理下，明朝的"弘治中兴"，论各个成就也都达到了另一个辉煌点。除了经济的稳定与财政收入的增长，明孝宗朱祐樘的另一大成就，就是组建了一个强大的文臣团队。

"弘治中兴"时代的明王朝，是一个人才荟萃的时期。仅以内阁而论，几任阁臣徐溥、邱濬、谢迁、刘健、李东阳，个个都是治世能臣。以六部官员论，虽然王恕在弘治初期官场整风后就已致仕归家，但马文升一直建树多多，而曾完成治河重任的刘大夏，后来更担任兵部尚书，在边防上贡献颇多。同时，六部的韩文、屠庸等大臣，也个个都是能臣。边境上更有三边总制杨一清这样的能将，多次挫败鞑靼进攻以保卫边陲。

然而，一生执政成就颇多的明孝宗朱祐樘，却在三十六岁那年早早地走到了生命尽头。弘治十八年（1505）五月初六，明孝宗朱祐樘病危，召见谢迁、刘健、李东阳三人至乾清宫东暖阁，谆谆叮嘱后事道："太子年龄小，喜欢玩乐，几位先生一定要好好辅佐他，让他成为一个英明的皇帝啊。"

明孝宗朱祐樘虽然临终前极为忧虑，但在他心里认为这几位重臣应该不会出差错，更重要的是他苦心建立的一个强大的文臣团队理应能最大限度地纠错。

然而，这个人才荟萃的文臣团队，还是让明孝宗朱祐樘失望了。太子朱厚照即位后，诸位德高望重的大臣，却很快就败在一个宦官刘瑾的手中。大明王朝，继而又开始了第二段宦官专权时代——权宦刘瑾时代。

十五 / 权宦刘瑾有多坏

明代政治的一大著名景象，便是"宦官专权"。

但实事求是地说，明朝"宦官专权"跟前代相比，特别是汉唐还是有本质的不同。汉唐宦官最嚣张者，可以不拿皇帝当回事，甚至操纵皇位废立更替，拿捏帝王如玩偶。放在明朝，这类逆天的景象却完全绝迹。明朝的宦官，不论在百官面前如何威风，在皇帝面前永远只能是乖奴才，所谓耀武扬威也不过是狐假虎威。

之所以有这个区别，还是因为明朝中央集权制度设计得太聪明。各部门的要害权力完全拆分，彼此互相制约，确保了皇权稳定，而这就好比层层防火墙阻止了汉唐的教训重演。

在这项制度下，明朝宦官能做到的最高境界也只能是狐假虎威。有明一代，这样足够厉害的宦官总共有三只——明英宗正统年间的太监王振、明武宗正德年间的太监刘瑾、明熹宗天启年间的太监魏忠贤。这三位宦官，常被称为"三大权宦"。

这三位"权宦"，论作为，都是坏事做绝；论名声，清一色遗臭万年。但其中的一位死后却不乏肯定之辞，甚至部分民间戏曲里还把他塑造成"青天大老爷"形象，这位特殊人物便是明武宗正德年间的太监刘瑾。

胸怀大志小宦官

刘瑾，本姓谈，生于景泰元年（1450）。刘瑾是陕西兴平人，大约在六岁以前被一刘姓太监收为养子，因而改名换姓净身入宫，做了乾清宫的一个"答应"（杂役）。

这样的身世，在明朝宦官里很普通。之后一晃四十年，从景泰年间一直到弘治年间，眼看岁数奔五的年纪，刘瑾的状况依旧十分普通，只是个默默无闻的小人物。

对于这段时间刘瑾的具体生活，史料上没讲，却不难猜：小孩子起做杂役，就是吃苦受罪的命，被人吆五喝六不说，挨打受辱更是家常便饭。对刘瑾而言，既然一直很普通，也就一直这样过了。

但这种苦日子的后果，反映在刘瑾身上很明显：挨打多了，就很抗打；受辱多了，脸皮也厚；被整治得多了，不但整人的手段无师自通，而且还落下了心理阴影——心胸极其狭窄，看谁都像要害自己，心态十分阴暗。

这样性情的刘瑾，最大的不普通之处就是他竟然还有丰满的理想：以正统年间权倾朝野并导致"土木堡惨祸"的王振为偶像，就得活成他那样。

但现实却无比骨感，刘瑾怀着这样的理想早早地就钻营，结果却无比悲惨：不但没成果，还尽找倒霉。据《中官考五》里说，弘治年间刘瑾本攀附上了大太监李广，眼看要提拔重用，谁知李太监猝死，紧接着被清算；而刘瑾也惨被陪绑，发配南京劳改，最后好不容易赦免回来被安排到乾清宫看门，却又碰上失火，事后还被追责问罪，差点儿砍头。

人生如此失败，刘瑾自己也常伤感。据《震泽纪闻》里说，那时刘瑾每当想起现实潦倒，就恨得咬牙切齿。刘瑾的生活，就在这样的叹息中苦熬着一年年度过。

但即使在这般灰暗的岁月里，刘瑾却也悄然体现出两样可怕的本事——情商和见识，甚至不夸张地说后来他的横空出世和操纵权柄就是拜此所赐。

刘瑾的第一个本事是情商。

刘瑾情商高，听他说话就知道，一张嘴从来能说，逮着生人三言两句就能聊熟。刘瑾这本事早名声在外，人送绰号"利嘴刘"。对于察言观色的功夫，刘瑾早修炼得炉火纯青了。正是凭借这本事，刘瑾多年来虽觉得人生失败，但朋友却不少交，走哪儿都有熟人，关系网极其广。

刘瑾的第二个本事是见识，而这比情商更厉害。

刘瑾是个聪明人，每次钻营失败后都会耐心总结教训，更日益拥有了一个可怕的本事：无论多么复杂的局面，都能迅速找到事物的关键点，然后果断一击命中，扭转乾坤。这本事在刘瑾之前不起眼的四十年人生里就显然起过作用，毕竟他犯的几件事都是必死的罪，最终却安然脱险，怎么做到的虽说法五花八门，却都来自他的见识。

在不久的将来那次命运攸关的博弈中，刘瑾也正是因为这项本事在关键时刻发作，从而奇迹般翻盘奠定了"权宦"地位。

这事虽然还是后话，但在当时悄然拥有这两样本事的刘瑾早不再是小人物这样简单，内心早已进化成了"权力动物"——给点阳光就能灿烂，继而张开血盆大口。

就在刘瑾人生最黑暗的时刻，他的阳光来了——得侍东宫，也就是陪后来的明武宗、当时的太子朱厚照读书。

这事对刘瑾来说真可谓"天上掉馅饼"，但同时被这馅饼砸着的不止刘瑾一个而是一群宦官。

仅说其中几位，就知道这些人来头有多大：高凤，内书堂出身的老学问，宦官里少有的文化人；罗祥，成化年间就是御用监总管，品级极其高；张永，后来更鼎鼎大名，单说军事水平跟诸多武将比都不差。另外，丘聚、魏彬、马永成、谷大用也个个不是善茬。比较之下，刘瑾反而是最没竞争力的。

然而，就在刘瑾侍候太子朱厚照后没多久，奇特的一幕发生了：上面这几位厉害的宦官很快就拜服在刘瑾脚下，还自愿聚拢在他身边。以刘瑾为领袖，形成了明朝历史上一个赫赫有名的太监团队——"八虎"集团。更奇特的还在后面，当时十来岁的太子朱厚照，偏对半百的刘瑾宠得不行，连平日里的玩耍取乐也常叫上他，并很快就把他当成了心腹。

之所以如此奇特，还是靠了刘瑾这两样本事。刘瑾情商高，察言观色有一手，无论是拉拢同事，还是取悦太子朱厚照，都是手拿把攥。特别是对太子朱厚照，这孩子天生崇尚武力，喜好玩闹，脾气都被刘瑾摸透了。太子朱厚照平日的骑马、打猎、摔跤等游戏项目件件都是刘瑾策划，自然便对刘瑾宠爱有加，同时太监们更是折服。于是，刘瑾地位扶摇直上，不但是太子朱厚照身边最得宠的宦官，更是一群宦官的核心领袖。就这样，刘瑾被太子宠着，太监们捧着，苦了大半辈子的他一生的钻营终于第一次见着了曙光。

弘治十八年（1505）五月初七，明孝宗朱祐樘驾崩，十五岁的太子朱厚照即位，次年改年号"正德"。这位正德皇帝，便是历史上赫赫有名的荒唐天子——明武宗。

但刘瑾差不多黑暗了一辈子的前途，就此却光芒万丈。

绝地反击抓大权

明武宗朱厚照登基的月份是弘治十八年（1505）六月，恰是渐热的初夏，而刘瑾的权势也如这季节般越发变得火热：做了内官监总管，管宫廷营造和器皿制作的肥缺；接着又任总督团营，宦官之中已然位高权重。

但刘瑾对此却不满足，他的人生偶像是王振，而要想到达偶像的境界，至少要先拿下宦官中的最高权位——司礼监掌印太监。

这事的操作难度，不是一般的大。明朝自"土木堡惨祸"后，一直到刘瑾之前，国家权力其实是"双轮制"，也就是皇权之下管批红的司礼监和管票拟的内阁的权力相互制约。所以，刘瑾想要坐上司礼监掌印太监这个位置，皇帝宠信必须有，内阁的支持也不可缺。

当时，司礼监的掌印太监是李荣，实际掌权太监是王岳。李荣是抱着明武宗朱厚照长大的，王岳则是办事能力强。对比看来，刘瑾就不靠谱了，跟文臣打交道少，文化水平又不高，哪样也不成。

但刘瑾却偏选了另一条路，他不用内阁支持，仅凭皇帝宠爱既要把持司礼监大权，更要完全压服内阁。以刘瑾对马永成的话说，就是"一旦进入司礼监，必然令'科道结舌，文臣拱手'——都得听我的"。

当时，刘瑾这想法可谓疯狂，但他真的付诸行动了，其中第一步就是继续争得明武宗朱厚照的宠信。

一直以来，明武宗朱厚照虽然宠信刘瑾，但还是拿他当个"老保姆"，而令明武宗对其刮目相看的则是一件事：明孝宗朱祐樘临终前，遗嘱召回各地镇守太监，但明武宗朱厚照登基后却是刘瑾给揭了底。刘瑾告诉明武宗朱厚照，所谓镇守太监以往都是司礼监委派，任命一个镇守太监就要收大笔好处，而现在既然要召回则不妨就由皇帝亲自再派一批，任命一个就收两三万白银的好处费，管保发财。

这事一办，明武宗朱厚照乐开了花，也真个见识了刘瑾的能量。所谓"帝欢乐之，渐信用瑾"，正是起于此时。

但同样的，从此以后，刘瑾在群臣眼里算是彻底"挂了号"。刘瑾更招群臣恨的事，却和明武宗朱厚照的荒唐有关。

明武宗朱厚照这人，天资极其聪颖，但就贪玩这条却成了大毛病。朱厚照登基即位正经了没几天，顽童本色发作，继续变本加厉地玩。刘瑾及其"八虎"党羽们也就顺水推舟，甚至在后宫里开集市卖东西，陪着皇帝"演小品"，玩做买卖的游戏，内容十分丰富。

如此一来，群臣几乎气疯。正德初年的大臣，基本都是明孝宗朱祐樘留下的老班底，正直士大夫居多。臣子们看皇帝朱厚照贪玩就跟家里长辈看小孩子不学好一样是真个急火攻心，而带着皇帝不学好的刘瑾自然更被恨死了。于是，先是御史言官们上奏，接着尚书们也上奏，到后来内阁大学士们也上奏，内容基本一致的都是直指刘瑾等"八虎"，好比一通乱拳轮流砸了过来。

这样的情景，从明武宗朱厚照登基早期就开始，一直到第二年的正德元年（1506）十月前，从来都没消停过：基本就是大臣骂、刘瑾躲，明武宗朱厚照敷衍，玩乐人生照样继续。但到了这年十月，一场惊心策划的"组合拳"风暴，却冲刘瑾呼啸而来。

这场风暴的策动人是内阁阁老刘健、谢迁、李东阳三位，外加户部尚书韩文为首的六部九卿高官们。"组合拳"的第一步是个虚招，由五官监侯杨源出招，上奏警告"天变"，也就是说皇帝宠信宦官刘瑾，老天爷都不愿意，再不改正就会招灾，结果是"帝意颇动"——真把皇帝唬着了。第二步是实招"左右两摆拳"，一拳内阁打，刘健、谢迁、李东阳三人上奏，要求处死刘瑾等人；但还没等明武宗反应过来，另一重拳就招呼来了——户部尚书韩文领衔六部九卿上奏，奏折更由当时的文学家李梦阳起草，把刘瑾形容成东汉宦官"十常侍"。这招效果更好，明武宗朱厚照震惊不已，甚至"惊泣不食"——真个动摇了。

消息传来，刘瑾立马就惊了，连忙召集其他几位"八虎"成员开会商讨，但商量半天却开成了哭丧会——八人自感大祸临头，纷纷痛哭。

群臣压力之下，明武宗朱厚照只得服软，派司礼监太监李荣和王岳接连几次去内阁传旨，意思是"他自己和刘瑾等人感情深，这几个人能否晚点处理"。

但刘瑾最大的危机，这时才刚刚开始。对于刘瑾对司礼监的野心，司礼监的几位实权人物早知道，于是王岳传了几次旨回来就放暗箭，苦口婆心地劝明武宗朱厚照——"刘瑾不是个好东西，大臣们是好心，如果不杀刘瑾，群臣寒心，谁还肯给皇上卖命。皇上你就从了吧"。

几次三番劝说下，明武宗朱厚照的心理防线终于彻底崩溃，临近晚上的时候总算放话缴械——"第二天早晨，就除掉刘瑾等人"。

如此一来，刘瑾的灭顶之灾已然降临：群臣威逼，司礼监推波助澜，皇帝缴械，第二天早晨收拾他们也就是个走过场的事。对于这一切，刘瑾等几人还浑然不知，眼看着稀里糊涂的就要给送上法场。

就在这千钧一发时刻，刘瑾常年经营的人脉终于起作用了：吏部尚书焦芳是刘瑾死党，危急关头火速派人送信——"别等死了，快想办法吧"。

但事情到了这里依然毫无转圜余地，于是大家听了继续哭，但据说刘瑾却笑了——"文官集团这次精心策划、气势磅礴的攻击，已然暴露了最大的漏洞"。

针对这个软肋，刘瑾做出了最冒险的决定，他率领"八虎"连夜求见明武宗朱厚照，并求皇上回心转意。

于是，明朝历史上著名的一幕上演了：晚上，白天被吵到头炸的明武宗朱厚照正饮宴解闷，刘瑾等"八虎"们突然求见，进门就呼啦啦跪一地，然后集体号哭，哭得明武宗也心软了。紧接着，刘瑾抓住机会说出了一句话——"害奴等者王岳！"，而就是这关键一句立刻扭转了眼看到悬崖边的局势。

这话看着奇怪，怎么账却算在太监王岳头上呢？明武宗朱厚照也莫名其妙，接着刘瑾详细分析揭了王岳好些老底，最后得出结论——"这老太监和内阁重臣们其实早有勾结"。

这事一咬定，后果就不一样了。对于明朝皇帝来说，大臣攻击宦官很正常，宦官反咬大臣也很正常，但唯独宦官、大臣勾结，特别是掌握行政审核大权的司礼监太监竟和内阁大臣勾结就极不正常：这两部门是皇权下的"双轮"，两家若狼狈为奸，皇帝岂不很惨？

于是，本来已经被闹怕的明武宗朱厚照，这下彻底给惹怒了。据说明武宗当场发飙，骂王岳吃里扒外。紧接着，刘瑾又扔出一颗重磅炸弹——"这群大臣敢嚷嚷，就是因为司礼监没皇上的人，要是我们几个掌管司礼监，保证他们全老实"。

明武宗朱厚照一直憋着的怒火这下彻底反弹，立刻下令行动：刘瑾当场获得任命——司礼监太监；另外谷大用管东厂，张永抓御马监。就这样，三大宦官要害部门，一下全归了"八虎"。明武宗朱厚照更是派人连夜抓捕王岳，将其流放南京；而几天后，又派人追杀，将王岳害死在路上。眨眼之间，局势逆转。

等到第二天早朝，原本斗志昂扬的群臣，立刻看到了惊人一幕：之前可怜巴巴求活路、被追逼得没处躲的"八虎"，正人五人六地招摇着。王岳获罪流放的消息，更是被当场宣布。这场煞费苦心的进攻，竟然就这样被刘瑾绝杀了。

就这样，群臣的攻势给打压下来。之前告密的吏部尚书焦芳也得到回报，得以晋升内阁大学士。这事很关键，原本和司礼监互相制约的内阁，这下唯刘瑾马首是瞻。此时，李荣虽然名义上依然是司礼监掌印太监，但这人本事不大，王岳在时就是傀儡，这下更是傀儡了。到了正德三年（1508）六月，刘瑾干脆逼李荣告老，直接将其取而代之。

就这样，经过一场赌博式逆袭，刘瑾奇迹般的成功了，真正达到了他的偶像王振曾经的级别——"一人之下，万人之上"，呼风唤雨，谁敢不从。

独霸朝野真凶横

正德元年（1506）十月这场政治风暴落幕后，明朝政治也就进入了一个新时期——刘瑾专权时期。

自从刘瑾专权后，他也越发威风了。刘瑾先是穷追猛打整人，逼走了刘健等阁老，撤了韩文等人的职。在刘瑾看来，凡是先前骂过他的官员，基本都不放过，连小官也要倒霉。例如，南京给事中戴铣等二十一位言官更被集体杖责，为首的戴铣被当场打死，一大批牵涉其中的官员轻的挨打，重的流放充军入狱。一时间，刘瑾恶整了好些人。

说句题外话，戴铣被杖责致死事件中，一个三十四岁的年轻主事愤然上书，结果先被刘瑾暴打，又降职发配贵州龙场。其后，此人在贵州专心治学，竟成了一代儒学圣人，而此人就是王阳明。话说整人整出个儒学圣人，也算刘瑾的"意外贡献"吧。

在整人这事上，刘瑾一向积极性高，除权力斗争需要外，他个人性格狭隘，手段毒辣，素来睚眦必报，不赶尽杀绝一般不罢休。

为了这事，刘瑾还特意发明了一种刑罚：造了一种一百多斤的大枷，犯错的就戴上示众，锁得奄奄一息才去流放充军。受此刑罚的，前后有近百官员，大多都是小官。如此一来，刘瑾威风耍够了，名声自然也更臭了。

在几次恶整后，刘瑾也早已威风八面，就连上朝的时候群臣拜完皇帝都还要接着拜他。京城的王公贵族，见到刘瑾都要磕头。刘瑾甚至和皇帝一样有"名讳"，公文里只能称"刘太监"。一次，都察院的奏疏里不小心犯了刘瑾的名讳，吓得都御史屠庸带着下属们跪了一片,并让刘瑾骂得狗血淋头。更"壮观"的还在后头,正德二年(1507)三月,刘瑾把文武百官叫到金水桥罚跪,宣读"奸党"名单,把谢迁等五十多位官员列为奸党。正德三年(1508)七月,因有人写匿名信骂刘瑾,刘瑾闻讯大怒,又把三百多位官员叫到奉天门外罚跪,而其时正是大夏天的日头,当场就渴死了四个。可见,刘瑾的气焰是极为嚣张。

为了抓权,刘瑾在情报工作上也不放松,开设了内行厂。这个"特务组织"不但监视官员百姓,连同僚都不放过,甚至东厂和西厂这两大"特务组织"也都在其监视之列。因此,好些无辜百姓获罪,不少大臣被恶治,就连东厂、西厂的好些"老特务"也都连带着被整。如此一来,官愤、民愤甚至"特务"愤,都闹得极大。

除了耍威风,刘瑾好处也不少捞,贪污腐败更是折腾得厉害。朝廷的官职都能买,地方官进京办事、京官出去办差都得给他送孝敬——最少两万两,美其名曰"常例",闹得很多官员没钱,只能先找京城的有钱人借,待捞完后再还;甚至有官员因为交不起钱,竟上吊自杀的。如此一来,腐败也就恶性循环。

刘瑾自己也明白,执掌司礼监不只要耍威风,而要想确保威风就更要保证得办好事。

在这件事上,刘瑾很有办法。刘瑾先是继续哄着明武宗朱厚照,每次都趁着明武宗耍乐的时候请示,结果明武宗大怒说"我用你干吗?这点小事你看着办"。此等招数,后来的魏忠贤也照搬,确实很好用。

但刘瑾也知道,国家大事要他亲自办,肯定玩不转。必须说,在这一点上,刘瑾很有水平。

自从刘瑾"看着办"后,明朝的政务运转就变成了这种样子:奏折报上来后拿回刘瑾家,先由刘瑾的师爷张文冕以及妹夫孙聪等人商议,经刘瑾点头后批复,再经过内阁心腹大学士焦芳润色后交给百官办理。如此一来,明朝先前的"双轮制",就此彻底打乱了。

这么搞了几年,朝政是办了不少,但好些都是顶着风险的事。例如,勒令京城没户口的暂住人口,期限内全都要搬家;全国的寡妇更要勒令改嫁;家里有人过世,来不及埋葬的就得立刻火葬。这几件事纯粹是损人不利己,最后闹得上千京城暂住人口——主要是店铺伙计、佣工——竟然聚集在京郊闹事,更扬言要杀了刘瑾。看到如此状况,一直嚣张的刘瑾更吓得不行,只好处理几个领头的草草了事。

日久天长，刘瑾也搞明白了：焦芳虽然听话，但除了整同僚，凡事就会依附；至于师爷张文冕和妹夫孙聪更是小官吏出身，处理不了大场面。那么，遇到大事就真得有个能帮着出主意的才行。

很快，刘瑾就找到了一个这样的人物——张彩。

比起焦芳来，张彩确有真本事。张彩和刘瑾同乡，弘治三年 (1490) 就中了进士，相貌英俊，从政务到军事都有一套本领，举手投足都是名臣风范，以至于刘瑾第一次见就忍不住仰慕，当场拉着他的手喊——"子神人也"。

但这位张彩其实也不是好货，而且十分好色，竟然公开霸占同僚下属的妻子。不过，这缺德的角色跟刘瑾凑一块却真是般配。正德二年（1507），张彩经焦芳举荐，做了吏部文选司郎中。两年后，焦芳致仕，张彩更接了焦芳原吏部尚书的要职。平时，刘瑾在家办理公务时，一群文武大臣都在外厅等，但唯独张彩不慌不忙地在内厅陪刘瑾喝酒，俨然其最亲近的心腹。

事实证明，这次刘瑾真没看走眼。作为一个老于世故的官僚，张彩最大的价值就是帮刘瑾搞政绩。

这其中最大的一个政绩竟然是反腐败。张彩一下就瞧出刘瑾捞钱的最大漏洞——"常例"看似来钱快，但送钱的都不傻，正好打着这个名头捞钱。那些送钱的送给刘瑾两万，留自己腰包的更不知道多少，基本上是"发财他们来，黑锅刘瑾背"。这么一番开导，刘瑾果然大悟，立刻卷起袖子——反腐！

这样一反腐，效果很明显，更是打掉了几个出名的贪官。例如，以贪婪著称的江西布政使马龙素来横暴，甚至经常绑票百姓捞钱的苏州知府鲍撰，擅搞司法腐败的山东参政张镇，他们都统统被逮捕问罪，一时大快人心。当然，落马贪官的财产也都进了刘瑾的腰包。说到底，刘瑾还是借着反腐搞腐败。

更让贪官们叫苦连天的，是与反腐同时跟进的另一个政绩——查盘。

所谓查盘，就是对明朝地方上的府库、粮仓、草场进行定期查账。到正德年间，这项查账制度却早已荒废，好些官员借此中饱私囊，而且出了事还没人负责。例如，正德初年，查盘宁夏粮草，发现问题极多，但相关官员要么辞官要么病故，结果不了了之。

对这种严重问题，刘瑾出手更狠——只要查出问题，不但在职的官员追责，致仕的官员也跑不了，前后抓了四十多人。同时，查出短缺多少粮草，就由相关官员按责任赔付，赔完了更要交罚款，弄得诸多贪官们就算赔得起也大罚不起。于是，贪官们有家产的充公，充完了还不够数的，子子孙孙接着赔。就这样，好些贪污官被整得家破人亡。

这事按说是个好事，但盘查完了的留存钱粮基本都解送京城，其实就是送进刘瑾自家腰包。就这样，刘瑾又搞政绩又捞钱，外带借着盘查风暴大肆栽赃陷害，恶整了不少政敌，可谓一举三得。不过，一个直接的后果就是好些地方府库钱粮无存，碰上闹灾、打仗甚至无钱可用。

搞了几样政绩工程后，刘瑾发现了好些事情的另一面，尤其是当年群臣对"八虎"集团发动攻击的奏折起草人是明朝大文豪李梦阳。事后，刘瑾报复，将李梦阳问罪下狱。危急时刻，刘瑾素来仰慕的另一文官康海，不顾个人荣辱登门求情。这下把刘瑾乐坏了，喜得他光着脚跑来迎接，随后爽快地放李梦阳出狱。五年后，刘瑾垮台倒霉，康海也被株连，惨被削职为民；而昔日被康海救过的李梦阳，反而落井下石给康海泼脏水。就这件事而言，两相对比，权宦倒比文官可爱。

即使在日常政务上，刘瑾有时也有可爱的一面。焦芳在内阁时，他儿子焦黄中考科举，自诩能当状元，谁知主考大学士李东阳公平，只给他一个二甲。然后，焦芳气得找刘瑾告状，刘瑾得知后立刻发火——"你儿子那天在我家作诗，吭哧一首《石榴》，水平非常拙劣，给他个二甲就不错了，别得便宜卖乖"。

如上事迹，在刘瑾嚣张跋扈的年月里着实也不少，特别是随着他权位日益稳固后这类事更渐多。刘瑾这个早年的"权力动物"，此时已进化成了老辣圆熟的权奸。

灰飞烟灭弹指间

一直以来，刘瑾的成功经验总结下来就是八个字——看事够准，办事够狠。由于长期以来太过顺利，刘瑾也把这种方式当作成功的不二法宝。然而，正德五年（1510），权力如日中天的刘瑾终于惹出了大麻烦，以致苦心经营的权势顷刻土崩瓦解。

这麻烦得从一个人说起，即"八虎"里的老朋友——张永。

张永和刘瑾本是过命的交情，但随着刘瑾权势滔天，这亲密的交情也出问题了。张永虽然坏事也做过，但比较有原则，而比起刘瑾能捞钱来，他却较守规矩，经济上更是"不私毫末"。在太监中间，张永算是个廉洁人物。

眼看着刘瑾越来越横行，比较守规矩的张永也看不过去了，而他又是个武将脾气——看不惯就说。但刘瑾是小心眼，听了就生气，常给张永找麻烦，甚至据说就连张永的部下都曾给抓到内行厂拷问。就这样，关系眼看着闹掰了。

关系恶化的另一原因是，张永能耐强，也得宠。在刘瑾之下，张永属于威胁最大的同行。在刘瑾看来，这威胁得早解决，瞅准机会就找明武宗朱厚照进言，想把张永平调到南京去。其实，这是个软刀子，先将之调离权力中心，管你多得宠都慢慢被边缘化了。

但这次软刀子碰硬茬，张永哪里好惹。闻讯后，张永立刻找明武宗朱厚照闹，还当着明武宗的面揪住刘瑾就暴打。在明武宗朱厚照主持下，两人虽然表面和好，但仇算是结下了。这事在刘瑾看来，不过是个小麻烦而已。接下来，刘瑾惹的却是一个天大的麻烦——土地清丈。

土地清丈这事也是明朝的老问题了。自从明中期起，土地兼并愈演愈烈，大量土地被权贵占用，国家农业税减少，农民流离失所。到了明武宗时期，问题已极其严重，理论上说是必须重新清丈了。

但这事可操作难度太大，圈占土地的都不是一般人，各方利益勾搭连环，从中央到地方，情况极为复杂。但刘瑾却偏瞧准了这事，以为"别人办不了，我还办不了吗"。

为了完成这个大政绩，刘瑾一直在努力。从正德二年（1507）起，刘瑾开始在京郊和河南、山东、直隶等地先后试点了九次，倒也清查出了不少土地。其中，仅山东一地查出来的军屯土地，就比永乐年间多了一万多顷，成果极其显著。

眼看节节胜利，刘瑾也决心搞一把更大的，而这次他连张彩的苦劝也不听了。正德四年（1509）八月正式下令，全国范围大面积清丈，主要对象是北方边境各省的军屯，各地分派亲信官员前往，期限内必须完成任务。

这一闹，就不得了。外带刘瑾派去的爪牙们，一心想着交差，还想顺手发财，吃柿子拣软的捏——专门欺压勒索普通军户。于是，先是辽东的锦州、义州两地发生了军户兵变，连府衙都烧了；紧接着军事重镇宁夏府更爆出大麻烦，刘瑾的爪牙周东在当地欺压军户、拷打军属，惹得边军众怒。早有野心的安化王朱寘镭趁机拉拢，勾结当地都指挥何锦，于正德五年（1510）四月二十三日起事。

安化王朱寘鐇先杀当地巡抚总兵，继而檄文传告天下历数刘瑾"十七条大罪"，宣称要"清君侧"，正式扯旗造反，史称"安化王之乱"。

这下闹大了，刘瑾闻讯也吓坏了，好在他还把持着司礼监，赶快把历数其罪状的檄文藏起来了。但在刘瑾看来，这事也好交代，只要迅速平乱，恢复秩序，就能瞒哄过去。但平乱是个技术活——一般人干不了，而最合适的两人却都和他有仇：一个是感情破裂的老哥们儿张永；另一个是当年的三边总制，即被他恶整过的名将杨一清。但局势危急，有仇也只好用，先解决眼下事再说。于是，刘瑾忍下一口气，任命杨一清提督军务、张永总督，率领平叛大军出征平叛。

然而万没想到，这场雷声大的叛乱到头却雨点小，平叛大军还没出发，安化王朱寘鐇之流就早被宁夏副总兵仇钺平定。但后面的事，刘瑾更始料未及。话说杨一清和张永这一路仗没怎么打，关系却没少拉，他们在稳定了宁夏当地秩序后，更是经过密谈定下了诛刘瑾的大计。八月十五日，张永凯旋，刘瑾的末日眼看也就要到了。

刘瑾的败亡，是从张永凯旋开始。刘瑾本来就千防万防怕张永趁机说坏话，但明武宗朱厚照却晚上摆酒宴，拉二人一道庆贺。刘瑾一开始还作陪，但眼看张永快喝醉了，又赶上自家兄长过世次日还要出殡，实在不能跟着耗，只能先退席回家了。刘瑾前脚刚走，装醉的张永立刻恢复本色，忙按着与杨一清商量好的火速拿出了安化王朱寘鐇叛乱的檄文，并一口咬定刘瑾谋反。起初明武宗朱厚照还没当回事，随口敷衍几句，但张永决心坚定，连哭带求，一声怒吼，更瞬间打中了明武宗的要害："刘瑾取天下，置陛下于何地！"明武宗朱厚照一下子猛醒，而刘瑾的下场也就注定了。

跟当年抓王岳一样，这次明武宗朱厚照也是火速行动，当天晚上就由张永率领禁军火速将刘瑾逮捕，并暂时关押在菜厂等候处理。消息好比重磅炸弹，大街小巷全议论这事，城里更是大批骑兵巡逻，防止刘瑾党羽生变，气氛极为紧张。

但大难临头，刘瑾却还不紧张，因为情商极高的他太了解明武宗朱厚照了。果然，查了几天，刘瑾除了贪污腐败，也没其他罪。于是，明武宗朱厚照也不落忍，甚至听说刘瑾在牢里冻得没衣服穿又特意送了几百件衣服，还允许刘瑾家人去探监。这下刘瑾放心了，甚至得意扬扬地给来探监的家人说："我这次最差，也能当个富贵太监，死不了。"

但刘瑾千算万算，却漏算了一条：他这些年太过专横，树敌极多，眼看这次落到了井里，大家都立刻跟着扔石头。同时，杨一清与张永事先的密谋也紧跟着继续：在杨一清同年李东阳的策动下，六部六科外加十三道御史集体上奏弹劾刘瑾。这还不算，抄家更抄出了新结果：刘瑾家搜出了自制的龙袍、玉玺，更有上千盔甲武器——这就坐实了要"造反"！

这件事算是彻底击碎了明武宗朱厚照的心理防线。明武宗朱厚照原本还念感情，这下铁面无情地当场破口大骂："这奴才果然要造反。"后面的事情，就按照"谋反罪"来办了：刘瑾先从菜厂转到监狱，然后百官集体会审，坐实了"谋反"大罪，给判了凌迟处死。三天行刑期间，刘瑾常年的胡作非为遭了报应，围观的百姓恨不得将他千刀万剐。这位权倾天下五年的明朝权宦，就这样彻底倒台了。

刘瑾"谋反"这事，后来清朝人编修《明史》的时候基本照单全收。但在明朝当时，很多史家却提出了怀疑。其中，最大的疑点是，在刘瑾被逮捕后的第一次抄家时，除了金银财宝，并没有什么重量级发现；但当明武宗朱厚照露出对刘瑾的不忍后，诸如盔甲兵器、龙袍玉玺，各种"意外收获"却一股脑儿全都来了。随后，明朝官场又一次大清洗，被划为刘瑾一党的遭到革职流放的更是多达六十多位官员，特别是从内阁到六部几乎一扫而光；而帮刘瑾搞政绩的张彩，先被清算逮捕，后来死于牢狱中。

对刘瑾一生的恶行，最没争议的是腐败这条。当时，从刘瑾家抄出来的财产数目惊人，具体数额却争议很大。这笔财富也直接充了公，大多搬到明武宗朱厚照的私人豹房里。当然，部分也惠顾了百姓：正德六年（1511），经新科进士柴奇奏议，明朝大规模整修瓦浦等地水利工程，所用经费正是抄没的刘瑾财产。

但恶行昭著的刘瑾，即使在明朝当时包括后来却也得到了部分肯定。特别是刘瑾的几样政绩工程，如盘查、反腐这条成了明朝反腐的一项重要手段。至于清理边境屯田这事，刘瑾虽然干得失败，但意义同样重大。明朝学问家薛应旗就曾感慨，对刘瑾的这些成就，确实不能"因人而废言"。

多次祸害百姓的刘瑾也难得地办了一件好事，而这件好事更被写入了京剧《法门寺》中。当年，刘瑾陪太后去法门寺进香，路遇民女宋巧娇喊冤，偏巧刘瑾想在太后面前露一手，立刻现场办案，不但审清冤案，更做主宋巧娇与秀才傅朋婚配。这件美事就是京剧《法门寺》的故事原型，刘瑾在戏中也成了"青天大老爷"形象，而那段刘瑾的唱词"不是一番寒彻骨，怎得梅花透鼻香"在今日已成爱情箴言。

十六 / "八虎"宦官张永

刘瑾败亡，是他多年横行后的咎由自取。但直接把刘瑾送上绝路的，却是他早年的老哥们儿、得志之后的死对头——同属"八虎"宦官之列的张永。

张永这一辈子虽然威权远没有刘瑾这般显赫，但就明朝正德年间的政事来说，明武宗执政的整个十五年里几乎所有的大事件都有他牵涉其中，一生的风光坎坷更与此相始终，堪称了解这十五年明朝政局变迁的"线头"人物，而其间他的是非功过更值得一说了。

认真负责好太监

张永是保定人，生于成化元年（1465），比老哥们儿刘瑾小十一岁。张永十岁那年入宫，资历比刘瑾更浅，但早年的起点即比刘瑾强得多。

早年在明武宗朱厚照的祖父，即明宪宗朱见深在位时期，张永就很得宠，他在二十二岁之前就担任了内宫监右监丞，论官职是正五品。也就是，张永年纪轻轻就是宦官里的"高级领导"了。

之所以能得宠，关键还是张永办事水平高。内宫监主管宫廷营造，事务烦琐，但当时的工程项目极多，工作挑战也大。当时，明宪宗朱见深那时候又恰好沉迷炼丹修道，但张永在大事小情上都能处理得井井有条。一直以来，张永还有个好品质，就是不贪小便宜。按照名臣杨一清的话说，张永"不私毫末"，很有自律精神。

这样又能干活又自律的人物，自然放哪儿都是宝，于是年纪轻轻的张永就春风得意了。谁知好景不长，张永二十二岁那年明宪宗朱见深过世了，而即位的明孝宗朱祐樘开始叫停各类营造工程，大搞勤俭节约。随后，张永被裁撤发配到了茂陵司香，也就是给明宪宗朱见深看坟。

对明朝宦官来说，要是给安排看坟，基本前途没指望，大多也就认命了。但张永心态好，认不认命不好说，认真却还是一贯的。在这个没有前途的职位上，张永依然做得勤勤恳恳。后来，明孝宗朱祐樘的亲近宦官们来检查工作，好几次都对张永称赞不已。

当然，认真久了，终有回报。明孝宗弘治九年（1496），三十一岁的张永得到新职务，调东宫陪太子朱厚照读书。也正是在这个前途远大的新任上，张永结识了后来的死对头——刘瑾。

但在当时，张永和刘瑾两人关系还算是亲密。刘瑾岁数大，见识准，很让大家佩服，而张永更是自愿拜他为首。在日常事务中，张永和刘瑾更是密切配合，如给太子朱厚照设计游戏项目，大多都是刘瑾策划，张永执行，哄得太子很是高兴，而两人也一道得宠。

张永和刘瑾一样也有独特本事，虽然他脑子不如刘瑾灵光，身板却健壮，还会些武艺，如骑马、射箭都不差，常给大家表演。有野史说张永在内书堂读过书，不但有文化，还懂韬略，常给太子朱厚照讲军事，乐得尚武的太子喝彩不已。日久天长，张永便成了"八虎"之中仅次于刘瑾的得宠人物。

弘治十八年（1505）明孝宗朱祐樘过世，太子朱厚照即位。跟刘瑾一样，张永的仕途也变得春风得意，先是升了御马监左丞，后又提拔为御用监太监。之后，正德元年（1506）十月，在文官集团与司礼监配合发动的攻击风暴中，张永更与刘瑾并肩战斗，及时接管了内宫兵权，火速逮捕王岳等司礼监宦官，办事干脆利索，立下大功。

这事之后，张永也更发达，不仅明朝京城的精锐部队包括三千营、神机营和十二团营都归他提督外，而且还兼管后宫营造、衣帽、尚膳等十几个部门。与此同时，明武宗朱厚照甚至还给了张永特权，允许他在宫内骑马。在"八虎"之中，可谓刘瑾老大，张永老二。

但比起刘瑾来，从那时起，张永的形象就好得多。张永虽然捞钱的事也干，如霸占了已故宦官吴忠的财产，但小便宜还是仍然不占。特别是张永兼顾后宫十多个部门，内宫后勤一把抓，各项事务都打理得好，而且从不贪占，做事很讲原则。

就办事来说，张永依然是有硬实力的。特别是管理京城的团营部队，张永大搞训练考核，提升了战斗力，还擢拔了不少少壮军官，甚至好些人后来即使到了嘉靖年间也是屡立战功。至此，京军的面貌更是焕然一新。

一记黑拳灭刘瑾

张永的工作虽春风得意，但和老哥儿们刘瑾的关系却逐渐破裂了。从表面上说是脾气问题，张永是武人脾气，又有原则，见刘瑾办事过分就忍不住说，但说多了刘瑾很生气，也就冲突不断。为此，刘瑾的内行厂还抓过张永的心腹拷问。但根子上说还是利益问题，张永既有真本事，又很得宠，在"八虎"之中数他对刘瑾威胁大，以刘瑾的性子必然要解决他。

接着，就发生了明朝宦官关系史上的荒唐一幕：刘瑾想解决张永，就故意向明武宗朱厚照进谗言，想打发张永去南京养老。张永知道后大怒，跑到明武宗朱厚照身边闹，当着明武宗的面揪住刘瑾就往死里打。明武宗朱厚照也不含糊，立刻又叫来"八虎"中的谷大用作陪摆酒宴说和，当下推杯换盏、交流感情。但再交流也没用，老伙计已彻底闹崩。

自这事以后几年间，张永和刘瑾二人的关系一直僵着。刘瑾整不倒张永，但张永拿刘瑾也没招，只能各自咬牙切齿地各忙各的。直到正德五年（1510）四月，刘瑾搞土地清丈惹出麻烦，闹得宁夏安化王朱寘鐇借机叛乱，天下震惊。但焦头烂额的刘瑾没招，只得想起了张永，继而任命张永监军统率三万兵力前去平叛。行前明武宗朱厚照亲穿军服送行，更赐张永金印，如此威权在明朝宦官史上都是空前。

这场意外的叛乱，不但给了张永清算老哥们儿刘瑾的机会，更让他结识了一位新朋友——先前被刘瑾排挤回家，这次又重新得到三边总制委任的杨一清。

早在正德年间前，杨一清就是个传奇人物：十八岁就中了进士，弘治十五年（1502）起镇守西北，多次挫败蒙古入侵。杨一清这样一个文武双全的老军事家，却因不肯依附刘瑾而被其罗织罪名陷害，好不容易才保住命，而论跟刘瑾的仇结得可比张永深。

这两个跟刘瑾有仇的厉害人成了受命平叛的搭档组合，而刘瑾的命运也就注定了。

关于张永与杨一清之间的关系，虽然后世也有很多人说只是利用关系，但就一生的交往和多次荣辱沉浮间的相互扶助来看，这两个人应该是互相钦佩的朋友，而这友谊正是从这次平叛开始。

受命平叛的时候，杨一清还远在江南老家，他和张永是分头赶赴的，而杨一清还早到一步。其实，就在出征前，这场叛乱已被宁夏当地驻军平定。因此，张永和杨一清二人此行的任务，主要是稳定当地局势。

在张永到任后，杨一清却看到了令其惊讶的一幕：以纪律水平差、战斗力弱闻名的京军，这次表现却出人意料，一路条令森严，绝不扰民，反而严格巡逻，安定地方。以这位老军事家的眼光判断，见到的士兵们都是训练有素的好兵，而这个叫张永的监军太监不简单。

然后，杨一清又得知了更不简单的事：到任后的张永，不但严格申明纪律，禁止扰民害民，更轻装简从仅带五百亲信走访州县、安抚百姓，所过之处秩序无不井井有条。因此，在杨一清看来，张永这人可交。

就这样，杨一清和张永两人相识了。对杨一清的威名，张永也早有所闻。于是，杨一清和张永两个互相佩服的人在此后一起共事，在宁夏稳定秩序，发放赈济；审讯叛乱主犯，释放大批被牵涉的无辜军民；更向朝廷奏请，减免当地赋税。经过近三个月忙活，总算一切恢复正常。

这两个人合作一直愉快，关系也就亲密了，很快就成了无话不谈的好朋友。随后，张永和杨一清也很自然地从事务谈到了朝局，又从朝局谈到了刘瑾。当然，一说起刘瑾，张永和杨一清二人就同仇敌忾了。于是，老谋深算的杨一清更给张永和盘托出筹谋已久的计划：由张永借着凯旋给明武宗朱厚照进言，而杨一清则联合众多文臣上奏跟进弹劾，这样里外联合将刘瑾铲除。

对于这事，张永一开始还在犹豫，毕竟风险太大，但杨一清有句话彻底打动了他——"如果铲除了刘瑾，你就能取而代之。此后大权在手，名垂青史"。张永终于下决心，就算当枪使也认了——干！

随后的事情，便人尽皆知了。八月十三日张永凯旋，当夜便向明武宗朱厚照进言，先是揭发刘瑾罪恶，明武宗不理；接着张永哭，明武宗还是不为之所动；实在没招，张永决然怒吼，说"刘瑾一旦篡夺了天下，皇上怎么办？"，而这一吼把明武宗吼动了。随后，刘瑾下狱，坐实了"谋反"大罪，被处剐刑。就这样，横行五年的权宦刘瑾，就此倒台。

在这过程里，张永的作用，堪称承前启后。刘瑾被抓，来自张永冒死进言。随后查办刘瑾，京城人心惶惶，张永安排部队巡逻，稳定了局面。等到明武宗朱厚照心中不忍打算从轻发落刘瑾时，还是张永再度出手二次查抄了刘瑾府邸，找出盔甲武器甚至龙袍、玉玺等关键物证，坐实了刘瑾的"谋反"大罪。整件事件虽说来自杨一清、李东阳、杨廷和等文臣的筹谋，但冲锋陷阵的却是张永。

张永的另一作用却是在刘瑾倒台后，在他的力主下将内行厂和西厂两大"特务组织"从此彻底废除，再未重设。随后清洗刘瑾党羽，张永也极讲原则，从宽赦免了许多无辜，更配合文臣们请旨复查刘瑾专权时酿造的冤案。如上种种，算来都是好事。

在刘瑾败亡后，张永也权势滔天、名声大涨，好些朝臣都上奏赞扬这件大功劳，甚至兵部尚书王敞说他"辑宁中外，两建奇功"。因此，明武宗朱厚照的封赏自然也不少，张永之兄张富和其弟张容全都封了伯爵，他本人更是升官直接继任接掌刘瑾的司礼监掌印太监职务，而之前他提督御马监等部门的兼职也保留。如此，相当于行政权和军事权都是张清一手抓，而这在宦官里可谓是一统江湖。

好景不长丢官位

刘瑾败亡伊始，大权在手的张永同样非常强横，甚至之前刘瑾想都没想过的一件事他居然也要办——封侯。但万万没想到，这事一声张出来就遭内阁文臣们坚决反对，甚至连老朋友杨一清也不支持，只好作罢。

但对杨一清，张永极够意思。张清一抓权就先给了杨一清官职，先让其当了户部尚书，后又调任吏部尚书。如此，杨一清从当年威震边关的封疆大吏，变成了而今手握人事大权的朝廷重臣。

但比起当年在刘瑾面前唯唯诺诺的吏部尚书焦芳来，杨一清却不同。杨一清有真本事且更是个明白人，虽然和张永交好，但眼看张永要犯坏也会想办法阻拦，日常生活中更劝张永要收敛。但万万没想到，掌权没两年的张永却还是重复了昔日刘瑾犯的一大错误——"八虎"集团窝里反。

这次和张永交恶的是"八虎"中的另一老伙计——丘聚。

当年"八虎"夺权的时候，丘聚也是得力干将。正德元年（1506）十月的那场博弈中，丘聚抢占的是东厂提督太监大权。刘瑾专权初期，若说张永是左膀，丘聚就是右臂。

但这位丘聚也是个嚣张人物，生性残暴，做事更是肆意妄为。在刘瑾最得宠的时候，丘聚就从不买账，好几次伤了刘瑾的面子。但惹怒刘瑾的后果很严重，丘聚被打发到南京养老，直到刘瑾败亡后才复职。

复职后的丘聚依然本性不改，说话做事还是一副嚣张脾气，而张永又岂是好惹的。张永一开始就不喜欢他，本想让自己的心腹张茂接管东厂，谁知明武宗朱厚照不许而将其交给了丘聚。从那以后，张清和丘聚二人关系迅速恶化，明枪暗箭斗了几次。但张永毕竟势力大，借几件小事恶整了丘聚好多回。丘聚虽然势力小，却有业务优势——掌握着"特务组织"东厂，因此遍布眼线，放大镜一般找张永的毛病。

但对张永来说，这个时刻盯着自己的丘聚其实只是小患。张永真正的大麻烦是，在明武宗朱厚照面前，他已日渐失宠。

明武宗朱厚照这人在位十五年，主要内容就是玩。刘瑾败亡初期，明武宗朱厚照也曾装模作样，当了几天勤勉皇帝，很快又本相毕露地变着花样玩，而且早早就开发出了新游戏场所——豹房。

豹房是明武宗朱厚照于正德二年（1507）在西苑开设的游乐场所，里面除了有各种奇珍异兽，还有大批美女供其娱乐，各色游乐项目更是不断花样翻新应有尽有。在豹房里，一开始陪明武宗朱厚照在里面玩的还是刘瑾、张永这些"八虎"太监，后来"八虎"们掌了权就事情多，玩乐顾不上了，这类事情也就交给了年轻一代的宦官们。

于是，"长江后浪推前浪"，当"八虎"为权力互相掐架时，几位不起眼的年轻新贵在明武宗朱厚照身边恩宠百倍、扶摇直上，大有后来居上之势。其中，风头最猛的就是钱宁。

钱宁这人在史料中一向踪影神秘，连他本来姓什么、家乡在哪里都没人能说清楚，但尽人皆知的就是他一辈子的"干爹"极多。早在明宪宗年间，钱宁就拜了大太监钱能做干爹；后来刘瑾得宠，他又认了刘瑾做干爹，另外又脚踩两只船捎带着拜了张永做干爹；再后来刘瑾败亡，他更一下子攀上了高枝，竟拜了明武宗朱厚照做干爹并被封为"皇庶子"，更受命执掌锦衣卫。从此，钱宁大权在手。

钱宁的认干爹之路之所以如此顺畅，还是他本人的能耐：一是会来事，察言观色本事强；二是会说，口才极好；三是有真本事，武功精湛，特别擅长射箭。可以说，刘瑾和张永这两位前辈的拿手本领，全被钱宁集于一身。如此后起之秀，明武宗朱厚照自然喜欢得不行，不但认了钱宁做干儿子，而且更加恩宠无比，甚至平日游戏玩耍全是他陪在身边，于是钱宁的风头日益强盛。

但这时的钱宁虽然得宠，但主要的事务还是陪明武宗朱厚照玩，而真正在宫里宫外操持苦活累活的却还是张永。

张永这时的主要事务是执掌司礼监。总体来说，张永比刘瑾负责得多，国家大事处理谨慎，遇到重大问题就及时报告，更秉公办事拒绝各种送礼请托。这会儿的明王朝，却遇到一个大麻烦：正德五年（1510）十月，河北霸州农民刘六、刘七聚众起义，开始只有几千人，不到一年时间就发展到数万人，甚至横扫山东、河北、河南、江苏各省。这是自明朝开国以来，北方破坏力最大的一次暴乱。

对这个大麻烦，张永极其着急，和内阁众臣一道多次向明武宗朱厚照陈奏。但明武宗朱厚照本人，一开始没拿这当回事，直到越闹越大，眼看着地方上总兵、御史这样的重臣都接连死了好几位，这才打起精神来。正德六年（1511）四月，明武宗朱厚照召开御前会议，决定由之前赋闲在家的太监谷大用总督，会同名将伏羌伯毛锐，率领明朝边境精锐军队全力平定暴乱。

这一动真格，效果就大好。明军节节胜利，捷报频传。张永虽然没上前线，却也没闲着：参与平叛的许多基层将领都来自他的推荐，平叛的基本方略也由他参与制定，甚至还严把财政关禁止大小官员借平乱中饱私囊。其间，诸如前线后勤供应、调兵遣将之类的杂活，也都有张永参与处理。正德七年（1512）四月，明军在霸州一战中重创起义军，平乱胜局已定，而前后忙活的张永着实劳苦功高。

但干了一堆细碎活的张永，恰如杨一清在他墓志铭里所说，"群小共媒蘖之"。也就是说，小人都得罪光了，他们就开始一道算计张永了。霸州一战结束没多久，一支暗箭便向张永射来——东厂提督丘聚指控张永的库官吴纪盗取白银七千两。结果，张永一下中招，就因这由头被明武宗朱厚照一竿到底，解除了一切相关职务，勒令在京闲住。紧接着，张永的老友杨一清也被钱宁陷害，黯然罢官回乡。

张永这次倒台，相比刘瑾结局总还算好，虽说官职没了，但薪俸还在。与上次刘瑾倒台后张永照单全收刘瑾职务不同，这次张永被免职后，先前的官职更被多人瓜分，如"司礼监掌印太监"一职由"八虎"中本事最小的老好人魏彬掌管，至于"御马监""团营"等监职则分别由张忠、张雄等年轻太监执掌。说到底，张永的倒台与其说是因小人陷害，不如说根子上还是因为明武宗朱厚照不放心。在明武宗朱厚照看来，张永这人能耐有，和文臣关系深，立功多且威望大，再这么风光下去，刘瑾的教训殷鉴不远。

大权在手斗奸佞

按照一些野史的说法，被免职后的张永心态非常好，该吃吃该喝喝，还经常与朋友交游，生活悠然惬意。

但这期间明王朝的政局却越发水深火热，好不容易平息了动乱，内部却又不消停。平乱期间，来自大同的游击江彬立下战功成了战斗英雄，偏被明武宗朱厚照给看上成了身边的宠臣，更抢起了"干儿子"钱宁的买卖。

比起钱宁来，这位江彬能力更强大：不但会来事，能捞钱，而且其职业军人出身素来威武雄壮。特别著名的一件事是，有一次明武宗朱厚照玩豹子，没想到豹子发飙突然朝明武宗扑来，连钱宁都吓得缩到一边，关键时刻江彬却不怕，毅然斜刺里杀出一番搏杀将豹子制服。从此，江彬彻底得了宠。

比起宦官来，这位江彬的破坏力更大，干的坏事也更惊骇。江彬竟然撺掇明武宗朱厚照乱调兵，把宣府、辽东、大同等地边军调入京城，号称"外四家"，天天陪其搞军事演习，而这可把明武宗乐坏了，还把专门存放军粮的太平仓大方赏给了江彬。当然，京城内外，也给祸害得不行。

素来得宠的钱宁，也因此给挤对得不行，并眼看着权位岌岌可危。但是，对于江彬的几样看家本领如打仗、带兵等，钱宁自己除了会射两下箭，基本样样不通。因此，钱宁想要扭转局面，就要拉个同样有竞争力的人入局，自然而然也就想到了张永。

正德九年（1514）二月，乾清宫失火被毁，明武宗朱厚照本人也不得不下罪己诏忏悔。钱宁趁机给明武宗朱厚照进言，说张永操持营造有方，不如重新起用。这次，张永一如既往的认真，仅用四个月时间便将乾清宫重新建好。就这样，张永一番牛刀小试，再次赢得了明武宗朱厚照的欢心。随后，张永官运亨通，受命提督团营，干起了他的老本行——军务。

在当时的宫廷权力分布中，提督团营这个任命非同小可。当时，"外四家"的兵权基本由江彬掌握，钱宁虽然还得宠，但军事上插不进嘴。因此，在京城军事大权中，真正能和新宠江彬分庭抗礼的，就只有张永一人。

重操旧业的张永，屁股还没坐热却立刻碰上了一个比江彬还狠的强敌——

"小王子"。

"小王子"，即彼时蒙古草原的统治者，赫赫有名的达延汗。早在明朝弘治年间起，达延汗就不停骚扰明朝边关，多次重创明军。特别是明武宗朱厚照登基后，达延汗更是变本加厉，原先只是骚扰村镇抢东西，这下却时常攻城拔寨，大肆掳掠财物人口。刘六、刘七起义期间，明朝调边境精锐入内地平叛，北方防务空虚，而这更给了达延汗可乘之机，闹得烽烟不断。

张永刚就任，达延汗就闹了个大动静：大举入侵宣府、大同等军事重镇，一路攻破边关，军民伤亡惨重，连京城都被迫戒严。张永临危受命，以"提督宣大，延绥军务"的身份再度领兵出征。这一次张永又非常顺利，达延汗一看明朝大兵压境，便立刻提兵撤退。张永稳扎稳打，收复州县。随后，张永在当地安抚百姓，修缮城池，圆满完成了任务。击退达延汗入侵的功劳，自然也算到了张永账上。

这次明军虽然打了胜仗，但个中原因就连明武宗朱厚照也明白：每次都是达延汗来，朝廷出兵，朝廷兵来了，达延汗跑，反复折腾，其实不解决问题。

眼看着达延汗越发嚣张，天生尚武的明武宗朱厚照也按捺不住，觉得成天在京城"搞军事演习"已越发乏味，去战场上体验一把的念头已是越发强烈。但是，在往常，明武宗朱厚照只要一冒出这念头，群臣肯定拼命阻拦。直到正德十年（1515），德高望重的内阁首辅杨廷和回家"丁忧"，明武宗朱厚照御驾亲征的机会才真的来了。

正德十二年（1517），趁着群臣麻痹，明武宗朱厚照精心策动，带着江彬等人从居庸关出境，并密调"外四家"在山西边境集结，成功来了一次"胜利大逃亡"。等着众臣反应过来时，明武宗朱厚照已然统率大军陈兵边境。偏在此时，达延汗也卷土重来，率五万大军攻打阳和地区，而这可正撞到了明武宗朱厚照的枪口上。随后，明武宗朱厚照统筹部署，明军在皇帝的感召下更是殊死奋战，在应州与蒙古军展开了搏命厮杀。经过一天一夜血战，明军终于成功将蒙古军击退。应州之战，也成为正德年间一次著名的军事大捷。明朝的相关史书虽然都说此战明军伤亡惨重、斩获极少，但从后来的情况看，之后多年达延汗都不敢轻易南下，恐是此战着实将其打怕了。

在整个过程中，提督团营的张永一直陪伴在明武宗朱厚照身边，不但出谋划策，而且身先士卒，忙得"日切忧惧，寝食不得安"。打赢了仗的明武宗朱厚照更是玩上了瘾，凯旋没多久又借故巡视边关在北方边境招摇过市，而国家大事则全交给了最宠信的江彬。比起刘瑾来，江彬更过分：刘瑾虽然横暴，但各类奏折，总算还处理及时；但江彬不同，大臣的奏报送过来基本就扔一边，好些奏折甚至积压两三年。如此荒唐，大臣们也更怒，大学士蒋冕曾冒死在明武宗朱厚照面前阻拦，气得明武宗差点拔剑杀他。典膳李恭因为揭发江彬罪恶，更被江彬严刑拷打致死。到了正德十四年（1519），忍够了的群臣更是集体在朝廷上哭诉拦阻，而明武宗朱厚照这次也发狠，当场进行杖责，一下打死了十多人。

这期间最嚣张的当数江彬，他仗着明武宗朱厚照的宠信，坏事更没少做。特别是陪明武宗朱厚照巡视地方的时候，江彬更趁机敲诈勒索、侵扰百姓，甚至权势嚣张到就连张永也没法多管。

但没法管却不是不管，这时的张永也有自己的办法，正面不行侧面来，每次明武宗朱厚照玩得高兴的时候都谨慎旁敲侧击，想方设法劝说，如此也见效了许多次。好些时候明武宗朱厚照玩乐得高兴时突然决定要回京，其实就来自张永的劝说。对江彬，张永也多次硬顶。明武宗朱厚照巡视大同的时候，江彬及其属下横行地方，军中百户张壮看不过去愤然出面拦阻，却被江彬当场抓捕。事后，张永立刻找江彬要人，一番据理力争，终于保下张壮的命。到后来，一些州县为免于骚扰，甚至都找张永说情。

正当明武宗朱厚照玩得高兴的时候，多事之秋的大明朝再遭晴天霹雳——正德十四年（1519）六月二十四日，封地江西南昌的宁王朱宸濠悍然扯旗叛乱，先杀江西巡抚许逵，继而率八万人猛攻安庆。不过，宁王朱宸濠这次动静闹得比安化王朱寘鐇大，而一旦宁王叛乱得手，一路顺江东下，就将直接威胁明朝的"粮仓"江南地区，甚至南京也岌岌可危。如此，局面可谓极其严峻。

情势危急，朝野震动，但没心没肺的明武宗朱厚照却又乐开了花。明武宗朱厚照天生爱打仗，北边打完了正好去南边，立刻张罗要南征。八月份南征启动，张永率军先去打前站，明武宗朱厚照率大部队随后跟进。其实和前几次一样，打仗只是捎带手，玩乐才是真。

但就和安化王朱寘鐇叛乱一样，这次大军还没出动，叛乱就已消停。不过，宁王朱宸濠也是倒霉，因为驻守赣南的巡抚正是一代大儒王守仁。事变之后，王守仁从容应对，利用朝廷赐予的令旗招募兵马，然后发动奇袭。王守仁趁宁王朱宸濠大举攻打安庆时一举端了其南昌老巢，随后又与回师的宁王在鄱阳湖决战，不仅将其打得全军覆没，更将祸首宁王朱宸濠俘获。这场宁王朱宸濠策划了一辈子的叛乱，仅用了不到两月，就被王守仁干脆利落的扫平了。

但叛乱平了，事情却没完，因为明武宗朱厚照这次铁了心非要来南方转悠。王守仁几次上奏报捷，更全被江彬压下。明武宗朱厚照这一路，更是闹得过分：从山东过扬州，最后到南京，沿途大肆骚扰地方，而江彬更是趁机勒索民产。扬州知府蒋瑶阻止明武宗朱厚照胡闹，竟被江彬事后拴在御车上拖行，差点儿被活活拖死。照这个架势下来，刚刚闹过兵乱的江西地区眼看就要再受折腾，而一旦因此再度激发动乱，一场明朝立国后的最大悲剧就极有可能上演。

关键时刻，张永果断出手，与刚刚平乱的王守仁一道阻止了悲剧发生。

得知明武宗朱厚照铁心南下后，无奈的王守仁横下一条心，决定押解宁王朱宸濠赴南京请命，行至杭州时恰好碰上打前站的张永。这两人本来也没深交，听说王守仁到来，张永起初也躲起来没打算管这事。但王守仁倔强，竟然不顾危险硬闯张永住处，总算见到了张永。之后，王守仁一番侃侃而谈，将个中利害讲清楚。其中，最打动张永的一幕是这样的：张永起初故意出难题，说"让我帮忙进言可以，但宁王朱宸濠，你得交给我"，意思是"擒获宁王的大功劳，你得让给我"。张永本以为王守仁会犹豫，但谁知王守仁仰天长笑说："我要这个人有什么用！"这慷慨一幕，真正震撼了张永，而他终于确认宦海沉浮数十年后第一次见到了一位可以不计生死荣辱、忠贞为国的义士。接下来，就如当年密议除掉刘瑾一样，这次张永再度下定了决心——干！

随后张永密切配合，先向明武宗朱厚照进言，大表王守仁的功绩，另外又授意王守仁在报捷的奏折上一定要写明是仰仗了明武宗的威武得以平乱的。如此双管齐下果然奏效，明武宗朱厚照欣然改了主意，江西不去了，而王守仁也因功升迁江西巡抚。但事情还没完，江彬气得不行，眼看治不了张永，就派亲兵去江西四处打家劫舍，想给王守仁找麻烦，这就是"京军之乱"。不过，张永也早提防了江彬这招，随后也赶到江西给王守仁撑腰，将这群兵痞治得服服帖帖。正德十五年（1520）八月，明武宗朱厚照在南京举行献俘仪式，将沦为俘虏的宁王朱宸濠一通羞辱折腾，威风总算逞够了。张永趁机向明武宗朱厚照进言，说"现在南方、北方都扫平了，也该回京城歇歇了"，而这次明武宗终于点头同意"回家"。

临危受命定江山

明武宗朱厚照这次闹剧般的南巡，总算宣告结束。但出乎所有人预料的是，明武宗朱厚照年轻的生命，竟然也走到了尾声。回京的路上，明武宗朱厚照不慎落水，然后患病在床，直到正德十六年（1521）正月才返京，随后就一病不起，折腾到三月十四日终于与世长辞。

这位荒唐了一辈子的帝王——明武宗朱厚照，临终前也终于有所悔悟，遗言道："以前的事情全怪我，和大家都没关系。"但是明武宗朱厚照惹下的最大危机却眼看就要爆发：此人游玩一生却根本没留下子嗣，而今英年早逝谁来做继承人呢？

明武宗朱厚照辞世后，京城的局面可谓凶险无比。特别是手握"外四家"重兵的江彬，更自作主张将"外四家"改为"威武团练"，自封为"兵马总督"。如此，京城兵权，全都操控在手。

对于这次大风险，张永也早有预判。张永先是和内阁首辅杨廷和等人商议，确立了新君人选——兴献王朱祐杬世子朱厚熜；继而周密部署，先派心腹将领接管了京城九门的防务，然后以"坤宁宫典礼"的名义骗江彬入宫朝贺，紧接着火速行动把江彬抓捕，从而控制了"外四家"兵权。尤其搞笑的是，作恶多端的江彬，不但当场被揍得头破血流，甚至满脸胡子都被张永的心腹宦官们拔光，十足一顿恶治。这场一触即发的乱局，也就此消于无形。随后，在杨廷和主持下，兴献王朱祐杬世子朱厚熜于四月十三日抵达京城，五月正式即位，宣布次年改年号"嘉靖"。明朝历史上最风雨飘摇的一次皇位交接，至此平稳过渡。

在这场平稳过渡中，张永一样劳苦功高。但万万没想到，后来张永却差点儿因此给陪绑。

嘉靖帝朱厚熜即位当月，就开始了大清算：先前被逮捕的江彬，以及明武宗时代得宠的钱宁等人，统统都没逃得了。其中，钱宁被凌迟处死；江彬本人被杀，五个儿子被抄斩，家小都发为奴婢。但随着清算行动的继续，株连却越来越广，各地的镇守太监都被抓回朝廷严刑拷打。正德年间几个风光的宦官，特别是"八虎"中其余几位更是无一幸免：坑过张永的丘聚，被发配到南京；顶替张永执掌司礼监的魏彬，被剥夺财产赶出宫门，后来竟然沦为乞丐；谷大用被发配到茂陵看坟。眼看局面不利，张永也识趣地主动上书请求告老。谁知这也没躲过，张永刚告老没两天，就被嘉靖帝发配到了南京，一去就是五年。

不过，张永在劫难逃的时候，还是老朋友杨一清救了他。嘉靖帝朱厚熜登基后，杨一清也得到重用，一度官至内阁大学士。听说张永遭难，杨一清也仗义出手相救，多次进言张永有大功。在杨一清的百般维护下，张永总算得救，于嘉靖五年（1526）得以回京休养。是年，北方边境吃紧，精通军务的张永再次得到起用，受命提督团营。特别令新皇帝朱厚熜侧目的是，张永上奏边境十三事，条条切中要害，也终于重新得宠。其后，张永不但掌握兵权，还回任御用监掌印太监。正德年间的得宠宦官中，张永是唯一一个在嘉靖年间继续风光的。

嘉靖七年（1528），张永病故于任上。嘉靖帝朱厚熜闻讯后"谕祭三坛，予官椁，命有司营葬事，建造享堂"，悼念规格极其隆重。张永本人临终前的最大遗愿，就是希望老友杨一清为自己写墓志铭，评述其一生功过。杨一清也不辱使命，欣然命笔完成。

但张永临终前最料想不到的是，他最后的遗愿却再次坑了老朋友杨一清。一年以后，杨一清就因为这篇墓志铭而被政敌攻击，说他收受张永的贿赂。受不了这气的杨一清，不但愤然致仕，数月后更郁郁而终，其临终遗言"拼搏一生，却为小人所害"。就这样，张永和杨一清这对相互扶持的朋友，以这样一种唏嘘的方式，先后走完了他们宦海沉浮的一生。

十七 / 正德"顶梁柱"杨廷和

明武宗朱厚照在位的十五年，可谓是"荒唐大连环"。明武宗朱厚照这一辈子，开头宠幸刘瑾，中间宠幸钱宁，晚期宠幸江彬，他自己除了玩还是玩，宫里玩够了宫外玩，京城玩够了地方玩；他最亲近的心腹基本没一个好人，国家大事从中央到地方都闹得一团糟，仅藩王叛乱这种大折腾前后就发生了两次，外加北方鞑靼侵扰和中原刘六、刘七起义，可谓到处都是麻烦。

但所有的麻烦，明武宗朱厚照都平安解决了，而且明王朝的国事运转虽说百般动荡，最终却有惊无险，同时政府的财政与国家储备，更是基本稳定。论及原因，明末文人陈子龙曾赞叹说："天下晏然者，以任相得人也。"

这位被赞叹为"任相得人"、从容化解正德年间各类危局的名臣，便是正德朝内阁首辅杨廷和。

青年才俊惹不起

杨廷和，字介夫，号石斋，四川新都人。杨廷和生于明朝天顺三年（1459），其父杨春曾做过湖广提学（相当于教育厅厅长）。生在这样家庭的杨廷和，自幼天资聪颖，八岁就中了秀才，创下明朝科举新纪录；十二岁又乡试成功，成为明王朝二百七十六年有记录在案的最年轻的举人。成化七年（1471），杨廷和赴京参加会试，这下没能再度创纪录，反而名落孙山；但也有意外收获，他得到了国子监丞黄明的赏识，留在京城国子监读书备考。六年后，成化十三年（1477），杨廷和一举得中，恩师黄明更将爱女许配给他。如此，杨廷和双喜临门，传为京城美谈。

此后的杨廷和一直官运亨通，先进翰林院，三十岁那年参加编修《明宪宗实录》。与之共事的主编，正是彼时大明朝内阁大学士丘浚。丘浚自恃才高，对编修里的琐碎事务不屑亲为，皆悉数委于杨廷和。事后，杨廷和将草稿交给丘浚审查，见其行文流畅、编纂精细，遂令号称博学综闻的丘浚阅后大惊，并当场大赞杨廷和"宰辅之才，他日成就远胜于我"。从此，丘浚对这位后辈刮目相看，但凡有重大奏议便常约其商讨。

这段经历，对于杨廷和最大的收获是：弘治四年（1491），杨廷和经丘浚举荐成为经筵讲官，负责为明孝宗朱祐樘讲学；七年后，皇太子朱厚照出阁读书，三十九岁的杨廷和被提拔为正三品詹事府詹事。杨廷和与这位当时的太子朱厚照、后来的明武宗的师生情谊，就是从此时开始的。

作为一个早年不断刷新纪录的神童，杨廷和除了学问好外，教育上也很有一手，按照现在的话说就是很懂儿童心理学。特别是对太子朱厚照，每当他贪玩厌学的时候，杨廷和都能循循温言教之，每次都令其欣然成善。日久天长，太子朱厚照虽然本性难移的贪玩依旧，且对其他几位老师"多厌之"，却唯独对杨廷和礼敬有加；即使后来已君临天下，对杨廷和却始终尊称为"先生"，可谓感情深厚。

弘治十八年（1505），明孝宗朱祐樘驾崩后，太子朱厚照即位。其后，在明武宗朱厚照在"八虎"的陪伴下彻底不务正业，对此群臣皆愤然，发起了驱逐"八虎"的行动，结果反被刘瑾等"八虎"逮住漏洞，落得大败亏输。昔年曾举荐过杨廷和的谢迁、刘健等重臣纷纷遭罢黜，但没有参与此事的杨廷和却反而得利。正德二年（1507），杨廷和被提拔为左春坊东阁大学士，正式进入大明王朝政权的最高决策机构——内阁。

杨廷和虽然先前没有与刘瑾发生冲突，但一心为公的他对刘瑾的做法也同样看不惯，而他有自己的办法。一日，杨廷和趁给明武宗朱厚照开"经筵"的机会，以诸葛亮《出师表》为例劝说朱厚照要"亲贤臣，远小人"。所谓"小人"，当然是指刘瑾。对此，明武宗朱厚照一笑了之。不过，有人立刻给刘瑾打了"小报告"。闻讯后，大怒的刘瑾立刻假传圣旨，贬杨廷和去南京做户部侍郎。对此"变相发配"，杨廷和得知后不声不响，当即收拾东西南下。刘瑾本以为就此斗败了杨廷和，但没得意几天却忽然被明武宗朱厚照得知了此事，于是明武宗朱厚照当即把刘瑾叫来一顿臭骂。结果，"贬官"没几天的杨廷和大摇大摆地回来，照旧当他的内阁大学士。这下刘瑾才知道，这个杨廷和惹不起。

这事之后，刘瑾和杨廷和也就此结了仇。但杨廷和也学乖了，知道跟刘瑾正面冲突还不是时候。直到正德五年（1510），刘瑾"清丈军屯"惹祸，安化王朱寘鐇以"诛刘瑾"为名在甘肃起兵造反，低调了好几年的杨廷和突然又"闪光"了一把。当时，因事发突然，一时间京城传言汹汹，正驻防安化的宁夏游击将军仇钺被讹传为安化王朱寘鐇造反的"帮凶"，而仇钺的儿女亲家——时任京城精武营守备的保勋更被讹传为安化王朱寘鐇安插在京城的"卧底"。危急关头，知人善任的杨廷和挺身而出，不但力证仇钺、保勋二人清白，且举荐仇钺为宁夏副总兵、保勋为参将，命二人"协力剿贼"。之后仇钺、保勋二将里应外合，使一度"西北震动"的安化王朱寘鐇叛乱仅过十八天即被平定。同时，杨廷和与李东阳还联名上奏，举荐杨一清挂帅出征。杨一清在西北与张永议定"诛刘瑾"之计后，第一时间遣使与李东阳、杨廷和等人联络。在张永归京揭发刘瑾奸恶，导致刘瑾被捕抄家后，也是杨廷和与李东阳一道领六部六科十三道御史弹劾刘瑾，终于把权倾一时的宦官"刘皇帝"推向了死路。在从安化王朱寘鐇叛乱到刘瑾败亡的一连串"多米诺骨牌效应"里，一直低调的杨廷和果断作为，成功助推刘瑾倒台。

诛除刘瑾的成功，也令杨廷和声望日隆。随着刘瑾倒台，文官集团再度掌握话语权，而李东阳此时年岁已高，杨廷和俨然已成文官之首。正德七年（1512）十一月，"三朝元老"李东阳致仕，杨廷和"加少师，太子太师，华盖殿大学士"，正式成为大明王朝的百官之首——内阁首辅。

日理万机忙社稷

正德七年（1512）十一月至正德十年（1515）三月，是杨廷和担任内阁首辅的第一个"任期"。在这个"任期"里，杨廷和最重要的贡献是稳定和恢复了大明王朝的国民经济，诚如其"前任"李东阳所赞叹的："吾于文翰，颇有一日之长，若经济事，须归介夫（杨廷和）。"

其实，刘瑾专权五年的"横暴"加"贪墨"，留给了大明王朝一个残破不堪的烂摊子，以至于当时"盗贼纵横，边夷猖獗，财匮民穷"。尤其是"财匮民穷"这条更成为明王朝最大的难题，偏偏明武宗朱厚照本人又折腾，从正德六年（1511）起便开始大规模扩建豹房（经费主要是抄刘瑾家的"赃款"）。与此同时，蒙古草原达延汗持续侵扰边关，中原刘六、刘七起义，江西民变，四川"顺天王"起义皆愈演愈烈，局面一团糟。

为稳定人心，杨廷和的第一举措就是"减税"。经杨廷和力求，正德六年（1511）正月二十六日，明王朝下诏减免河北遭兵祸州县税粮一年。次年，明王朝再于十二月下诏减免山东、河南、河北等遭受"贼乱"的诸省税粮一年。同时，杨廷和奏议，中原地区凡因"贼乱"导致无主的荒地，一律招募当地流民耕种，并重新编订户口，令其为国家完粮纳税；无粮农民可向官仓告贷，来年"还贷"时不收任何利息，"告贷""还贷"皆以户部勘发的"凭票"为据，以防地方官从中贪墨敲诈。为防势豪大户借机圈占"灾区"土地，杨廷和更奏请，对屯耕农民的身份要进行严格核查。"招抚流移"由各省布政使经办，户部派员督查，凡是"骗占土地"之事，地方监察御史皆可"风闻言事"；但凡属实，地方官和户部官员皆被严办。就这样，既做好行政监督，又实行层层问责。在苦心一片下，遭受兵乱荼毒数年的中原七省，终重归稳定。

"减税"虽可稳定人心，但彼时明王朝开支巨大，"增收"同样刻不容缓。早在刘瑾败亡初，杨廷和就曾与李东阳一起上奏，先于正德八年（1513）一月整顿四川、陕西、贵州各省的"茶马贸易"。同年四月，依四川布政使马昊奏议，在四川、贵州等地试点"叠粮法"，当地税粮、税银由当地"布政司"和"兵备道"分别负责运送，既减少中间克扣环节，又减轻百姓负担，更兼增加国库收入。但影响更加深远的，却是杨廷和在大明朝的"粮仓"——江南地区完成的"论粮加耗"改革。

所谓"论粮加耗"改革，其实与宣德时期名臣周忱在江南实行的"平米法"一脉相承。周忱的"平米法"，其实是用调整税粮"损耗"（运费）征收比例的方法来重新摊派税收，富者多交，穷者少交，用以增加国库收入，减轻百姓负担。但到了正德年间遇到新问题，明朝"官田"承受赋税要重于"民田"，而明王朝在"损耗"比例如何摊派的问题上则一直在"论田加耗"和"论粮加耗"两种方式上反复。"论田加耗"，即赋税较重的官田承担较少"损耗"或基本不承担"损耗"，"民田"则承受较多"损耗"。此举本意在减轻"官田"农户的负担，但因其核算方式烦琐，以致"吏不胜烦扰"。同时，江南地区土地兼并日重，"民田多集于豪户"，这些"豪户"使尽手段，将"民田"应承担的赋税转嫁到无地农民甚至佃户身上，导致"民田"农户纷纷逃亡。因此，为增加税收，明朝又推出了"论粮加耗"法，规定"官田"每石税粮征收"损耗"一石六斗，"民田"每亩征收"损耗"一斗二升。结果，此举却又矫枉过正，"民田"负担未减轻，"官田"

更承受不起。在周忱离任之后的半个多世纪里，明王朝在两种"损耗征收政策"上反复摇摆，虽也取得过成效，却并未解决问题。至正德年间，江南每年的"逋赋"（往年拖欠的税款）又日益增多。正德八年（1513）九月，新任江南巡抚张凤奏请恢复"论粮加耗"法，众臣意见不一。但杨廷和独具慧眼，一方面力挺"论粮加耗"法，另一方面更在奏疏中指明："江南财税之弊，非在论粮或论田，却在官民田科则（赋税比例）不均也。"

因此，杨廷和因地制宜论"损耗"。一方面，废止原先明王朝施行的"论田加耗"法，断了江南势豪大户靠将自己庄田冒充"官田"逃税的漏洞；另一方面因地制宜定"损耗"，统一比例征收。具体主要体现为项举措：一是无论"官田""民田"，所承受"损耗"皆按其赋税比例统一征收；二是因"官田"承受赋税较重，允许"官田"农户将"损耗"折合成白银缴纳。此两项举措看似简单，实则影响深远。前者经过之后几代江南地方官的修正，终演变成嘉靖十八年（1539）江南巡抚欧阳铎在当地实行的"征一法"，即将每年江南地区应缴纳的赋税，不分"官田""民田"均按照田亩数统一划分。此举彻底打破了明朝"官田""民田"赋税不均的局面，解决了杨廷和所忧心的"官民田科则不均"的问题。后者更几经演变，成为万历时代张居正改革里"一条鞭法"的重要内容。

即使在当时，杨廷和的苦心也很快得到回报。从正德七年（1512）开始至正德九年（1514），明王朝地方各省所拖欠的历年"逋赋"，短短两年即已偿还近六成。正德九年（1514），明王朝的夏粮收入约为四百五十三万九千石，秋粮收入约为两千一百八十万石，由户部直接掌握；是年，专门用以维持国家大政各项开支的"太仓银库"，收入白银一百九十万余两，支出一百三十万余两，盈余六十七万余两。上述"GDP数值"，皆追平了"弘治中兴"时代的最高水准。因此，此时虽然"宦官专权""小人得志""皇帝怠政"，但大明王朝的国计民生已然平稳运转。

然而，就在大明王朝的平稳运转中，三年来呕心沥血操持国事且建树累累的杨廷和却横遭晴天霹雳：正德九年（1514）十二月，杨廷和父亲病逝。噩耗传来，杨廷和悲痛万分，立刻上疏请求依祖制归家"丁忧三年"。明武宗朱厚照深感国家大事难离杨廷和，反命他"夺情"（戴孝留任）。但杨廷和去意坚决，先后连上五道奏疏请辞，奏疏中痛陈自己"孝道未尽，纵九泉之下亦愧见先人"，并表示自己如今"恸哭旦夕，形神憔悴，难担君命"。不仅如此，杨廷和更多次面见明武宗朱厚照苦苦求去，且说到激动处时常"哽咽不能语"，铁了心想走。

杨廷和想走的原因，除了真悲伤外，也因首辅任上早就力不从心。

刘瑾败亡后，明武宗朱厚照在"怠政"方面变本加厉，不但宠信宦官钱宁，大修豹房，日夜奢靡享乐，而且信用游击江彬，多次在大内朝廷大搞"阅兵"，沉迷于"军事游戏"。在"作风"方面，明武宗朱厚照越发荒唐，虽然关于他微服逛青楼的"劣迹"今天依旧存在争议，但他在豹房中广纳美女日日淫乐，其中甚至包括已怀孕的"有夫之妇"，诸事皆见于各类史料。如上种种，令担任内阁首辅的杨廷和压力倍增。

特别令杨廷和崩溃的是，他这个内阁首辅夹在皇帝和百官之间已经越来越难做。明武宗朱厚照不但做事越来越不可理喻，做皇帝也越来越没规矩；而皇帝没规矩，大臣就闹意见，好些大臣甚至冒死进言。杨廷和作为内阁首辅，要劝明武宗朱厚照，可怎么劝也没用。杨廷和虽然多次上奏疏要求明武宗朱厚照勤于政事，罢斥奸佞，开放言路，总共提了十多条建议，但朱厚照听归听，哪条也不照办。就这样，杨廷和磨破了嘴皮子说了好几次，皇上这边不搭理，百官那里也落埋怨，成天受夹板气，这内阁首辅实在是干不动了。

正德十年（1515）三月，经杨廷和多次恳求，明武宗朱厚照终下诏书，允许杨廷和归乡"丁忧"，内阁首辅一职由大学士梁储暂代。这位"荒唐皇帝"明武宗朱厚照最为信赖的文臣杨廷和，就此暂别大明政坛。杨廷和的离去，也令"荒淫无度"的明武宗朱厚照少了重要的制衡，因此之后三年里有了朱厚照"擅自出逃""亲征达延汗""北巡北方边镇"等诸多令文官集团难以容忍的"荒唐事"。对此，接替杨廷和的大学士梁储手足无措，竟然"惧不克任，屡请召之（杨廷和）"。不过，明武宗朱厚照虽然荒唐，却同样对杨廷和念念不忘，每遇难事时皆感叹："若先生（杨廷和）在，怎至如此也。"

首辅归来夹板气

明武宗朱厚照之所以常想念杨廷和，不只是因为师生情深，更重要的原因是：杨廷和不在的这两年，国家已被他折腾得糟透了。

这两年的明朝，明武宗朱厚照干过的荒唐事不断，朝政的问题更是滚雪球一般积累。且不说皇帝与大臣间的关系越发紧张，单各地的民变就越来越多，如福建南靖民乱、江西大帽山民乱都越发闹得厉害。至于接替杨廷和的几位大臣，他们的处理政务的水平更是差得远。到了正德十二年（1517）十二月，明武宗朱厚照终于下旨，命杨廷和"夺情"，回任内阁首辅一职。

对杨廷和的这次回归，明武宗朱厚照相当重视。杨廷和刚接到诏书，明武宗朱厚照就早派了车队在四川新都迎接，然后一路张灯结彩、风风光光地回到京城。接着又看到了更大的阵仗，从崇文门到通州的道路全让车马挤满了，京里的百官甚至国戚勋贵几乎全部出动夹道欢迎杨廷和，无比热闹。

杨廷和这么高的人气，最重要的原因倒也简单——他不在，国家快运转乱套了，而现在盼星星、盼月亮总算盼回来了。

杨廷和到京城的时候，明武宗朱厚照还在宣府游猎，立刻赐了羊酒、银币。当听说杨廷和已经开始处理政务，明武宗朱厚照立刻放了心，又开始撒欢玩了，甚至越玩越疯地成天带一群随从外出骑马狂奔，而且好些随从都给累病了。此时，明武宗朱厚照之所以疯玩，关键还是他放心了——"国家大事有杨先生（杨廷和）负责，不疯玩还干啥"。

明武宗朱厚照疯玩了，杨廷和却累坏了：两年来积累下来的各种麻烦事，案牍上摞了好多堆，好不容易才处理完，却又接连遇到新问题。明武宗朱厚照一边玩，一边还在找麻烦。其中，最大的麻烦还是钱，明武宗朱厚照在外头玩得欢，花钱跟流水似的，没钱了就下旨让内阁想办法。明武宗朱厚照要钱要得轻松，但杨廷和却犯了难。然而，钱的事还没解决，明武宗朱厚照却偏不消停：他一路所过之处都大肆扰民，闹得民愤极大，再由着这么胡闹下去，恐怕要出大事。

杨廷和到底有水平，钱的问题很快有办法了：打漕运的主意，先把运河沿线四十多个镇守太监机构抄了，查出的大笔钱财解了户部的银荒，还遂了明武宗朱厚照的胃口。如此，明武宗朱厚照一看杨廷和弄到了钱，十分高兴。于是，杨廷和趁机进言，说动明武宗朱厚照把其一路途经州县的赋税都免了。这样，民愤才消解下来，总算没出大事。

自从再次回任首辅后，杨廷和受的夹板气比起当年来真是加倍。日常政务方面，杨廷和上要听甩手掌柜明武宗朱厚照的圣旨，身边还有太后的懿旨，样样都要听、要兼顾。然后，明武宗朱厚照这样荒唐胡闹，下面百官不满意，成天不是闹意见就是发牢骚，每次也都要杨廷和处理。日久天长，大家找不着皇上，但老实干活的首辅杨廷和却在眼皮底下，于是他就成了出气筒，一开始还是有牢骚冲他发,后来就干脆连他一起骂,越干活名声越坏。

其实,杨廷和何尝不知道这些。一直以来,杨廷和干得最多的事就是一遍遍写奏折,劝明武宗朱厚照回京城,甚至朱厚照跑到哪里,他的奏折就追到哪里。在杨廷和好不容易地费尽口舌之下,正德十四年(1519)正月,玩够了的明武宗朱厚照终于回京了。但刚歇了没几天,明武宗朱厚照在二月竟又要南巡。这下杨廷和也受不了了,不但拼死反对,更带着群臣哭劝,结果好些拼死阻拦的大臣竟遭到杖责。当然,在群臣的硬气下,明武宗朱厚照也服了软,改主意说不出去了。可群臣刚高兴了没两天,宁王朱宸濠叛乱了,这下明武宗朱厚照可逮住了由头,借着"御驾亲征"的名义于七月率大军浩浩荡荡南下,而这下皇帝出去玩的念头是八匹马也拉不回来了。

杨廷和虽然一直深受信任,但在这件事上更劝不动。平心而论,杨廷和虽然其间也有错事,如收过宁王朱宸濠的贿赂,而且和正在前线平叛的大儒王阳明不睦,但总体来说在明武宗朱厚照这般瞎折腾下,明朝政府的大小事务都基本运转正常,就连赈灾救灾这类的紧急事务都办理得有条不紊,全是杨廷和拼命干活的功劳。

但拼命干活的杨廷和,由于明武宗朱厚照荒唐出巡,反而接着背了"黑锅"。明武宗朱厚照前脚离开京城,后脚就有国子监学生上奏折骂杨廷和,给他总结了十条大罪,几乎把他说成了奸臣无赖。不过,看到奏折的杨廷和却不怒,反而悲从心头起。杨廷和找到这个写奏折的学生,流着泪推心置腹地谈了一场,说到动情处更郑重地做出一个承诺——"久当不负良意也",意思是"以后你们会明白,我不会辜负期望"。

或许杨廷和自己都没想到,这个认真的承诺竟然这么快就兑现了,而代价是明武宗朱厚照的死。

明武宗朱厚照这次南巡,一路还是疯玩。从正德十四年(1519)的八月,折腾到第二年的八月,好不容易开始返京,路上却又遭遇意外,明武宗朱厚照不幸掉进了水里。自此以后,素来强壮的明武宗朱厚照的健康状况急剧下降,转过年来就一病不起。正德十六年(1521)三月十四日,明武宗朱厚照终于溘然长逝。

明武宗朱厚照临终的时候,按照史料的说法,他还是悔悟了自己的所为。但这位荒唐帝王明武宗朱厚照绝对想不到,他的死竟然会令明朝陷入一场危机中:他一生沉迷享乐,甚少临幸后宫嫔妃,以致去世时竟未留下一个子嗣。临终前,明武宗朱厚照虽有所悔悟，留下遗言"天下重事要紧，是我误天下事"，但对于"继承人"问题却只字未提，可谓更"误天下事"。

这样一误，事情麻烦就大了，毕竟皇室子弟好几万，各个都蠢蠢欲动。一时间，大明政坛"权奸各欲立非次，以贪功避罪，相求如贾市"，而彼时执掌大明精锐部队"团营"的明武宗朱厚照宠臣江彬更频频动作。早在明武宗朱厚照染病期间，江彬就假传圣旨，将"团营"更名为"威武团练"，自任为"军马提督"，一举把持了京城防务兵权，不轨之心昭然若揭。此时，大明京城内有皇帝驾崩大权空虚，各路权臣政要纷纷串联勾结，外有江彬弄权，"威武团练"的骄兵悍将们虎视眈眈，偌大的北京城就好像个火药桶，稍微有一点火星就会引爆。

就在这关键时刻，杨廷和成了及时雨。早在明武宗朱厚照病危的时候，杨廷和就及时联络朱厚照的几位亲信宦官密谈，坦言"若不幸有变，则君等祸福自择之间不容发"。杨廷和一语说中众宦官的心事，担忧明武宗朱厚照驾崩后会大权旁落的宦官们慌忙向其问计。于是，杨廷和镇定道："使我辈预闻，处之如伦序，则天下以安，中外同福。"一席话给宦官们吃了"定心丸"，司礼监掌印太监魏彬当场允诺道："愿听凭公（杨廷和）裁处也。"就这样，皇位传承的关键时刻，宦官集团被杨廷和成功拉到了自己一边。

有了宦官们的支持，杨廷和就放开了手脚。明武宗朱厚照驾崩次日，杨廷和就按照《皇明祖训》的制度规定，定下了已故兴献王朱祐杬世子朱厚熜入京继承帝业的决定，并得到太后允可。连夜起草遗诏，次日颁布天下，由内阁次辅梁储率领的赴湖北安陆迎接朱厚熜入京即位的使团也于三月十六日火速出发。一度悬而未决且引得众权臣藩王纷纷窥探的"继承人"问题，在杨廷和的主持下，仅经两日便盖棺论定。

但在皇位过渡这件事上，最大的变数就是怎么料理好权奸江彬。这人手里有兵有势力，几万"威武团练"在手，好比一只正磨牙的猛兽，万一狂性大发，后果不堪设想。

在"驯兽"这件事，杨廷和却自有办法。杨廷和先用了一招釜底抽薪，借着起草遗诏的机会，下令将"威武团练"主力部队全数遣散，并发放大笔安置费。这招是打着明武宗朱厚照的旗号，动作又极突然，等江彬反应过来后手底下几万人早都给遣散了。

但危机并没有解除，虽说"威武团练"主力没了，可江彬手里还有一支私人卫队，外加许泰等军官也是其亲信。江彬一看杨廷和动手，他也想发难。恰在这时，杨廷和放了"和平信号"，故意在各种公开场合造舆论说"自己不懂军务，带不了兵，现在新君初立，凡事更要仰仗江彬"云云，甚至还常当着江彬的几位亲信如徐泰等人的面极力称赞江彬的才能，而且还常对其嘘寒问暖，十分友善亲切的样子。

这几下表演非常成功，江彬本身就是一介武夫，虽说有点小聪明，可玩脑子还是不行。同时，杨廷和一直以来都是个勤恳干活的形象，很少与江彬发生直接冲突，这样一来江彬就做出了一个判断——"皇帝虽然死了，但新皇帝根基不稳，大臣们不懂兵，想要安定江山，还是离不开我"。

基于这样的判断，江彬放了心，又恢复了吃喝玩乐的幸福生活，就等着新皇帝抵京后加官晋爵。

趁这机会，杨廷和果断收网：三月十八日，借口坤宁宫庆典邀请江彬入宫朝贺，接着宫内发难，由张永带兵将江彬当场擒拿。这位正德朝的最后一位权奸，就以这样一种脆败的方式被杨廷和算计倒台。

从迎立新君到逮捕江彬，其间杨廷和统筹部署，算无遗策。对于杨廷和的贡献，按照《明史》的说法就是"安危定倾，功在社稷"。实际上，杨廷和对于大明江山最大的功劳却是在逮捕江彬后，也就是从迎立兴献王朱祐杬世子朱厚熜的使团出发到其抵达京城的这三十七天里。

"更化改元"功业大

在这三十七天里，京城里没皇帝，杨廷和身为内阁首辅、百官之首，又是起草遗诏，又有张太后支持，此时的他相当于大明王朝的"代理领导"。因此，大权在手的杨廷和也抓住这宝贵时间做了一件名垂青史的功业，即"更化改元"。

"更化改元"，这词的最早出处是明武宗朱厚照的遗诏，意思是要革除自己在位时候的弊政，恢复国家的稳定。事实是，遗诏的起草者是杨廷和，"更化改元"也是杨廷和一生宦海沉浮里始终在努力实现的大功业。

从这时起，小心谨慎一辈子的杨廷和，终于开始大刀阔斧的改革。杨廷和先是裁撤了明武宗朱厚照时期设立的豹房等机构，里面平日供朱厚照取乐的美女、番僧乃至乐手统统被遣返；接着是明武宗朱厚照在各地设立的行宫也全数被查封，里面储备的钱粮更被杨廷和充了公成了新皇帝的家底。

其间，杨廷和处理力度最大的就是机构精简。明武宗朱厚照时期设立的多个部门被查封，特别是内宫的东厂、锦衣卫等机构，更是大力裁撤了富余人员。其中，光是东厂和锦衣卫两个特务机构，就给一口气裁了十万人。如此一来，朝廷省了一大笔经费，而几个位高权重的宦官的羽翼更是一下子给剪除了。

在这件事上，杨廷和决心非常大，谁说情都不行，而且也捅了大娄子。那些被裁撤的人员，先前不是"特务组织"的特务就是军官，他们都是好勇斗狠的角色，而这一股脑儿给端了饭碗又怎肯善罢甘休。于是，京城炸了锅，一开始全是送礼请托的，后来见送礼请托不行转而威胁就上门了，甚至好些人写恐吓信说要叫杨廷和好看。对于这些威胁和恐吓，杨廷和全然不惧，只当苍蝇嗡嗡。

在人事改革强力推动的同时，经济改革也在跟进，主要内容就是减税。这期间，明朝仅田赋就减免一半，而且正德十五年（1520）以前的欠赋一概减免，明武宗朱厚照出巡时期的各类强征也一概取消。但同时也追钱，特别是对盐税大力整顿。正德时期，趁着明武宗朱厚照不管事，好些勋贵都插手食盐买卖，牟取暴利且大肆侵占盐税。现在，杨廷和手里有了权，终于开始大力整顿盐税：早早公布了欠税名单，凡是一个月内还不上盐税的，就得财产抄家充公；如果还不够数的，就子子孙孙接着赔，直到赔完为止。与此同时，各地的织造和镇守太监，拖欠朝廷的各类税款也一并被大力追缴。

杨廷和主持政务的这三十七天，堪称他人生里最辉煌的缩影：大小事务累计办了七十九项，每一件都是他亲自主持筹划，事无巨细都认真布局，每一个执行细节都监督到位。在这三十七天里，杨廷就像与时间赛跑一样，完全堪称一个工作狂，而效果也同样显著：不但明武宗朱厚照时期的各色弊政大多革除，国家更气象一新，而且人心日益稳定，财政储备日渐丰厚。这是杨廷和的卓越成绩。

但对于这些成绩的作用，杨廷和心里也极其有数。这期间，杨廷和曾对几位同僚感慨，说自己做的这几件事也只是小修小补，如果不从根本上解决税收制度的漏洞，国家大治也无从谈起。

然而，随着新君朱厚熜的抵京，正卖力苦干的杨廷和做梦也没想到，他原本灿烂的仕途在这位少年新君的手下即将戛然而止，而一切都源于朱厚熜登基后的一场纷争——"大礼议"。

十八 /"大礼议"：争"大义"

杨廷和的政治生涯，终于嘉靖帝朱厚熜之手，而其导火索就是朱厚熜即位之初绵延数十年并祸及大小数百官员的"大礼议"。

君臣蜜月期

正德十六年（1521）四月二十二日，奉"遗诏"入京即位的兴献王朱祐杬世子朱厚熜抵达京郊。此时，正在京城卖力于政务的杨廷和总算松了口气——主事的来了。

但没想到，这位十五岁的新皇帝朱厚熜，还没入京就闹起了脾气。杨廷和安排朱厚熜由东安门入京，居文华殿即位，但朱厚熜一听就火了——"这个入京路线是皇太子即位的专用路线，自己是外地藩王进京即位，怎么能给堂兄（明武宗朱厚照）当儿子？"

于是，朱厚熜就闹起了脾气。官员们苦劝半天，但朱厚熜不仅不听，反而撂了挑子——"这皇帝我不干了，现在我就回安陆，爱咋样咋样"。

这话一出，张太后（明武宗朱厚照母亲）都慌了神，赶紧下懿旨打圆场说"就听新皇帝的吧"，于是遂了朱厚熜的愿。朱厚熜从大明门入文华殿，举行登基大典，并宣布次年改元"嘉靖"。这位新君便是嘉靖帝，即明世宗。

这期间还有另一个小插曲：本来在朱厚熜到京之前，杨廷和等人也已经选好了新年号——"绍治"，但朱厚熜到京后权衡再三还是换成了"嘉靖"。这一换有学问，不只是换了一个词，更表达了新皇帝的态度——"我执政，有自己的主张，不用别人教"。

这里得简单说一下新皇帝朱厚熜。比起荒唐一辈子的明武宗朱厚照来，朱厚熜从小就是好孩子，其父是明宪宗朱见深的次子朱祐杬，在朱见深的诸子中以"博文强识"著称。明孝宗朱见深登基后，朱祐杬被封为兴献王，就藩安陆。正德二年（1507），朱厚熜出生，天资聪颖，更有父亲兴献王朱祐杬苦心栽培，从小学业就好。十二岁那年，父亲兴献王朱祐杬去世，朱厚熜更以世子的身份站出来管理王府事务，并把王府上下打理得井井有条。因此，朱厚熜小小年纪就名声在外。

也正是朱厚熜这特殊的成长经历，奠定了他这位新皇帝的执政风格：一肚子的心眼，少年老成的心机人物，且极有管理手腕。

早在登基之前，朱厚熜就对杨廷和仰慕已久，在朝廷的使团来到湖北安陆迎接他时就曾赞叹杨廷和的功劳，并誓言必将信用之。对于朱厚熜，杨廷和也一直很欣赏他，早拿他当宗室中的才俊人物。在从湖北到京城的一路上，朱厚熜的表现也着实令臣子们惊讶：他年纪虽轻，却极有见识，一路上轻装简从，谢绝沿途官员的一切投献和觐见，且衣食住行都极为简朴，并严格约束身旁的宦官。特别令臣子们动容的还有两件事：一是临离开家乡之前，朱厚熜为父亲兴献王朱祐杬举行了拜祭仪式并在仪式上痛哭流涕，情景令人伤感；二是当迎接他的使团抵达安陆时，宦官谷大用曾抢先前往求见，意图博得个好印象，没想到朱厚熜却闭门婉拒。如上事情，令杨廷和等人认定，朱厚熜将是一个至孝至诚且举手投足都有仁君风采的英主。

因此，对于这位新君，即使是杨廷和等老臣，也都对其寄托了厚望。在朱厚熜登基之后，与杨廷和之间的配合也一度很默契，如国家大事但凡是杨廷和的奏议，朱厚熜也基本依从。特别是嘉靖元年（1522）起，朱厚熜依杨廷和意见下诏，裁撤各地方司、州、府、县冗员，勒令所有冗官"全部令其回籍，待缺取补"。至此，杨廷和"更化改元"里的"机构精简"一条彻底完成。此外，诸如清查军中冗兵，禁止宗室子弟擅自在驿站"公款消费"，减免内务府征派等改革内容，皆是这对君臣通力合作的结果。

父亲名分争起来

但即使在这段"通力合作"的蜜月期里，君臣之间的一大裂痕却也早已显现，其诱因就是嘉靖帝朱厚熜即位初期的那场风波——"大礼议"。

所谓"大礼议"之争，其实就是嘉靖帝朱厚熜生父母的"名分"问题。按礼教的皇室帝位传承制度，藩王入京继承帝位，必须要尊奉"先帝"为"父皇"，而其生父只能尊奉为"皇叔考"。按此规定，登基即位的朱厚熜必须"过继"给明武宗朱厚照的父亲——明孝宗朱祐樘，而朱厚熜的生父——已故兴献王朱祐杬，就只能作为其"二叔"。此事在现代人看来匪夷所思，但在当时却是社会伦理道德的大是大非问题。

对此，杨廷和更是坚定不移。朱厚熜抵京即位仅六天，即正德十六年（1521）四月二十八日，杨廷和即率礼部尚书毛澄等六十余名大臣联名上奏，要求朱厚熜"依古制，以孝宗为考"（认明孝宗朱祐樘为父），"兴献王及妃为皇叔父母"。也就是说，嘉靖帝朱厚熜这个皇帝，要认明孝宗朱祐樘为父亲，而他的生父生母只能做叔叔婶婶。

这奏折一上，嘉靖帝朱厚熜就怒了。朱厚熜十二岁丧父，对父亲朱祐杬感情深厚，于是他一听当场就大怒道："父母名称，可这般互易哉？"但没想到，就这句话让朝臣给逮住由头了。大臣们前仆后继地轮流上奏，不厌其烦地给嘉靖帝朱厚熜解释，即"按照规矩，要当皇帝，就得更换父亲之名"。

嘉靖帝朱厚熜被解释得头大，但他为了不就范，也想了好些办法。例如，与杨廷和拉关系，常把杨廷和叫到宫里喝茶聊天；对打头阵的礼部尚书毛澄也百般拉拢，甚至还让宦官送了大笔黄金，气得刚正不阿的毛澄不但愤然拒绝，还把送钱的宦官大骂一通。值得一提的是，毛澄虽然在"换父"问题上始终不就范，但他刚正的品格却得到了嘉靖帝朱厚熜的敬重，一直恩宠不衰。

但事情毕竟没解决，一看嘉靖帝朱厚熜不就范，群臣也加强攻势，不但毛澄屡次率大臣上奏，而且杨廷和等阁臣们更多次联名支持。直到七月，嘉靖帝朱厚熜还是能躲就躲。到了七月二十三日，事情终于有了反转：新科进士张璁投机，对嘉靖帝朱厚熜上《大礼疏》，以汉文帝和汉宣帝皆尊奉生父母为例，条条驳斥杨廷和的"换父"论，并要求对兴献王朱祐杬"立庙京师"，"使母以子贵，尊与父同"。

这份奏疏虽然完全是顺着嘉靖帝朱厚熜意思写的，但水平却极高。张璁精通议礼之学，理论基础丰厚，驳起杨廷和等人的理论来更是一套接一套，全文条理分明、字字珠玑，连赋闲在家的正德朝名臣杨一清在听罢此奏疏内容后都当即大奇，惊叹道："纵圣贤再世，也难驳张璁也。"

嘉靖帝朱厚熜本人更看得心花怒放，看完立刻大喜道："我父子得恩义两全也。"于是立刻将此疏拿给杨廷和等众大臣传阅。但历经沉浮的杨廷和却对此不屑一顾，当即冷笑道："书生焉知国体。"见杨廷和不从，嘉靖帝朱厚熜企图硬压，立刻下旨"尊父为兴献帝，母为兴献皇后"。孰料杨廷和更硬，竟然将嘉靖帝朱厚熜的圣旨"封驳"（原封退还），声称"臣等不敢阿谀将顺"。就在嘉靖帝朱厚熜正无奈间，杨廷和却已迅速反击：在"封驳"嘉靖帝朱厚熜圣旨的次日，即命其亲信门生给事中朱鸣、史于光，御史王真、卢琼等人弹劾张璁，要求"将张璁斥罚，以杜邪言，以维礼教"。眼见众议汹汹，嘉靖帝朱厚熜也不敢力争，只得对杨廷和的奏议一味敷衍。杨廷和不依，反复奏请。逼到急处，忍无可忍的嘉靖帝朱厚熜再次"罢工"，跑到明武宗朱厚照生母张太后面前哭诉，请求"愿避位奉母归养"。孰料刚哭完，杨廷和也立刻"罢工"，上疏请求辞官，而此举果然让嘉靖帝朱厚熜慌了手脚。至是年十一月，经双方妥协，兴献王朱祐杬夫妇被尊奉为嘉靖帝朱厚熜的"本生父母"，明孝宗朱祐樘夫妇被尊奉为其"继父母"。至此，"大礼仪"之争的第一回合，以"两父并行"的妥协而告结束。当然，杨廷和没忘了"秋后算账"，将挑起"大礼议"的张璁贬官到南京当了六品刑部主事。

但嘉靖帝朱厚熜绝不满足"两父并行"，更严重的后果是他看到了杨廷和在整个事件中体现的强大话语权已然挑战了其作为帝王的尊严，"不将其赶走，皇位根本不稳"。得胜的杨廷和本人更没想到，他这次恶治张璁更惹了众怒，反对者更大有人在。

嘉靖元年（1522）正月，湖广都御史席书上奏声援张璁，要求将兴献王朱祐杬"祭以天子之礼"。吏部员外郎方献夫也上表，要求嘉靖帝朱厚熜对明孝宗朱祐樘改称"皇伯"，即"只认兴献王一个父亲"。杨廷和动用权势，将这些奏折一一扣押。御史曹嘉等人闻讯后借机弹劾杨廷和"怙恶擅权"，反被嘉靖帝朱厚熜斥责。这时候，嘉靖帝朱厚熜还对杨廷和如此宽容，原因在于明朝此时的局面还处于困难期。

此时，明王朝正流年不利。嘉靖元年（1522）正月二十一日，甘肃总兵李隆起兵叛乱，杀甘肃巡抚许铭并焚烧尸首，一时间"西北五卫军大乱"，明朝西北边防几乎瘫痪。紧接着蒙古草原部落也来凑热闹，从四月起连续六次发动对明朝北边的大规模侵扰，明军阵亡总兵一人、参将两人、指挥五人，毁坏城池二十余座，军民死伤数万人。七月，占明王朝赋税近一半的"粮仓"——江南地区又横遭天灾：从七月二十二日起先是常州地区连降暴雨，"漂没死者数万"；接着松江（今上海）又遭强台风袭击，太湖水位连日暴涨，太湖周围三十里尽被淹没，一时间"江海混一，茫无涯岸"。此时，载有江南夏税粮米的运粮船队更遭飓风沉入河底，一年税收可谓"泡汤"。与此同时，浙江沿海遭到海啸袭击，浙西数千里村镇尽毁，素来富庶的江南大地竟出现了"人相食"的惨景。江南巡抚欧阳伦在奏折里痛陈，"此为百年未有之灾也"。在如此内忧外患下，嘉靖帝朱厚熜自然要对杨廷和颇多容让。

当然，杨廷和也不负所望。杨廷和先是解决甘肃叛乱，他举荐陕西按察使陈九畴巡抚甘肃，迅速平定了叛乱；继而举荐正德朝名臣杨一清回任三边总制，为明王朝稳住了边防大局。值得一提的是，因杨一清在"大礼议"中与杨廷和观点相左，其门生朱鸣曾担忧杨一清复职会对杨廷和不利，但杨廷和却不以为然道："国事艰难，岂计私怨也。"嘉靖元年（1522）九月，嘉靖帝朱厚熜下诏加封杨廷和为"左柱国"，诏书中表彰其"挽救危局，功在社稷"，对杨廷和是"慰劳倍至"。这位历仕三朝的大明"总理"杨廷和，其时已然到达人生最顶峰。

然而，处于人生顶峰的杨廷和去职的另一因素，却是嘉靖帝朱厚熜的修道问题。

"修道"问题再犯忌

正是嘉靖元年（1522）江南这场"百年未有之灾"，对嘉靖帝朱厚熜本人却也产生了一个影响一生的"副作用"。趁嘉靖帝朱厚熜对江南灾情忧心忡忡期间，太监崔文向朱厚熜建议——"修道"可以"避祸"，并举荐了道士邵元节。从此，嘉靖帝朱厚熜在宫中设立祭坛，日日祈祷。不久后，在杨廷和等人的努力下，江南灾情平定，政府财政好转。但嘉靖帝朱厚熜却深信这是"道教"的保佑，而邵元节更借机吹捧朱厚熜为"下凡"的"大罗真仙"。此后，嘉靖帝朱厚熜开始在乾清宫、坤宁宫、五花宫、西暖阁等处大建道教祭坛，挑选宫中太监、宫女数十名学习经道，且对道士赏赐无数。一时间，皇宫里"香花灯烛，日昔不绝"，偌大的大明皇宫仿佛一下子成了"道观"。

对此修道活动，杨廷和当然不能坐视，不但直言上书劝谏，更发动百官弹劾"忽悠"嘉靖帝朱厚熜信道的太监崔文。这次，嘉靖帝朱厚熜却对这个刚被自己加封为"左柱国"的杨廷和丝毫不留情面，当即把弹劾最为激烈的杨廷和门生刘最贬为广德州判官，以示对杨廷和的"警告"。刘最在赴任广德州的路上再遭崔文诬陷，以"苛待夫役"之罪又被抓回京城下狱，最终被判流放边关。其间，杨廷和竭力营救，但嘉靖帝朱厚熜却始终置之不理。

杨廷和虽眼见自己有"失势"的危险，却依旧不屈不挠。从嘉靖二年（1523）开始，杨廷和陆续发动郑一鹏、朱鸣、王真等门生上书谏言，阻止嘉靖帝朱厚熜"修道"。在群情激奋下，嘉靖帝朱厚熜不得不再次让步，下诏暂停了道教活动。不久之后，杨廷和又动用内阁权力，"封驳"了嘉靖帝朱厚熜要求派太监"提督江南织造"的诏书，君臣关系更加恶化。

"封驳"事件再次发生后，杨廷和故技重演再次上奏请求辞官，以"罢工"来威胁。但这次嘉靖帝朱厚熜却不再"感冒"，对杨廷和的奏疏一概"留中不发"。就在此时，在"大礼议"冲突中被杨廷和下放到南京的张璁等人卷土重来，于嘉靖二年（1523）夏再向嘉靖帝朱厚熜上《议礼疏》，要求朱厚熜废除"两父并行"，确认其生父兴献王朱祐杬为"皇父"，"先帝"明孝宗朱祐樘只能被尊为"皇伯"。此议正中嘉靖帝朱厚熜下怀，阅后立刻大赞道："天理纲常，全仗此疏维持了。"在嘉靖帝朱厚熜的主持下，"大议礼之争"风云再起。随后，嘉靖帝朱厚熜立刻下诏命张璁、桂萼等杨廷和的"反对派"返京，之前曾与杨廷和作对的席书、方献夫等人也纷纷行动上表批判杨廷和。

杨廷和也竭力反击，联合文武大臣两百多人集体上书反对。这次，嘉靖帝朱厚熜终于忍无可忍，下诏斥责杨廷和的门生郑本公"结交朋党，营私乱政"，处以"停职罚俸"的处罚。相持数月，眼见"风向"不对，不少朝臣立刻转向，原本支持杨廷和的礼部侍郎汪俊等人纷纷妥协，而时任三边总制的"封疆大吏"杨一清也上书支持张璁。深感大势已去的杨廷和终于心灰意懒，于嘉靖三年（1524）二月再次上表请辞。嘉靖帝朱厚熜顺水推舟，批准了杨廷和的辞呈。二月十一日，这位历仕三朝并多次挽救危局的"救时宰相"杨廷和，正式告别了这沉浮一生的官场。

杨廷和的政治生涯结束了，然而"大礼议"之争却更加白热化。随着杨廷和的离去，嘉靖初年的老臣毛澄、蒋冕等杨廷和的"老战友"纷纷被清洗，率先"叛变"的汪俊官升礼部尚书。嘉靖帝朱厚熜即位初期险些被杨廷和"整死"的王琼也重新得到起用，回任兵部尚书。与此同时，杨廷和之子——时任经筵讲官的杨慎，则接过了父亲杨廷和反对"大礼议"的"大旗"。

嘉靖三年（1524）四月，嘉靖帝朱厚熜依张璁等人奏议，尊奉生父兴献王朱祐杬为"本生皇考恭穆献皇帝",生母蒋氏为"圣母章圣皇太后",且借生母蒋氏生日的机会大摆宴席,赏赐"大礼议"中支持自己的朝臣。此举不但彻底悖逆了儒家理学伦常,更激得老臣众怒。杨廷和之子杨慎慨然宣称:"国家养士百五十年,仗义死节,正在今日。"七月十五日,杨慎率领二百一十五名朝臣在左顺门以"痛哭"来"示威",要求嘉靖帝朱厚熜收回"大礼议"成命,罢斥张璁、桂萼等"奸邪佞臣"。是日,左顺门"哭声震天,宫廷大撼"。但已然帝位稳固的嘉靖帝朱厚熜这次并未惧怕,相反采取了"强硬手段":先命太监抄录参与示威的朝臣名单,接着命锦衣卫张网抓人,先后逮捕朝臣三百五十六人,凡涉案的五品以下官员一律"杖责",编修王相等十多人竟被当场活活打死。同时,四品以上涉案官员全部"夺俸"(扣工资),事件中带头的内阁大学士丰熙、吏部侍郎何孟春以及杨廷和之子杨慎三人遭充军流放。

次年春天,嘉靖帝朱厚熜为生父"兴献帝"朱祐杬在北京修建"世庙",将其牌位安置在"观德殿",经历"清洗"后的群臣纷纷上表称贺。三年后,由"议礼派"的始作俑者张璁以及老臣杨一清等人主编,记录"大礼议"全过程的《明伦大典》正式成书,书中将杨廷和论定为"罪臣"。嘉靖帝朱厚熜更借机夺去杨廷和一切爵位,削职为民。嘉靖八年(1529)六月,杨廷和带着"罪臣"的污名在家乡四川新都病逝,享年七十一岁。

"罪臣"难掩大功绩

嘉靖帝朱厚熜虽深恨杨廷和,但对杨廷和的施政却在其走后并未"因人而废言"。继杨廷和之后执掌明朝内阁大权的张璁,虽被斥为"佞臣",但他的施政却"多依杨公故例"。特别是嘉靖九年(1530),张璁先是奏请在江南地区"编审徭役",延续了杨廷和一生为之呕心沥血的"江南财赋改革",使明王朝的财政状况大为好转。继而,张璁又主张削减明朝宗室的禄米供应,收回宗室外戚在税收、贸易等方面的特权,完成了杨廷和在"更化改元"时期耿耿于怀的"憾事"。

在幼年时期就立志"荡涤奸邪,兴旺盛世"的嘉靖帝朱厚熜,虽有"大礼议"的倾轧以及"崇信道教"的荒唐事,但他确实大行"革新":一方面削减宦官权力,召回各省"镇守太监",提升明朝的内阁行政权;另一方面加强"监督权",对明朝政府官员的行政效率加以监督。从嘉靖八年(1529)起,规定"散朝之后，即便齐入衙门办事"，且"落实到个人"。每个官员应负责的日常事务，划分为"三日""五日""十日"三个处理期限，凡是限期内不能完成工作的官员，轻则罚俸，重则降职。至此，正德朝以来官场作风拖沓效率低下的陋习开始好转。《明史》说朱厚熜即位初期"革除一切弊政，天下翕然称治"，着实不虚。

嘉靖八年（1529）六月杨廷和病逝后，仅仅一个月后，明王朝就连遭麻烦。自七月起，先是甘肃、宁夏各省遭蒙古草原部落入侵，继而山西、山东两省遭遇旱灾，湖北、浙江遭遇水灾，明王朝开支一时激增。嘉靖帝朱厚熜担忧国库储备难以维持，但大学士李时却告诉他国库"可支数年"，不禁感慨道："此杨廷和之功，不可没也。"

隆庆元年（1567）正月十五，嘉靖帝朱厚熜之子——隆庆帝朱载垕正式下诏：恢复杨廷和官职爵位，赠太保，谥号"文忠"。同时，杨廷和的遗作《杨文忠公三录》《石斋集》也得以"解禁"出版。至此，这位纵横三朝的名臣杨廷和，终于彻底恢复名誉。

十九 / 葡萄牙人：东西交流"吃螃蟹"

嘉靖帝朱厚熜在位的四十五年发生的大事不少，但是有一件在此时貌似微不足道的"小事"，相比之下却成了此后四百年间影响世界历史的"大事件"——葡萄牙殖民者占据澳门。

说起这件大事，得从葡萄牙殖民者的东来说起。

葡萄牙人会来事

明朝弘治十二年（1499）八月，当励精图治的明孝宗朱祐樘君臣正苦心经营着"弘治中兴"时，远在大洋彼岸的欧洲国家葡萄牙却爆发了一件足以改变东西方文明史的大事——葡萄牙航海家达·伽马的远洋船队，经好望角进入亚洲，成功抵达印度卡特里亚港后胜利返航。至此，对欧洲人意味着巨大财富的"香料航线"彻底打通，至今仍被欧洲人津津乐道的"大航海时代"从此正式开始。

从此以后，当时欧洲航海最发达的两个国家——葡萄牙和西班牙，相继吹响了"进军东方"的号角。西班牙人在哥伦布发现美洲后，一路跟进建立据点，而葡萄牙人则重点在南亚和东南亚扩张。明朝正德六年（1511），葡萄牙人发动了对马来王国（今马来西亚）的进攻，经一个月后灭掉马来王国，在当地建立据点，从此彻底控制了马六甲航线。与此同时，殖民入侵的阴云，也渐渐笼罩向与马六甲隔海相望的大明王朝。

葡萄牙人的这几次扩张看似与明朝八竿子打不着，但其实关系颇大，因为葡萄牙人造访和入侵的诸多南亚、东南亚国家都正好处于明朝"朝贡贸易"的体系下。其中，葡萄牙人征服的锡兰、古里、果阿诸国就是大明王朝的附属国，尤其马来王国就是《明史》中记录的"满剌加国"。在葡萄牙人东来之前，这些国家常来进贡并顺便做生意，以至于沿海的广东、福建各省也因此大获其利。但葡萄牙人东来后，从正德年间起，明朝市舶司官员们就惊讶地发现，往昔的很多"老朋友"竟然不再来了。

其实，葡萄牙人对明朝早就向往已久，而得到中国的丝绸瓷器转卖欧洲市场牟取暴利，本身就是他们开辟欧亚航路的终极目标。在巩固了对马六甲的统治后，葡萄牙人随即将矛头对准了明王朝，而他们的手段也是软硬兼施：先坑蒙拐骗，被戳穿后则送礼贿赂。

正德八年（1513），葡萄牙船队第一次抵达中国沿海，停靠在珠江口岸，要求上岸进行贸易。在遭到当地政府拒绝后，葡萄牙人随即占领了珠江对面的屯门岛，在岛上修筑工事，并刻石碑宣示葡萄牙"主权"。明朝正德十三年（1518），葡萄牙船队停靠在广东怀远，他们故意穿上穆斯林的白布长袍，冒充已被灭掉的马来王国的使臣，企图骗取明朝"朝贡勘合"（相关于贸易许可证）。广东当地官员几经讯问戳穿了他们的冒充把戏，随即葡萄牙人才承认自己是"佛郎机国"（明朝对西班牙、葡萄牙的混称）使臣。葡萄牙人也很会"来事"，把戏"穿帮"后立刻大撒金银，贿赂广东地方官以及镇守太监。由于"拿人手短"，葡萄牙船队被允许在广东沿海停靠，船队首领佩雷斯也得以允准入京觐见明武宗朱厚照。

佩雷斯入京"面圣"期间，滞留广东的葡萄牙人露出了海盗面目。他们以贸易为名，在广东沿海走走停停，所到之处皆大肆抢掠，甚至和广东当地海盗勾结贩卖人口，史载他们"大造火铳，劫掠村镇"。当地乡民怨声载道，纷纷向官府告状，但广东镇守太监陈伦和布政使吴廷举收了葡萄牙人的钱，都睁一只眼闭一只眼。

正德十五年（1520），佩雷斯至南京觐见正在"南巡"的明武宗朱厚照。这次，佩雷斯的情报工作做得好，连明武宗朱厚照身边的近臣底细都摸得一清二楚。佩雷斯先送重礼结好了明武宗朱厚照的宠臣江彬，继而又送给朱厚照西洋火铳等礼物，这下可正是投其所好，讨得朱厚照龙颜大悦，不但慷慨赏赐了大笔金银，更发给了葡萄牙人"贸易勘合"。也就是说，允许葡萄牙入贡，与明王朝进行贸易。

其间，广东御史邱道隆曾上书揭发葡萄牙海盗肆虐广东沿海以及贿赂镇守太监的事实，却不了了之。佩雷斯在南京停留近一年，直到明武宗朱厚照结束"南巡"后才启程离开。

这次作为使者的佩雷斯，应当说任务完成得不错，虽然中间有不少不愉快，但贸易权拿到手了，如果能正常交易，肯定能获得不错的利润。

怎料人算不如天算，归京后的明武宗朱厚照不久后病死，其宠臣江彬被逮捕，而江彬罪状里其中一条正是"里通外夷"。此时，佩雷斯正走到福建，立刻被福建地方官逮捕，押送到北京后经审判流放西北，从此下落不明。

不久后，嘉靖帝朱厚熜抵京即位。登基后第三天，嘉靖帝朱厚熜就收到"满剌加国"王子的诉状，细陈"满剌加国"遭葡萄牙人灭国的经过，请求明朝助其"复国"。嘉靖帝朱厚熜虽然对为其"复国"毫无兴趣，但礼部尚书毛澄认为葡萄牙人在广东"久滞不去，有觊觎之意"，遂引起了明朝上下的警觉。广东御史邱道隆那份被明武宗朱厚照"留中"的奏折，更令嘉靖帝朱厚熜阅后震怒。正德十六年（1521）八月，嘉靖帝朱厚熜下旨，命广东地方官驱逐葡萄牙人，先前曾收受葡萄牙人贿赂的镇守太监陈伦等人也被下狱。消息传出后，葡萄牙船队首领卡尔佛立刻将舰队集结在屯门岛，企图负隅顽抗，由此揭开了东西方之间第一次海上较量——屯门海战。

屯门血战国威扬

当明朝翻脸后，葡萄牙人也厚起了脸皮，对明朝官员的警告置之不理，打算占了屯门岛再说。

葡萄牙人敢赖在屯门岛，自然是有资本的。自从达·伽马开辟"香料之路"后至此时，他们一路向东扩张，连续灭掉东非、南亚、东南亚多个小国，尚未遇到敌手。见明朝翻脸，葡萄牙人也火速做出了应对，不但在屯门岛上构筑火器工事，而且调来了三艘重型战船助战。此举更招得素来以"天朝"自居的明朝大恼，遂立刻开始了战备工作。其时，广东海道副使汪鋐临危受命，担起了收复屯门，驱逐葡萄牙船队的重任。

汪鋐受命后，一方面命令沿海渔船全部停止出海，断绝葡萄牙人外援；另一方面招募民兵以及曾在葡萄牙船队中帮佣的水手，探知葡萄牙船队内情。八月三十一日，汪鋐遣使至屯门再次向葡萄牙人宣召，勒令他们立刻撤离，却遭葡萄牙首领卡尔佛野蛮拒绝。忍无可忍下，次日明朝广东水师全力进攻，遭葡萄牙三艘重型军舰火力打击。彼时，明王朝海疆承平日久，主要的对手多是沿海海盗及倭寇，因此多以中小型战船为主，难敌葡萄牙船队的巨炮重舰。汪鋐本人虽然身先士卒，亲率旗舰猛冲，却还是被葡萄牙人猛烈的炮火打了回来。在伤亡惨重之下，明军不得不暂且撤兵。

这场小规模的败仗，一下子把明朝打醒了。以往明朝作战，火器已是利器，不管跟谁打，还从没在这方面吃过亏，但如今谁知今在葡萄牙人面前，一吃就吃了个大亏。汪鋐到底是久经沙场的老将，立刻回过神来——不能硬拼了。

次日，汪鋐改变战术，利用葡萄牙船队船只巨大而行动不便的弱点，特制了三十艘小船，船上载满柴草引火之物，借南风大起之际放火扑向葡萄牙战船。汪鋐率五十艘轻型战船趁机冲锋，分割包围葡萄牙船队。此举果然奏效，熊熊烈火下葡萄牙船只纷纷被焚毁。但汪鋐唯恐烧不够，又命水手趁乱潜水，将未着火的葡萄牙战船凿沉。一番激战下，葡萄牙人引以为豪的"坚船利炮"，在明军的打击下几乎全军覆灭。

明军趁势抢滩登陆收复屯门岛，并一路追杀葡萄牙人，下令"凡遇佛郎机人（葡萄牙人）皆杀之"。从九月二日开始，四千多明军在广东南海地区撒下大网，全力"搜杀"漏网的葡萄牙人。其时，先前强势逼人的葡萄牙首领卡尔佛，仅带几十名残兵藏身于附近岛屿中。所幸九月七日沿海飓风大起，明军随即停止了对葡萄牙人的搜捕，在尽数毁掉屯门葡萄牙工事后撤兵。就这样，卡尔佛等人这才逃过一劫，狼狈返回马来半岛。

战后，明朝政府诏令东南沿海各省水师"遇佛郎机船可立毁之，遇佛郎机人可立杀之"。值得一提的是，大获全胜的汪鋐在此战后被明朝廷嘉奖，特命"加一级，使食一品禄"。但汪鋐并未飘飘然，相反却从战斗过程里看到了明军在火器制造和战船上的差距，并在战后曾三次上奏嘉靖帝朱厚熜，请求在明军中推广使用葡萄牙火器"佛郎机铳"。为说服嘉靖帝朱厚熜，他甚至将缴获的葡萄牙火器"佛郎机铳"送入京城当场实验，终于启动了明军的新一轮"军事革新"。此后，这种"佛郎机铳"在明军中几经改良研发，衍生出了"大样佛郎机"（重型火炮）、"小样佛郎机"（轻型火炮）、"多雷佛郎机"（连发火炮）、"马上佛郎机"（骑兵专用火炮）等多种型号，成为明军中的主战火器，并在明朝对蒙古和倭寇的战争中大放光彩。

深谋远虑的汪鋐，也同样是嘉靖帝朱厚熜即位早期甚为信用的名臣。嘉靖十三年（1534），汪鋐调任中央，授太子太保吏部尚书兼兵部尚书。在明朝文臣里同时兼任兵部和吏部两部尚书者，汪鋐是明朝二百七十年来的唯一。

屯门之战后，受挫的葡萄牙人并未死心，相反却干脆对明朝"撕破脸"，不再假惺惺地"遣使入贡",而是开始筹谋对明朝的下一轮武装入侵。嘉靖元年(1522)九月,葡萄牙人别都卢率五艘重型战舰和一千多名士兵再次抵达广东。按照葡萄牙历史学家巴罗斯的记录说,"这次远征的伟大目的,是为了在南中国海获得一块永久的领土,从此垄断东方的丝绸瓷器贸易"。

不过,葡萄牙人的目的很"美好",但战斗过程很残酷。这次明朝早有准备,早早地为葡萄牙人扎好了"口袋"。葡萄牙舰队刚到广东新会县西草湾,明朝水师就已将他们包围。此时,明军已经装备了葡萄牙人的"佛郎机铳",火力上不弱于葡萄牙舰队,而且明朝战船更发挥了机动性强的优势,早早地切断了葡萄牙舰队的后路。经一番激战,明军缴获葡萄牙巨舰两艘,生擒葡萄牙人"总司令"别都卢。战后,嘉靖帝朱厚熜下诏,命将被俘的葡萄牙人全部斩首,其头颅挂在广州城楼上示众。比起之前的屯门海战,这次葡萄牙人败得更惨。随后,嘉靖帝朱厚熜下诏,严令广东、福建、浙江禁绝一切沿海边民同海外的贸易,规定"沿海军民,私与贼市,其邻居不举者,连坐"。如此一来,机关算尽的葡萄牙人在抵达中国沿海的最初十几年里,先是冒名顶替出使骗贡品"穿帮",继而张牙舞爪入侵又被打得头破血流,其所谓"垄断东方丝绸瓷器贸易"的"伟大目的"至此也是黄粱一梦。

对于葡萄牙人而言,蒙骗骗不过,打也打不过,但他们并不甘心,一看之前的办法都没用,索性又使出新招数——"我打游击"。

所谓"打游击",就是跟海盗似的打一枪换个地方,捞一把就跑。

双屿一战再覆灭

嘉靖元年(1522)屯门海战后,葡萄牙人改变策略,不再大规模地武装入侵,而是效仿日本倭寇在广东、福建、浙江等沿海地区大肆劫掠,每到一处皆"屠戮村镇,劫掠府库,掳掠人口",干起了刀尖舔血的"强盗买卖"。

葡萄牙人干起这事来确实驾轻就熟,而且还很快找到了一个臭味相投的合作伙伴——日本倭寇。

葡萄牙人和日本人之间,"渊源"也同样深。在嘉靖年间同时期,葡萄牙人也造访了日本,但比起明朝对葡萄牙人的排斥来,此时正陷入幕府混战的日本对他们却极为欢迎。嘉靖二年(1523),葡萄牙人就与日本九州诸侯签订合约,在当地建立商站，收购东方商品。正是从此时开始，西方的文化与科技便源源不断地传入日本。

日本人之所以欢迎葡萄牙人，有"狼狈为奸"之意。一方面，葡萄牙人在日本大肆收购倭寇从中国抢掠来的货物，成了倭寇"销赃"的最佳"合作伙伴"；另一方面，葡萄牙人带来的火绳枪等"高科技武器"，更成了正在内战中的日本各路"战国英豪"们的最爱。葡萄人和日本人双方还形成了战略合作模式：葡萄牙人自恃坚船利炮，开始给倭寇抢劫"打前站"。每当倭寇打劫，葡萄牙船队皆先行进发，待抢劫得手后，大批倭寇即蜂拥而至，展开大肆烧杀。待抢劫完成之后，葡、日两家再"坐地分赃"。与此同时，葡萄牙人盘踞的日本九州地区，更压过日本其他地区各股倭寇势力，自嘉靖年间开始成为侵扰明王朝倭寇的主要来源地。

葡萄牙人对中国东南沿海的侵扰之所以愈演愈烈，除了他们与日本人的"立体全方位合作"，更应了中国后来的一句俗话——"鬼子来了汉奸多"。早在正德年间葡萄牙人初到广东起，就有被明朝史料称为"奸民"的各色汉奸为其效力。后来，葡萄牙人和明朝"撕破脸"转而与倭寇合伙侵扰东南沿海时，也有不少"奸民"从中帮忙。他们或是给葡萄牙人入侵充当向导，或是帮助葡萄牙人上下活动贿赂当地明朝官员，更有人给葡萄牙人出钱、出人、出枪大力相助，甚至在葡萄牙人的"抢劫团伙"里还越来越多地出现了中国人"炮灰"。这些人里有沿海当地的流民、无赖，也有长期盘踞沿海岛屿的海盗，但起主要作用的却是当时东南沿海的不少富家大户，即《明史》中所说的"势豪大户"。为防止沿海住民与葡萄牙人勾结，明朝廷连下严令，颁出"保甲连坐"法令。到嘉靖二十年（1541），嘉靖帝朱厚熜又下严令："凡通番（勾结倭寇、葡萄牙人）者，无论官民，一律死罪。"但重治之下，"奸民"却越治越多，诚如浙江巡抚朱纨在奏报里所说："江南奸民通番之事，数年来屡禁不止，令越严通番者却越多，可谓人心思乱也。"

葡萄牙人到来后，明朝之所以冒出这么多"奸民"，说到底还是经济问题导致的。此时，明朝的沿海经济发展迅速，走私猖獗，传统的"海禁政策"已经出了问题。早在葡萄牙人到来前，东南不少富户就多次组织走私，更有很多沿海渔民都是靠走私为业，成了一条产业链。葡萄牙人到来后，很快和这些人挂上了钩。

到后来，这个问题越来越严重。葡萄牙人不但与这些人做生意，而且还介入当地的帮派斗争里，甚至和当地大户勾搭连环，连好多地方官也被拉下水。在这些人的帮助下，葡萄牙人更办到了之前靠军事手段都没办到的事，即获得了一块"根据地"——双屿岛。

双屿岛位于浙江舟山群岛地区，该岛距离浙江定海县东南仅六十公里，位于出海口要道。在元朝时，这里就是重要的海外贸易基地——六横岛双屿港。明朝建立后，为防止沿海倭寇骚扰，曾将该岛居民大规模迁至内地，并严禁沿海居民上岛。严刑峻法下，双屿岛这座昔日的繁华贸易集市早已荒废，但到明朝嘉靖年间，日益繁华的东南海外贸易，却令其破土重生。

早在明朝嘉靖五年（1526），海寇头目邓獠、李光头、许栋三人勾结葡萄牙海盗，在岛上建屋设集。从此之后，大批海寇团伙以及海外商人纷纷来此贸易，尤其是葡萄牙人不但重金从李光头手中租得该岛的"使用权"，更在岛上修筑堡垒、部署士兵防御，甚至还修建了天主教堂和医院。在葡萄牙人的重兵保护下，这座位于浙江黄金要道的小岛，以几何级数的速度迅速发展起来。双屿岛最繁华时，岛上每天往来的船舶总数高达两千艘，每日成交的白银数额高达十万两，不但日本、葡萄牙、东南亚各国商旅纷纷云集，而且浙江沿海商人甚至做小生意的平民百姓也纷至沓来。中国的生丝、茶叶、丝绸、瓷器在这个小小的窗口大规模地出口海外，然而明王朝的关税却也因此大量流失。繁华的贸易和巨大的贸易额，刺激了浙江甚至江南地区手工业的迅速发展。以同时期江南手工业重镇苏州为例，在双屿岛贸易最繁盛期的嘉靖十年（1531），苏州当地从事纺织品的手工工场的货物，"至双屿者十之八也"。小小手工工场尚且如此，东南沿海的"势豪大户"自不用说，于是许多大户干脆在岛上入股坐享红利。这个小小的双屿岛，其实盘结着各方面利益。

在明王朝的家门口搞"自由市场"，如此局面明王朝当然不能坐视。其时，双屿岛之所以明目张胆，关键原因还在于岛上的武装力量。葡萄牙人在岛上有数百人的驻军，更有坚固堡垒，外加倭寇以及当地海寇的武装，双屿岛的武装力量不下千人。在岛上南北两侧的港口，每天皆有葡萄牙武装炮船巡逻，甚至对来此贸易的各路商旅，而且双屿岛还很有"信誉"——凡是进入双屿岛水域的商船，皆有葡萄牙炮船武装护航。如此实力，明朝当地政府自然不敢轻举妄动。

明朝当地政府甚至采取过断绝岛屿水粮供应的方式，严禁周边村落卖给双屿岛淡水和粮食。但双屿岛对周边村落采取高价收购粮食的政策，以致严令之下周边村民纷纷冒死与之交易。在明朝政府"杀一儆百"捕杀胆敢"资敌"的百姓后，葡萄牙舰船竟然凭借坚船利炮在当地大肆抢掠。如此，对于明王朝来说，打也打不过，轰也轰不走，眼见着每天大笔的关税流走而越发苦不堪言。

如何解决双屿岛问题？长期以来，明王朝上下政策意见不一。其实，如此情景，嘉靖年间早期还是给事中的名臣夏言就曾有过判断。当时，嘉靖帝朱厚熜由于沿海动乱决心裁撤市舶司，但夏言认为不可：本身走私就猖獗，如果裁撤市舶司，正常贸易没得做，不是逼着好人去走私？为此，夏言甚至还断言：一旦市舶司裁撤，沿海走私不但会形成团伙，而且还会发展成武装据点，成为沿海大患。如今，双屿岛的景象，印证了夏言的预言。

直到嘉靖二十六年（1547），明朝才终于下定决心，力主武力解决的右副都御史朱纨被委任为闽浙总督，受命讨伐双屿岛。

这里要说一下朱纨，他是苏州吴县人，曾在四川做兵备副使时剿灭了当地土司造反，也曾在广东任布政使。朱纨忠直敢言，为官清正，行事果敢，更兼行军打仗极富韬略，是嘉靖一朝出名的"干臣"。不过，这次朱纨万万没想到，他自己一生的英明竟然会全葬送在这小小的双屿岛上。

朱纨到任浙江后，立刻采取了强硬措施，首先缉捕了当地与双屿岛有关联的商家八十多人，严惩其中罪大恶极者。嘉靖二十七年（1548）四月七日，明军正式发动了对双屿岛的总攻，先派水师先封锁住了双屿岛的南北港口，继而以重炮轰炸，将双屿岛覆盖在一片火海之中。四月八日凌晨，明军数百艘小船在炮火掩护下抢滩登陆，由于事先的"保密工作"做得好，整个双屿岛对明军的这次突袭竟一无所知。当明军大炮打响的时候，双屿岛的"夜市"正热火朝天，顿时被明军轰了个稀里哗啦。随后经过两天苦战，明军终于占领了双屿岛上的葡萄牙要塞，缴获了大量武器辎重。在此战中，先前占据此岛的"海寇"们则大多被一次性一网打尽，如李光头、许栋等人的海盗团伙全军覆灭，但葡萄牙方面却仅阵亡者就有二百多人。值得一提的是，正是在此战中，明军缴获了葡萄牙人的作战火器，其后经过改良而广泛装备于明朝步兵中，这就是明朝中后期常用的"兵丁鸟枪"。

双屿岛之战后，朱纨乘胜追击，又在漳州大破葡萄牙人及其"海寇"团伙，斩首一百多人。同时，借着"剿寇"之战的余威，朱纨在闽浙地区大搞"清洗政策"。朱纨让被俘的葡萄牙人指认，凡是与"海寇"有勾连者，无论官绅百姓，一律重惩治罪。仅在福建漳州一地，朱纨在战斗后命葡萄牙俘虏招供，一次性就斩掉了沿海"通倭"者九十五人。不过，这下可捅了马蜂窝，毕竟双屿岛本身与闽浙地区的"势豪大户"就勾搭连环。朱纨此举虽本意在保家卫国，结果却是得罪一大片。事发后，明朝京中的浙江、福建籍官员连篇累牍，纷纷弹劾朱纨。众议汹汹之下，嘉靖帝朱厚熜不得不修正之前的"海禁严令"，下诏申斥朱纨，命他"夺职待命"，即撤职听候处理。但刚烈的朱纨受不了这个气，索性给嘉靖帝朱厚熜上书申辩冤屈，接着喝了一瓶毒药以死相抗议，就此结束了年仅五十七岁的生命。

朱纨之死，不仅是他个人命运的悲剧，更是葡萄牙人来华命运的一个重要转折点。一方面，因朱纨的前车之鉴，明朝官员上下从此"无人敢擅言海事"。沿海贸易在经过朱纨的短暂打击之后，随即强烈反弹。另一方面，屡遭败仗的葡萄牙人也开始明白，像明朝这样一个军力强大、科技先进、文明繁华的大国是不同于印度、马六甲那些落后"蛮邦"的，军事行动的结果只能是头破血流，而要想在中国获得好处，硬的不行就只能来软的。

低三下四住澳门

葡萄牙人"来软的"的结果，就是"获得"了澳门。

说到葡萄牙"获得"了澳门，近一百多年来许多仁人志士提起来，无不说是"几百年国耻，丧权辱国"，甚至将此事等同于清朝鸦片战争后被迫割让香港，但其实仔细看看，完全不是这么一回事。

在葡萄牙人到来澳门前，澳门只是隶属中国广东香山县的一个小渔村。明朝以前，澳门见之于中国史书中的大事件，当属宋末张世杰在此抵御元兵。对于明朝来说，这只是天朝治下的普通小村。

这个小村与葡萄牙人的渊源，还得从双屿之战后说起。自从双屿岛被毁后，葡萄牙人就一度陷入明军的疯狂"搜杀"中，甚至沿海很多州县还发布悬赏令——"砍一个葡萄牙人，就可以到官府领赏"。这样一刺激便成了"人民战争"，见到葡萄牙人就恨不得拿刀剁了。

这样一来，葡萄牙人就在沿海州县彻底成了过街的老鼠，之后几年基本都是

"人人喊打"的局面。直到嘉靖三十二年（1553），香山"晒货事件"发生。

这事的过程，通俗说法是这样：1553年，一群葡萄牙船队停泊在广东香山县沿海，谎称自己是东南亚国家入京的"贡使"，请求借地曝晒船上的货物。同时，他们用大笔白银贿赂了广东海道副使汪柏等人，最终骗过了明朝官员，得以窃据澳门。

然而，事实是，明朝并没这么好骗。葡萄牙人来时，明朝广东地方政府就知道他们的身份，早已严加戒备。明朝之所以允诺葡萄牙人暂居澳门，一是因为此时汪柏正集中兵力"搜杀"日本倭寇，不愿横生枝节；二是此时明王朝正面临"两线作战"——北有蒙古骑兵侵扰，南有倭寇肆虐，而东南沿海遭荼毒的结果就是占明朝赋税大头的南方赋税锐减。如此局面下，明朝中也有人提出放松"海禁"，分化瓦解葡萄牙人，通过与葡萄牙人的贸易解决财政困难。因此，葡萄牙这次的得计，也是顺理成章。

经过了之前多次沉重打击，入住澳门后的葡萄牙人也开始"装孙子"，他们只在澳门设立集市与沿海边民贸易。与双屿岛时期不同的是，此时明王朝已经很懂经济规则，但凡是往来货物交易皆要向市舶司缴纳赋税，否则将罚款扣船，再加上葡萄牙人每年大笔的租金，一时间广东地区赋税激增，经济十分繁荣。

但对于葡萄牙人来说，这种"装孙子"的生活自然令其一度不甘心。从嘉靖三十六年（1557）起，葡萄牙人开始越发不老实，他们开始在澳门当地建楼盖房，甚至驻扎军队，将澳门变成了他们永久的"定居点"。这时，葡萄牙人已经很熟悉明朝的官场规则，他们定期给当地官员"孝敬"，地方官们也乐得无事，基本不搭理他们。

在这些庇护下，葡萄牙人又变得嚣张起来。他们一开始还是小打小闹，还办起了教堂招纳沿海百姓入教，但一看明朝还是不太搭理就胆子又壮了，竟然生出一个大胆的念头——"想把澳门变成葡萄牙的领土"。

于是，葡萄牙人带着这种念头开始挑衅。嘉靖四十三年（1564）一月，葡萄牙人在澳门新落成的天主教堂上竟然挂起了"圣母踏龙头"的塑像。广东当地儒生告发后，明朝地方官大怒，勒令葡萄牙人拆除。但葡萄牙人"拖"字当头，一方面好言敷衍，另一方面故意拖延。这事还没解决，葡萄牙人竟然又借口经济困难，连定居当地的租金竟然也打算赖账。

葡萄牙人赖账，当然不只为几个钱，更为了"名分"。在葡萄牙人看来，之前给你钱是因为租你的地，但现在我们打算把澳门变成自家领土，那凭啥还给钱呢？

当然，葡萄牙人也知道这事不好办，但多年和明朝打交道的经验也令他们有了错误判断，以为买通几个地方官上下糊弄后这事就能混过去。

但这次葡萄牙人失算了，明朝的官员这时确实比较会混，但并不是什么都混，特别是主权问题万万不能混。结果，葡萄牙人犯糊涂，后果很严重。这次，明朝官员不来了，眨眼来了大批舰队，领兵的更是强人——抗倭名将俞大猷。

这时，俞大猷已经是两广总兵，他早就看着葡萄牙人不顺眼，更打算来真的：先是重兵包围把澳门围个水泄不通，然后磨刀霍霍地眼看着就要发起进攻。

这可把葡萄牙人吓坏了，深知大明朝不好惹，连忙求见明朝广东海道副使莫吉亨诚心悔罪，然后又给了大笔金银"孝敬"。接着，葡萄牙人主动提出，不但补缴往年拖欠的租金，更把之后每年的租金和税收提高一倍。看在钱的份儿上，莫吉亨做主，宽恕了葡萄牙人的行为，而"圣母踏龙头"的塑像也被葡萄牙人主动捣毁。明朝更警告葡萄牙人，如果当地再有葡萄牙人违法行为，将以"连坐法"论处。隆庆三年（1569），明王朝正式在澳门实行"禁私通，严保甲"的政策，并规定葡萄牙人每年缴纳五百两白银给广东香山县。自此以后，澳门作为中国对外贸易的一个重要港口，开始蓬勃发展起来。

经此一闹，直至明朝灭亡前，葡萄牙人基本上老实了。到了嘉靖朝之后的隆庆、万历年间，葡萄牙人还曾以防备倭寇为名，在澳门当地修筑堡垒工事，同时对明朝历任的两广总督都格外乖巧，每年大笔白银"孝敬"。因此，葡萄牙人只要没有闹出人命官司以及拖欠租金赋税的事，明朝之后的历任广东地方官对葡萄牙人都基本是宽容的。值得一提的是，明朝虽然日常行为"睁一只眼闭一只眼"，但主权问题毫不含糊：葡萄牙人虽然早就在澳门设立"总署"，派驻官吏，但澳门一直被明朝划归在广东香山县治下；尤其是司法权方面，在澳门当地大至人命官司，小至家长里短鸡毛蒜皮，皆由明朝广东香山县知县审理解决，葡萄牙人没有司法权力。另外，葡萄牙人一旦拖欠贸易赋税和租金，明朝通常会采取包围、断水断粮等惩罚性措施。因此，明朝末年的澳门绝非"割让领土"，而是明朝治下的一块"经济特区"。

但在明朝中后期，澳门这个"经济特区"对明王朝的意义却是重大的，不但东南沿海贸易日益繁荣，日益剧增的贸易税收充实了国库，成就了嘉靖朝之后的

"隆万中兴"，而且东西方文明的交往也从此开始日益扩大。随后，大批的西方传教士经澳门纷纷来华，而中国士大夫与西方学者的交流也日益频繁，西方的天文、数学、水利、历法等思想进入中国。明末科学家徐光启正是在澳门认识了传教士利玛窦，后来二人合作翻译了西方经典数学《几何原本》，而今天教科书里数学、物理、化学的各类名词皆最早来自此书。对西方来说，东方文明的输入影响更为深远：早已在东方世界流行的儒家哲学思想开始西传，被后来的西方启蒙思想家们所推崇，在欧洲掀起了一股很长时期的"中国热"，并对欧洲文明的发展产生了重要影响。从这个意义上说，小小的澳门，是打破东西方文化壁垒的一扇门。

二十 / 全能儒将谭纶

明世宗朱厚熜执政的嘉靖年间，其中一个重要特点就是战争极多。其时，南方的倭寇，外加北方蒙古草原的鞑靼部落，每年轮流侵扰，史称"南倭北掳"之患。

论及影响，北方的鞑靼侵扰打得明王朝头疼，每年都是几万人前来肆虐，边关败绩连连，军民死伤惨重；而东南的倭寇劫掠却更让明王朝心疼，因为明王朝的财政税收绝大多数都指望东南沿海，倭寇一打劫，不但当年的财产损失惨重，更连带着是年的当地赋税也都一股脑儿泡汤。

因此，自从嘉靖二十五年（1546）起，随着东南的倭患越闹越凶，嘉靖帝朱厚熜也越来越急，平倭的招数是能使的都使了：除了厉行"海禁"、严打走私外，更调兵遣将、集结精锐部队到东南，多次重拳出击，非要灭了倭患不可。

但明朝"严打"的结果，却是自己经常被打得很惨。具体反映到战场效果上，起初的明军更是灰头土脸，多次被倭寇打得落花流水，战况十分丢人；而前线的作战过程，还经常比想象得更惨——没战斗几下，全副武装的明军就作了鸟兽散，被倭寇追得撒腿跑。

之所以闹成这样，原因很多。倭寇问题，并非是"海盗"打劫这么简单，其成员也不止日本人。论及因素，既因为日本进入"战国时代"，其国内乱作一团，各色武士、浪人结伙流窜，侵扰程度加剧；更因为东南沿海商品经济的发展，传统的"海禁"政策已经过时，各地走私猖獗，而明王朝既不开放民间贸易，更无力制止走私，于是走私团伙与日本"海盗"互相勾结，同时背后还有沿海当地的"势豪大户"撑腰，以致局面闹得不可收拾。

当然，最重要的还是军事因素。到了嘉靖年间，明朝传统的卫所制度早已经败坏不堪，以致军屯大量流失，士兵更纷纷逃亡，勉强服役的绝大多数都是老弱残兵，战斗力极其低下，即使上了战场也缺少杀敌立功的勇气，招呼两下子就跑路更是常有的事。

倭寇更绝非简单的"海盗"团伙，相反军事素质极高。论武器，在战船和弓弩技术上，倭寇虽然远逊明朝，但是火枪技术却极先进，特别是其常年和葡萄牙人打交道，火器制造技术突飞猛进，战术也日益成熟，并且还出现了线形射击战术，好些能征善战的明朝猛将都是阵亡在倭寇的火枪下的。

除了火器外，倭寇的战刀工艺也极好，特别是著名的武士刀，其性能更强于明朝军刀。就作战能力而言，倭寇中的"真倭"大多都是日本的浪人武士，即使放在日本也是战斗力强悍的职业军人。这样一群人凑在一起，自然军事素养极高，临阵作战、战术纪律也极强。他们最擅长使用长蛇阵将老弱兵隐藏在中间，精壮士兵打先锋或者殿后，而其作战时候的花招更是多，如针对明军纪律败坏的特点故意把财宝等扔到地上，引诱明军哄抢然后趁机冲杀。

在历经多次失败后，明军中一批仁人志士采取募兵的方式很快摔打出多支善打硬仗的铁血军队，一群新生代的名将也相继脱颖而出。在嘉靖时代的最后二十年里，东南的"抗倭"战局在这些将士的浴血奋战下，终于艰难地朝好的方向扭转着。嘉靖四十五年（1566），随着最后一股倭寇团伙在越南万桥山被歼灭，肆虐明朝近二百年的倭寇之患终于彻底肃清。这是大明王朝军人的卓越功勋。

在嘉靖年间跌宕起伏的"抗倭"战争中，涌现出的将星也格外多。但是，在曾经作为浙直总督胡宗宪的幕僚且近乎全程参与抗倭战争的明朝大才子徐文长眼中，这些人里真正匹配得上"名将"身份的，满打满算不过三人——谭纶、戚继光、俞大猷。

在这三人当中，对比职业武将戚继光和俞大猷，谭纶却是唯一的文官身份。

文官带兵不简单

在三大名将中，论在后世的知名度，谭纶恐怕是最小的。但论行政职务，谭纶却是最高，且另外两位将星戚继光和俞大猷也都曾做过他的下属。特别是今天已公认是民族英雄的戚继光，与谭纶的渊源非常深，其军旅中最光辉的生涯几乎都是二人同呼吸共命运。

之所以说，除了上述原因外，还有一个重要意义——谭纶的戎马生涯，堪称明朝"文官带兵"景象的缩影。

说起明朝"文官带兵"这事，即使是现代人也不甚唏嘘，觉得"外行的文官偏要操持军务，能打胜仗才叫怪"，甚至一些专业史家在指摘明朝的弊病时这也是重要的一条。

这些指摘，确实也有一定道理。到明朝中期，"文官带兵"制度已经发展成一项固定制度。明初，权力极大的总兵职务只能由公侯担任；但到了明朝中后期，总兵职务虽然依旧是武将的最高官职，却早已被牢牢压制——不说上面有总督和巡抚两个文职压着，就连七品的御史也可以不拿这个官当回事。按照正德年间名臣杨一清的说法，在文官面前，武将已经越发没地位。当时，武将们连一些以往杂役才做的事也心甘情愿被文臣使唤，平日工作往来更是毕恭毕敬。

这个制度当然也有问题，武将日益被边缘化，战斗热情受打击，而且文臣武将之间的关系也因此越发恶化。于是，文臣瞧武将是"大老粗"，武将们虽说大多没胆反抗，但心里却怨怒，打起仗来更是阳奉阴违。由于"文武不和"而造成的败仗，在明朝一直不少。

但是明朝的"文官带兵"，比起之前宋代来虽说表面类似，却至少还有一个重要进步，就是并不是所有的文臣都能获得带兵的机会。明朝中期的文臣，不会像宋代的范雍之流那样只凭借日常办事表现好，哪怕半点军务不懂也能成为统兵一方的大帅。在明朝中期，一介文官想要带兵，既要有真本事，更得有相关的历练。在这方面，明朝的政治体制也有一套成熟的选拔培养流程。

作为明朝儒将的代表，谭纶正是从这个培养流程中摔打出来的。

谭纶，字子理，江西宜黄人。嘉靖二十三年（1544）进士，登第的时候才二十四岁，但名次却不算好，没机会成为庶吉士，仅授官南京礼部六品主事。

这个虽说正经学业不成，而且授官也不理想，但早年的谭纶也是个小有名气的青年，有名的不务正业。谭纶喜欢的学问都是正经老夫子眼里的闲篇，不但喜欢军事、好读兵书，而且还常写"心得体会"，甚至日常生活中遇到些许小事也常和军事联系起来，从来就着迷研究兵法。谭纶的作品《说物寓武》，就是此中的得意之作。

这爱好在后人看来属于军事天赋，但在当时好些人看来是纯属"闲得难受"。事实上，谭纶早年干过的闲事还不止这些，还喜欢戏曲艺术，爱好填词且更喜好琢磨曲牌，一研究起来也同样入迷。在后来的人生里，看似不务正业的谭纶，在这两件入迷的事上都做出了不小的成就。

当然，这两件闲事里倒也体现了谭纶的一大优点——认真，只要愿意干的事就会倾注百分百的心血，不干好不罢休。步入仕途后，谭纶这认真的特点也很快"崭露头角"，外加他天资聪颖、说话办事稳重，没过多久竟也进入了朝廷的视野成为栽培对象，很快就升任南京兵部职方司郎中。

谭纶升任后虽然还是在清水衙门的南京，但这个调动却非同小可。南京的衙门绝大多数是闲职，唯独不清闲的却是执掌东南兵权的南京兵部，而职方司更是其中极其重要的衙门——日常掌管各地军事资料，战时更要负责制定作战方略，事务琐碎辛苦。

这个职务是明朝"文官带兵"的一个重要跳板，通常担当这个职务的都是朝廷眼中未来统兵打仗的角色，而给这个职务既是考察，更是难得的磨炼机会。例如，弘治年间的军事家刘大夏，就是从这个职务走出来的。

在这个职务上，谭纶一样做得认真。最重要的是，谭纶通过这些辛苦琐碎的事务，对大明军备的实际情况也逐渐了然于胸，而怎样打胜仗也成了他一直苦苦思考的问题。

嘉靖二十七年（1548）五月，一场意外的危机却令常年苦苦思考的谭纶得到了一展身手的机会。当时，有一股嚣张的倭寇，居然突破了明朝水师的层层防御一下子杀到了南京城下。消息传来，整个南京都乱了套，官员们慌了神，守军们也吓得哆嗦，眼看一场浩劫在所难免。

危急时刻，谭纶却站了出来，甚至主动请命。谭纶临时招募了一群壮丁，总共五百多人，简单教授了点武艺战术，就急火火地上了战场。按照军事常识，这群人去打倭寇，还不够给人塞牙缝的。但谭纶有办法，一是会做动员，诸如"民族大义"之类的话一说，立刻把大家的激情调动起来了；二是会抓战机，趁着倭寇们刚登岸脚跟都没站稳就突然发起攻击，而且是两面夹击，其中一部分人正面冲，另一部分人侧面打，一下子把倭寇切割成了两半。同时，谭纶本人也不含糊，身先士卒地冲在第一线。就这样，这支五百人的队伍连冲带杀，竟然就把倭寇打垮了。

这仗打完后，谭纶一战成名，成了朝中擅长用兵的俊才，接着又得到了新考验——就任台州知府。

谭戚共事，黄金搭档

在嘉靖年间，台州知府可是苦差事，虽然当地物产丰富、商贸发达，却正处于倭寇侵扰的前线。在倭寇闹得最凶的那些年，台州更是经常被"光顾"。

到了这个新职位上，当初从南京尝到募兵甜头的谭纶，这次他故技重演利用朝廷许可在当地招兵买马编练新军，很快又练出了一支千人的劲旅。这支由谭纶苦心打造的部队，长期学习荆楚剑法和方阵，作战纪律性极强，而且勇猛无比，多次挫败倭寇进攻，几年下来更是战果累累。

虽然一直打胜仗，但谭纶很快就发现有些力不从心：他自己的这些军事本领，最强的是驾驭将领和管理士兵，但具体到手把手训练实在不是所长。如此，累死累活这么多年，最多也只能训练这点人马，每年用来保卫地方尚且勉强，至于乘胜追击彻底歼灭倭寇实在不够用。

这也是谭纶台州知府任上的最大收获，他认清了自己。为了实现肃清海疆的理想，谭纶迫切需要的是一位擅长练兵、精通军务且志同道合的搭档。苦苦干了几年后，嘉靖三十四年（1555），谭纶终于等来了这个搭档，也是他一生的战友——参将戚继光。

作为一个卓越的军事家，戚继光经过几次战斗，也发现了明朝政府军的问题——士气低落，作战怯懦，毫无积极性。因此，在戚继光看来，明朝要指望这些人扫平倭寇，估计八辈子都没戏，还得练兵。

在练兵这事上，戚继光胃口更大：他决心训练一支数千人的铁血精锐，作为平定倭寇的专用部队。但想法很美好，做起来却不容易，于是谨慎的戚继光也给出了自己的时间估算——至少得三年。

也就是说，三年里，戚继光的主要任务只有练兵，诸如倭寇侵扰、保卫疆土之类的事基本要靠谭纶苦苦支撑。戚继光这一计划要是一般知府听到估计得跳脚，但谭纶却毫不犹豫地接受了，毕竟驱逐倭寇、建功立业是他的梦想。更重要的是，谭纶以自己精准的判断眼光看，这个叫戚继光的青年将领是大明朝不世出的练兵人才，而他说三年就准错不了。

于是，接下来的三年里，谭纶一直苦苦支撑。三年间，倭寇多次大规模进犯，但谭纶手里兵少，硬碰硬没戏，就想尽办法抓防守。当时，谭纶除了修缮各类卫所工事外，还开动脑筋使计策：敌人进攻的时候，及时得到消息，把百姓安全转移入堡垒，严防死守不叫倭寇抢走一粒粮；等倭寇受挫了，再瞅准机会打几把，倒也有不少斩获。除了辛苦支撑外，谭纶作为知府也不遗余力地尽可能为戚继光提供后勤支持，能帮的忙和能扛的事都全干了。

戚继光果然不负所托，几年辛苦磨炼，终于练出了一支虎师。而后谭纶、戚继光二人密切配合，在台州多次挫败倭寇进犯，尤其著名的是嘉靖四十年（1561）的台州九战。这场历时月余的惨烈厮杀中，戚继光的新军正面打，谭纶的亲军侧面抄，二人密切配合，连续九次告捷，给了来犯浙江的倭寇毁灭性打击。战后盘点，明军以不足三千人的兵力，斩首倭寇上千人，下令溺死倭寇过万人，总歼敌数量数万人，堪称明朝抗倭战争以来的最辉煌胜利。此战之后，饱受倭寇肆虐的浙江省从此永享太平，再不见倭寇侵扰。这支由谭纶配合、戚继光苦心训练的明军虎师，正是大名鼎鼎的"戚家军"。

台州九战的辉煌战果，令谭纶、戚继光二人名扬天下，甚至还获得了一个并称——"谭戚"。但不久之后，这对老搭档却不得不拆分：谭纶先因公调任福建参政，其后又逢亲人过世回家丁忧。其间，谭纶曾短暂复出，平定过饶平林朝曦的叛乱，建树颇多。

这时，戚继光却在浙江和福建之间折返跑。自从台州九战后，浙江太平了，但福建却遭殃了——那些不敢去浙江的倭寇，一股脑儿全跑去了福建。戚继光起初也曾奉命救援，历经横屿和牛田之战歼灭数千倭寇，遂以为可以万事大吉。但谁知戚继光前脚刚走，后脚倭寇又卷土重来，战斗一直不停。

到了嘉靖四十二年（1563），福建的战局更恶化了。一股两万多人的倭寇，竟然攻克了福建兴化。明朝调集重兵，戚继光、俞大猷和刘显三位名将率领大军压境福建。可这么大的军事行动更要有个总指挥，于是谭纶再次出马，以福建巡抚的身份坐镇指挥。这次谭纶也不含糊，不但巧妙地调和了三位名将的关系，而且从容部署，依照三人不同的作战特点分工：戚继光战斗力强，负责正面突破；刘显擅长山地战突袭，负责侧面包抄；俞大猷精通水战，负责断敌后路。这样一分工，战况立刻变得顺利，明军摧枯拉朽一般地一举收复了兴化城。战后盘点，明军歼敌三千多人，解救被掳百姓两千多人。次年二月，谭纶与戚继光密切配合，在仙游之战中全歼两万倭寇。至此，福建倭患，完全肃清。

与其他几位抗倭名将最大的不同是，如戚继光、俞大猷、刘显等人都有自己专门招募的亲信部队，但谭纶却是例外情况，按照他自己的话说就是"自己带将比带兵强"。事实也正是如此，谭纶性格稳重，战略眼光卓越，作战身先士卒，哪怕再骄横的武将对这也极其佩服，而且他熟悉人情世故，善于驾驭拿捏武将性格，因此行军打仗时再难处关系的武将和他也能对路，配合十分默契。

戍边北方再建功

在抗倭战争胜利后，谭纶也和戚继光一道于隆庆年间北上，他担任蓟辽总督，戚继光成为蓟州总兵，依旧是二人配合默契地一起负责防御北方蒙古鞑靼部落。

也正是在这个任上，谭纶完成了他人生里又一大军事行动。谭纶先是以文官的身份极力在朝中抗争，呼吁朝廷给予戚继光练兵的权力。在谭纶的力挺下，戚继光得以大展拳脚，在蓟州编练新军，而"戚家军"的扩编正是在此时完成。

在边境防务上，除了配合戚继光外，谭纶也有自己的主张。在练兵方面，谭纶虽然不擅长手把手练兵，但是把自己"带将"的经验也融会进去了。谭纶主张把昔日在"抗倭"战争中表现出色的南方士兵，特别是"戚家军"的士兵分批安插在蓟州军队中，这样可以传帮带地教授士兵们战斗经验。这办法一推广，边关军队的战斗力，没多久就直线上升了。

除了战斗训练外，谭纶在蓟辽总督任上的另一贡献是他卓越的防御眼光，即将漫长的蓟州边境分成了十二个防区。蓟州边境所在的长城的著名工事"空心敌台"，其设计方案与修筑规划同样也来自谭纶的精心筹谋。经过艰辛的努力，这个匠心独运的防御工程不但顺利完工，而且财政预算更比计划内减少了一半多。作为京城的门户，蓟州的防务也从此焕然一新。经过这番呕心沥血的改造，蓟州重镇修筑边墙两千里，"空心敌台"三千多座，练就新军五万多人，拥有火器战车七百多辆，大小火炮五千多门。如此一来，昔日孱弱不堪且经常惨遭蒙古骑兵侵扰的蓟州地区，成了明王朝北方坚不可摧的防线。之后十几年间，在几次重创了蒙古骑兵侵扰后，再无人敢来滋扰。对于这不世的功业，其中有谭纶的心血。

除了与戚继光的密切配合外，谭纶与另一位名将俞大猷也是渊源颇深，不但曾作为同僚共同浴血奋战，而且在俞大猷几次人生危机中更不计得失地保护他。俞大猷精通火器战车作战，他独创的独轮战车也正是由谭纶力挺而得以在军中推广，并成为后来明军的主战火器。

隆庆六年（1572年），在位六年的隆庆帝朱载垕辞世，太子朱翊钧即位，改年号为"万历"。随后，大学士高拱被驱逐，而张居正以辅政大学士的身份执掌大权，并开始了其长达十年的"张居正改革"。作为北部边防的重臣，谭纶被召回京城担任了大明王朝兵部尚书。在兵部尚书任上，谭纶又提出了全面清理各地军屯的主张，重新规划军屯土地。之后，在明朝各地军镇，军屯土地的清理全面展开，查处不法侵占者多人。至此，明王朝的军备也从此开始焕然一新。当然，此举也引起颇多非议，诸多在"清丈"中利益受损的官员纷纷弹劾谭纶，幸好有张居正支持才得以无事。万历五年（1577），积劳成疾的谭纶病逝于任上，享年五十七岁。

值得一提的是，谭纶虽一生艰辛戎马生涯，但他也没有耽误文学爱好。在"文工"方面，谭纶不但诗词文学颇多建树，戏曲成就更是骄人。在谭纶带兵打仗的时候，他的部队就常带着一支戏班子，不止为了取乐，更常编演很多带有爱国情怀的戏曲用来提振士气。这支跟随了谭纶一辈子的戏班子，后来被他带回家乡，并与其家乡当地的戏曲风格融合，从而形成了中国传统戏曲里一大重要流派——宜黄腔。

二一／"好人"严嵩堕落史

嘉靖帝朱厚熜登基后，一场"大礼议"足足闹腾了十八年。直到嘉靖十七年（1538）九月十二日，朱厚熜生父兴献王朱祐杬被追尊为"文献皇帝"，以帝王身份享受太庙祭祀供奉，名分、待遇全有了，这才算消停。

在这件事上，嘉靖帝朱厚熜的态度很较真儿，斗志也一直昂扬，而心里的小算盘更是早早打得精——表面争的是父亲的名分，其实争的是权力。换言之，嘉靖帝朱厚熜挑战的是明朝一个世纪以来的行政传统。

嘉靖皇帝小算盘

自从宣德年间起，明朝的最高权力就形成了三角体制——皇权之下，文官集团与宦官集团互相制衡。特别是文官集团，随着内阁制度的成熟，不但话语权越来越大，而且对皇权更形成制约。同时，同属文官集团的言官势力，话语权也水涨船高。

对这样的行政传统，明嘉靖帝朱厚熜却嗤之以鼻。在明嘉靖帝朱厚熜眼里，什么文官、宦官，什么内阁都察院、司礼监，统统都是皇帝的奴才，老老实实听话就行；至于国家大事，皇帝（他本人）乾纲独断，朝臣和官吏认真执行，天下就能太平。

本着这样的目标，嘉靖帝朱厚熜一直在动作：先是宦官集团被打压，司礼监实权削弱，完全成了摆设，各地镇守太监更被召回裁撤；接着内阁有了密封专奏权，看似权力提升，但几任阁臣都被牢牢拿捏在手；最后言官集团最惨，谁写奏折触怒龙颜，不是被打得死去活来，就是贬官到荒远的地方。因此，嘉靖年间"因言获罪"的言官，前后竟有几十位，基本处于失语状态。

尤其厉害的是嘉靖帝朱厚熜的政治手腕，他驾驭臣子就像逗弄蛐蛐，由着大臣们互相掐，然后根据利益需要再"搭把手"。于是，朝堂的政治斗争一直热闹，而嘉靖帝朱厚熜自己却稳坐皇位看风景——权力游戏玩得不亦乐乎。

在这样一番"治理"下，嘉靖帝朱厚熜的治国成就也斐然。在嘉靖帝朱厚熜执政的前半段，是明朝极其繁荣的时代。其时，国家财政稳定，储备充足，每年富余白银五百多万两，粮草足够支用十年；民间经济也富庶，东南商品经济蓬勃发展。从嘉靖四年（1525）起，明朝宣课司正式改以白银收税。此举的结果，白银正式成为法定货币，经济意义重大。

这时期意义最深远的无疑是文化成就，其中《三国演义》和《水浒传》两部名著得以刊刻发行，《西游记》和《金瓶梅》也在这一时期问世，"阳明心学"广为传播，同时流派纵横。此外，戏曲绘画乃至科学方面，都是巨匠云集。李开先、李时珍、徐文长等一连串流光溢彩的姓名，见证了这个"自由开放"的文化盛世。

综合上述成就，心机深沉的嘉靖帝朱厚熜，以其圆熟的政治手段，成功缔造了一个国富民强、文化繁荣的大明帝国。可以说，在嘉靖帝朱厚熜执政的前半段，若单以帝王业绩论，也算相当出色了。

然而，从嘉靖帝朱厚熜执政的后半段起，这个一度繁荣的大明帝国却突然遭遇了剧烈震荡，国事一路转衰：北方蒙古草原的鞑靼肆意侵扰，东南倭寇愈演愈烈，外加财政近乎崩溃，地方民变四起，内忧外患水深火热。到嘉靖四十五年（1566）嘉靖帝朱厚熜过世时，几乎到了一塌糊涂的地步。按照同年直臣海瑞《治安疏》中的评价，百姓早已家家穷困潦倒，对嘉靖帝朱厚熜也早就不满了。

费尽苦心的嘉靖帝朱厚熜，治国为什么会治成这惨样？后人总结经验教训，一个公认评价是：一辈子聪明的嘉靖帝朱厚熜，却偏对一个奸臣看走了眼，且放任他专权二十年，结果把大好的江山糟蹋得不成样子。这位今天已经臭名昭著的奸臣便是严嵩。

但如此沉重的一个政治责任，严嵩是否担负得起？这还得从严嵩的人生说起。

奸臣也曾很正派

在成为一个遗臭万年的奸臣前，早年的严嵩也曾名满天下，既是才华横溢的俊杰，更是刚正不阿的良臣。

严嵩是江西分宜人，出身于书香门第，人又长得清瘦俊朗，举手投足都是名士风范。二十五岁这年，也就是弘治十八年（1505），严嵩更高中了二甲第二名进士，顺利考选了庶吉士，随后官授翰林学士，而录取严嵩的座师便是后来正德年间权倾朝野的名臣杨廷和。可以说，严嵩的前途极其远大。

但世上的一切好事，大多不会那么顺利。严嵩这次也一样，人生刚开始得意，打击便如晴天霹雳：正德四年（1509），严嵩母亲过世了。噩耗传来，严嵩号啕大哭，还为此生了一场大病。接着，严嵩辞官归乡丁忧。

严嵩回到家乡后，用仅有的一点积蓄在家乡修了一座房舍，取名"钤山堂"，整日耕读习字。如此，一晃就是八年，早已过了丁忧之期。昔日同僚们都很疑惑，不知道严嵩这人到底是怎么了？对此，严嵩给出了自己的回答——"如今朝中奸臣当道，我既然不能阻止，也绝不与之为伍"。

一直对严嵩赏识有加的杨廷和，也把这一切看在眼里。正德十一年（1516），杨廷和正在丁忧期间，作为座师的他给严嵩写去了一封信。收信后，一度为仕途意冷的严嵩的心思再度活络起来，遵从座师杨廷和的教导出山为官。

严嵩这次出山后，依然还是进了翰林院，职务也没变，仍旧是七品编修。不过，严嵩的处境却大不一样，接连干的几份都是极有前途的事务：先在内书堂教宦官，后作为同考官外出主持会试。次年，杨廷和复任首辅后，对严嵩更加器重。正德十三年(1518)七月，杨廷和给了严嵩一个重大任务——作为副使，去广西桂林靖江王府办理袭封爵位公务。

谁知就是这个美差，差点儿让严嵩把命搭上。严嵩路过江西，正赶上宁王朱宸濠叛乱，当地喊杀声一片，吓得他二话不说撒腿就跑。就这样，严嵩不但没回京复命，反而一溜烟跑回了家乡忙不迭地躲了起来。直到两年后明武宗朱厚照病故，新君嘉靖帝朱厚熜登基，严嵩这才壮着胆子回京复命。

以上就是严嵩四十二岁以前的履历。总体说来，这时的严嵩是个能力扎实、才学突出、品德端正的人，以至于后世许多史家说到这里时无不叹息连连——原本这么好的一个人，后来怎么就变成了那副样子呢？

但也正是这段履历体现了严嵩一大特别之处，就是其政治嗅觉极灵敏。特别是严嵩归乡丁忧并在家闲居的八年间，他其实没闲着，而是常和朝廷重臣书信往来，对朝局的变迁了然于胸，而这样一个人只要有野心就绝非池中物。

当然，在严嵩的这些"光辉"事迹中，也暴露了他性格里一大毛病——"闪得快。"也就是说，严嵩是权奸当道说躲就躲，江西叛乱说溜就溜，而他在权倾朝野后最败事招骂的也是这一条。

马屁功夫拍到家

在嘉靖帝朱厚熜登基后，严嵩回京后的处境也一度很惨淡——担任南京翰林院侍读。

但"祸兮福所倚"，严嵩刚进南京翰林院，紧接着明朝政坛就爆发了那场大震荡——"大礼议"之争。在这场持续数年的"大礼议"之争中，时任内阁首辅的杨廷和最终惨遭失败被罢官回家，而担任南京翰林院侍读的严嵩却平安躲过了风暴。嘉靖四年（1525），在新宠同乡好友桂萼的帮助下，闲了四年的严嵩意外得到了一个要职——京城国子监祭酒。

在嘉靖初期，国子监祭酒可是个好差事，除了要抓好国子监的日常教育工作，还得参加"经筵日讲"。对于志向远大的文臣来说，有幸参加"经筵日讲"，便是最好的露脸机会。

这个露脸机会，严嵩抓得很牢。严嵩学问一直好，而且口才极佳，每次充任讲官都能表现得风采飞扬，口吐莲花一般，句句说到嘉靖帝朱厚熜心里。自此之后，严嵩的官位青云直上，每隔几年就要升一步：先是礼部侍郎，再是南京就任礼部尚书，又过五年调回京城任礼部尚书。十年时间，严嵩便成了掌管朝廷礼部事宜的正二品大臣，权位炙手可热。

严嵩之所以这样得宠，除了处理政务积极、日常表现良好外，他的另一大本事也逐渐浮出水面——会拍马屁。

在明朝历代皇帝里，嘉靖帝朱厚熜这个皇帝属于极难伺候的一位，他性格刚愎自用，对身边官员更是百般苛察。因此，作为大臣，越接近嘉靖帝朱厚熜这个"权力中心"，其生存环境也就越险恶。

但严嵩也不是一般人，很快如鱼得水。比较有名的，就是嘉靖七年（1528）严嵩在礼部侍郎任上的一件事。当时，严嵩作为副使，前往嘉靖帝朱厚熜家乡安陆办理祭祀等事务。回来后，严嵩别出心裁地上了两份奏折：一份奏折妙笔生花，描绘沿途所看到的各种"祥瑞"，哄得嘉靖帝朱厚熜高兴不已；另一份奏折却是完全写实，如实汇报了河南地区的灾害，请求减免赋税。于是，正高兴着的嘉靖帝朱厚熜当即大手一挥——准了。

就这样，既拍了马屁，也没误了正经事。类似的事情，严嵩一直干了不少，所以，这时的严嵩虽然拍马屁，但名声依然很好。

但按照许多明朝人笔记的说法，严嵩的变质恰是从此时开始的。与严嵩蒸蒸日上的官位相对应的是他直线上升的生活水平，其家里的日子越过越奢侈，而这奢侈程度靠他的俸禄显然是不够的。《世庙识余录》里说，早在担任国子监祭酒的时候，严嵩就开始捞好处，而后来担任了礼部要职后胃口越来越大，藩王赐封袭爵都要给他送钱，后来就连藩王获赏赐也敢雁过拔毛从中捞回扣。如此，经济问题越发严重。

真正让严嵩声名狼藉的却是嘉靖十七年（1538）九月那次事件。当时，嘉靖帝朱厚熜想给自己的生父兴献王朱祐杬追尊庙号，并且其神主位进入太庙享受供奉。这事一放出风来，群臣都极力反对。身为礼部尚书的严嵩也小心翼翼劝阻，未料一劝阻就把嘉靖帝朱厚熜惹怒了，立刻写文点名把严嵩臭骂了一顿。这下严嵩害怕了，当下态度大转弯地全力支持嘉靖帝朱厚熜。接下来，在严嵩的精心谋划下，嘉靖帝朱厚熜终于如愿以偿，给生父兴献王朱祐杬追尊了庙号，其神主位也顺利请入了太庙。至此，历时十八年的"大礼议"之争就此结束，而确切地说是严嵩给其画上了句号。

这事办完，严嵩的官职接着就升了，加封了太子太保，成了从一品大臣，也是当时嘉靖帝朱厚熜时常私下召见的大臣之一。也就是说，这时的严嵩已经成了嘉靖帝朱厚熜的心腹近臣。

孤傲首辅夏言

这时的严嵩自然政治胃口也越发的大了，他的下一个目标是进入权力中枢内阁，成为万人之上的内阁重臣。

内阁这个大明王朝的核心权力机构，到了嘉靖年间却变得跟火药桶一般，一丁点火星就能擦出大动静，每天争斗不休，既难进更难混。

嘉靖帝朱厚熜登基后，内阁的要员们几乎天天打，没个消停的时候。其时，开始担任首辅的是老好人费宏，后来继任的是老好人李时，这俩老好人基本没实权；而有实权的几位始终互相掐，开始是张璁赶跑了杨一清，随后又经过几年恶斗后张璁也被赶跑，内阁的当家人换成了夏言。

在嘉靖年间早期，夏言可是个出名的人物，不管处理政务还是搞政治斗争，从来都是精力旺盛，实际办事能力更属于超强级别。夏言早期最大的政绩，就是清理了"皇庄弊政"，顺利裁撤冗员，还查出大量被贵族侵占的土地，事情办得极漂亮。

更与当时诸多官员，特别是与严嵩不同的是，夏言的经济问题非常清白，办事铁面无私——"穷得叮当响，同僚也基本得罪光"。

这样一个既干活又清白的大臣，嘉靖帝朱厚熜自然无比信用。在严嵩的升迁路上，夏言的得意曾是他最重要的契机：严嵩与夏言是老乡，长期以来关系极好，当年严嵩从南京礼部尚书任上调回京城正是来自夏言的举荐；后来夏言入阁，又再次举荐严嵩接替自己礼部尚书职务。可以说，正是随着夏言的高升，严嵩紧随其后一路沾光。

关系亲密得久了，夏言就不拿严嵩当外人了。特别出名的一件事是，一次严嵩置办酒宴邀请夏言参加，偏巧夏言那天心情不好，就是摆谱不来。严嵩无奈只好亲自去请，但夏言却避而不见。丢尽面子的严嵩回到家后，当着各路宾客的面竟然做出了惊人之举：对着夏言的预备座席，恭恭敬敬地下拜，完全就是拿夏言当主子的做派。

自从执政内阁后，夏言的个性就越发突出，特别是嘉靖十七年（1538）后，就职内阁首辅后腰杆子更硬，为官为人都变得更加专横。三年之间，夏言竟然多次惹怒嘉靖帝朱厚熜，两次被罢官。

但奇特的是，每次罢官之后，夏言在家闲住不多久，接着就大摇大摆复职。论及原因，除了夏言处理政务能力太强外，嘉靖帝朱厚熜的最大信仰"修道"竟然也离不了夏言，因为夏言文采好且特别擅长撰写道教祭天专用的青词。这种文体可是大学问，讲究对仗工整，辞藻华丽，通常采用骈体文格式，写八股出身的朝臣没几个会。

但夏言不仅会写青词，而且文采极好。每次嘉靖帝朱厚熜要搞道教活动，都离不了夏言的青词，因而纵然有气，但好些时候也只能忍着。

也正是如上原因，夏言产生了一个错误的判断——"离了我，皇帝的日子就过不下去"。同样是这个判断，却令一直被夏言压制的严嵩看到了胜利的曙光。

长期以来，夏言眼里的严嵩，不过是任自己呼来喝去的"老家奴"，但他不知道是自己在严嵩眼里的角色也悄然转换了：不再是官场的靠山，相反却是前行的绊脚石，想要如愿入阁就必须扳倒他。

以严嵩当时的身份地位，他想要斗倒位高权重的夏言，操作难度何其大。嘉靖二十一年（1542）五月，严嵩却以一种简单粗暴的方式神奇地办到了。

那天一开始也没什么不寻常事，不过是嘉靖帝朱厚熜单独召见严嵩，商讨点朝政问题。政务汇报完毕后，严嵩瞧准机会，突然发动袭击，当场扑通跪倒，痛哭流涕地揭发夏言。嘉靖帝朱厚熜开始倒没吃惊，反而如看戏似的冷眼看着严嵩表演，但随着严嵩的一句话脱口而出后，一直当观众的朱厚熜立刻勃然变色——当场入戏了。

"夏言一向看不起您，连您亲自送给他的东西都敢轻易丢弃，实在是罪大恶极啊！"这就是严嵩的那一句话。

这事说起来是桩嘉靖帝朱厚熜忍了很久的旧账。嘉靖帝朱厚熜爱修道，为此还特意制作了五顶沉香木的黄冠，赐给最亲近的几位大臣，其中也包括夏言，不但表示恩宠，更要求上朝的时候必须戴。但夏言觉得丢不起这人，不但自己不戴，还苦口婆心地劝嘉靖帝朱厚熜不要戴。当时，嘉靖帝朱厚熜就觉得很没面子发了一通火，但想到还要使唤夏言干活，还是把这口气憋回去了。

这下严嵩旧事重提，嘉靖帝朱厚熜心中的火苗子一蹿就是三尺高，而且货比货地瞧瞧后觉得眼前这位严嵩不但办事同样卖力还老实听话、一直乖巧，比夏言好得多。于是，嘉靖帝内阁朱厚熜便决定将夏言赶走——"离了你夏言就玩不转了？立刻给我滚"。

就这样，在经过多年隐忍之后，严嵩巧妙地摸准了嘉靖帝朱厚熜的脉搏，瞅准时机打出"黑枪"，一举击倒了夏言。随后，嘉靖帝朱厚熜下诏，历数了夏言五大罪过，勒令其罢官回家。接着，六十三岁的严嵩，官拜武英殿大学士，正式成为内阁中的一员。当时，严嵩虽然论资历是内阁中最浅的一位，但几位阁臣中却唯独他掌握票拟专奏权，等于大权独揽。

严嵩终于爬上了文官权力的顶峰，但还不是巅峰，因为黯然离去的夏言并未远离权力中心，很快还会卷土重来。

"妇人之仁"铸大错

入阁后的严嵩，办事也一直积极，不是早请示，就是晚汇报。特别是每天清晨一大早，严嵩就颠颠地跑到嘉靖帝朱厚熜住的西苑等候指示，态度十分勤勉。

但实际的效果，严嵩跟夏言比起来就完全是两个档次了：不但行政水平差了一大截，而且最大的问题就是腐败丛生。

当然，严嵩的腐化变质不是一天两天。按照后来明朝一些文人的说法，严嵩做国子监祭酒的时候就常收"黑钱"。严嵩刚挤走夏言入阁，就有御史揭发他贪污，闹得极其尴尬。

但好在嘉靖帝朱厚熜支持，还亲自送了"忠勤敏达"四个大字给他。嘉靖帝朱厚熜之所以这么喜欢严嵩，一是多年以来严嵩在他面前性格温顺，凡事依附，非常听话；二是夏言走后"修道"还要继续，青词也得有人写，而严嵩虽说文采比夏言差，但态度好得多，书写热情更高。如此，嘉靖帝朱厚熜自然要格外倚重。

有了皇帝的垂青，严嵩更有恃无恐，在内阁里大权独揽，连老成厚道的翟銮也被他给排挤走了。嘉靖二十三年（1544），严嵩更把儿子严世蕃调任尚宝司少卿，主管皇帝玉玺印章，正可谓"爷俩联手抓权"。

这时，对严嵩最大的机会是，嘉靖帝朱厚熜已经一改早年勤勉的作风，从嘉靖二十一年（1542）起就基本不上朝了，成天在深宫里修道炼丹，至于国家要事几乎都是内阁成员们单独请示汇报后等候裁决。

嘉靖帝朱厚熜这一放手，严嵩更放心捞好处了。于是，严家父子不但大张胃口索贿，甚至还勾结地方官，连国家的盐务税收、农业税钱粮都敢从中截留克扣，经济问题越发严重。

也正是在严嵩的胡乱糟蹋下，嘉靖初期经过强力整治一度异常清明的明朝吏治再度迅速腐化，官场更是上行下效、贪贿成风。同时，这几年明朝的国事运转也越发艰难，不但北方鞑靼侵扰问题越发严重，军费开支激增，而且嘉靖帝朱厚熜沉迷"修道"天花钱，财政问题日益严重。就这样，嘉靖朝早年攒下的钱粮基本花得差不多，每年的财政收入对比支出基本是亏空，问题越来越多。

嘉靖帝朱厚熜虽然常年不上朝，但朝局的变化也还是基本知晓，因此也越发怀念起精明强干的夏言来。于是，嘉靖二十四年（1545）十二月，闲了三年的夏言再度得到起用，回任内阁首辅。

这下严嵩可惨了，折腾了三年多，一不留神老对手夏言回归了。严嵩虽说也得到了嘉靖帝朱厚熜的抚慰，给加了少师官阶，但大权完全旁落，外加当初那梁子，就等着好日子过了。

再度回任内阁首辅的夏言，虽说早有心理准备，但接手政事后还是给气得哆嗦——"这才几年，朝政咋就糟蹋成这样子了呢"。

夏言是个干实事的人，这次再度新官上任后立刻就搞整顿风暴——朝廷官员大考核，不合格的一律罢免。一场整肃下来，大批朝廷官员丢官去职，绝大多数都是严嵩的亲信。

如此剧烈的风暴，严嵩却保持沉默，当然他也没办法不沉默：自从夏言回来后，专奏票拟之类的权力都被其牢牢把控，自己连个边都沾不上，完全成了摆设。

但严嵩自己知道，闹成这一步并不是夏言有多强，还是皇帝对他的政务业绩不满意。于是，严嵩一如既往地又开始任劳任怨，虽然朝政靠边站了，但写青词还是积极，一心帮嘉靖帝朱厚熜忙活"修道"大业。同时，严嵩卖力拉拢朱厚熜身边的宦官，求他们给自己说好话。因此，夏言虽然整肃搞得猛，但严嵩只是没了权，官位总算保住了。此时，内阁成了这番格局：夏言大刀阔斧地忙朝政，严嵩小心翼翼地伺候皇帝，分工明确，关系和谐。

但对于这样的和谐，严嵩是受不了的。与上次一样，严嵩也只能暂时默认现实，等着对手犯错。

不过，还没等夏言犯错，严嵩自己早先犯的一个大错却败露了。

话说斗志旺盛的夏言越干越起劲，他最擅长的吏治整顿方面的动作特别大，中央整顿完了，就考核地方。特别是税收部门，挨个都要清账，惩办了诸多贪腐分子，追回了大量公款。关键是，顺藤摸瓜查到了严嵩头上，他的儿子严世蕃在尚宝司任上招权纳贿，腐败问题严重。其时，夏言已经掌握了严世蕃相关的"黑材料"，眼看就要重办。

这事可就严重了，虽说嘉靖帝朱厚熜对以往严嵩贪腐也多有了解，但跟这次比起来，那些不过小打小闹，而且此时国事艰难，也正好要抓腐败典型，只要夏言不肯松口，基本上严家父子倒台就是铁板钉钉。

危急时刻，严嵩拿出了压箱底的法宝——装可怜，然后拽着儿子严世蕃跑到夏言家里，先花钱买通夏言家的家丁混进了夏言卧室。看夏言正在午休，严嵩立刻拉着儿子严世蕃跪倒，然后爷俩一起放声号啕大哭。严嵩父子俩到底把夏言给哭心软了，想起往昔总算有些情分，于是就摆摆手索性不追究了——放了严嵩父子一马。

但夏言并未想到，以为看似温驯如猫的严嵩，其实是属虎的，只要逮着机会就得反咬一口。

自从回任首辅后，夏言壮志满怀，除旧布新，但官场积弊日久，动作越大得罪的人就越多，外加其为人做事素来专横跋扈，天不怕地不怕，不但整顿腐败不讲情面，甚至在嘉靖帝朱厚熜的近臣面前也是一副大爷模样。就这样，严嵩拼命拉拢嘉靖帝朱厚熜的宦官，而夏言却拼命地得罪嘉靖帝朱厚熜的宦官，每次宦官来办事时他吆喝人家就和使唤奴才似的。嘉靖时代的宦官虽没权，但说坏话的机会总还有，被夏言"欺负"得多了就找机会在嘉靖帝朱厚熜面前搬弄是非。时间久了，嘉靖帝朱厚熜的心里也就自然朝严嵩倾斜了。

如上变化，严嵩清楚，也一直在巧妙地助推，就等着夏言自己栽跟头，然后再狠命扑上来把这老对手彻底撕碎。

但对这日益逼近的危机，得意扬扬的夏言不但毫无察觉，相反却壮志满怀地准备完成一件惊天动地的大功业——收复河套。

罔顾国事害良臣

河套问题，从明朝景泰年间起，已经算是困扰明朝边防的老问题了。其时，物产丰富的河套草原长期被鞑靼部落占据，不但养肥了他们的骑兵战马，更成为其南下的跳板。特别是嘉靖年间起，盘踞河套的鞑靼部落变成了蒙古草原战斗力最强大的土默特蒙古右翼。当时，土默特蒙古右翼的可汗是俺答汗，此人精通用兵，最擅长大兵团突袭作战，多次大举南下肆虐明朝边关，成为明朝的大敌。尤其是嘉靖十九年（1540）至嘉靖二十一年（1542），俺答汗三次大规模侵扰山西，掠杀军民无数。嘉靖二十三年（1544）更闹出大动静，竟然迫近到完县，连京城都因此戒严。

对这个大问题，严嵩当权的时候，基本都是坐视不管，能糊弄就糊弄，但这下内阁换成夏言，他可不是个糊弄事的人，而且一直极度重视。复任首辅后，夏言立刻选拔了一位厉害人物——曾铣，就职三边总督。

作为嘉靖八年（1529）的进士，曾铣可是当时难得的文武双全人才，一肚子的谋略。当年曾铣巡按辽东的时候，一到任就碰上兵变，但人家不慌，居然略施小计就将兵变首恶擒获，不费一兵一卒地解决了问题。同时，曾铣与夏言的关系也格外亲密，因为夏言的岳父苏纲是曾铣的同乡好友，而凭借这特殊交情曾铣一直深得夏言信任。在夏言回任首辅后，曾铣终于成为手握三边军务大权的封疆大吏。

当然，曾铣也用卓越的战绩证明，他得到这个要职不是靠关系，而是靠硬实力。就职才三个月，即嘉靖二十五年（1546）七月，曾铣就打了一个开门红——在塞门力挫入寇的十万蒙古骑兵。这是多年以来明朝北部边防一场难得的胜利，尤其可贵的是跟以往明军龟缩堡垒防御不同，这次曾铣陈兵边境派兵夜袭敌营，前后夹击一战得胜，打了一场漂亮的野战骑兵突袭。至此，明朝边关将士士气也一举得到提振。

曾铣不但长于带兵治军，更是明朝中期难得的"军事战术大师"，即使在整个中国历史上他也是大规模使用火器的"军事先驱"。就任之后，曾铣组建了一支大规模的火器战车部队，且独创了"五班轮射法"，即将火器士兵分为五列轮流释放火器杀伤敌人。这些军事探索，在整个明朝战争史上，都有着深远影响。

曾铣与之军事水平相当的，更有其卓越的战略眼光。塞门大捷后，曾铣并未沾沾自喜，相反果断上书要求朝廷下定决心一举收复河套草原。曾铣看得很清楚，只要河套草原掌控在鞑靼手里，人家就来去自如，年年随时侵扰，只有彻底解决源头才有天下太平。同时，曾铣不只"喊口号"而且更实干，他提出了八条军事改革措施，更制定了明确的作战步骤：首先修筑自陕西府谷至内蒙古准格尔旗之间的边墙作为军事出击的前哨，并在修边墙的三年里抓紧时间练兵六万；然后在每年春夏之交部队水陆并进，携带五十日的粮饷出击，直捣河套草原的鞑靼部落巢穴；最后在驱逐敌人之后，再在当地修筑卫所工事，屯垦戍边。就此，一举解决河套问题。

无论从军事角度，还是明朝当时的实力说，曾铣的这个决策都是相当靠谱的。奏疏送上去，夏言也激动不已，当场拍板票拟，并全力给嘉靖帝朱厚熜游说，而其他臣僚见夏言表态后也纷纷附和，朝野上下，喊打声一片。

但一直以来，唯独保持沉默的却是严嵩。当曾铣打胜仗的捷报传来，大家都很高兴，但严嵩却沉默。当曾铣要求一举收复河套的奏疏送来，大家激动，严嵩还沉默。对于收复河套，嘉靖帝朱厚熜也兴奋无比，下诏书命令内阁与兵部，全力支持曾铣的战略计划，要钱给钱，要兵给兵。就这样，收复河套的战略计划，一步步有条不紊地进行着，而严嵩对此依然沉默。

夏言这边的行动，却顺利无比。对待收复河套这事，嘉靖帝朱厚熜的积极性格外高涨，甚至兵部的动作慢了点都要被他下诏批评。曾铣的进度，也继续争气：嘉靖二十六年（1547）五月，曾铣再度出兵袭击河套草原的鞑靼部落，打得蒙古骑兵拨马北逃，迁到了黄河以北避难。就这样，曾铣这边却步步紧逼，一路高歌猛进。

然而，到了嘉靖二十七年（1548）正月，就在一切都顺风顺水的时候，一场意外却发生了——嘉靖帝朱厚熜变卦了。正月初二，嘉靖帝朱厚熜突然下诏书质问臣子们：现在收复河套，是最好的时机吗？没等大家反应过来，正月初六，嘉靖帝朱厚熜又下了一个令人惊讶的诏书，询问说：打仗会劳苦百姓，请问大家忍心吗？

其实，这场突然而奇特的变卦，还是起于之前一直保持沉默的严嵩。自从收复河套的计划启动后，严嵩就果断判定自己逆转的机会来了：要论干政务，严嵩不如夏言，但要论对嘉靖帝朱厚熜的了解，夏言却远不及严嵩。嘉靖帝朱厚熜虽说好大喜功，但他性格里一贯猜疑，而眼看这件事上夏言和曾铣密切配合，从朝廷到地方一唱一和，他心里就开始不痛快了。随着曾铣节节胜利，朝野上下赞颂不断，嘉靖帝朱厚熜的心里也就更不痛快了。但这些不痛快，严嵩都拿捏得很准，所以从头到尾都一直沉默。

当然，除了沉默外，严嵩的小动作也不断，尤其是基常年结交宦官的优势终于用上了。每次曾铣的边关奏报送来，严嵩都挑着嘉靖帝朱厚熜"修道"的时候由宦官递上去，多次搅了朱厚熜的雅兴，而次数多了朱厚熜就更恼火了。另外，夏言是急脾气，每次都在嘉靖帝朱厚熜恼火完了紧跟着汇报政事，并三句话不离收复河套这事，而这就相当于多次火上浇油。

话说老天爷也似乎帮严嵩，就在这节骨眼，明朝连闹了好几次自然灾害。严嵩知道嘉靖帝朱厚熜迷信，每次汇报政事的时候，就把这些天灾往收复河套这事上扯，全归结成"夏言想搞政绩，曾铣想立功，这好哥俩联手勾结，终于惹怒了老天爷"。特别狠的是，严嵩还给嘉靖帝朱厚熜忽悠了个严重后果，说"再由着收复河套这事闹下去，您的寿数和健康可能都受影响"。

这样一闹，嘉靖帝朱厚熜长期积累的火气就一下来了个大爆发。进了正月，嘉靖帝朱厚熜连发两道诏书叫停收复河套事，而这可把正在热火朝天大干的夏言吓傻了。接着，嘉靖帝朱厚熜召集近臣开会，沉默了许久的严嵩突然焕发了精神，再次妙语连珠地极力反对收复河套。这下，夏言才终于搞明白，原来背后都是严嵩在捣鬼。

弄明白这事的夏言，紧接着又犯了大糊涂，恼火之下居然上奏折辩白，但绝口不提自己，反而连篇累牍大骂严嵩。经夏言这么一闹，嘉靖帝朱厚熜就更信了严嵩所说的话，认准了"你小子给我没事找事，闹出天灾来还不知错，反而欺负老实巴交的严嵩？"

这个理一认，夏言就没救了。接下来，不但正顺利推进的收复河套战事被强制叫停，正在浴血奋战的曾铣更被锦衣卫逮捕到京。尤其令人唏嘘的是，锦衣卫到前线逮捕曾铣时，曾铣又刚刚深入河套袭击了鞑靼部落，但刚打了大胜仗就被后方兵部断了粮。于是，曾铣只好巧妙施计，大张旗鼓地蒙骗鞑靼人，几万大军终全身而退，再度上演了一出军事史的妙笔。

然而，妙笔之后，却是惨剧。随后，曾铣被逮捕到京问罪，夏言也被株连，剥夺了一切职务，至此黯然罢官回家。

但事情到了这步，严嵩还不安生。在严嵩看来，夏言虽说被罢官，但罢官对他来说好似家常便饭，没几年难保又东山再起。至于曾铣的威胁就更大了，他常年带兵有方，军中威望极高，锦衣卫逮捕他时前线将士极为痛惜且哭声长达百里，而他最精锐的五千亲兵更恨得咬牙切齿差点聚众哗变。按照野史的说法，曾铣出事之后，这帮悍将个个愤怒，天天在军营里磨刀，还有人嚷嚷着要杀到京城把严嵩剁了。

消息传到严嵩耳朵里，严嵩却极淡定，他知道如上一幕正是夏言末日的开始。

果然，边关这场变故后，嘉靖帝朱厚熜极其愤怒。自从嘉靖帝登基后，北方辽东、大同早发生过多次兵变，对这事实在敏感。因此，曾铣下狱后，一直被严刑拷打。但曾铣一介良臣，铁骨铮铮，受尽各种酷刑，依然咬紧牙关。

但曾铣不说，严嵩却有办法——"你不说，有人帮你说"。严嵩一直与锦衣卫指挥使陆炳交好，而陆炳的背景更不简单，其父辈就在兴献王府为官，母亲是嘉靖帝朱厚熜的奶娘，和朱厚熜是发小交情。同时，陆炳偏偏也曾因贪腐问题被夏言一顿恶治过，这下新账、老账一起算。于是，严嵩、陆炳二人相互勾结，唆使早年因违反军纪被曾铣惩治的边将仇鸾出头，诬告曾铣曾贿赂夏言。按说这瞎话编得不高明，夏言的清廉是所有人都知道的，若说他专横跋扈谁都信，但至于说收受贿赂基本没人信。

没人信不要紧，但只要嘉靖帝朱厚熜信就行。严嵩再次摸准了嘉靖帝朱厚熜的脉搏，他知道朱厚熜本来就忌惮夏言专权，而且也知道夏言和曾铣关系不一般，如此这般麻烦大了——在明朝，边将勾结中央大臣就是死路一条，这个罪名一坐实谁都没救了。嘉靖二十七年（1548）三月二十八日，曾铣被处斩，其子女遭流放。四月二日，罢官回家的夏言也被抓至京城，于十月二日问斩于西市，而这位嘉靖朝前期政绩卓越的铁腕阁老——夏言就落得了这样一个悲惨的结局。这桩冤案便是"河套之狱"。

"河套之狱"的结果，对于明朝的边防来说后果极其严重。其实，收复河套，这不仅是夏言和曾铣的主张，更是明朝中期以来几代君臣的不懈追求。但在这场风波后，收复河套的事就彻底搁置了。与此同时，本来已经被曾铣打得节节败退的土默特蒙古俺答汗更借机卷土重来，两年后就让明朝尝到了苦果。嘉靖二十九年（1550），俺答汗上演蒙古骑兵大突袭，绕过明朝边关于八月突袭京城，将京城团团围困。侵扰二十天后，蒙古骑兵才满载着掳掠的人口和钱粮得意扬扬地离开。然而，京城周边的二十多万明军，竟然吓得一箭不发。这场奇耻大辱，史称"庚戌之变"。

胡作非为惹群愤

除掉了夏言后，独霸内阁的严嵩从此有恃无恐。之后，一直到嘉靖四十一年（1562），都是著名的"严嵩专权"时期。

不过，实事求是地说，虽说是严嵩专权，但具体的行政大权他其实能做主的少得很。嘉靖帝朱厚熜虽说不上朝，但并非不管事，各色国家大事归根结底都是他拍板，然后严嵩具体执行而已。

就权谋水平来说，严嵩比起几位前任着实上了一个新台阶。例如，之前的张璁、桂萼、夏言都有无比得宠的时候，但一不留神就能惹恼嘉靖帝朱厚熜，最后以惨淡收场。但严嵩却不同，他对于嘉靖帝朱厚熜脾气秉性的拿捏可以说是恰到好处。

嘉靖帝朱厚熜最大的特点就是刚愎自用，反映到国家大事上一是一意孤行，二就是死要面子。所以，嘉靖帝朱厚熜虽然行政有水平，但选拔大臣的首要标准就是听话，凡事顺着他的才是他眼里的好臣子。

严嵩在这条上做得相当到位，不但日常生活中很会拍马屁，而且擅长写青词，虽说水平不如夏言，但态度极其认真，就连日常办事也充分给足嘉靖帝朱厚熜面子。其中，一个常见的情景是：每次和嘉靖帝朱厚熜讨论国家大事，严嵩都擅长装傻，经常先装出一副茫然无知的样子来被朱厚熜一顿教育，然后才做出恍然大悟状，接着极力吹捧。当然，严嵩每次一番表演后，都能把嘉靖帝朱厚熜哄得很高兴。

这样一来，所谓"严嵩专权"，其实就是这样一幅政治图景：国家大事，嘉靖帝朱厚熜一人拍板，严嵩随声附和，然后卖命执行，闹到洪水滔天便是严嵩出来背黑锅。

这种政治模式，对于明朝的最大影响是：以往明朝这种相互制衡的体制最大的作用除了防止专权外更重要的还是纠错，特别是每当皇权出现错误的时候文官集团的权力都能形成制约，最大限度地防范昏招败笔发生，但让嘉靖帝朱厚熜这么一闹纠错职能成空，一旦皇帝不靠谱，后果就极其严重。

在年岁增长且皇位稳固后，嘉靖帝朱厚熜也变得越发不靠谱，虽说国家大事还算认真，奏折也及时批，但求仙修道的兴趣越发浓厚。嘉靖帝朱厚熜一开始还只是在深宫里偷着闹一下，后来却大张旗鼓地搞起各种道教活动；外加不惜血本地要炼成长生不老仙丹，且不说这玩意儿对身体有多少毒性，单说成本花费就是天文数字。此外，嘉靖帝朱厚熜还大兴土木，修筑各类道观祭台。如此一来，明朝国库都快折腾没了。

不知是因为年岁大了，还是炼丹修道弄迷糊了，步入中年以后的嘉靖帝朱厚熜也一改早期精明强干的风格，国家大事朝令夕改，好些重要决断更是想起一出是一出。例如，东南倭寇问题、北方鞑靼问题，都是一件决策分配下去还没怎么样呢就先改了主意，或者是好不容易刚取得点成绩，不知道哪根筋不对又改了主意，如此翻覆折腾，不但已经取得的成果半途而废，国家大事更反复折腾。

这种不靠谱的表现，如果换到一个运转正常的内阁体制下，阁臣与皇帝间早不知道掐了多少回了。但此时的内阁是严嵩当家，凡事大多依附，半句反对也不敢说，虽然好些败笔他其实就是替罪羊。

如果说"替罪羊"严嵩也有自己的错的话，那么最大的错就是他的不负责任。

嘉靖帝朱厚熜登基之后换过的阁臣很多，如张璁、桂萼、夏言等人，他们虽然一直互相打，但平心而论这些人都是负责任的政治家，就是说私人恩怨斗归斗，国家大事却不含糊。例如，张璁为了"大礼议"之争跟杨廷和对骂，但其后来当政后将杨廷和"更化改元"时期没做完的事业都继续做了。又如，夏言一番恶斗才赶走了张璁，但其对张璁整顿吏治、清理腐败的种种作为不仅继续做，而且做得更好。

然而，严嵩却不是这样的，甚至可以说对国事毫无责任感。例如，当初斗死夏言后，严嵩连带着夏言除旧布新的改革也一并给废了，边防工作更是败坏。严嵩除了替皇帝扛事外，他最大的热情就是贪污腐败。

严嵩的腐败从很早就开始了，虽然他在翰林院的时候就敢收钱，后来到了礼部又敢借着藩王封爵索贿，但这跟后来的行为比起来都是小打小闹。

严嵩专权之后，腐败更做得大，甚至还找到了"专业代理商"——儿子严世蕃。于是，每次有官员想找严嵩送礼请托时，严嵩总是摆摆手："别跟我说，找我儿子谈。"

严世蕃作为严嵩的儿子也不简单，这人虽只有一只眼，但头脑极为精明，而当初借助河套事件勾结曾铣做假口供坑死夏言都是他一手谋划的。

严世蕃的本事更厉害，首先是眼光准，文采好，记忆力极强，文书拿到手里能过目不忘。因此，每次严嵩找嘉靖帝朱厚熜汇报前，严世蕃都预先为其谋划，该说啥不该说啥，都能揣测得一清二楚，堪称严嵩身边的"顶级参谋"。

在捞钱问题上，严世蕃本事更大，还把腐败搞成了"规模化经营"。例如，朝廷干工程，如修河道、筑城墙，要给送钱，美其名曰"买命"；外地官员进京汇报，也要送钱，美其名曰"问安"；至于选拔官员，甚至提拔任用，更要给送钱，美其名曰"讲缺"；如果升了官，如分到一个肥差，每年也要定期送钱，美其名曰"谢礼"；到后来朝廷发给前线的粮草都敢雁过拔毛，最恶劣的时候过手就要扣一半。

在这样一番"规矩"下，明朝的腐败水平一下上了"新台阶"——原先只是偷偷摸摸地私下交易，这下成了光明正大的"规矩"。朝廷的官职可以拿钱买，犯了罪可以用钱顶，甚至想干点利国利民的好事如整顿军备、兴修水利，更要拿腐败来换。就这样，二十年间，明朝的贪腐之风越刮越烈。

当然，严嵩作为首辅，除了这些坏事外，也确实做过一些好事。例如，每当地方闹灾后，严嵩都及时请求赈济。"庚戌之变"后，北方边防局势越发严峻，严嵩也曾重手整治。

后来，当年与严嵩一起勾结诬陷曾铣的仇鸾与之反目，于是严嵩就故意整其"黑材料"，趁着仇鸾与蒙古俺答汗开马市反被忽悠而招来鞑靼兵侵扰的机会，一股脑儿把仇鸾的贪腐老底全抖搂出来。结果，这个在曾铣蒙冤后一度风光无比的武将仇鸾，闻讯后被吓死，接着又被开棺戮尸，头颅在边境示众，同时家产充公，下场极其悲惨。当然，严嵩干这事主要是为了排斥异己，但仇鸾死后如马芳等少壮武将从而得以提拔。

总体说来，严嵩专权后大事干得少，基本全是附和嘉靖帝朱厚熜，但贪腐的事却在朱厚熜眼皮底下越干越多。比起之前的历代首辅来，严嵩更干了一件翻天的事——结党。在官员之中，严嵩到处物色亲信，甚至还收"干儿子"，安插到各个部门里。例如，掌握奏折传送的通政司就由严嵩的"干儿子"赵文华把持，以方便欺上瞒下。另外，六部九卿中也遍布严嵩的门生亲信，连他的好些亲戚都成了封疆大吏。例如，严嵩的亲家陈圭是两广总兵，娘家侄子欧阳必进是两广总督，到后来连他的孙子严效忠等人也都安插在锦衣卫等要害部门，而这些人有个共同称呼——"严党"。

在结党这件事上，严嵩也很没原则，要的就是沾亲的、听话的、舍得送钱的，至于办事水平如何那是基本不管。严嵩最大的败笔，就是在一些国家大事上安插自己的亲信，偏偏安插的人又极不靠谱，结果坏了大事。最为典型的，就是东南倭寇问题。

倭寇侵扰从嘉靖帝朱厚熜登基起就开始了，之后几经反复，到嘉靖三十年（1551）的时候，已经造成了大麻烦。嘉靖三十年，大批倭寇成群侵扰，而且与东南沿海的"势豪大户"互相勾结，成了东南沿海的巨盗团伙。仅这一年，倭寇就侵扰沿海周边数千里，整个浙东地区都惨遭荼毒。

这下问题严重了，江南是明朝财税重地，轻易乱不得。于是，嘉靖帝朱厚熜也下了大决心肃清倭寇。嘉靖三十三年（1554），由南京兵部尚书张经出马，集结精锐部队到江南，非要一举灭了倭寇不可。

当时，张经是文官中仅次于曾铣的名将，受命后也毫不含糊，一通从容布置，与倭寇直接展开了厮杀。然而，谁知倭寇太过强横，竟然数次将明军打得大败。张经立刻明白，这群中央朝臣眼中的"海盗"其实并没这么简单：他们来源复杂，武器精良，战斗力强悍，必须慎重对待。于是，张经按兵不动，继续调集兵马，打算毕其功于一役。

但嘉靖帝朱厚熜却等不及了，外加张经为人耿直，得罪了严嵩的"干儿子"赵文华，这下就麻烦大了。张经原本好不容易打了胜仗，在王江泾地区聚歼倭寇，一举斩首倭寇近两千人，堪称明朝抗倭战争以来的第一场胜仗，但眼看着彻底肃清倭寇在望，严嵩却使坏了。严嵩先在嘉靖帝朱厚熜面前进谗言，说什么张经"目无皇帝，不听指挥"，然后又歪曲前线战局，说张经是"在朝廷的催促下才打了这一仗，真实目的是想养寇自重"。这下嘉靖帝朱厚熜中招了，顿时怒不可遏。当张经的奏报送来，嘉靖帝朱厚熜反而下令将张经逮入京城问罪，随后被斩首。张经打了胜仗却掉了脑袋，而这个判决就是严嵩忽悠的结果。

张经之死，对于严嵩而言好处多多，但对东南的抗倭局势却是极坏。于是，本来损失惨重的倭寇又死灰复燃，再度大肆侵扰东南沿海。这时的明王朝，北方有鞑靼连年侵扰，南方有倭寇长期肆虐，两线作战，疲惫不堪。

当然，眼看张经之死捅出了这么大娄子，严嵩倒是知道"补救"。在张经被砍头后，东南倭寇大肆闹腾了一年多，眼看着蒙混不住时，严嵩又打出一张牌——命亲信胡宗宪担任浙直总督，而这次他总算找对了人。胡宗宪虽然也是"严党"成员，且极会逢迎巴结，但这人还有真本事：到任后，先施展手段，诱杀倭寇头目徐海，又计捕另一头目汪直。于是，这两个倭寇中的大头目相继落网正法，以致势力熏天的倭寇们群龙无首，顿时成了一盘散沙。随后，明军全力围剿，胡宗宪倚重戚继光、俞大猷等名将，历经十多年浴血奋战，终于平定倭寇之患。按说严嵩在平定倭寇之事上也"有功"，但当初倭寇垂死之时正是他给续了命，如果没有他那次在嘉靖帝朱厚熜面前进的谗言，后来东南沿海的好些战乱原本是可以避免的。

赤胆忠心杨继盛

在专权多年后，严嵩早已臭名远扬。嘉靖年间，嘉靖帝朱厚熜对言官管得极严，稍有不如意就严惩，同时严嵩又手腕奸猾，谁得罪了他不治死就绝不罢休。因此，不少正直的官员虽然前仆后继地上奏揭发严嵩的奸恶，但反而被严嵩巧妙地搪塞过去，不仅他自己没事，而且上奏的官员基本也都被惩治了。

在这件事上，严嵩的常用办法就是拖皇帝下水。嘉靖帝朱厚熜每次询问起有官员弹劾严嵩时，严嵩都巧言令色地想方设法把官员揭发的事情往朱厚熜身上引，最后得出"中心思想"——"这官员表面骂我，其实骂的是皇上您啊"。如此一来，严嵩每次都所愿，而朱厚熜也几乎都中招，以致上奏的官员十有八九都被下牢狱。最有名的就是嘉靖三十二年（1553），兵部武选司员外郎杨继盛弹劾严嵩事件。杨继盛原本是个吏部小主事，起先因为得罪武将仇鸾惨被下了诏狱。后来仇鸾被严嵩整治垮台后，严嵩联想起这事来觉得杨继盛是"自己人"，便一心地大力提拔，一年就给他连升四级，最后做到了武选司这样的肥差。

但杨继盛铁骨铮铮，当年得罪仇鸾是为了公事，如今恨严嵩也是因为公事。杨继盛虽然一年连升四级，但在他单纯的心眼里更不是什么严嵩的"恩德"，而是皇帝的恩典。为了这样的恩典，杨继盛决定"以死报国"，揭发严嵩的罪恶。于是，是年正月，杨继盛演出了明代历史上浩气长存的一幕。杨继盛庄重地斋戒三天后沐浴更衣，然后郑重地送上自己的奏折，并向全天下宣告了自己的态度——"死劾"，意思是"我弹劾的是奸臣严嵩，不是他死，就是我死"。

这封弹劾严嵩的奏疏，就是著名的《早诛奸险巧佞贼臣疏》。奏折中揭发了严嵩十大罪恶，包括专权误国、贪腐成风、纵子作恶、贪占功劳、引狼入室、败坏朝廷形象等，笔笔如刀，字字犀利，将严嵩一党的画皮剥得鲜血淋漓。

奏折送上去后，严嵩就怒了，但是看过奏疏之后却松了口气。原来，杨继盛一腔热血却百密一疏，奏疏中的一句话犯了嘉靖帝朱厚熜的大忌讳——"愿陛下听臣之言，查嵩之奸，或召问裕、景二王"。

这句话的意思是，"皇上您一定要相信我的话，如果不相信，您可以问问您的俩儿子，也就是裕王和景王"。

但在多疑的嘉靖帝朱厚熜这里，这话就完全变了味——"问我俩儿子？你什么意思？嫌我老糊涂了？谁派你上这奏折的？"

这几下"嘀咕"后，杨继盛就惨了。于是，杨继盛先被下了诏狱，被严刑拷打，各种酷刑一起上，要逼他说出背后主谋来。但杨继盛毫不畏惧，铁骨铮铮，连那些凶残了一辈子的狱卒最后都震撼不已。最有名的一件事是：当时，杨继盛腿上的肉都给打烂了，他在夜深人静的时候起身爬起来，拿一片碎瓷片当刀忍痛割除腿上的腐肉，吓得旁边的狱卒都直哆嗦。

对杨继盛这个铁汉，严嵩是又恨又怕。但是嘉靖帝朱厚熜听说这件事后，反而又犹豫了，只是把杨继盛关在牢房里，好几年不闻不问。其实，这也是嘉靖帝朱厚熜对付官员的老招数——谁要是打不死，就长期蹲牢房，等时间久了就还有生还的机会。后来，上书骂嘉靖帝朱厚熜的海瑞也是这"待遇"。

但严嵩这次却下了决心，非要杨继盛死不可。后来，嘉靖三十四年（1555），张经抗倭蒙冤被押到京城问罪，而严嵩知道嘉靖帝朱厚熜恨张经，于是就故意在写有张经的死刑奏议上附上了杨继盛的名字。嘉靖帝朱厚熜果然再度中招，一怒之下签了死刑令。于是，十月二十九日，杨继盛蒙冤被杀，年仅四十岁。

在严嵩看来，杨继盛的死是除掉了自己一个心腹大患，但他没有料到的是从杨继盛上刑场的那一天起，他就犯了一个"大错误"：明朝自从有大学士制度以来，还没有哪位内阁首辅会因为弹劾而置别人于死地，哪怕当年依附"阉党"的奸人焦芳也没嚣张到此。但严嵩这事一办，等于把天下人都得罪了，而是个人就知道这个"阁老"够坏。

更严重的一个后果却是严嵩始料不及的：嘉靖帝朱厚熜这个人心眼小，外加眼里不揉沙子，虽然脾气秉性被严嵩摸透了且也常被其忽悠，但这次却被忽悠得太狠了，于是当朱厚熜事后回过味来，心里就不是滋味了。如果说嘉靖帝朱厚熜以往对严嵩是宠着，那么杨继盛事件后虽然对严嵩还是宠，但心里的提防却更上了一层。

严嵩的覆灭，正是从此开始的。

干儿亲儿不争气

直臣杨继盛早年的恩师是与严嵩同朝为官的徐阶，也正是这位徐阶最终把严嵩一家送上了覆灭的不归路。

徐阶，松江人，嘉靖二年（1523）进士。徐阶的进士及第成绩极高，一举摘得探花，也就是全国第三。更巧合的是，当时录取徐阶的座师同样是杨廷和，若论及科举关系，徐阶算是严嵩的师弟。

与这位师兄严嵩比，徐阶也与之有很多相似之处。例如，徐阶态度很温顺，情商也极高，很会察言观色拉关系，而且他身材瘦小，眉清目秀，外加脾气也好。尤其类似的是，徐阶也擅长写青词，在嘉靖帝朱厚熜的"修道"事业中也一直出工又出力。

但徐阶和严嵩终究不是一路人。初入官场的时候，徐阶还比较气盛，看不过去就说，结果得罪了当时掌权的张璁，官职一贬到底，发配到福建延平做了推官。之后，徐阶在地方上历经摸爬滚打，辛苦熬了十年。由于徐阶一直以来心态好，到哪里都认真干活，而且政绩出色，最后得到了夏言的赏识，终于又调回了京城。后来，在夏言担任内阁首辅时，徐阶一度官至吏部左侍郎。

但好景不长，后来夏言倒台惨死，徐阶也跟着倒了霉。于是，徐阶先被排挤出了吏部，但好在嘉靖帝朱厚熜很赏识他，又把他调入了翰林院，做了掌院学士。就是在这个职位上，素来低调的徐阶第一次展现出了卓越的才干：他在翰林院勤抓教育，以阳明心学中"知行并进"为原则革新了翰林院学习风气，擢拔有用之才。后来，主导万历年间改革的政治家张居正，便是徐阶此时培育的俊才。

在夏言遭难的那些年里，由夏言一手提拔的徐阶变得更加低调了。徐阶除了埋头于公务外，日常生活更是小心谨慎，最后终于躲过了那一轮"政治风暴"。到了嘉靖二十九年（1550），徐阶已经是朝廷的礼部尚书，正二品高官。

也正是这一年，大明王朝一场耻辱的国难——"庚戌之变"，令素来小心谨慎的徐阶第一次爆发了无比的勇气。

"庚戌之变"期间，大明朝一度乱作一团。嘉靖帝朱厚熜召集群臣开会，但面对外面强敌压境大臣们都六神无主；就连平时最"有本事"的严嵩也慌了神，只能搪塞说"这帮人就是一群恶贼，抢完了东西就走，皇上您不用担心"。

但徐阶却语出惊人，说如果不能制止蒙古鞑靼部俺答汗的行为，一旦放任他们继续，就是大明朝的灭顶之灾。徐阶这一硬顶，倒是让严嵩"警醒"了。不过，徐阶却不管不顾，竟然主动提出了应对策略：假装媾和，拖延时间，等待援军到来后再组织反击。事后的发展，正如徐阶料想：在明朝的外交拖延下，俺答汗果然上当，先被忽悠着谈判，然后一看援军到达就慌不迭地逃走了。因此，大明王朝这才躲过了一场惨祸。

这事之后，徐阶青云直上，但也在严嵩眼里彻底"挂号"了。之后多年，严嵩想尽办法打算整倒徐阶，但徐阶机灵无比，明枪暗箭都巧妙地躲闪了。特别是徐阶当年就职国子监时的学生杨继盛愤然弹劾严嵩，事后也有人怀疑是徐阶指使，但就在杨继盛获罪的同时，徐阶却步步高升了。嘉靖三十二年（1553），徐阶进了内阁，后在杨继盛殉难的同年又加了少傅，成了仅次于严嵩的人物。

自那以后，严嵩整徐阶整得更卖力了。然而，严嵩一看整不动，也搬出了当年夏言整他自己的那套办法——"彻底边缘化"。于是，严嵩开始对国家大事全垄断，各部门全塞上自己的人，把徐阶在内阁里变成摆设——"看你还能翻天？"

但处心积虑的严嵩，却恰好犯了夏言当初的错误。嘉靖帝朱厚熜之所以提拔徐阶就是为了牵制严嵩，而严嵩反而越牵制越来劲——"这下还了得？"

于是，日久天长，嘉靖帝朱厚熜对严嵩的不满也日益增加。这时，偏偏雪上加霜，严嵩的夫人欧阳氏过世了，而按照礼制其儿子严世蕃要回家丁忧守孝。当严世蕃这位"顶级参谋"一走，严嵩就坏了菜，诸如批阅公文、撰写青词样样都没了代笔，全得自己来。其时，严嵩已经八十多岁老眼昏花，回复公文的速度也大不如前，脑筋更转得慢，对嘉靖帝朱厚熜的好些旨意有时竟也反应不过来，一来二去地好多次都惹恼了朱厚熜。

就在这些年里，严嵩的那些"干儿子"也一个个不争气。最典型的就是赵文华，作为工部尚书，竟然连嘉靖帝朱厚熜修宫殿的钱都贪。事情败露后，赵文华他惊惧交加，竟然给吓死了。事后，嘉靖帝朱厚熜穷追猛打，又把赵文华侵吞军饷的事查了出来。这下嘉靖帝朱厚熜气恨交加，一怒之下把赵文华抄了个倾家荡产。

赵文华的倒台，是严嵩势力的一次沉重打击。此后，嘉靖帝朱厚熜对严嵩的不满更是与日俱增，但偏偏严嵩的脑子却犯糊涂了。嘉靖四十年（1561），皇宫失火把嘉靖帝朱厚熜的寝殿都给烧了，于是朱厚熜没地方住，忙召大臣们想办法。但不知道严嵩此时哪根筋转错了，居然脱口而出："皇上您可以移居到南宫去。"

这话一说出来，嘉靖帝朱厚熜差点儿没气晕——"南宫是什么地方？那可是当年明英宗朱祁镇被软禁的地方，你让我移居南宫？这是拿我当什么？"还是徐阶脑子快，立刻插嘴说："让我儿子徐璠来督造营建吧。十月之前，一定让皇上您住卜新宫殿。"随后，圆满完成了任务，这才把嘉靖帝朱厚熜又哄高兴了。

经过这事后，徐阶和严嵩俩人在嘉靖帝朱厚熜心里的地位，已经彻底地掉了个儿。随后，深受嘉靖帝朱厚熜信任的道士蓝道行，更借着道教典礼的机会忽悠朱厚熜说"老天爷说了，现在朝廷有奸臣当道，您可要小心。"于是，就像当年严嵩用这招构陷夏言一样，徐阶有样学样，不变的依然是上钩的嘉靖帝朱厚熜。

这事过后没多久，嘉靖四十一年（1562）五月，御史邹应龙弹劾严嵩，这次的弹劾巧妙地用了"含沙射影"的学问——不直接骂严嵩，而是弹劾严嵩的儿子严世蕃。此时，偏偏这个严世蕃不争气，在给母亲"丁忧"守孝期间还成天纵酒淫乐，生活极其腐化。这下果然触怒了嘉靖帝朱厚熜，于当月十九日就下诏：严世蕃下诏狱，严嵩本人致仕回家。

就这样，专权十多年的严嵩集团轰然倒台。

浑水摸鱼除严嵩

严嵩倒台后，徐阶扶正，成了内阁首辅。但对于徐阶来说，这场争斗还没到庆祝胜利的时候，相反更加白热化了。严嵩到底树大根深，罢官之后先通过嘉靖帝朱厚熜身边的宦官，把道士蓝道行罗织罪名下狱并害死在牢狱中。然后，严嵩又四下活动，给儿子严世蕃成功脱罪，先只判了充军流放，然后在流放路上顺利脱身回到家乡定居。事实证明，严世蕃确实坏透了，都到这地步还不忘张扬：在老家大兴土木，欺男霸女，做了不少坏事。

但严世蕃这个大漏洞，却被徐阶一下子抓住了。其实，原本徐阶当权后，先是道士蓝道行入狱，形势一度很不利，幸好蓝道行硬骨头，到死都没招，总算稳住局面。这下严世蕃在家乡作恶露出了大马脚，算是给徐阶提供了一个好机会。随后，徐阶开始行动，先是御史林润上书揭发严世蕃的恶行，再次激怒了嘉靖帝朱厚熜，将严世蕃重新逮捕下狱。眼看大祸临头，严世蕃却依然有信心，在三法司审他的时候一没动刑二没逼供就把当年怎么害死杨继盛的事情招了。三法司的官员们也"上套"，满以为这口供一交，严世蕃必死无疑。

但徐阶却一眼看出其中破绽，这还是严家的老把戏——"拖皇帝下水"。当初，杨继盛的死刑命令是嘉靖帝朱厚熜签发的，但不管究竟对错，皇帝都绝对不会认这个错。到时候，嘉靖帝朱厚熜一看口供必然勃然大怒，不但严世蕃会趁机脱身，三法司的官员们更可能被陪绑。于是，徐阶早有准备地提前拟好了另一份"供词"，这份"供词"里写明严世蕃犯了三条大罪：一是聚众谋反；二是勾结倭寇；三是争夺一块有王气的田地，企图颠覆大明江山。果然如徐阶所料，口供一送上去嘉靖帝朱厚熜立刻暴跳如雷，随后下令将严世蕃立刻斩首。这位嘉靖年间最狡诈的权奸严世蕃，就这样一命呜呼了。值得一提的是，由于对这变故毫无准备，死刑命令宣布后，从来自信满满的严世蕃当场浑身颤抖，一个字也说不出来。就这样，严世蕃结束了他可耻的一生。

对于严家的这场变故，京城的百姓们都非常解恨，甚至还有百姓自发前往观看严世蕃行刑。当然，宠了严嵩一辈子的嘉靖帝朱厚熜也觉得不解恨，又下令抄了严嵩的家，共抄了黄金三万多两、白银二百多万两。据奏报，没有抄到的家产，也只有严嵩家产的三分之一不到。至此，风光一辈子的严嵩彻底倒台，后于八十七岁那年在老家凄凉死去。直到明朝万历年间徐阶的学生张居正当权时，才派官员至江西收葬了严嵩的遗骨。至此，这位明朝最出名的奸臣严嵩也才得以入土为安。

严嵩倒台后，继任内阁首辅的徐阶也遇到了严嵩当初的烦恼：嘉靖帝朱厚熜岁数已近晚年，做事也越发不靠谱了，炼丹修道的阵仗也越闹越大。但徐阶和严嵩不同，严嵩只管混事捞钱，徐阶却是真负责。当嘉靖帝朱厚熜要瞎指挥时，徐阶就绕着弯子赔小心，正面不行就从侧面来。徐阶揣摩嘉靖帝朱厚熜脾气的本事比严嵩强得多，不仅讨得朱厚熜欢心，更进一步多次说得朱厚熜改主意。

当然，徐阶的苦心也很快得到了回报，一批卓越干才得到提拔。除了杨博、高拱、张居正这些文官大展拳脚外，明朝的边防形势也变得大好：东南沿海，谭纶、戚继光、俞大猷一路猛打，终于彻底肃清倭寇；北方边境，在马芳等人的镇守下，多次挫败蒙古鞑靼入侵，边防形势大大改观。

但国家的形势依然危机深重，西南和南方都有大规模的民变爆发，自然灾害也进入多发期。最大的问题是，明朝长期以来的吏治积弊不是一下子就能整肃好的，尤其是官场贪腐不断，效率低下，同时老百姓赋税沉重，穷困不已。因此，可怜内阁首辅徐阶左支右绌，累死累活，却还不少挨骂。

对于明王朝严重的统治危机，就连嘉靖帝朱厚熜本人其实也是心知肚明的。嘉靖四十五年（1566）二月，户部主事海瑞上奏了一道震古烁今的《治安疏》，历数嘉靖帝朱厚熜执政以来的种种错误，恳求朱厚熜改弦更张，做一个励精图治的圣君。眼看执政成绩被海瑞批得如此不堪，嘉靖帝朱厚熜再次暴怒，竟气得把奏折怒摔在地，然后不住口地破口大骂。随后，海瑞被下了牢狱，但在徐阶的全力维护下总算没死，后来在隆庆年间得到赦免，并两度出山为官。

嘉靖帝朱厚熜之所以不杀海瑞，论及根源还是他心里知道，海瑞说的都是不折不扣的事实，然而惨淡的局面已无力补救。嘉靖四十五年（1566）入秋起，嘉靖帝朱厚熜就卧病在床，十二月十四日辞世。

这时的内阁首辅徐阶，就像他的座师杨廷和当年一样也担负起了主持大局的重任——起草遗诏，确立裕王朱载垕登基即位，并于十二月二十六日举行登基大典，宣布次年改年号为"隆庆"。这次同样是事先未立太子的皇权过渡，最终平稳地完成了。

但大明朝的政局，却并不平稳。此时，北方鞑靼的侵扰依旧，东南的倭寇虽平，但广东、江西等省份也是动乱不断，甚至就连明朝的藩属国朝鲜都敢在背后说坏话。当时，朝鲜使节来京吊丧前，国王特意叮嘱："现在明朝局势不稳，很可能要出大乱子，你这次去可要用心留意啊。"

二二 / 振兴大明看高拱

作为大明朝的藩属国，朝鲜敢在嘉靖帝朱厚熜丧事时多加"留意"，绝非是有意不敬，而是这时期明朝的情况确实太严重。

就说嘉靖帝朱厚熜去世前后的一些事，其中南方的广东和江西都有民变，有些地区的动乱甚至已经持续了十年；北方的鞑靼依旧肆虐侵扰，边关战火不断，年年不消停。其时，明朝朝廷的储备更是捉襟见肘，如太仓的粮草储备在最窘迫的时候竟然只足够支持一个月。

作为内阁首辅、百官之首的徐阶尽心竭力，确保了皇位的顺利交接，然后主持朝局废除了嘉靖年间各种弊政，为其间诸多获罪的大臣平反昭雪以稳定人心，减免了各地的赋税，里里外外操碎了心。

徐阶虽然精通权谋，但干起国家大事来却是小心谨慎，主要的政绩基本就是纠正嘉靖年间的弊端，大多是拨乱反正。徐阶虽说做得不错，但这时明朝的问题，却不是拨乱反正就能解决的。

嘉靖帝朱厚熜留下的是一个烂摊子。除了由于各种弊政因素外，明朝的好些麻烦却也是新形势下遇到新问题：这时明朝商品经济大发展，思想也更加自由开放，传统观念受到强烈冲击，官风民风也深受影响。在经济方面，商品经济发达，土地兼并严重，虽然民间一片繁荣，但朝廷税收却锐减，而长期的官风腐化也使得政府效率低下。其实，大明帝国早已经是千疮百孔，而徐阶的办法还是到处补窟窿，虽说里外忙活，却也越发补不过来。

当然，徐阶自己的问题也非常突出。徐阶是松江人，松江当地商品经济日益发达，大多从事纺织生意，而大搞土地兼并的以"势豪大户"居首，其中徐阶家族就是势力最大的。在这样的背景下，要指望徐阶能大刀阔斧地改革，实在有点难。

就在这样的情景下，另一个铁腕强人开始大展拳脚——高拱。

孤傲俊才，皇子依赖

高拱祖籍山西，先祖迁到河南新郑。比起明朝诸多名臣的寒微出身来，高拱的家庭条件着实好得很。

高拱的家庭是名副其实的官宦世家，其祖父和父亲都曾为官。高拱天资也好，读书识字都极早，自幼就被赞誉为神童，十七岁就考取了举人，而且还是乡试第一名。之后，高拱虽然科举不顺，连续几次都遭受挫折，直到三十岁那年才考取进士，但因为科举成绩好，如愿做了庶吉士，先进了翰林院，三十九岁那年又得到一个至关重要的任命——裕王朱载垕的讲官，也就是大明帝国未来继承人的老师。

高拱这样好的家庭条件，外加好学问，还有一直得意的仕途，这样的人生想不得意都不行。事实正如此，高拱性格的最大特点就是太过得意，在同僚面前更从来都是一副孤傲样，自以为天下第一，谁也不放在眼里。

按说高拱这样的脾气在上级面前极难混，但有头脑的他特别是在做了裕王朱载垕的讲官后，虽然在同僚面前还是一派傲气，却在朱载垕面前完美收敛——傲气变成了自信的傲骨。这样一来，高拱反而和朱载垕互补起来。朱载垕虽说是皇子，但常年不受父亲嘉靖帝朱厚熜待见，加之朱厚熜本来性格多猜忌，有时候对儿子也提防，日久天长朱载垕的心里也变得极没有安全感，稍微有点风吹草动就会紧张得不行。

正因为如此，高拱的到来却恰好令朱载垕心安。高拱行事稳重，判断事务更极为自信，尤其难得的是他对朱载垕忠诚无比，大事小情不但卖力效劳，更极力宽慰。时间久了，高拱不但被朱载垕极力倚重，甚至成了精神依托。后来，高拱升任国子监祭酒，暂时离开了裕王府，但遇到疑难事务朱载垕还是会写信询问，彼此间的感情从那时起就很深厚。

高拱崭露头角的时候，正是嘉靖年间党争最激烈的时候。其时，内阁首辅严嵩权势滔天，次辅徐阶暗中蓄力，俩人都不好惹，而夹在中间的官员如果不想惹事的话，就得夹着尾巴做人。

但高拱的表现实在高调，在严嵩面前从来都不买账，甚至有次聊天还故意引用唐人韩愈的诗词当面讽刺其嚣张跋扈。话说这要搁在别人身上怕早就被严嵩恶治了，但严嵩深知高拱不好惹，不仅没发火，反而满脸赔笑地一心套近乎。

在徐阶面前，高拱也极其强势。当然，老谋深算的徐阶早就注意到这个政治新星，也一心着力拉拢。有次高拱外出主持科举考试，出题却不慎犯错，差点被嘉靖帝朱厚熜治罪，最后还是徐阶好说歹说地给高拱脱了干系。

严嵩和徐阶之所以如此善待高调的高拱，说到底还是因为高拱的背景：高拱是裕王的老师，别看其眼下不发达，将来若裕王登基则必然获得重用，如果现在搞不好关系到时就麻烦了。

对于这里面的学问，高拱当然也知道，所以严嵩得势的时候他摆谱不搭理，后来徐阶得势甚至主动推荐他进入内阁也照单全收。但成了阁臣后，高拱对徐阶的示好不仅依然不搭理，反而迫不及待地拉拢同是新阁臣的郭朴，串通一气地和徐阶对着干，俩人间的争斗从嘉靖年间晚期就开始，直接把徐阶气得够呛。

经过这几件事之后，高拱的形象也在群臣中树立起来——一个嚣张跋扈且谁的账都不买的狠角色。

但即使在那时候，高拱的嚣张却时常在一位后辈同僚面前有所收敛，而此人就是张居正。

作为后来万历时代独掌朝纲的大改革家，这时候的张居正还只是个小角色。高拱认识张居正的时候是在国子监祭酒任上，那时的张居正还是他的副手。但高拱和张居正二人合作久了之后，高拱就不禁暗自诧异——这个年轻人不单学问好，实干能力更强，是个有前途的人物。

后来，高拱、张居正二人的关系更进了一步。当时，张居正在老师徐阶的关照下也得到了高拱当年的机会——做了裕王的讲官，而他同样也成功抓住了机会并深得裕王的信任。就这样，张居正与高拱的关系也更近了一步，成了无话不谈的朋友。

事实证明，高拱不是见谁都狂，实际上是真心服有本事的人。按照高拱自己的话说，"满朝文武，唯一看在眼里的只有张居正"。

对张居正来说，这微妙关系却着实为难：一边是老师徐阶，一边是好友高拱，他们二人从嘉靖晚期开始就在内阁里掐，一直掐到嘉靖帝朱厚熜驾崩、昔日的裕王变成了隆庆帝朱载垕却还是不消停。

与政治"强人"嘉靖帝朱厚熜不同，隆庆帝朱载垕是个性格异常低调淡泊的人，执政最大的追求就是垂拱而治，国家大事基本都对大臣放手。

所以，自从隆庆帝朱载垕登基后，凡事基本都是点头，决策都是大臣来。但隆庆帝朱载坖这一放手，朝廷上就吵得更凶了，每次朝会都是吐沫乱飞。对于朝堂上这热火朝天的局面，隆庆帝朱载坖的反应也是出名的淡定，甚至大臣吵闹半天他就和没事人似的发呆，就当什么都没听见。

但毕竟此时朝中人才云集，隆庆帝朱载坖这一做法，倒比嘉靖帝朱厚熜的瞎指挥强。于是，隆庆帝朱载坖登基之后，一些正确的决策也得到了贯彻执行，尤其影响深远的就是隆庆元年（1567）的"隆庆开关"事件。当时，虽然东南沿海的倭寇已经平定，但是"海禁"问题依然没解决，不开放"海禁"东南肯定还要出事，但开放"海禁"就是违背祖制、大逆不道，这咋办？

这次，平日不说话的隆庆帝朱载坖做了个聪明的选择，依照福建巡抚涂则民的奏议做了个小小的制度修正——"海禁"的祖制表面上不动，但是在福建月港却开放一个通商口岸，准许沿海商民从这里出发出海做生意。此举的影响出乎意料的深远，不但大批的明朝中国商人走出国门拓展海外市场，明朝的商品出口量更是直线激增，而且沿海的商品经济更像打了强心针似的从此迅猛发展。其中，最直接的影响自然是明朝的财政收入，月港当地每年都收入大笔关税，还得了一个绰号——"天子东南银库"。

对于新君隆庆帝朱载坖而言，解决这个问题只是小试牛刀而已。紧接着，对他来说最大的麻烦，就是老师高拱与老臣徐阶之间的掐架。

徐阶高拱对对碰

进入隆庆朝以后，徐阶和高拱之间的争斗也更加白热化了。

要说徐阶和高拱之间的争斗，也不只是争内阁首辅这么简单，更大的分歧还在于二人的治国理念。

徐阶是"阳明心学"信徒，早年师从"阳明心学"右派的代表人物聂豹，后来的行政手段也深受其影响。徐阶不但在行政上讲求稳定与小修小补，还特别热衷于讲学活动，而且还亲自主持各种"阳明心学"的推广讲学，热情极其高涨。

按说单纯宣传学问也不算坏事，但徐阶此时的身份并不是学者而是内阁首辅，他这样一带头之后明朝上下讲学成风，官员们更是热衷此道，如此一来学术讨论倒是热烈，却没人干实际工作了。这就应了一句老话——过犹不及。

对于徐阶的这番行为，不但高拱觉得过分，就连徐阶的弟子张居正也觉得过分。从思想主张说,高拱和张居正都深受明朝实学风气影响,做事讲求实际和效率,反对务虚空谈。因此,随着徐阶年龄增长,其官样文章越来越多,这也令高拱越发不满。

徐阶和高拱二人之间的直接冲突从嘉靖晚期就开始了,当时徐阶的心腹同乡、吏科给事中胡应嘉上奏弹劾高拱大罪,甚至暗示说高拱有不轨之心。不过,幸亏当时嘉靖帝朱厚熜已经病糊涂了,否则足够高拱倒霉的。

当这笔旧账高拱还没来得及算,隆庆元年(1567),胡应嘉又出手了,这次弹劾了高拱的亲信、吏部尚书杨博。这下高拱更是火冒三丈,然后就犯了糊涂,竟然大手一挥将胡应嘉革职了。

没想到,这下可捅了马蜂窝。这次胡应嘉敢于出头是有准备的,他弹劾杨博的事由是当年"京查"中杨博恶整御史言官。高拱这一发飙,就等于和全天下的言官为敌。于是,后果来了:言官们群起攻之,前赴后继地骂高拱,一来二去之后高拱就难以招架,只得自己上书请辞。

等着黯然回家后,高拱才回过味来,其实从始至终都是被冷眼旁观的徐阶算计了:先是用胡应嘉来挑衅,然后吸引高拱报复,一报复言官们就上钩,然后被言官们群殴,最终只得黯然去职。

当然,高拱这般状况其实也和此时明朝的形势息息相关。高拱和徐阶二人在治国问题上分歧严重,但此时新君隆庆帝朱载垕登基百废待兴,而高拱所期待的大刀阔斧改革此时还完全不是时候,徐阶的小修小补却作用重要。因此,哪怕千般委屈,隆庆帝朱载垕也只好先牺牲高拱了。

几年的斗争证明,在徐阶面前,高拱的手段还是太低了,几乎每次面对面的交锋差不多都是居下风。徐阶一把年纪且老谋深算,面子上从不吃亏,每次高拱刻意挑衅最后都能被他重拳回击,而高拱就没几次赢过。

不过,聪明过头的徐阶,这次却也犯了糊涂。其实,对于高拱这事,徐阶办得太过了。其实,隆庆帝朱载垕对高拱的感情是群臣都知道的,那就是一万个徐阶在朱载垕心里怕也比不过一个高拱,要是两人能够共处还算好点,但现在什么事没怎么干就先把人赶走了,这还如此了得。

于是,高拱走后,满以为日子舒坦的徐阶却发现,政事却是越发难干了。这时,徐阶在内阁里基本都换成自己人,连得意门生张居正都成了阁臣,但皇帝隆庆帝朱载垕对他的信任却是与日俱减。隆庆帝朱载垕与其父嘉靖帝朱厚熜不同,他对宦官非常倚重，君臣之间的矛盾也越发增多。闹了几次后，徐阶却突然尝到了高拱的滋味，不但被御史们弹劾攻击，而且眼看政事干不动，甚至名声也快保不住了。于是，徐阶也明白了，这是隆庆帝朱载垕不想让自己干了。随后，徐阶赶紧上奏请求致仕，也不出所料地就立刻被批准了。

徐阶去职后，隆庆三年（1569）十二月，在家赋闲三年的高拱终于再次得到任命，回任内阁大学士。闻讯的高拱不顾天气寒冷，立刻决定启程，而京城却立刻炸了锅——当年骂过高拱的诸多言官，竟然吓得纷纷请求调动。其中，骂高拱骂得最厉害的欧阳一敬，居然忧惧交加下一命呜呼了——"都知道这人（高拱）脾气大，报复起来怎么得了"。

这个时候，高拱却体现出了一个政治家的大度——主动派门生传话，希望言官们以国家大事为重，并保证不会计较私人恩怨。对老对手徐阶的报复，高拱做得却更有"学问"：徐阶致仕回家没多久，昔日的直臣海瑞做了应天巡抚，在当地推行强力改革，并查到了徐阶家人侵占土地的罪证。这下可闹大了，徐阶被逼退田不说，两个儿子更给抓了充军，眨眼之间处境变得极度悲惨。

徐阶为求自救也能屈能伸，一面通过门生张居正在内阁给高拱施压警告高拱不要做得太过分，一面言辞恳切地给高拱写了一封道歉信。这样双管齐下，高拱面子上得到了满足，也就高抬手不再追究徐阶的责任。此后，徐阶在家乡著书立说，安度晚年，并于万历十一年（1583）辞世，总算是得以善终。以这事说来，高拱确实有政治家的胸襟。

慧眼识才开新政

在了断了与徐阶的恩怨后，高拱也开始在国事上大展宏图。在执政方略上，比起当年徐阶的修补来，高拱却是反其道而行之，虽说没有像张居正那样喊出改革口号，但具体施政却是一脉相承。

其中，高拱眼光最精准，且动作最大的就是吏治的整顿。

自嘉靖年间起，明朝官场贪腐成风，风气大坏。徐阶在任时虽然也想过很多办法，包括他最得意的讲学其实就是抓廉政教育，但是收效甚微。

在这个问题上，高拱有独特手段。首先是严抓考核关。吏部的考核制度更完善，每个官员每个月的情况都要汇总，年终统一考核，不合格的就要严办。其次，官员选拔也改了规矩，鼓励大批非进士身份的官员入仕提拔。但同样的，如地方官等职务，则交给年富力强的官员；而盐政、马政等以往被人轻视的职务也格外重视，着力提高了相关职务的待遇，并选拔了干才。

在高拱的这番动作下，明朝的吏治考核状况一下大为扭转，官场效率也提速。比起这些改革来，高拱判定官员的眼光更是极其卓越，这其中典型的例子就是几位封疆大吏的选派。

最著名当数主持平定西南叛乱的名臣殷正茂。殷正茂精通军务，是明朝的封疆干才，但最大的毛病就是贪污腐败，以至于虽然朝廷知道其才能，却轻易不敢信用。但高拱不管，眼看广西韦银豹叛乱愈演愈烈，便坚持选择殷正茂前往平叛，而且还特意发话——"殷正茂要多少钱军费，就给他多少钱，不用查账，只要他能平叛，就不怕他贪"。关于这条，当时的老搭档张居正也不明白，结果高拱解释说，"我让他贪，但他能办事，如果找个廉洁的，但是事情办不了，岂不是花冤枉钱？"

高拱用人一向都是这个特点，用人用其长。实际上，高拱更加明智的抉择，便是著名的"隆庆和议"。

"隆庆和议"，发生在隆庆四年（1570）十月。当时，一直侵扰明朝边关的蒙古土默特部爆发了大内讧，俺答汗的孙子把汉那吉竟然公开向明朝投诚。论原因，把汉那吉公开投诚却是因为婚姻纠纷：把汉那吉眼看就要结婚，新娘是著名的三娘子，谁知其祖父俺答汗也对新娘子动了心，干脆抢先一步先和这位美丽的新娘成亲了。

这下把汉那吉惹怒了，一跺脚就公开投奔了明朝。但接着麻烦也来了，俺答汗立刻带着大兵跟来，在宣大边境晃荡并嚷嚷着要明朝交人。

这次老谋深算的高拱却看出了破绽：俺答汗是表面嚣张，其实外强中干，极怕明朝一怒之下将其孙子杀掉。因此，高拱因势利导，命人与俺答汗谈判，两家很快达成协议，把汉那吉受封了官职后被明朝放回，还赐予了大笔礼物。就这样，双方的关系一下子缓和下来了。

紧接着趁热打铁，双方又开始商讨通贡互市问题。这是俺答汗一直梦寐以求的事情，无奈长期以来明朝不搭理，以至于边关战争不断。

对于这件事，高拱也一直有主张。自从高拱执掌内阁后，就着力发展军备边防，不但马芳等名将多次立功让俺答汗尝到了战败的滋味，而且做事极细地就连边境的州县也都换了精明强干的官员并提高了相关待遇。因此，明朝边关稳固，逼得俺答汗早就想认输了，而把汉那吉事件不过是就坡下驴。

这样一来，协议很快达成。但是这事在明朝廷还是遭到了很大阻力，好些朝廷重臣也反对，甚至为此还搞了个"投票"行动，结果竟然票数相等。关键时刻，隆庆帝朱载垕再次体现了作为一个皇帝的担当——做主拍板同意。

隆庆五年（1571）三月，"隆庆和议"正式达成：明朝封俺答汗为顺义王，其兄弟亲戚甚至部下也都相继封了官职，同时双方开放贸易互市。从此以后，北方蒙古与明朝之间的贸易蓬勃发展，宣大一线这原本燃烧了一个世纪的战火也彻底熄灭。之后六十多年里，双方再未爆发战争。

除了边境战事外，高拱在大规模整修黄河上也有建树——大胆提拔了司法官员出身的潘季驯，主持了大规模的黄河修治工作。几项政绩下来，高拱的成就着实斐然，而他也开始飘飘然起来。高拱本来就是个傲气冲天的角色，这下更是专横无比了，尤其是他这人还有一大毛病——急脾气。因此，高拱是政事一旦交代下去，定期必须要干完，干不完就要追责，一点不顺心就逮住同僚骂个没完，日久天长后就越发招人厌。

这样一来，内阁里的几位老同僚也都一个个受不了了，如陈以勤、李春芳几位本来都是和高拱一起为隆庆帝朱载垕讲学的老同僚，关系一直不错，但这下纷纷与之反目。特别是李春芳，他是挂名的内阁首辅，出了名的好脾气，都受不了高拱的跋扈主动上折子请辞。还有殷士儋实在受不了高拱的高压，竟然在内阁里挥拳殴打高拱，上演了明朝内阁历史上一场活剧。

结果，一通闹将下来，高拱（回任时是内阁大学士）有了首辅的名分，内阁的成员、往日的旧友竟然就只剩下了张居正。到了隆庆六年（1572），高拱权力更盛，上有皇帝信任，身旁有门生簇拥，权力如日中天。

一向与高拱亲密合作的张居正，长期以来都是扮演下属的角色。但当高拱得寸进尺越发嚣张时，张居正眼看老同僚都给排挤得差不多了也着了慌，心里也打开了算盘——"等着他轰走我，不如我轰走他"。

但高拱此时势力太大，不管拼哪方面，张居正都不是其对手。不过，张居正有办法——"拉外援"。

张居正的"外援"对象就是宦官集团的二号头目——东厂提督太监冯保。

说起冯保和高拱的恩怨，说来也是高拱自找的。深得隆庆帝朱载垕信任的高拱，不但抓住了内阁大权，甚至手还伸进了司礼监，连司礼监掌印太监的人选都由他来操控。

在这事上，高拱的态度也很明确，就得找没本事容易控制的。于是，司礼监掌印太监先是陈洪，继而是孟春，前一个是内务库管出身，后一个是厨子出身，全是摆设。

这样，冯保就"惨"了，因为此人能力出众。冯保既能管锦衣卫的"特务"，文化水平又高，还精通书画收藏，外加一肚子心眼，实在不是个善茬。于是，高拱对冯保百般提防，拼命压制，终于把冯保压制得怒了——与张居正一拍即合了。

孤傲强人惨遭算计

就在张居正和冯保二人顺利"勾结"后，隆庆帝朱载垕的生命也走到了尽头。隆庆帝朱载垕虽然才三十六岁，对国家大事也很有主意，但无奈自幼体弱多病，登基后又做了"甩手掌柜"，成日沉溺玩乐，结果身体早早地垮掉了。隆庆六年（1572）五月，隆庆帝朱载垕去世，庙号明穆宗。随后，八岁的太子朱翊钧即位，次年改年号为"万历"，这就是大名鼎鼎的明神宗——万历皇帝。

在人生的最后时刻，隆庆帝朱载垕对高拱还是寄托了厚望，并当众对高拱说"国家大事，还需要您多多操劳啊"。高拱也放了心，以顾命大臣自居。孰料一宣读遗诏，却完全不是这么回事，竟然宣称国家大事由内阁和司礼监共同商量。这下，高拱傻了——"大明的祖制不就给破了吗"，而紧接着一颗炸弹又扔了过来——司礼监的掌印太监换成了冯保。

这下高拱明白背后一定有鬼，但经过这么多次政治斗争并取得了胜利，他这次信心也很足，觉得不过是冯保在背后做小动作，很容易对付。结果，高拱很快发动了攻击，不但亲自上书揭发冯保奸诈，更发动门下门生写奏折弹劾。按照高拱的算计，新皇帝朱翊钧岁数小，这么一吓唬必然拿冯保开刀。

但没有想到，张居正早和冯保勾结，高拱的这番算计先由张居正告诉了冯保，接着二人火速行动跑到万历帝朱翊钧母子处"搬弄是非"，尤其是高拱私下说话不注意，他的一句"八岁孩童，如何治天下"更是被冯保添油加醋地变成了"八岁孩童，如何做天子"。但就是这样一句话，后果却很严重，外加冯保动用

"特务机关"东厂硬给高拱安了个"迎立外藩"的罪名，这下高拱没救了。次日一早，圣旨就下来了：高拱擅权无君，逐回乡里。

这样一个突然袭击着实出乎高拱预料，他自己闻讯后脸色苍白，险些没给栽倒。算计了高拱的张居正倒是好人做到底，还给高拱申请了公费的马车护送其回家乡，但整个过程对于高拱来说却是个奇耻大辱。至此，高拱与张居正的往昔同僚情谊，就此彻底决裂。

黯然回乡的高拱过了几年孤独凄凉的生活后，于万历六年（1578）病故于家中。在此期间，冯保还曾罗织罪名污蔑高拱谋反，差点将其逮回京城问罪，幸亏一干同僚拼命营救这才逃过一劫。直到万历帝朱翊钧亲政后，下诏书称高拱"担当受降，北掳称臣，功不可泯"，赐太师爵位，谥号"文襄"。至此，这位亲手开启"隆万改革"并为明王朝焕发第二春的重臣高拱，其名誉才终于彻底恢复。

二三 / 张居正的三位帮手：王国光、张学颜、潘季驯

高拱去职之后，明朝进入了万历时代。但这时的万历帝朱翊钧还只是个孩子，真正操持国家大事的是与冯保联手挤走高拱的张居正。

在高拱被赶走后，张居正不但大权独揽，更继续了高拱未完成的事业——"除旧布新，振兴大明"，之后他十年的努力便是著名的"张居正改革"。

关于这场改革，历代史家史不绝书的多是这场改革的伟大成就。在国家内忧外患、阶级矛盾尖锐、经济困顿、外敌入侵的种种困境下，张居正以其十年坚忍不拔的努力，成功地令走下坡路的明王朝重新爬坡。十年改革下，明王朝可供征收赋税的土地，由万历初年的四百多万顷激增到万历十年（1582）的六百八十万顷；"一条鞭法"的普遍推行，更减少了国家的税收成本，增加了税收利润；考成法的贯彻，更增加了国家的行政效率；商税的改革，更刺激了东南沿海工商业的发展，扩大了国家的税源。与此同时，明朝军队的实力也重新焕发，戚继光在蓟州、李成梁在辽东皆多次挫败蒙古部落的入侵，持续二百年的明朝、蒙古双方大规模的战争至此彻底落幕。比起嘉靖朝后期国家内忧外患、战火四起的图景，此时的明王朝却是一个和平稳定、欣欣向荣的世界第一强国。

在张居正去世的前一年，即万历十年（1582），明王朝的国家年财政收入达到了八百万两，如果把这个数字用大米的比价做换算，相当于清朝"康乾盛世"时期的八千多万两。明朝在万历十年（1582）的各地粮食储备，足够国家支用十年。与此同时，大江南北特别是东南沿海工商业蓬勃发展。历史上称这段时期为"万历中兴"。

张居正有如此大的成就，他本人自然居功至伟，但俗话说"一个好汉三个帮"，在那个开创盛世的年代里也注定要有为他披荆斩棘的能臣。这时期，戚继光、李成梁、谭纶等人皆名垂青史，但还有三个虽然名声不及却贡献同样突出的人——王国光、张学颜、潘季驯。

经济奇才王国光

王国光，字汝观，山西南阳人，嘉靖二十三年（1544）进士。王国光是比张居正早三年入仕，但比起张居正来，王国光的官运却远远坎坷得多。

王国光从入仕起就是出名的清官，他的第一个官职是吴江知县。到任第一天，王国光就在府衙门口立了一首诗——"山西王国光，初任到吴江，若收一分钱，到死不还乡"。随后，王国光裁减吴江当地的赋税损耗，减轻了百姓负担。王国光还有一个无与伦比的优点——聪明，不仅所管辖境内的各类案件都能断得清清楚楚，连邻县发生的案件也能仅凭蛛丝马迹的听闻就推断个分毫不差，甚至到后来周围县城凡有疑难事端皆多向他请教。在嘉靖朝，这样的好官差不多是"哪里最难办派到哪里"。之后，王国光又相继在河南、河北各地做知县，所到之处皆是明王朝上下公认"难治"的地方，但他一如既往地为官清廉，多次为民解困，所过之处皆"百姓安居，咸称其善"。

王国光和张居正的交往，始于他调任兵部考功司主事时，而此时的张居正还是翰林院里一名无权无职的小翰林。就这样，王国光和张居正这两个同样心怀天下的青年从此时开始结识，并因共同的理想而一见如故。王国光和张居正二人之间最早的诗文唱和，就是开始于此时的。这时，正是严嵩当道时，明朝的国家政事大坏，而王国光担任吏部文选司郎中时的上级就是严嵩的门生鄢懋卿，调任户部时的上级成了严嵩的"干儿子"赵文华。因此，王国光见多了"严党"的蝇营狗苟，而秉性刚直的他也曾多次与之冲突。后来，张居正曾写信劝王国光，要他"引而不发，不可强争"。到严嵩倒台时，王国光官至户部左侍郎。隆庆帝朱载垕在位的隆庆四年（1570），五十八岁的王国光终被扶正，成为大明朝的户部尚书。

王国光能得到重用，一方面是因为老朋友张居正的举荐，另一方面更因为他的能力。王国光为官，素来以性格刚直、为官清廉著称，而他的能力更在官场上有目共睹。例如，王国光任职吏部的时候，可以对全国各地知县的姓名如数家珍，仅凭下面官员申报上来的一点材料就能迅速推断出地方官的政绩优劣，而且大多不差。后来，王国光改任户部，他的脑子更成了"活账房"，全国各省的赋税、钱粮、每年的灾荒、增产减产的数额尽皆了然于胸，甚至在知道各地边关每年所需军饷和每次征战所要调拨军粮的大体情况后立刻就能做出判断。对此，张居正的老对手高拱对王国光有个非常精确的评价："理财奇人，当世无双。"

从隆庆四年（1570）就任户部尚书，到万历四年（1576）第一次告病去职，是王国光宦海生涯里政绩斐然的六年。其实，明王朝的励精图治是从隆庆年间开始的。在高拱主政期间，通过调整地方赋税、兴修水利等措施使国家的收入开始增加，但粮食危机却同样严重。此时，明朝粮食储备面临两大问题：一是管理分散，机构冗杂；二是粮食收支管理混乱，账目不清。王国光深知"民以食为天"的道理，他从隆庆年间开始就大胆进行改革，首先推出了"天下抚按官"制度，即只有巡抚、巡按可以调动地方粮食储备，地方布政使无权调动，而这就减少了自嘉靖年间开始地方储备粮多被私人占有且流失严重的局面。到了张居正改革时期，王国光更大展拳脚，他先进行机构精简，使得明王朝有关粮食管理的官员在三年时间里相继被裁撤了三分之二。针对边境地区军粮调度效率低下的问题，王国光又出台了"座粮厅"制，即设计临时机构统一调拨粮食，增加了国家粮食运输的效率。

王国光对张居正改革最大的贡献，当数万历元年（1573）受命编写的《万历会计录》。这部巨著详细记录了明朝两京十三省的土地分布情况、赋税分布情况，细致到当地每家"势豪大户"的土地兼并细节以及当地官田流失的状况，堪称是张居正推行"一条鞭法"以及清丈天下土地的重要参考资料。但正因如此，王国光几乎把当时所有"势豪大户"都得罪了。于是，万历三年（1575），有人弹劾王国光任用私党，借裁撤冗员之机收受贿赂，虽有张居正力保，但王国光还是坚决请辞，并于次年获准。

这是王国光第一次去职，是年已经六十三岁。王国光本以为可以终老于林泉，但是老朋友张居正还是离不开他。一年以后，吏部尚书张翰去职，于是吏部执掌人事大权且位高权重、一心揽权的张居正在这个官职的任命上还是想起了王国光。结果，在张居正数次写信恳劝后，王国光重新出山，担任吏部尚书至万历十年（1582）。正因为如此，王国光成了世人皆知的张居正心腹。万历十年（1582）张居正过世后，万历帝朱翊钧随即开始了对张居正的清算，而王国光当然不能幸免。就这样，王国光被剥夺一切职务后撤职回家，尤其令他寒心的是：家乡的亲眷族人，甚至同村乡亲们，早传言他"站错了队"要被重办，为免株连纷纷和他"划清界限"。王国光回到家乡才知道，他全家老小都被赶出了村，甚至不许他回家居住。无奈之下，王国光一度躲到附近山洞里居住。如此世态炎凉，可见一斑。

神秘军事家张学颜

第二个张居正的帮手就是张学颜。

在《明史》的各类传记里，张学颜是一个比较神秘的人，神秘到出生年份都无可查，只说是嘉靖三十二年（1553）进士；但不神秘的，却是他在张居正改革时期的贡献。

如果说张居正对王国光一直"以兄事之"，那么张学颜就是张居正不折不扣的下属。与王国光更不一样的是，张学颜这个人才却是张居正的老对手高拱发现的。

张学颜，字子愚，号静斋，河北肥乡人。早年，张学颜在家乡是以孝顺出名的，其母亲早逝，之后他事继母极孝，在乡间颇有善名。入仕后的张学颜，先做曲沃知县，后任工科给事中，以行事严谨扎实著称。例如，在任工部时，有关每次工程的材料用度，计算都非常精确，甚至分毫不差。张学颜最早得到高拱赏识是在嘉靖四十五年（1566）任陕西参议时。当时，蒙古入寇甚重，张学颜上《御边十策》，一反明朝上下防御为主的战略，提出主动出击以歼灭敌人有生力量的构想。隆庆帝朱载垕即位后，因俺答汗向明朝归顺并被封为"顺义王"，西北烽火日减，相反辽东地区因受土默特蒙古左翼的土蛮汗入侵，渐成边患重灾区。隆庆四年（1570），高拱力排众议任命张学颜就任辽东巡抚，而与张学颜搭档的正是后来的辽东猛将李成梁。张学颜到任后，面对辽东汉人稀少、蒙古入侵日烈的局面，采取了招抚流民、拓展屯田的方法。不出几年，辽东局面即得以扭转。张学颜到任辽东前，辽东是明朝军费开支的重灾区；而张学颜任巡抚后，至万历元年（1573），辽东黑土地上已是沃野千里、田亩纵横，辽东边军的军粮已基本可自给自足。正因如此，万历年间的李成梁可以屡次大破土蛮汗而威震边陲，其经济的底子是张学颜打下来的。

张学颜的能力，也得到张居正的赏识。张学颜虽是高拱举荐的人，但张居正因他的才干也对其颇为倚重。当然，张学颜本人也很识趣：万历元年（1573）李成梁大破土蛮汗、斩首数千而取得辽东大捷时，张学颜在报功时大赞张居正的功劳，博得了张居正的欢心。同时，坊间更传言张学颜多次给张居正行重贿，尤其在明朝人王世贞的各类文章里对这种说法更是言之凿凿。不过，张学颜行事更有其果敢狠毒的一面。张居正当政后，最早担任辽东巡按御史的是张居正的门生刘台，但刘台之后因不满张居正专权而上书弹劾张居正，而在明朝门生弹劾座师被视为奇耻大辱。于是，张居正碍于面子表面上不计较，只是将刘台罢官了事。但三年以后，已是户部尚书的张学颜秉承张居正授意，罗织罪名称刘台贪污，竟将刘台发配流放。在张居正当权期间，张学颜不但是可靠的帮手，更是得力的"打手"。

在王国光因受不了言官弹劾去职后，张居正越发需要张学颜这位帮手兼"打手"。万历四年（1576），张学颜接替王国光，成为明朝的户部尚书。万历五年（1577），张居正开始在全国推行"一条鞭法"，大规模地清丈土地也进入高潮。张学颜忠心耿耿，一面编纂《清丈条例》以作为整个"清丈行动"的指南，一面大力收集全国各地势豪大户的经济类罪证用以要挟诸人——"听话的无事，不听话的办罪"。为此，触动整个王公贵族利益的清丈土地运动最后得以圆满成功，而做事狠毒的张学颜实在功不可没。

对这位张居正的忠实"打手"张学颜，彼时朝堂上是人人又恨又怕。后来，内阁大学士于慎行更直斥张学颜为张居正的爪牙。万历十年（1582），张居正病逝，一时间诸多张居正的亲信遭到清算，但张学颜却得以幸免。年轻的万历帝朱翊钧对张学颜分外欣赏，并调任他为兵部尚书，而张学颜也兢兢业业，继续清丈军屯、整治国防，一度建树颇多，尤其是他提出在广东、福建地区扩编水师用以拱卫国防，并在之后的万历朝鲜战争中发挥了重大作用。万历朝最杰出的水师将领陈璘，也得自张学颜的赏拔而得以担当大任。但到了万历十三年（1585），张学颜却触了万历帝朱翊钧的"霉头"——这一年他建议将内廷卫队的调度权收归兵部以便统一指挥，而此事犯了万历帝朱翊钧的忌讳。不久之后，万历帝朱翊钧重翻老账，指责张学颜是"张居正一党"。结果，张学颜被罢官致仕，就此结束了他毁誉参半的官场生涯。

"水利大师"潘季驯

张居正改革时期的第三位重要人物就是潘季驯。

如今，潘季驯是张居正诸多帮手中名气最大的一个，原因在于他完成了一个高难度任务——治河。

潘季驯,字良良,浙江乌程人。嘉靖二十九年(1550)进士,明朝最杰出的水利专家。

在成为一个杰出的水利专家之前,潘季驯主要是做司法事务的。潘季驯先任九江推官,后做御史。嘉靖四十四年(1565),就在庞尚鹏巡按浙江的同时,潘季驯也正巡按广东,与庞尚鹏一样在当地进行"一条鞭法"的推广。但是潘季驯很早就与水利结下不解之缘,早在嘉靖二十九年(1550)入京赶考时,他从家乡出发乘船沿京杭大运河至北京,一路就将沿途水文资料细细记录。为官之后,潘季驯每到一地都细细搜罗当地的水利著作精心研读,而他似乎就是为治水而生的。

潘季驯的牛刀小试是在嘉靖四十五年(1566)。这一年黄河发大水导致河道淤积,时任御史的潘季驯主动请缨,协助工部尚书朱衡治理。此时,黄河在沛县决口,大量泥沙阻断了京杭大运河。时任工部尚书朱衡主张在沛县另开新河,重新连接京杭大运河,但潘季驯断定此举劳而无功,建议恢复元朝人贾鲁在此地修造的旧运河。朱衡、潘季驯二人争执不下,结果明王朝却支持了朱衡的建议。然而,事实果如潘季驯所料,朱衡的新河刚挖了一半又遭遇了黄河发大水,瞬间又被冲垮了。危难之下,潘季驯不计前嫌地帮助朱衡亡羊补牢,在新河沿岸规划堤坝遏制水势,最终成功疏通河道,从而使京杭大运河重新畅通。此事也让年近花甲的朱衡愧疚万分,连称"治河半生,方知人外有人"。

但明王朝的水患,并没有因此而解决。明朝中期的水患,归根结底四个字——"保漕弃黄"。从明朝嘉靖年间开始,明朝前期修筑的水利工程大多已失修。为保证连接南北的京杭大运河畅通,明朝长期以来采取了牺牲黄河流经的河南地带而专一保障漕运畅通的方法,即对河南等地的水患大多放任,反希望其能为黄河分流。结果,黄河水患不断,京杭大运河却唇亡齿寒,屡屡遭阻断。到了隆庆帝朱载坖在位的隆庆年间,明王朝终于为前人的错误买了单。隆庆三年(1569)、四年(1570),黄河三次大规模决口,中原大地遭受百年未遇的水灾:从苏北的睢宁到宿迁的一百八十里大地尽成汪洋,上千艘开往北京的运粮船被阻断在长江南岸,大明王朝的主动脉一下子被掐断了。潘季驯再次临危受命被委任为治河总督,而彼时主持明朝国事的大学士高拱给了他极大的信任,命他可全权节制山东、南直隶、河南、安徽四省的兵马钱粮,堪称明朝这时期的"最大地方官"。当然,官大压力也大,潘季驯到任后几经勘察,多次亲临一线,甚至有一次他的官船遭遇风浪,差点儿被打翻在水里。"功夫不负有心人",潘季驯终于找到了治水问题的症结:以往治理黄河,要么拓展河道,要么加高堤坝,结果拓展河道会导致大量泥沙沉积,水位越发高涨,而加高堤坝的结果,更是堤坝高一尺水高一丈,越治水势越烈。

所以,潘季驯大胆提出了新的治水构想,即有限度地填充河道,缩短河道宽度,加大水的流量,利用水流的冲击力将泥沙冲走,水位自然下降。同时,对沿岸河坝,改以前的加高为加厚,增加河坝的抗冲击力。另外,潘季驯还精打细算,尽力缩减治河费用。结果,这项浩大的治理工程仅花费白银十一万两,比计划内削减了一半,但工程质量却有过之而无不及。这种独特的治理黄河方法,就是著名的"束水冲沙法"。

但也因为这次成功的治河,潘季驯反而开罪了此时还是内阁次辅的张居正,因为张居正的本意是要加高河坝、深挖河道。同时,对潘季驯本人,张居正起先意图拉拢,但被深念高拱知遇之恩的潘季驯拒绝了。于是,报复随即来了,治河刚刚成功的潘季驯就遭弹劾,黯然罢官去职。

这次"功高不赏反遭逐",对潘季驯本人来说既是委屈却又是幸运,因为就在一年以后明王朝便发生了巨大的人事变动——新登基的万历帝朱翊钧罢黜了高拱。之后,高拱的亲信们也纷纷被逐,而以潘季驯宁折不弯的脾气难保不会发生什么事。高拱去职后,潘季驯反而因祸得福。万历四年(1576),明王朝下旨重新起用潘季驯,但他想起张居正当年对自己的种种刁难,起初以体弱多病为由婉拒。张居正得悉后亲笔给潘季驯写信,一面为以前的事情道歉希望潘季驯能不计前嫌,一面大赞潘季驯"早负才名,雅有清望",其诚恳言辞终于打动了潘季驯。当然,张居正这般服软,却也是有原因的。当年因潘季驯早早去职,张居正大规模治理黄河的计划并未实现,结果到了万历年间黄河又在高邮、徐州地带相继决口,虽然明王朝大规模投入人力、物力治河,但正如潘季驯所料的在传统治水方法之下只能水势越治越烈。于是,当年张居正不想用的人,这时却不能不用了。

万历六年(1578),潘季驯再次总理河漕。这次,张居正给予了潘季驯全力支持,加封他为右都御史兼工部侍郎,将治理运河的事权皆统一于其手。同时,比高拱时期有过之无不及的是,这次张居正除了允诺潘季驯可节制中原四省的兵马钱粮外,连当地地方官的人事罢免权也给了他。当然,这次的局面却更糟,不但黄河全线决口竟达一百三十处,平均每个决口宽度都在一百丈以上,水深两丈以上，而更严重的是毗邻灾区的古泗州是明朝祖陵所在，一旦有失则政治风险是谁都无法承担的。此时，"位高权重"的潘季驯正在风口浪尖上，但他只能迎难而上。

在汹涌的黄河泛滥中，潘季驯再次找到了解决问题的关键点——"保漕治黄"。是年六月，潘季驯向明朝上书了详细的《两河经略书》，这是中国水利史上第一本系统论述黄河全线治理的著作。依这部方略，潘季驯放手行动，他建议北至天津、南至南直隶，沿运河沿岸大规模修筑堤坝，同时在黄河与京杭大运河的交界处再行"束水冲沙法"增大流量冲刷泥沙，并在水流的两岸修筑三道立体堤坝以缓解水势。应该说，如果之前历经水利废弛的黄河已是一个垂垂老矣的病人，那么潘季驯的药方就是对黄河进行大规模的手术。与此同时，潘季驯更在奏折里誓言，"愿以三年为期，到期无果则以死谢罪"。万历六年（1578）八月起，这项浩大的工程开始了。潘季驯不但详细筹谋，更施严刑峻法，多次罢免甚至治罪虐待河工的官员，同时更创造性地发明在黄河沿岸修建减水堤坝和泄洪渠，不但分流了黄河水势，更灌溉了良田无数。就这样，仅用一年时间，这项计划三年的工程即全线完工。从此以后，水灾频繁的淮河沿岸、苏北地区，在此后的近一个世纪里再未发生过水灾。潘季驯建减水坝的洪泽州，更从以前的重灾区变成了膏腴遍地的乐土。万历八年（1580）四月，六十岁的潘季驯加封太子太保，万历帝朱翊钧的诏书里称他"以水治水，计虑出于万全，知人任人，率做先乎众职"，极尽赞美之词，而潘季驯的不朽功勋完全匹配得上。

但两年之后，名满天下的潘季驯的厄运还是到来了。张居正去世后，潘季驯因不满张居正惨遭清算而多次向万历帝朱翊钧上书，招来了万历帝的嫉恨，最终被划作"张居正一党"，再次黯然罢官回家。万历十五年（1587），黄河又在河南决口，万历帝朱翊钧这才想起了被他污为"张居正一党"的水利大师潘季驯。次年二月，潘季驯再授太子太保，以河道总督身份奔赴河南。经过两年呕心沥血，潘季驯终于成功治理河南水患，并在山东、江苏、安徽大规模修筑堤坝。至此，整条黄河航线的治理终于全面完成。但这次潘季驯未等明朝封赏，早已对宦海心灰意冷的他主动辞官回家。万历二十三年（1595），潘季驯这位16世纪人类最杰出的水利专家在家乡病逝，享年七十四岁。

二四 / 万历时代的"苏州税监事件"

张居正十年呕心沥血的改革，造就了大明王朝的再度振兴。其主要政策素来史不绝书：全国清丈土地，遏制兼并，增加朝廷税收，并极力推行"一条鞭法"将赋税折合银两征收，同时大搞考成制度提振官场效率。如上种种，成果斐然。

张居正的功劳与毛病

张居正改革的效果也立竿见影：边境坚不可摧，战事大大减少；国民经济更直线上扬，朝廷收入增加，国库存粮充足；朝廷储备丰厚。同时，大规模治理黄河，把黄泛区治成了产粮区，生产大为发展。

然而，诸多成绩，却更难掩其中弊病。其中，最大的一条便是张居正个人的专断，几乎把个人权力凌驾于万人之上。内阁行政权力更凌驾在各部门之上，使得明朝长期形成的互相制衡体系再次被完全打乱。"考成法"在提升效率的同时，更钳制了百官，特别是把原本制约内阁权力的言官集团也放在内阁"考成"的范围里，致使以前可以仗义执言的御史们这下完全变成了内阁的奴才。

张居正这样专断，从改革角度说也有原因：改革本来就是得罪人的差事，外加推行过程中，利益集团不断有人受损，所以越前行则阻力越大，必须消除"杂音"全力推动。就这样，在十年改革期间，张居正越发变得专横。特别是万历五年（1577）的"夺情"事件，当时张居正父亲过世，他以"夺情"为名拒绝回家丁忧守孝，招来朝野议论，连张居正自己的门生都上书弹劾座师。于是，脸上挂不住的张居正更做出了激愤之举，在万历帝朱翊钧的力挺下，当众杖责那些弹劾他的言官，闹出了大事件。

随着张居正越发专横，渐渐成年的万历帝朱翊钧也逐渐不能容忍。另一个悲剧性的伏笔是：张居正改革是以辅政的名义，借助皇权来推进的。但是，随着威权日重，无论张居正怎样小心行事，最终都会成为皇权的威胁，活着的时候没人敢碰，但一旦人亡则难逃清算，昔日的改革也将遭冲击。

万历帝朱翊钧对张居正逐渐由敬重变痛恨，主要有三个原因：一是张居正对万历帝朱翊钧管束严格，但他自己越到晚年却生活越发放松了，甚至有不少腐化堕落的事情，传到万历帝耳朵里自然印象大改；二是随着万历帝朱翊钧逐渐成年，张居正多次乞求退休，但万历帝的母亲李太后却不批准，非要把张居正用到底，如此日久天长之下万历帝朱翊钧就深恨张居正夺了自己的权；三是在皇权时代，哪个皇帝也不会允许超越皇权的力量存在，所以万历帝朱翊钧对张居正的清算就是必然的，而这一点却也最致命。

万历十年（1582）六月二十日，张居正过世。十八岁的万历帝朱翊钧在起初隆重哀悼后，随即便开始对张居正进行清算。张居正的同党冯保被抄家，然后张居正本人被追夺一切官职，同样惨被抄家。张府家人有不少死在牢狱，全家更一度被囚禁，长子张敬修甚至被活活打死。幸好张居正一手提拔的亲信大学士申时行在关键时刻求情，万历帝朱翊钧这才消气，将张府儿女流放外地，母亲划拨水田供养。如此，一代改革家张居正的亲族血脉，总算保住了。

万历帝朱翊钧亲政后，也一度非常勤勉地努力治国。对张居正改革时代的各类政策，虽然"一条鞭法"保留，但是钳制百官的"考成法"却被废黜。此外，诸如军事政事等方面的好些改革也半途废止。从万历十五年（1587）开始，万历帝朱翊钧更开始消极怠工，开始了三十三年不上朝的时代。

这时期的明王朝，从商品经济角度说依然十分繁荣，东南沿海更蓬勃发展。但发展到17世纪早期，明王朝却爆发了一件著名的群体事件——苏州税监事件。

苏州百姓愤抗税

这件事的整个过程，按照很多史书的说法，大体是这样的：万历帝朱翊钧亲政后，经过二十多年的发展，东南沿海工商业日趋繁荣，新兴手工工场如雨后春笋般出现。这时，中国明末的资本主义萌芽到达高潮。按照许多史家的说法，财迷的万历帝朱翊钧感觉有利可图，随即从万历二十四年（1596）开始，向全国各地派遣大批宦官充当税使，强行加征商业税。这些税使多是贪得无厌的宦官，揽到收税的美差之后更借机巧立名目，大肆横征暴敛并从中渔利。万历二十九年（1601），明王朝派往苏州的税使太监就是万历帝朱翊钧的亲信孙隆。

孙隆到达苏州后即在当地横行霸道，招揽大批地痞流氓充当爪牙，不仅在苏州周边设立关卡强征过路税，更在苏州城内挨家敲诈向各位商户征收保护费，甚至连普通的手工工场工人也要向他们缴纳利钱。是年，正逢江南水灾，丝绸销售正是淡季，诸多以丝绸加工为业的手工工场本就难以为继，税使的到来更雪上加霜。当时，大批工场主纷纷破产倒闭，仅苏州一城就有两万多工人"下岗"。然而，工场虽没活干，可税还要照交，破产了也要倾家荡产地交。孙隆的盘剥日烈，终于引起了当地百姓的强烈反抗。

其实，反抗的导火线是一件小事：一位以生丝为业的老农进城卖丝，入城前因无力缴纳过路费，生丝被税使抢走大半。当他把剩余生丝卖掉，买米出城时又遭税使勒索，并在苏州玄妙观被殴打，围观百姓敢怒不敢言。就在此时，玄妙观门口一个一直冷眼旁观的中年汉子葛贤，突然手摇蒲扇高呼"打税贼"，接着群情汹涌，呼啦啦地围上一群愤怒的百姓，积蓄已久的怨气这时像火山一样爆发出来。一时间，"千人愤挺出，万人夹道看"，整个苏州城男女老少齐上阵，一齐追打税使、税官，而那些平日里横行暴打勒索百姓的税使、税官一下子被打了个惨烈。玄妙观前欺负老农的税使被愤怒的百姓当场打死，而且众人打完了还不罢休，更是结伙又追到了苏州税使衙门，对各路收税官员见一个打一个、见两个打一双。从六月初六开始到六月初九，整整三天时间，百姓们共焚毁苏州府衙三座，杀死税官黄建节，另有负责收税的税使等多人殒命。苏州税使孙隆被揍得鼻青脸肿，仓皇逃回京城。孙隆手下的十二个爪牙，其家全被百姓烧毁。史载这三天"若狂三昼夜"，对税使多年的积怨就这样一股脑儿发泄了出来。

事件之后，因打死了朝廷命官，为免众人遭株连，葛贤主动向苏州知府自首。葛贤入狱那天，成千上万的苏州市民为他送行；坐牢期间，每天自发为他送饭的人从未断过。由于畏惧葛贤巨大的影响力，明朝政府终未敢惩罚他，在关押了十三年后最终还是将他释放了。三十多年后，晚年的葛贤又赶上了著名的"五人墓事件"，他因敬佩五位义士而自愿为其守墓终生。葛贤去世后，被安葬在五人墓对面，即苏州历史上大名鼎鼎的"葛将军"。

这个耳熟能详的故事，多年以来见之于各类史料。然而，与之相对应的，却是之前提及不多的一些细节。

首先是葛贤的身份，他确是织工不假，但不仅仅是织工，还有一个身份叫"会头"。明末东南地区，商品经济发展迅速，手工工场工人更是自由身，不再是元末时候的奴隶地位。工人群体的不断壮大，也让工人们开始自发地学会维权。以苏州为例，偌大的苏州城不但有纺织工人的行会，甚至连大户人家家里的杂役、奴仆和官府打工的马夫、走卒，都有自己的"行会"。例如，大户人家的奴仆，一旦主人给的薪资低，就经常饭不做、地不擦，合伙罢工要求涨薪资。这样的情景，在明朝的说法叫"奴变"。至于工场工人罢工，要求涨薪资的事情，更是时有发生。明朝曾在江南做过地方官的官员们，如后来的东林党领袖李三才，都曾感慨江南"民变迭起"。当时，明朝也有"吴民喜乱"的说法，而大规模的"民变"发起者就是"会头"。葛贤，就是其中之一。

所以，不难理解，为什么玄妙观前葛贤摇蒲扇一呼就立刻应者云集？这样的情景，确可看作此时东南地区商品经济发达的缩影。

其次是苏州府衙对此事的态度，颇为耐人寻味。事件发生后，整个苏州城的府衙、衙差以及周边的军队，似乎一夜之间全消失了。连续三天大规模的暴乱、焚烧府衙、杀死"朝廷命官"这样的重大事件，却并未看到苏州地方官的身影，更未见大规模的镇压，甚至连维持地方治安的政府也好似人间蒸发了。直到孙隆逃到杭州，事件基本平息下来之后，苏州知府才象征性地张贴告示，要求缉拿祸首，却未见有任何实际行动。在此期间，葛贤还能从容地组织众人开会讨论，做出主动自首的决定。抓捕之后，葛贤明明是"谋反"大罪，却多年不杀不判，只是好吃好喝地供养着，等养到一定年数就自动开释了。在高度专制的中国王朝社会，发生这样的事情实在是一出奇景。

当然，这样的奇景的发生，却也是有原因的：一则官逼民反，百姓群情激昂，做官的自然也不敢去触这个霉头；二则对于万历帝朱翊钧这种收税方法，整个明朝文官集团都采取了抵制的措施，他们更乐得看税使的笑话。由此，就牵出了万历一朝一个争论颇多的弊政——税使问题。

万历皇帝很委屈

说到税使问题，多年来主流的看法是，这是万历帝朱翊钧横征暴敛、鱼肉百姓的证据。由于税使的横暴导致明朝人心丧乱、国力渐衰，一度繁荣的明朝"万历中兴"开始走起了下坡路。"明实灭亡于万历"的说法，税使问题一直被看作重要的依据。

然而，隐藏在税使问题之下的却是另一个事实：此时的明王朝，着实到了"极穷"的地步了。

在税使的原因上，万历帝朱翊钧曾经多次下诏阐释。例如，万历二十七年（1599），万历帝朱翊钧曾下诏说："今费用不敷，若不权宜旨办，安忍加派小民？"明末学者袁中道也承认："万历中，九边供应不已，国库匮乏，言利者以税使启之。"从张居正死后的万历十年（1582）开始，明王朝的商品经济蓬勃发展，国势也一度蒸蒸日上，人口和经济总量与日俱增，但国库收入却与日剧减。例如，申时行担任首辅的近九年里（1583—1591），明朝的财政收入从最高的八百万两下降到其在任最后一年的五百万两，而到了发生苏州抗税事件的万历二十九年（1601）更锐减到了四百万两左右。

税收减少了，但明王朝花钱的地方却多了。从万历二十年（1592）至万历二十七年（1599），明朝相继爆发了"三大征"。三场大战共消耗白银八百多万两，主要的来源是张居正当政时期留下的存银。与此同时，明朝的宗室规模不断扩大，每年对宗室的赏赐日益增多。到了万历时期，明朝的各级藩王宗室的总人数已高达二十万人，这些宗室不仅享有免税特权并靠朝廷养活，而且消耗国库大量资财。同时，万历帝朱翊钧清算张居正时，为收揽人心废除了张居正的多项政策，其中重要的一项就是张居正裁汰冗官的努力。在张居正任上，明朝"吃国家财政"的官员比之前的隆庆朝减少了三分之二，而万历亲政仅十年，即到了万历二十年（1592）时，明朝的官员总数竟然比张居正时期膨胀了四倍。巨大的财政负担日益成为万历帝朱翊钧的心病。

明朝税收锐减的原因有两方面：一是张居正死后土地兼并的卷土重来，大批国家经过清丈后可以纳入税收范围的土地被巧立名目地纳入各级官员地主甚至王公贵戚名下，朝廷可用来征收赋税的土地在不到十年间竟缩水到五百多万顷。明朝的税收体系本就是以农业税为主，但在万历帝朱翊钧在位时发展最迅速的却是工商业，如东南沿海商业贸易大兴，整个国民经济发展已成严重的不平衡态势。当时，农民日益穷困，许多人甚至抛家舍业，有地不种跑到东南沿海做工，成了最早的"农民工"阶层。东南沿海商业发达，但明朝商业税从开国起就相对比较轻。在发达的工商业下，明朝廷通过原有的税收体系很难增收太多的赋税。明朝万历年间户部收取的商业营业税，在万历十年（1582）之后一直保持在每年二十万两左右。明朝前半期主要的商业税收入来自盐税，但到了万历时期，随着私盐贸易的兴盛，如山西以及两淮盐商力量的壮大，明王朝对食盐贸易的垄断早被打破。在万历时代的食盐市场上，全国的食盐需求量有十八亿斤，而官府经营的食盐只占五亿斤，税收自然大打折扣。明朝经过"隆庆开关"后，海外贸易蓬勃发展，但明朝收取关税的体系依然是永乐年间的市舶司，收税方式还是按照传统的货物进出口量征收其低价的百分之二十关税。由于海外贸易货物进出口交易价格与成本价格间的巨大落差，市舶司可收到的赋税微乎其微。在万历年间，明朝市舶司的权力也日益萎缩，原本可以组织贸易集市监管贸易，但其权力早被沿海商人取代。明朝市舶司的权限仅限于收税，而组织贸易的商人们则可以巧立名目逃避赋税。到了万历二十年（1592），明朝市舶司的总收入竟然只有四万两。与此同时，根据西方学者的研究，这时期输入中国的白银总量占整个世界白银总量的三分之一。当然，大量白银的输入，也势必引起通货膨胀，而万历帝朱翊钧手中的钱也越发变得不值钱。

因此，日益严峻的财政问题才是万历帝朱翊钧派遣太监做税使的动因，但这么做的效果又如何呢？

税使问题反抗多

税使一出，文官集团自然反对，多年以来各类抨击的奏折不断。一是不能容忍太监干政；二是万历时期的文官集团，商人阶层出身的越来越多，许多还介入商业贸易，搞起了"官倒"。太监收税，受害最大的就是文官集团，所以他们团结一心抱成团，"誓把反对税使进行到底"。

税使的横行，确实给东南沿海的商品经济带来了重创。万历帝朱翊钧派出的太监多是贪婪之人，巧立名目横征暴敛本就是拿手好戏，丝毫不管商家死活。与此同时，横征暴敛更激化了种种矛盾。其实，这时期不止苏州，全国各地都有"群体性事件"发生。

例如，派往陕西的太监梁永，在富平征收商业税时，被当地知县王正志阻止。为此，王正志的衙役们和梁永的税棍大打出手，结果王正志本人获罪下狱。派往湖北征税的太监陈奉，因与湖北武昌同知边孔发生冲突，将当地官员多人逮捕，结果引起了百姓愤怒，数万人围攻陈奉的官邸，将其几十名随从扔进长江，而陈奉惊慌之下逃进楚王府方才躲过一劫。派到天津收税的马堂，在当地公然掠夺百姓财物，引得当地百姓集体罢市，将马堂家烧了个精光，并将其随从三十多人杀死。最搞笑的是，各地还相继发生了冒充税使诈骗的事：一些地痞无赖剃掉胡子，换上太监衣服在地方上招摇过市，敲诈勒索。例如，北京一个叫张礼的流氓，冒充太监在昌平收税，连地方官都给忽悠了过去。一个月下来，张礼诈骗的金额高达上万两。

税使敲诈地方、破坏工商业，引得民怨沸腾，这些都是不争的事实。但如此横征暴敛下，万历帝朱翊钧究竟得了多少钱呢？从万历二十四年（1596）派税使开始到万历三十四年（1606），各地税使在十年里上交的征税总额一共只有三百万两。事实上，"入公帑者不到十分之一"。也就是说，还有上千万两税银皆被这些蛀虫私分了。万历帝朱翊钧企图增加商业税的努力不但收效甚微，而且激发了他个人与文官集团的对立，更加重了明王朝的统治危机，可谓得不偿失。

这一切的责任，如果都只加诸给万历帝朱翊钧一个人，那显然是不公平的。事实上，万历帝朱翊钧是在为整个明朝落后的政治体制买单。明朝建立初期是一个以农业税为基础的政治体系，但到了中晚期整个国家的经济形态在向着商业化社会转型，旧有的税收体制却依旧以农业税为主，结果农业税日益锐减，商业虽然发达却无力增收。其实，万历帝朱翊钧增加商业税的办法是一种简单粗暴的方式，他没有想过通过制度的转轨调整来实现经济转型，却只想一蹴而就地增收，结果明王朝的财政状况每况愈下。到了后来努尔哈赤攻打明朝时，经济紧张的明军不但军饷拖欠，连部队武器的日常保养和维护都做不到。例如，此时热兵器已成重要作战方式的明军，在后来辽东的战争里往往是打了几轮火器后弹药就消耗殆尽了，只能白白地死在女真骑兵的弓箭马刀下。因此，明军在与女真人的战争中之所以失败，与其说是战斗力问题，不如说是经济问题。

二五 / 万历朝鲜战争：帝国荣耀

说起明朝万历帝朱翊钧在位时期（1572—1620）的战争，除了晚期与辽东女真的战争外，今人耳熟能详的就是"万历三大征"。从万历二十年（1592）开始，经过张居正改革后承平日久的明王朝连续经历了三场大规模的战争：宁夏平定哱拜叛乱、万历朝鲜战争、播州平定杨应龙之战。三场大战的胜利让亲征后的万历帝朱翊钧找到了"君临天下"的感觉，而"万历中兴"的文治武功也因此达到了顶点。

要论"万历三大征"中哪一场战争在今天知名度最高，当数万历二十年（1592）开始的朝鲜战争。

脑袋发热的日本

万历朝鲜战争，在朝鲜叫"壬辰卫国战争"，日本叫"文禄庆长之役"，爆发于明朝万历二十年（1592）四月，导火索是日本的实际统治者丰臣秀吉遣使者至朝鲜，要求朝鲜"借道"给日本，帮助日本攻打明王朝。实际原因是，丰臣秀吉结束了日本"战国时代"统一日本后，为了稳固统治，即采取了对外扩张政策，提出"梦日而生"的说法，认为"凡是太阳照耀到的地方，就是日本国土"。——这是日本最早的"军国主义思想"。在侵略朝鲜的战争爆发前，丰臣秀吉早已做好了"三步计划"：第一步灭亡朝鲜；第二步灭亡明朝；第三步占领印度支那，称霸世界。经过几十年的内战，以及长期对明朝东南沿海的骚扰，日本上下诸藩也早已头脑发热，对明朝的态度也渐转为平视，不再以"天朝上国"待之。当时，整个日本上下都弥漫着一股扩张好战的狂热情绪。在"借道"要求遭朝鲜拒绝后，丰臣秀吉随即翻脸，派二十万大军进入朝鲜拉开了侵略战争的序幕。

此时，朝鲜正是李氏王朝统治时期，是明朝二百多年来的藩属国，早已承平日久，战斗力自然不靠谱。四月十四日，日本出兵，随即于五月二日占领汉城（今首尔），五月八日占领平壤。六月十一日，朝鲜国王李松逃奔鸭绿江，至此朝鲜八个省已经丢了七个。眼看亡国在即，朝鲜国王李松火速遣使者至明朝，请求明王朝出兵帮助攻打日本。朝鲜国王李松逃到鸭绿江后再次向明朝万历帝朱翊钧递交国书，朝鲜的使臣也分别游说明朝各部大臣和内阁大员们，除了请求出兵外，更希望能够到辽东避难。当时，朝鲜国王李松更在国书里向万历帝朱翊钧哭诉："与其死于倭寇，不如死于父母之国。"可见是真的把明朝当作父母之邦了。

但对于朝鲜战局，明朝这个"父母之国"却是反应迟钝。起初，京城甚至有传言，说是朝鲜国王和日本有勾结，企图将明军诱到朝鲜全歼，以达到侵略明朝的目的。等到朝鲜七省沦陷后，明朝才派辽东鸭绿江宽甸堡副总兵佟养性率八名士兵渡江侦察敌情。随后，佟养性回报说："倭兵人少，可破也。"在明朝内部，"主战""主和"两派更是争吵不休。兵部尚书石星主张火速出击消灭倭寇，但都察院的言官们却大都反对，甚至万历帝朱翊钧最早也未表态。明朝态度犹疑的最主要原因是此时宁夏发生叛乱（"三大征"中的宁夏之乱），其战略重点在于平叛，而双线作战自然要慎重考虑。

随着宁夏之乱接近平定，万历帝朱翊钧终于下定了决心——开战，正如他对群臣的诏书"无遗他日疆患"，可谓一眼看穿了日本人的真实目的。兵部尚书石星主动要求率兵去朝鲜，但万历帝朱翊钧深知此人志大才疏，于是选择了兵部侍郎宋应昌。十月，明朝正式任命李如松为征东提督，与辽东经略宋应昌一起提兵进入朝鲜。在此之前，明军已经在朝鲜吃了两次败仗：先是辽东游击史儒于六月率三千部队进入朝鲜，对日军进行试探性进攻，反遭埋伏；后是辽东副总兵祖承训于七月再率五千军队进入朝鲜，在平壤城下几乎被全歼。即使经过了两次小规模的战斗，但明朝对侵略朝鲜的日军的情况依然一片模糊，甚至连日军侵略朝鲜部队的总人数都没有搞清楚——朝鲜方面说有三十万人，而祖承训回报说有三万人。与此同时，此时已盘踞建州的女真人努尔哈赤也向明朝表忠心，表示愿意协助明朝作战，但被明朝婉拒。

日军在早期占领朝鲜七省后，之所以不能乘胜追击，按照朝鲜历史书的说法是因为朝鲜水师名将李舜臣多次在海上重创日军，同时朝鲜当地起义军的抵抗也拖住了日军的脚步；而中国方面的主流说法是明朝委派海商沈惟敬为特使出使日本，用谈判方式迷惑了日本人，给明朝争取了集结军队的时间。从后来事情的进展看，中国方面的说法更靠谱——李如松于十二月进入朝鲜，于次年元月率四万五千大军抵达平壤城下，即使如此平壤守将小西行长还在以为明朝此来是来"和谈"的，以致差点儿被李如松奇袭平壤得手。另一个重要原因是，虽然丰臣秀吉本人头脑发热，但侵略朝鲜的日军实际总指挥的小西行长却是明白人，因此他在给丰臣秀吉的战报里就建议丰臣秀吉不能急于进攻明朝，至少要等到稳定朝鲜局势再说，同时更断定明朝必定会重兵救援朝鲜。结果，事实印证了小西行长的判断。万历二十一年（1593）元月，明军进抵平壤城下。李如松本来假借"封贡"的名义企图直接奇袭平壤，但因为攻击部队过于犹豫而被小西行长识破，奇袭功败垂成。早在出兵之前，明朝的作战计划就不是打持久战，而是毕其功于一役，以一场大胜彻底消灭日军，亦正如明朝使臣葛昆对朝鲜国王李松所说："天朝（明朝）之计划，在于一战定乾坤，务使倭寇片甲不留。"

扬威朝鲜李提督

万历二十一年（1593）元月八日，李如松带着让倭寇"片甲不留"的目的，由其指挥的平壤会战正式打响。李如松先命吴惟忠的戚家军攻打日军防守最严密的牡丹峰，不要求攻克，只要求拖住日军，继而三路大军齐出攻城，先以三百门大小火炮轰击，再发起冲锋。但日军抵抗极为顽强，他们在明军的炮火打击下虽伤亡惨重，却依然用火枪齐射还击，连李如松自己的战马也被击毙。战局胶着时，戚家军将领骆尚志率所部奇袭南门，一举攻克，平壤防线就此击破。明军乘势追击，攻克平壤城墙，继而日军退入内城，又和明军打起了巷战。但李如松不想做无谓牺牲，见日军缩入城内工事，干脆就用火攻，将城内日军烧得鬼哭狼嚎。次日，小西行长率领残部从平壤东南门出逃，谁想平壤东南门外是条大河，慌不择路的日军仓皇渡河时淹死数千人，渡河后又被早已在河边设伏的明将李宁截杀砍死数百。至此，平壤战役结束，明军以阵亡七百人的代价收复平壤。至于日军的伤亡，根据日本人自己的《日本战史》里记载：日军此战共投入兵力三万多人（包括小西行长的两万守军和黑田长政的一万援军），阵亡高达两万多人（受伤的还没算进去）。

平壤战后，明军一路追击，先前盛气凌人的日军却被打出了"恐明症"，几乎对明军望风而逃，甚至在上甘岭竟出现了三个明军士兵俘虏一百多个日军的闹剧。李如松火速追击，欲一举收复朝鲜王京（汉城，今首尔），但溃败的日军并不甘心。日本大本营经过精心筹谋，制订了一个聚歼明军的计划，即将明军诱到汉城城下，然后以优势兵力围歼。为此，日军在汉城集结了六万军队，并用小股部队诱导明军南进。谁料计划赶不上变化，日本用来"诱敌"的一千多军队，在汉城北部的碧蹄馆遭遇明军前锋查大受，被打得全军覆灭。日军主帅黑田长政当机立断，就在碧蹄馆设伏就地歼灭明军。查大受的先头部队一下子遭到数万日军包围，但明军士气高昂，用"车阵"迎战，且不断用骑兵发起反冲锋，以至于战斗打了一天一夜，几万日军竟根本吃不下这支明军小部队。就在僵持不下间，不明情况的明军提督李如松率亲兵侦察前线，竟然一头撞进了碧蹄馆和查大受一起被日军包围。"捞了彩票"的日军欣喜若狂，立刻集中兵力发起冲锋，意图"擒贼先擒王"。但久经沙场的李如松毫不慌乱，出乎日军意料地在劣势兵力下反而发起了反冲锋，以三千骑兵向数万日军攻击。日军猝不及防，包围圈一下子被冲开了口子。李如松趁机率部突围，但日军紧紧围困，不断缠斗。恶战从元月二十六日早晨打到黄昏，李如松冲不出去，日军攻不上来，双方陷入僵持。恰逢此时李如松部将杨元得悉情况，率一千骑兵从外围发起攻击，筋疲力尽的日军顿时大溃。这样，李如松趁机得以突围而出，一场惨烈的遭遇战也就此结束。

碧蹄馆之战，明军前后共动用兵力五千人，并非大规模战斗，但战斗过程却异常艰辛。李如松在战后的奏报里称自己被"围匝数重"，可谓艰苦之至。这一战，明军伤亡过半，高达两千多人，但日军的情况更惨，仅黑田长政上报的阵亡名单，其中将领就有三十人，士兵数目更高达八千人。因此，这场日军苦心发动的围歼战，并未阻止明军进攻的步伐。碧蹄馆一战，李如松死里逃生，也让其明白日军实力犹存，很难一下消灭。因此，李如松开始用奇计，先是在二月派数十敢死队奇袭汉城城外的"日本龙山"，将日军的粮食全部烧毁。断粮的日军无奈，终在四月退出汉城，同时遣使至北京请求"和平谈判"。明朝方面，从内阁大学士赵志皋到兵部尚书石星都建议明军尽早结束战争，次辅张位更以永乐时期征越南一事为例，建议明军谨防陷入朝鲜战争泥潭。见日本服软，万历帝朱翊钧也表态愿意和谈，双方达成"协议"：日军撤出朝鲜，只留少量兵力驻扎朝鲜沿海；明军也只留六千人驻朝鲜，其余撤回国内。朝鲜战争的第一阶段就此结束。

但丰臣秀吉不是真心和谈，只不过是利用和谈做幌子借机备战而已。双方使者往来密切，日方也假意接受了明军的三大"和平条件"——册封丰臣秀吉为明朝藩属；从朝鲜撤军；放还掳掠的朝鲜官民。实际上，从万历二十一年（1593）四月停战起，日本就开始了新一轮备战。万历二十一年（1593）六月，丰臣秀吉颁布了"从军法"，规定凡年满十六岁男性都要服兵役，同时大力购买马匹，在朝鲜沿海和日本本土训练骑兵。万历二十二年（1594）八月，丰臣秀吉更用重金收买葡萄牙人，得到了葡萄牙当时的主力战船"蜈蚣船"，并下令仿制演练。万历二十四年（1596）九月，依照先前和日本达成的"和平协议"，明朝使者杨方亨至日本"册封"丰臣秀吉。此时，自以为实力大增的丰臣秀吉终于露出了本相，他先是当众羞辱明朝使者，将明朝使者驱逐出境，继而又行反间计在朝鲜散布谣言，说朝鲜水师主将李舜臣要造反，导致李舜臣被下牢狱。万历二十五年（1597）元月，丰臣秀吉再次出兵，派十五万大军侵略朝鲜。至此，朝鲜战争风云再起。

战歌浩荡露梁海

不巧的是，这次日本侵略朝鲜时，明朝偏偏又碰上了两线作战。此时，西南播州土司杨应龙造反，明朝正在全力镇压。因此，日军压境朝鲜时，驻朝明军仅有六千多人。朝鲜方面还是一如既往地不禁打，日军势如破竹，再次逼近汉城。碧蹄馆之战中救李如松突围的杨元死守南元，几乎全军覆灭，而杨元事后也因战败论死。危急关头，由解生统领的两千蓟州兵（戚继光当年在蓟州练兵的骨血）死守稷山，与两万日军血战，成功将日军打退，从而为明王朝稳住了战局。此时，李如松已去世，明朝以兵部侍郎邢玠为蓟辽总督，麻贵为备倭总兵，杨镐为朝鲜军务经略，率四万大军进入朝鲜。

明军于万历二十五年（1597）十月入朝，先攻打星州不克，继而在青州设伏，重创日军毛利秀元部。此战虽未全歼敌人，但日军从此再未发动进攻，明军转守为攻。十月二十三日，明军兵分三路包围蔚山加藤清正部。这是至关重要的一战，如果能成功攻克蔚山，就意味着日军的后路被断，侵朝日军将被分割围歼。但蔚山由日军苦心经营多年，其军队也是侵朝日军中战斗力最强的一支，以致明军进攻打响后，多次冲锋皆受挫。战事进行了十数日，明军寸步难行。关键时刻，游击将军陈寅率领浙江赶来的戚家军奋勇冲阵，连续攻破日军蔚山大营。明军乘胜追击，攻破日军大部分堡垒，将日军压制在蔚山最后的要塞——岛山营。眼看胜利就在眼前，未曾想指挥此战的杨镐为了让嫡系李如梅（李如松的弟弟）抢功劳，竟下令担任攻坚的戚家军撤回，由李如梅发起攻击。但李如梅很不争气地被日军打退，而大好的战机就这样消逝了。随后，明军多次抢攻皆不能奏效，又赶上大雨如注，明军火器无法轰击，战局骤然恶化。万历二十六年（1598）元月，日军小西行长部率军驰援，冲破明军外围包围圈。明军总指挥杨镐竟然临阵脱逃带头逃窜，明军顿时大乱；但幸好戚家军的吴惟忠、陈寅两部坚决断后阻击，打退了日军的进攻，终让明军全身而退。蔚山之战在清朝人编的《明史》中一直被说成大败，有说法是明军损失两万多人；而根据朝鲜人的史料记载，明军损失的确切数目是三千二百五十八人。日军方面则付出了更大代价，据《日本战史》说战前蔚山加藤清正部有两万人，战后只剩五千人。虽然如此，但蔚山之战并未达到切断日军后路的目的，可谓功亏一篑。

蔚山之战彻底把日军打醒了，此战之后日军的战略变成了"龟缩堡垒，消极防御"，即使总兵力远远多于明军却也不愿与明军野战。之后，明军多次集中兵力攻打日军盘踞朝鲜的蔚山、泗川、顺天三大要塞，但日军严防死守，使明军一次次攻击受挫。同年十月，发动侵略朝鲜战争的丰臣秀吉去世，接替丰臣秀吉主政的是日本"五大老"，他们此时的主要目的已变成了如何让日军全身而退。与此同时，潜伏在日本的明朝锦衣卫也及时获知了这一情报。因此，明朝蓟辽总督邢玠决定，趁日军撤退时从海上阻截，彻底消灭日军。

万历二十六年（1598）十一月，日本主力部队开始全线撤退。明军采取了"围其必救"的战术，由海战名将陈璘与朝鲜水师主将李舜臣合兵，在露梁海设伏，截断日军主将小西行长的退路。十一月十九日，日军岛津义弘部前来援救小西行长，结果被明军包围，露梁海战打响。明军以巨舰封锁海口，用炮火猛烈打击日军。其时，当年俞大猷创建的抗倭英雄部队俞家军主动担任冲锋，由邓子龙率领乘快船攻击日舰，双方先是炮战，继而是白刃战。朝鲜水师特有的龟船甚至采取"自杀式冲锋"，用撞击的方式撞沉日舰。日本舰队左突右冲，始终无法突破明军包围。最终，在观音浦，明军火箭齐发，焚烧日舰，以致丰臣秀吉苦心创建的日本海军陷入了一片火海之中。至二十日天明，战斗基本结束，明军击沉焚毁日军战船四百五十多艘，歼灭日军近两万人。被断掉退路的小西行长也遭明军围歼，其部队七千人阵亡，只有他本人带几十个亲兵夺船而逃。明军也付出了惨重伤亡，水师副将邓子龙和朝鲜水师主将李舜臣双双阵亡。至此，持续七年的万历朝鲜战争彻底结束。

战争结束后，对于明朝的付出，朝鲜方面感激不尽，朝鲜国王李松特意在汉城设立了"大报坛"以感恩明王朝。此时，已经十多年不上朝的万皇帝朱翊钧也破天荒地接见群臣，于万历二十七年(1599)在北京举行盛大献俘仪式。七年朝鲜战争，花费白银近八百万两，但代价还是值得的：此战让日本元气大伤，此后一直龟缩于日本岛二百多年。话说直到二百多年后的甲午战争（1894）开战前，日本国会依然有议员以万历朝鲜战争为由反对向中国开战。

二六 / 红封教与梃击案

在明王朝的历史上，有一个女人掌握着一个"邪教"，虽然其规模小、本领也不大，却着实在大明政坛上掀起了一股风波。这个女人就是万历帝朱翊钧最为宠信的女人——郑贵妃，而她所掌握的这个"邪教"就是流窜在北京大兴的红封教。

不过，这个所谓的"邪教"，在明朝当时的规模确实小得可怜，最鼎盛的时候满打满算也不过三十六人，而许多史料说它只是白莲教的一个小分支。其首领有两位，一个叫马三道，另一个叫李守才，都是大兴当地的流氓无赖，绝非什么身负高深武功的大人物。但就是这个小人物组成的小教派，在万历年间却险些把天捅了个大窟窿，他们干了一件骇人听闻的大事——刺杀皇太子。

整个事情的过程是这样的，万历四十三年（1615）五月四日黄昏，彼时大明朝的皇太子朱常洛正在宫中休息，突然一个手持棍棒的大汉闯入宫中冲着朱常洛猛扑过来，连续打翻了两个老太监后，张牙舞爪地挥棒打向朱常洛。这位懦弱的太子朱常洛顿时吓傻了，一时间竟忘了呼救，幸好身边太监反应快，立刻猛扑上去护主。随后，大批太监蜂拥而至，经一番搏斗，终将大汉擒拿。

事后会审，先是巡按御史审，得出结论是：这个大汉是个疯子。接着刑部、大理寺会审，审讯的结果是：此人叫张差，是大兴的一个农民，因为家里草料被人烧了，一怒之下上京告状误入太子府。但是，这个结论其实是糊弄人的。一个叫王之寀的刑部主事决定追查真相，先把该犯饿了一顿，接着用一碗米饭做诱饵，诱使罪犯说出了真相：原来，是两个宫里的太监找到他，要他进宫刺杀太子，事后保他荣华富贵。消息传出后，百官大惊，众议汹汹。随后，明朝廷又举行了由六部十三司联合参加的会审，恩威并施下犯人才竹筒倒豆子般全招了：指使他刺杀太子的两个太监就是郑贵妃的贴身太监庞保、刘成，他的同伙还包括马三道、李守成等大兴当地地痞流氓，而他们都隶属于大兴的一个"邪教"——红封教。至于红封教的掌门人，就是那位让万历帝朱翊钧着迷了三十年的郑贵妃。

这就是明朝历史上三大案之一——梃击案。

万历皇帝终服软

说到这个梃击案，其根源则在万历帝朱翊钧在位时的另一大案——争国本案。所谓"争国本"，就是争论立太子的人选。

在生儿育女的问题上，万历帝朱翊钧比较幸运。十八岁的时候，万历帝朱翊钧临幸了一个王姓宫女，该女子为他生了一个儿子，就是他的长子朱常洛。这是万历十年（1582）的事情。但万历帝朱翊钧其实对这个宫女毫无感情，真正宠爱的是那位传说中红封教的掌门——郑贵妃。郑贵妃在万历初年入宫，很得万历帝朱翊钧宠爱，起点更比王姓宫女高得多，入宫就是"嫔"。万历十四年（1586），郑贵妃生了儿子朱常洵后，又被万历册封为贵妃，成了后宫佳丽中位分仅次于皇后的人物。对这位郑贵妃，万历帝朱翊钧一生都不离不弃：一来是因为郑贵妃像后世文臣形容的那样"妖艳貌美"；二来是郑贵妃性格泼辣直爽，尤其是她的活泼开朗很能抚慰性格孤僻的万历帝朱翊钧的心。在万历帝朱翊钧青年时代被张居正压制的日子里，整日陪伴在他身边的就是这位郑贵妃，她不但时常鼓励万历帝朱翊钧振作，更陪他一起读书，俩人可谓患难之交。后来，万历帝朱翊钧对郑贵妃的宠爱，更证明他对这个女人是有真感情的。

男人对女人有了真感情，自然要什么就给什么，而皇帝富有四海，基本是什么都能给。郑贵妃名分有了，父亲、兄弟也都封了高官，钱帛赏赐更不吝啬，却偏偏有一样东西要了许多年，但万历帝朱翊钧却总也给不了——儿子朱常洵的太子位。

历朝历代，册立皇太子最终拍板权都在帝王，大臣的意见最多仅供参考。因此，无论汉朝、唐朝还是清朝，基本上就是皇帝想立谁就立谁，想废谁就废谁，而大臣们即使有意见，却也大多敢怒不敢言。但是，明朝却着实不一样：一是明朝中后期自由思想盛行，文官集团势力庞大已越来越多地在削弱皇权，不但可以将皇帝的诏书"封驳不办"，更越来越敢直言上奏，就是把皇帝气得七窍生烟也不怕。如此一来，看似直臣增多，其实是文官集团越发拿皇帝不当领导。二是更要命的是万历帝朱翊钧面对的还有一个不可违抗的祖制——朱元璋亲手编纂的《皇明祖训》，这是朱元璋为教化后世子孙定的规矩，在皇位传承制度上早规定了

"立嫡立长"。也就是说，皇帝的继承人选择，优先选择皇后所生的皇子，若皇后无子，则选择长子。万历年之前，除了永乐帝朱棣因叛乱上位外，整个大明王朝的皇位传承制度都是以此为原则有条不紊地进行，这是明王朝的"祖制"。

"立嫡立长"既然是"祖制"，当然也就深入朝臣们的骨髓。随着万历帝朱翊钧诸皇子渐渐长大，不断有大臣建议万历帝早立太子，但心怀鬼胎的万历帝哪肯答应，反而屡次顾左右而言他，夸赞郑贵妃的"贤惠"。万历帝朱翊钧的心思哪里瞒得过这些官场老臣的眼睛，如此破坏"祖制"的大罪，诸大臣自然拼死阻拦，甚至拼得官不做了也要坚持，"哪怕舍得一身剐，也要阻止皇帝胡来"。在维护"祖制"这件事情上，大臣们想的是就算"触龙鳞，犯忌讳"，引得皇帝大怒，这也是"做臣子的本分，万世的骄傲"；而万历帝朱翊钧也"委屈"——"我是皇帝，天下是我的，我想选谁当继承人，用得着你管？"

从万历十八年（1590）内阁首辅申时行奏请早立太子开始，万历帝朱翊钧和大臣们就太子的人选问题就开始了长达数十年的僵持。大臣们前赴后继地屡次上奏，但万历帝朱翊钧却"拖"字诀当头，既不答应，也不反对。最后，万历帝朱翊钧被惹急了，就把几个大臣拉出去打板子，再急了就干脆罢免掉一批。但为了维护"祖制"的伦常根本，众大臣同仇敌忾，再接再厉。先是做了八年首辅的申时行，当了多年万历帝朱翊钧与群臣之间的和事佬后，实在不能忍受地愤然辞职而去。接任的王锡爵一开始也想和稀泥，没几天就和不下去，最后反而被群臣骂走。之后的内阁首辅位置就"乱哄哄地你方唱罢我登场"，百官们大肆批评的奏章更是满天飞，且胆子越来越大，骂万历帝朱翊钧什么的都有。例如，大理寺官员雒于仁上的《酒色财气疏》，说万历帝朱翊钧喝酒、好色、贪财、脾气怪，直接把万历帝比作地痞流氓。在立太子问题上更是对万历帝朱翊钧骂声一片，光禄寺大臣朱维景说其"愚弄天下人"，刑部给事中王如坚说其"言而无信"。对大臣们团结一致的反对势力，万历帝朱翊钧招数用尽，打也打过了，罢也罢过了，笼络也花尽心思，借口也找得五花八门，如曾借皇子未成年推辞，借出阁读书敷衍，却都是无济于事。到了万历三十年（1602），内阁首辅沈一贯请求册立太子，万历帝朱翊钧顺水推舟终于同意。

万历帝朱翊钧之所以最终服软，一是朝臣们立场坚定，且代代传承，"咬定青山不放松"；二是作为一个已经成熟的皇帝，万历帝朱翊钧也明白众怒难犯的道理，总不可能将所有的官员统统罢免，毕竟朝廷的政事还得有人来做。此外，万历帝朱翊钧的母亲李太后一直很喜欢长孙朱常洛母子。有一次，万历帝朱翊钧与李太后交谈，李太后问他为什么不喜欢长子朱常洛，而万历帝脱口而出"他是宫女生的"，气得李太后当场反驳了他一句——"你也是宫女生的"。如此一来，摆在万历帝朱翊钧眼前的形势很明显：群臣反对，太后也反对，朝野上下除了郑贵妃一家连个盟友也找不到。当然，万历帝朱翊钧知道这样的光杆司令是做不得的，于是最后的妥协也就顺理成章了。

倒霉太子被追打

朱常洛在万历三十年（1602）被正式册立为太子，但这时候他的位置并不牢固。

郑贵妃做梦都想让儿子朱常洵做太子，而这时候的她也拥有一股自己的势力，不仅有万历帝朱翊钧的宠信，外加弟弟郑国泰此时也权重，于是姐弟通力合作抽空抓太子朱常洛一个把柄，然后就可以名正言顺地将之取代了。其实，这个太子朱常洛也并非什么贤能之人，他的性格和之前的隆庆帝朱载垕比较像，性格比较软弱，待人接物知书达理的书生模样。在历代宫廷斗争里，这样的人往往是吃大亏的。

晚明许多文人的笔记中，对郑贵妃的描述多说她"狡媚以惑圣宠"。换句话说，郑贵妃是凭美丽的容貌和狡诈的心机得到万历帝朱翊钧的宠爱的。但观郑贵妃的所作所为，美丽的容貌或许是"过去时"，狡诈的心机却实在是个"虚拟时态"——从来不曾有过。

在和太子朱常洛争位的过程里，郑贵妃行事的主要方式就是一个简单粗暴——遇到事情就一哭二闹三上吊。首先，郑贵妃先连哭带闹，给儿子朱常洵要来了封地，全是河南肥沃的良田，赏赐甚厚。然后，郑贵妃给父亲和弟弟要官，让其父当了都督同知，弟弟当了指挥使，二人都手握兵权。最后，接连的连哭带闹不好使了，终于玩出了"新花样"——刺杀太子案。

张差招供后，明朝上下举座皆惊，这等于是郑贵妃"结党篡权，欲谋害太子"，"谋反"大罪基本坐实了。同时，各种消息也传来：刑部起先会审时之所以闹出了一个荒唐结果，是因为刑部侍郎胡世相等人早与郑贵妃勾结，甚至更有传言内阁首辅沈一贯也是郑贵妃的同党。如此，小小的红封教竟一下子闹出了惊天的大案，而主角只是一个半点武功不会就敢拿着大木棒进太子府追杀太子的傻汉子。

但万历帝朱翊钧不傻，他对整个事情的来龙去脉也明白了八九分：郑贵妃的算盘打得好，她是想刺杀太子，再策动自己的儿子取而代之，但且不说太子真死了她能否得计，刺杀的方式却竟然这样的简单愚蠢。如今，闹得满城风雨，只能"解铃还须系铃人"了。

所以，当郑贵妃再次一哭二闹三上吊的时候，万历帝朱翊钧明确告诉她——"求我没用，求太子有用"。于是，郑贵妃主动找太子朱常洛求和，赌咒发誓自己没有谋害他。太子朱常洛也很识趣，连忙顺水推舟地表示自己不会听小人挑唆。结果，五月二十八日，万历帝朱翊钧亲自"导演"了一出温馨和谐的场面，他左手牵着太子朱常洛，右手拉着郑贵妃，三人一起召见群臣，当着大臣的面演出了一场一家三口其乐融融的"团圆剧"。这样，后面的事情就毫无悬念了，张差、庞保、刘成三人以刺杀案主谋的身份被处死。随后，明朝廷紧急行动，迅速取缔了大兴"邪教"红封教。

话说不管刺杀太子朱常洛是否出自郑贵妃的授意，刺杀案的结果却已经永远断送了她儿子朱常洵争夺太子位的可能。群臣嘴上虽不敢说，但心里早把郑贵妃一家当成幕后指使，而最关键的却是万历帝朱翊钧。如果说之前万历帝朱翊钧还有意让朱常洵继任的话，但在他生命中的最后几年里，万历帝的心思则完全转向了太子朱常洛。例如，万历帝朱翊钧不但多次命太子朱常洛参与批阅奏折，还时常与之深谈传授治国之道，甚至时常派太监去东宫嘘寒问暖。对于这个被其刻薄对待了三十多年的儿子朱常洛，万历帝朱翊钧在最后几年里才真正像一个父亲。

从中渔利东林党

梃击案的另一个重要结果，就是东林党对明朝朝政的渗透。

其实，东林党的坐大是和万历朝争国本案的走向有关。早年为立储之争，大批朝臣不是辞职就是丢官，万历帝朱翊钧本想通过提拔听话的大臣达到目的，没想到提拔上来的却一个比一个不听话。然后，万历帝朱翊钧泄气了，"不就是不听话吗，缺了你还玩不转了"，于是罢免了一个又一个。到后来，对于辞职罢官的大臣空出的位置，万历帝朱翊钧是宁可让其空着，也不找补缺的。到万历帝朱翊钧执政的后期，别说中央各部门，就连地方州县的许多知县知府的职务都一空就是好多年。正因为如此，在这个过程里，明王朝权力体系的漏洞也越来越大。于是，早年发起于无锡的东林书院渐成一派势力的东林党，则开始了一次又一次的渗透。在梃击案之前，借几次"京察"的机会，东林党势力一度遭到清洗；而排斥东林党的沈一贯成功促使万历帝朱翊钧立储更使其威望日增，挤压了东林党的生存空间。在几次尝试进入权力阶层失败后，东林党的创始人顾宪成也在梃击案的前一年含恨而终。然而，正是梃击案让东林党反弹了，残留在朝廷中下层的东林党人，如诱骗张差招供的王之寀，以他出色的表现博得了"太子忠臣"的身份，一时名声大振。至此，太子朱常洛地位得以稳固，而东林党也成了太子的盟友，更从此名声大振。至于先前东林党的反对派，为应对东林党日益壮大的势力也开始拉帮结派，形成了齐、楚、浙三党。明朝党争，从此愈演愈烈。

二七 / 辽东问题"送大礼"

说起"明亡清兴"的整个过程，不得不提到发生在万历四十六年（1618）的萨尔浒之战。是役，新崛起的女真努尔哈赤部，以六万人的劣势兵力打败了明朝十万大军，从此雄霸辽东，成为明王朝的重大边患。现在的许多学者认为，这场以少胜多的萨尔浒战役，不但是清王朝建国的起点，更敲响了明王朝三百年灭亡的丧钟。

然而，细观这场战争的来龙去脉，却不得不感慨：不但这场战争悲惨失败的命运是可以避免的，甚至连努尔哈赤崛起于辽东本来也是一个可以避免的事情。在辽东问题上，明王朝从始至终，从最早的永乐帝朱棣，到后来的万历帝朱翊钧，再到末世的崇祯帝朱由检，始终是昏招不断、错误连连，甚至还不时地给人"送大礼"，最终自然落得个耻辱惨败的结局。

且去看看，明王朝究竟送了哪些大礼。

朱棣的一着不慎

要论第一个给努尔哈赤送大礼的人，或许要追溯到永乐帝朱棣。

明朝获得对辽东的主权，是洪武帝朱元璋在位时的事情。元王朝败退漠北后，朱元璋乘胜追击，一举击破了盘踞辽东的元朝纳哈出部，并降服了先前臣服于元王朝的朝鲜。对于这片新得的土地，早期的明王朝极为重视。例如，开国名将蓝玉就曾奏报说："辽东虽地广人稀，然南接长城，东连朝鲜，实系天下安危，当为边防之重也。"后来，"蓝玉案"爆发，朱元璋却并不因人废言。洪武二十八年（1395）、三十一年（1398），朱元璋曾两次大规模移民辽东，在当地屯垦驻守。与此同时，朱元璋大封藩王时，更将他的三个儿子封在开原、沈阳、广宁，分别为韩王、辽王、沈王。如果这个政策可以继续下去，后来的努尔哈赤想要统一辽东，恐怕会困难得多。

但事情在朱元璋过世后发生了变化，朱棣凭借"靖难之役"夺权成功后，生怕其他藩王有样学样，因此开始大规模地内迁边境藩王，尤其是东北三王更是连同家眷一道被迁入内地。就这样，辽东大地一下子形成了真空地带。当然，此后明王朝也在不断地派驻军队、屯垦戍边，但是比起册封藩王式的大规模迁移，实在不能同日而语。

从明王朝开国后的战略重点看，明朝的边防首先针对的是北方的蒙古部落，辽东虽然也驻扎重兵，但主要对手也同样是蒙古人。对于当地的女真人，在明朝立国的大部分时间里都缺乏足够的重视。明朝辽东边防吃紧，也同样是嘉靖时代的事情。当时，东迁的蒙古"黄金家族"左翼土默特部（又称土蛮部）以及作为"朵颜三卫"存在的朵颜部，都把辽东当作侵扰对象。明朝的军队也大多数针对西面的蒙古部落，而不是针对开原以北的女真部落。明朝隆庆、万历年间，明王朝以戚继光守蓟州，李成梁守辽东，对蒙古部落采取"树德于西，耀威于东"的政策，即对西面俺答汗的右翼土默特等蒙古部落用通贡互市的手段进行笼络，对东面土蛮汗的左翼土默特等则采取坚决的打击。当时，这种政策保障了明朝边防的平安。然而，曾是"黄金家族"的土蛮部，也在明朝的持续打击下日益衰落。尤其在李成梁就任辽东总兵后，对土蛮部采取主动出击的战术，而且几乎年年出击。从隆庆四年（1570）开始至万历八年（1580），李成梁的辽东军累积斩首土蛮部达五万人，原本强大的土蛮部几乎被打得奄奄一息。同时，另一个蒙古部落泰宁部也遭到毁灭性打击，其首领速巴亥被李成梁击毙。到了张居正改革的末期，无论是土蛮部还是朵颜部都已大为衰弱，不再是明王朝在辽东的主要威胁。然而，之前不显山不露水的女真部落，就这样浮出了水面。

毁誉参半李成梁

说到女真部落的壮大，不得不说说李成梁的功过。

在隆庆、万历两朝，辽东总兵李成梁是公认的"天下第一名将"。明史上说李成梁的战功"二百年未有"，即使是流芳百世的戚继光，与他相比也相形见绌。李成梁，祖上是陕西人氏，后来迁移到朝鲜，在明朝时期又归国内附。四十岁之前，李成梁只是个穷困潦倒的秀才，靠借钱行贿才承袭了祖上的官职，当上了铁岭指挥使。然而，在这之后，李成梁否极泰来，连打胜仗。隆庆四年（1570），辽东总兵王首道阵亡，李成梁补缺。从此，李成梁独当一面，连续重创蒙古军，成为当时第一名将。与此同时，李成梁更是张居正的心腹。后来，张居正过世后一应同党皆被清算，但万历帝朱翊钧依然对李成梁倚重有加。就这样，李成梁的"李家军"盘踞辽东五十年，俨然一方诸侯。

李成梁之所以能打仗，是因为他善于使用诡计，经常以少胜多，但最重要的一条就是他善于"树私恩"。比起戚继光，李成梁的军队才更像是"私家军"。李成梁用优厚的赏赐招揽壮士，甚至将辽东的军屯土地拿给士兵们私分。在军队里，李成梁树立了他自己的绝对权威，他的部队不是李家的"自己人"是休想指挥动的。另外，李成梁很善于"养寇""玩寇"，他在消灭掉一股势力后总要对敌人网开一面，以此保证辽东年年有仗打，年年有胜利，也就可以年年要赏赐。因此，几十年来，李成梁战功卓著，在明朝大将中无出其右。

可就是这个战功卓著的名帅，却为明王朝培养了一个掘墓人——努尔哈赤。

辽东女真，从明太祖朱元璋时代就开始接受册封，各部落都是明朝的"朝廷命官"。例如，努尔哈赤的六世祖猛哥帖木儿，就在明成祖朱棣迁走"辽东三王"后，被册封为建州卫指挥使。从嘉靖末年开始，辽东女真成为边患。先前，辽东女真大部分时间都是跟在明朝一边，经常随明朝攻打蒙古部落，也曾有个别时期被蒙古部落裹胁一起攻打明朝。例如，"土木堡之变"时，就有女真部落参加瓦剌对明朝的作战。但一直以来，明朝都视女真人为"小角色"。嘉靖四十五年（1566），海西女真五千人曾侵扰明朝辽东重地抚顺，这是女真部落有历史记载的第一次大规模侵扰明朝边境。之后的四五年时间里，建州女真、哈达女真都曾和辽东明军发生摩擦。此时，明朝正是财政紧张之时，辽东明军也多为步兵，骑兵甚少，因此对于女真部落的侵扰也多是消极防御，凭城坚守，直到李成梁的到来。

李成梁是一个擅长打骑兵战的将领，但明朝战马匮乏的情况也让他"巧妇难为无米之炊"。为拥有一支强大的骑兵，李成梁做出了一个决定——重修宽甸六堡。宽甸六堡，即孤山新堡、新甸堡、宽甸堡、大奠堡、永甸堡、长甸堡，东起鸭绿江，绵延二百多里，由正统年间名将董鄂修筑，至明朝后期已废弃。李成梁重修六堡后，不但拓地七百里，更把六堡变成了贸易集市和战马产地。当地水草丰美，适合放牧，且临近女真控制区，便于贸易。更重要的是，宽甸六堡是抵御女真骑兵进入辽东的屏障。宽甸六堡的繁荣，不但让李成梁迅速获得了巨额的财富，更拥有了充足的战马来源。从此之后，李成梁的嫡系辽东骑兵开始壮大，并终成劲旅。

实力壮大后的李成梁发动了对蒙古、女真部落的全面清剿，在重创蒙古部落后将矛头转向了女真。万历元年（1573），李成梁以诱敌深入计，重创建州女真。建州女真首领王杲被俘，后送到京城处死。万历十一年（1583），李成梁假装与叶赫女真做生意，将叶赫女真头领海清努诱到开原城袭杀。同年，李成梁又向哈达部发动总攻，全歼女真哈达部。至万历十九年（1591），一度声势浩大的女真部落，相继被李成梁重创，几乎奄奄一息。

然而，李成梁却独独漏掉了一个人——努尔哈赤。

努尔哈赤是建州女真的世袭贵族，先前被李成梁杀死的王杲正是其外祖父。万历十一年（1583），李成梁发动了对建州女真阿台部的攻打，全歼阿台部。然而，努尔哈赤的父亲、祖父也在这场战斗里被明军误杀。事后，努尔哈赤忍气吞声，反而投靠了李成梁。之后，就是《清史稿》里津津乐道的"努尔哈赤十三副铠甲起兵"，即努尔哈赤回家后用十三副铠甲做本钱，起兵四处攻打其余部落。李成梁也乐得见女真部落自相残杀，反而对努尔哈赤大肆笼络。从万历十一年（1583）开始，努尔哈赤相继灭掉了海西女真、叶赫女真，统一了建州女真。到万历二十一年（1593），努尔哈赤在古勒山之战里以少胜多，击败了海西女真、叶赫女真、蒙古科尔沁联军，正式确立了他在辽东诸部落中的最强地位。

对努尔哈赤的所作所为，李成梁一反常态地始终纵容。究其原因，一者李成梁治理辽东的方式就是通过挑拨各部落争斗从中渔利，自然乐得见女真部落相互攻杀；二者李成梁始终把海西女真、叶赫女真当作最强敌手，早期的努尔哈赤实力弱小，自然不被李成梁当作敌人。最重要的是，努尔哈赤对李成梁始终恭顺有加，每年不惜血本贿赂、讨好李成梁，按照明史学者孟森的说法是"无所不用其极"。万历二十年（1592），日本侵略朝鲜的战争爆发后，大批驻辽东明军进入朝鲜作战，辽东则成为真空地带，更给了努尔哈赤扩充地盘的机会。在万历朝鲜战争胜利结束后的万历二十八年（1600），努尔哈赤已创立了女真部落的文字——满文。这样，分散的女真人已然被努尔哈赤整合成了一支团结的力量，并已成为明王朝的大敌。

努尔哈赤终崛起

对于即将到来的危险，明王朝仍然浑然不觉。李成梁于明朝万历十九年（1591）告老还乡，其长子李如松曾短暂接替他的职务，却在万历二十五年（1597）遭蒙古泰宁部伏击阵亡。这时，努尔哈赤依然装得比较老实，除了继续攻打不听其节制的女真部落外，对明王朝依旧毕恭毕敬，毕竟他此时还顶着明朝册封的"龙虎将军"头衔。在16世纪的最后十年，骚扰辽东最猖獗的是短暂复苏的蒙古泰宁部和土蛮部，而驻辽东明军的战略重点也一直集中在辽西地区。十年之间，明朝辽东总兵一职先后换了八人，除了李如松战死沙场外，其余七人都是因为指挥不动辽东军而去职。此时，李成梁曾经以"私恩"带兵的弊端暴露无遗：早年跟随李成梁征战的猛将们，大多早已腐化，全不复当年之勇，连李成梁的儿子李如梅、李如柏等人也不例外。早在万历二十八年（1600），辽东明军和女真部落发生了一次罕见的冲突，辽东总兵马林被女真哈达部击败。马林被降职，李成梁得明朝重新起用，回任辽东总兵。李成梁到任后不久，努尔哈赤顺势出兵，彻底剿灭了哈达部，既向李成梁表了忠心，又乘机扩大了自己的实力。对此，李成梁还在奏折里称赞努尔哈赤"忠勇可嘉"。不过，即使如此，李成梁也不得不承认，他辛苦打造的辽东军已不是当年光景。此时，对于年已八十岁的李成梁来说，他想再掌控辽东局势已力不从心。

所以，李成梁回任后，面对老部下日渐腐化、长子战死且其他儿子不争气的境况，选择了对努尔哈赤继续毫无保留地信任。明朝的辽东驻军继续西倾，东面抚顺、清河地带的明军被大批调去抵御东面的蒙古部落，而对六堡北面的努尔哈赤则毫不设防。随后，明军接连击败了蒙古泰宁部和土蛮部，辽东局势再次稳定。从万历二十七年（1599）李成梁复职，到万历四十四年（1616）李成梁去世，这十七年时光是辽东最"和平"的十七年，蒙古部落的气焰再次被打下去，努尔哈赤依旧表面恭顺，因此史书评价这段时期辽东"烽烟渐少，百姓安居"，而明王朝也为此册封李成梁为"太子太傅"。然而，明王朝没有想到，这十七年的"和平"只是暴风雨前夜最后的平静。

实际上，即使此时的努尔哈赤已然羽翼丰满，但明王朝还是有能力遏制他的，而遏制的棋子就是作为辽东屏障的宽甸六堡。六堡是早期李成梁镇守辽东的杰作，是辽东铁骑发家的本钱，只要六堡在明朝手里，辽东大地就有屏障保护，努尔哈赤也冲不出白山黑水，最多只能像杨应龙一样当几年土皇帝。然而，李成梁却在万历三十四年（1606）做出了一个令人瞠目结舌的决定——放弃六堡。就这样，数十年的辛苦经营就此毁灭，十几万边民流离失所，七百里肥沃的土地，近万匹精良战马，皆落入努尔哈赤之手。与此同时，李成梁还借此向明朝表功，说自己"招抚流民十万"。此举短期的直接后果，就是努尔哈赤获得了充足的战马，建立了他的王牌军队——八旗铁骑；而长远的后果，就是辽东再无险可守，努尔哈赤夺取辽东已经一马平川。

努尔哈赤当然不会放过这个机会。万历四十三年（1615）李成梁去世，统一女真的努尔哈赤于次年（1616）正式在赫图阿拉建立政权，国号为"后金"，并自称"天命可汗"。这时，努尔哈赤之所以没有立刻对明朝进攻，是因为他在做另一件重要的事——创建八旗制度。经过两年打造，八旗军制终于定型。万历四十六年（1618）正月，努尔哈赤向明王朝亮出了他隐藏已久的意图——"今岁，必征大明国"，同时他也抛出了他举世闻名的开战理由——"七大恨"。

四月，努尔哈赤连续攻破抚顺、清河，掠夺财物无数，并正式致书明朝要求明朝对他进行册封。至此，明王朝与努尔哈赤的战争开始了。万历四十七年（1619）正月，被努尔哈赤的挑衅激怒的明王朝，在"三大征"结束近二十年后再次吹响了集结号。以兵部侍郎杨镐为辽东经略，调全国七省精兵十二万人，准备兵分四路剿灭努尔哈赤。二月十一日，杨镐在辽阳誓师，四路大军分别由杜松、刘铤、马林、李如柏率领，分别从朝鲜、抚顺、开原、清河四个方向发起进攻，意图直捣赫图阿拉剿灭努尔哈赤。然而，努尔哈赤以六万人以寡击众，采取"凭尔几路来，我就一路去"的战术，集中优势兵力各个击破，结果仅用五天时间就彻底击败明军。明朝四路大军里，杜松、刘铤两部全军覆灭；马林部惨遭重创，只以身免；李如柏部仓皇逃回。这一战，明军损失士兵四万五千八百多人，阵亡将领三百一十二人。这场近乎耻辱的惨败，就是历史上著名的"萨尔浒之战"。当年对明王朝毕恭毕敬的女真部落酋长、拍李成梁马屁"无所不用其极"的努尔哈赤，此时终成一代辽东枭雄，而明王朝再次尝到了养虎遗患的苦果。就这样，承平十七年的辽东大地，从此将迎来持续二十五年的兵灾。

二八 / 东林党"教父"高攀龙

如果要说明朝末年哪一个组织最为人才荟萃，那答案当然是大名鼎鼎的东林党。如果要开列一份东林党人的精英名单，最有参考价值的当数明朝天启年间东林党的死对头——阉党为了彻底绞杀东林党而制作的《东林点将录》。这份榜单独具特色，将东林党里的人物和古典文学名著《水浒传》里的一百单八将相类比，一个对一个，保证做到身份、性格特点都极为吻合。对照检索下来，可以说"物以类聚"。

在这份榜单里，被类比为"及时雨"宋江的就是东林党中的朝廷重臣叶向高，曾任内阁首辅；被类比为"托塔天王"晁盖的是东林党的最早元老——万历名臣李三才，曾任户部尚书。在东林党创始人顾宪成去世后，这两个人其实就是整个东林党的"党魁"。然而，榜单之中还有一个特殊人物，就是被类比为"入云龙"公孙胜的就是高攀龙，曾在天启年间担任光禄寺丞等。

在《水浒传》中，"入云龙"公孙胜是个特殊的人物，特殊到像个仙人。公孙胜和吴用一样是梁山泊的智囊，但比起吴用的运筹帷幄，公孙胜却更多了翻云覆雨的本事。与"入云龙"公孙胜相比，高攀龙的名号里也同样带了个"龙"字，虽然其不会施仙法，却也同样有几多扭转乾坤的本事。高攀龙在东林党群体中的地位，更与公孙胜之于梁山泊极为相似。

难兄难弟办书院

高攀龙，生于嘉靖四十一年（1562），江苏无锡人，万历十七年（1589）进士及第。高攀龙出身于书香门第，自幼受到良好教育。早在万历十四年（1586）时，高攀龙就与同在无锡的东林党创始人顾宪成结交，并受顾宪成影响潜心研究程朱理学，也从此确立了自己恪守信仰、不畏牺牲的刚直原则。科场登第后，高攀龙的仕途并不得意，他先在行人司做了一个小官，但很快就"介入"了万历帝朱翊钧立太子的争国本案。彼时，担任内阁首辅的王锡爵对万历帝朱翊钧与群臣间的矛盾采取调和态度，但高攀龙并不理解，在他眼里"对就是对，错就是错，不用谁来和稀泥"。对此，别的朝臣看不惯是大不了私下骂，但高攀龙却直接上奏弹劾王锡爵。弹劾的结果，就是高攀龙被贬到广东做八品典史，其政治生命貌似完结了。不过，一个不入流的芝麻绿豆官竟敢向百官之首"开炮"，高攀龙的刚直之名也因此在仕林中传开。

高攀龙开始名满天下，是在万历三十二年（1604）卸任归乡并寓居家乡多年后。此时，正值老友顾宪成同遭仕途失意，这对难兄难弟合计再三决定开班讲学。早在高攀龙任职广东时，就曾在政务之余四处讲学，但他虽师程朱理学，却不是有气节没能力的书呆子。在任期间，高攀龙还四处访察民情，了解时政弊端。因此，这也形成了高攀龙在学问上与众不同的特点——重经世致用之学，即重视学问的实用性。回到无锡后，高攀龙在无锡新湖边造"水楼"，作为潜心攻读的世外桃源。也正是在这一时期，高攀龙提出了"致用"的实学思想，认为"治国平天下"是格物致知和个人道德修养的必然结果。万历三十二年（1604），高攀龙与顾宪成联手，在北宋学者杨龟山的讲学旧地重建书院，命名为"东林书院"。此后，从者云集，不但成为学术场所，更成为政治活动场地。

明末时期的江南，以学风开放自由著称。东林书院倡导自由辩论，且专好议论时事，高攀龙、顾宪成二人以其尖锐的思想对朝局大胆的抨击渐为当时知识界所侧目，不但许多学者慕名而来，很多心忧国事的官僚士大夫也纷纷相助。到后来，很多位高权重的名臣也敬慕于东林书院的学说，甘心拜入门下。之所以有如此的影响力，也因高攀龙、顾宪成二人的分工所致。作为书院的创始人，顾宪成的主要职责是讲学、授课，传播东林书院的思想，以人格魅力召唤志同道合者；而高攀龙的职责却主要在培训青年门徒上，他以"立身做人"为书院求学之本，以道德考评为第一宗旨。高攀龙培养的学生，在之后多年里陆续通过科举等方式进入明朝权力层，成为东林党一脉的"潜力股"。如果说名满天下的顾宪成是东林党草创时代的旗帜，那么甘于寂寞的高攀龙却是使东林党发展壮大的无名英雄。

高攀龙的身上有东林党人许多显著的特点，如性格刚直、宁折不弯，做事不求妥协、有进无退，对个人以及他人的品行道德要求甚高，事事追求完美。但对应高攀龙的"入云龙公孙胜"诨号，却能看到他的一个特点。《水浒传》里的

"入云龙"公孙胜,常在敌人故布疑阵、妖风大作之时一眼看透对手虚实,并施法大破敌人。对比之下,高攀龙不懂仙法,但在一个本事上却很有公孙胜的风采——眼光。

眼光卓越救危机

在东林党发展历史上无数个关键阶段,高攀龙的眼光可以说极其精准,他关键时刻的判断不但挽救了危机里的东林党,甚至还扭转了危急的朝局。

东林党第一次惨遭挫折,是在万历三十九年(1611)的"京察"中。此时,东林党在朝中的力量已非常强大,叶向高位列大学士,李三才是户部尚书,并计划由叶向高将之推荐入内阁,从而执掌明朝内阁大权。但反对东林党的力量同样强大,朝中渐成齐党、浙党、楚党三大党派,联合反对东林党。趁着这一年"京察"的机会,两派势力相互争斗,最终势单力孤的东林党败下阵来。李三才愤然辞官,叶向高职权遭到掣肘。这时期,许多由东林书院培养出来的官员虽然已进入权力层,但都是些各部主事之类的不入流小官。眼看东林党貌似大势已去,连东林党创始人顾宪成都感到绝望不已。这以后的几年,东林党人员大减,东林书院凋零。最困难的时候,东林书院前来听讲的人数只有之前的二成。万历四十年(1612),东林党创始人顾宪成郁郁而终。在这个关键时刻,高攀龙虽身在乡野却挺身而出,他给叶向高致信要求其尽可能地利用职务之便,将东林党的年轻官员安插在刑部、大理寺等司法部门,哪怕只做官职微小的主事,并坚信"此为重振东林之本也"。果然,此举骗过了诸多反对东林党的对头。三年以后,东林党借梃击案终于迎来了翻身的机会:一群东林党芝麻官围着张差问题穷追猛打,一步步抽丝剥茧揭开真相。此事之后,东林党俨然成了保护太子朱常洛的英雄,一时声威大震。

万历四十八年(1620),万历帝朱翊钧在内忧外患中辞世,"争国本"的主角太子朱常洛即位,年号"泰昌"。因此,东林党的地位也随之提高。但朱常洛即位后纵欲过度,导致身体大坏,又服食"红丸"(壮阳药)中毒毙命,在位仅八个月,是为明光宗。其时,明朝廷的局势再度紧张起来。随后,朱常洛之子朱由校即位,次年改年号为"天启"。这期间,朱常洛宠妃李选侍企图挟持朱由校以把持朝政。在东林党直臣杨涟等人的逼迫下,李选侍被迫离开乾清宫,朱由校在东林党的拥立下顺利登基。至此，东林党已俨然成为朱常洛、朱由校父子两代人的登基功臣。顺利即位的天启帝朱由校也知恩图报，登基伊始便让东林党人分别占据了礼部尚书、吏部尚书、大理寺卿等要职。其后，通过分化瓦解的手段，击败了反对派"齐、楚、浙三党联盟"，东林党的"托塔天王"叶向高坐上了内阁首辅的位置，至此执掌了明朝文官集团的大权。史书上所说的"众正盈朝"就是这个时期，而高攀龙也正是在此时回到朝廷担任光禄寺丞。

此时，明王朝内部矛盾刚刚平静，但外战却打得一团糟。努尔哈赤相继攻克了辽阳、沈阳等重镇，兵锋直逼山海关，而一旦山海关沦陷，北京恐怕也不保。为此，群臣焦急万分，却苦于无人能御敌。明朝连续派了几个人担当辽东经略，有的推辞不干，有的到了就撂挑子。关键时刻，高攀龙保举了一人——内阁大学士孙承宗，并信誓旦旦地对天启帝朱由校说："能挽救辽东危局者，唯此人也。"事实也正如高攀龙所料，孙承宗到任后整治军备、训练军队，打造出了足以与努尔哈赤的女真骑兵匹敌的"关宁铁骑"，修筑了女真人从始至终未能攻破的关宁防线。这样，明朝的边防形势终于安定下来，而东林党也趁此机会掌握了辽东的兵权（孙承宗也是东林党）。

高攀龙因举荐孙承宗有功，官位节节攀升。到了天启四年（1624），已经官至掌管稽查大权的都察院左都御史。这时期，东林党的对手已经换成了一心要专权的阉党。阉党的首领魏忠贤虽在宦官中呼风唤雨，但他是凭借与天启帝朱由校的乳母客氏的关系而飞黄腾达的，在百官中并无根基。此时，魏忠贤为扩大权力正在文官中大肆拉拢同伙，而身负监察大权的高攀龙就成了他的"眼中钉"。

蛟龙葬水终殉难

疾恶如仇的高攀龙之前无数次在关键时刻做出了正确判断，但在与魏忠贤的争斗中却做出了错误的判断，低估了魏忠贤本人对天启帝朱由校的影响力，而导致东林党覆亡的"丧钟"就是高攀龙亲身经历的崔呈秀事件。

这一年，高攀龙查明巡按御史崔呈秀在淮扬巡视时，在当地违反朝廷制度铺张浪费。这在当时官场本不算大事，但高攀龙看得清楚，他断定崔呈秀"性奸心毒，不早除之，必为魏阉（魏忠贤）帮凶"。当时，东林党与魏忠贤的争斗却已是白热化。在此之前，高攀龙早就搜罗了魏忠贤大量卖官鬻爵、贪赃枉法的证据，遂授意御史连篇累牍弹劾。高攀龙认定天启帝朱由校"圣明"，必然会闻听后铲除魏忠贤，却唯独叶向高看得透，并在很早时就对高攀龙说"此不足以置其死地也"。这时又发生了崔呈秀事件，高攀龙力主严惩，主张将崔呈秀革职流放。但不承想，闻听凶信的崔呈秀狗急跳墙，二话不说立刻投奔了魏忠贤，不但对其大表忠心，更认魏忠贤为干爹。结果，本想拿崔呈秀杀一儆百整顿吏治的高攀龙，反而遭到魏忠贤与崔呈秀的联名告状，反咬他与赵南星沆瀣一气，陷害忠良。正如叶向高所料，天启帝朱由校支持了魏忠贤，而一心整顿吏治的高攀龙却遭罢官回乡。这以后，魏忠贤开始大兴冤狱，迫害东林党人。借熊廷弼失辽东案和杨涟弹劾魏忠贤案，魏忠贤将东林党多名要员一网打尽，如杨涟、汪文言等东林党精英则在狱中被迫害致死。

东林党垮掉后，已经回乡闲住的高攀龙自知不能幸免。果然，崔呈秀罗织罪名，一心要置高攀龙于死地。回天无力之下，刚直的高攀龙选择以自己的方式告别人间：他郑重地沐浴更衣，到东林书院旧址拜祭，在静默沉思中追忆往昔峥嵘岁月。归家之后，像平日一样谈笑风生，和家人寒暄，然后独自进入内室，平静地写下遗书，然后面向北方从容地叩拜，之后高高跃起跳入了后花园的池中。就这样，号称"入云龙"的高攀龙，以"蛟龙入水"的方式告别了他不平凡的一生。

二九 / 明朝"花木兰"秦良玉

在中国传统戏曲评书中,"女将风采"素来是一个不朽的亮点。北魏有花木兰从军,隋唐有黑、白夫人战尉迟,北宋有穆桂英挂帅,南宋有梁红玉破敌。诸多巾帼英豪的风采和波澜壮阔的人生,丝毫不逊于沙场须眉,更在代代读者和观众中广为流传。但上述故事,或为人物虚构,或是真实人物基础上的"艺术加工"。但晚明乱世却实实在在地出了一个女英雄——秦良玉,她在国家危亡时挺身赴国难,为挽大厦将倾的明王朝战斗到生命的最后一刻。秦良玉的故事不必虚构,没有艺术加工,却与戏台评书中的各路女中豪杰一样,以其壮怀激烈的人生冲撞着国人心中恒久的血性。

石柱媳妇初建功

秦良玉,字贞素,重庆忠县人,明末清初最杰出的女将。

秦良玉生于明朝万历二年(1574),她的家族是巴蜀地区的大户,其父秦葵是一个贡生。秦家虽是书香门第,却一直有结社习武的传统,其祖训是"持干戈以卫社稷"。早年,秦家就在当地集合乡勇编练民团,几代下来渐成规模。早在嘉靖年间谭纶平定四川叛乱时,秦家乡勇皆有参战,而秦葵还曾立有战功。都说女儿类父,秦良玉也不例外,生在这样家庭她既受儒家忠义思想的熏陶,更受客家尚武精神传承。少年时的秦良玉即展现出文武全才的资质,自小和兄弟们一道学习骑射武艺,练得却比其他几个孩子都好;其兵法韬略更是悟性极高,每与父兄纵论带兵之道,常侃侃而谈,挥斥方遒。值得一提的是,身为"千金小姐"的秦良玉,并非想象中的"小家碧玉"。依照现代人对于秦良玉遗留战甲的估算,秦良玉的身高在一米八六左右,而曾与她并肩作战的明朝四川总督李化龙曾形容秦良玉"剑眉鹿目,姿容秀美,体魄雄壮"。那时候,秦良玉芳龄二十六岁,俨然英姿飒爽的女战将。

英雄配英雄，二十一岁那年，秦良玉与四川石柱宣抚使马千乘喜结连理。这位宣抚使马千乘也大有来头，其祖上正是大名鼎鼎的汉朝伏波将军马援。在明王朝的军事史上，马家石柱精兵曾有浓墨重彩的一笔，其家族特有的"白杆步兵"素来是明朝强军。早在明英宗时期的征麓川之战时，面对麓川叛军的大象阵，石柱马家白杆兵就勇担先锋，以血肉之躯冲击叛军象兵，如林长矛竟杀得敌人大象嗷嗷狂逃。白杆兵之骁勇，从此闻名天下。到了马千乘这一代，马家勇士虎威不减，而秦良玉带去马家的"陪嫁"更是秦家珍藏多年的十八卷历朝兵书。针对这时期战场热兵器地位日重的趋势，秦良玉帮助丈夫马千乘更革战法，在保持白杆兵骁勇善战的同时大量装备了火枪武器，形成了白杆长矛与精良火枪协同作战的战法。秦良玉更效仿秦家军阵，设立了以四川梆子发布军令的方法，依照梆子声音长短的不同演变不同的战法。因此，秦良玉的到来可谓是令马家白杆兵如虎添翼，自然夫妻俩恩恩爱爱，夫唱妇随。在数年苦心经营下，马家白杆兵渐成西南劲旅。

秦良玉的牛刀小试，是在万历二十七年（1599）的播州杨应龙叛乱。彼时，杨应龙悍然起兵攻陷四川重庆、泸州等地，兵逼成都。危急之下，秦良玉夫妇慨然从征，率三千五百精兵出击。这支奇特的白杆兵也第一次让来自中原的明军大开眼界：他们手持四川特产白蜡树做成的长矛，枪头上配铁钩，枪尾配铁环，既可捅杀亦可砍杀，更可用铁环做锤重击；他们翻山越岭腿脚敏捷，如在平地上疾驰，战阵之上更凶悍无比，俨然大明朝第一山地战劲旅。秦良玉夫妇出征后连战连捷，将骄横的杨应龙打得稀里哗啦。次年四月，明军转守为攻，进兵至杨应龙的咽喉地带——贵州桑木关，但此地易守难攻的地势却让刚刚从朝鲜战场上凯旋的明军傻了眼。这次马家白杆兵又大显神威，他们以白杆枪攀挂城墙一举登上敌城，惊愕的城头叛军们还没缓过神来就成了白杆兵的枪下鬼。桑木关一破，杨应龙大势已去。不久之后，明军杀入杨应龙老巢，绝望下的杨应龙上吊自杀。

平乱之战让秦良玉名满天下，明朝四川总督李化龙打造了一面刻有"女中豪杰"的金牌赠予秦良玉以表敬意。同时，马千乘也获明朝彩缎奖励，而这位战场上的铮铮铁汉其实是个憨厚寡言的人，多年征战以来明朝廷给予的赏赐信物皆封存于家中，从不轻易拿来示人，平日也绝口不谈往日功劳。然而，如此人物未死在沙场之上，却命丧于小人陷害。万历三十七年（1609），石柱当地发现银矿，万历帝朱翊钧闻讯后即派宦官邱乘云做税使来石柱当地收税。没想到，邱乘云眼红银矿，竟张口索贿一万两白银，否则就要石柱乡民整族搬迁。对此，刚直的马千乘愤然拒绝。结果，邱乘云罗织罪名，诬陷马千乘谋反，竟将马千乘押解回京，三年后死于京城诏狱。逮捕马千乘时，石柱军民群情激奋，持械与邱乘云的税棍们对峙，但马千乘以为身正不怕影子歪，命令部下不准轻举妄动，遂慨然上了囚车要到京城与邱乘云评理，谁承想一去竟然成了永别。在马千乘被拘押的三年里，秦良玉上下奔走营救丈夫，但此时万历帝朱翊钧怠政，群臣忙着党争，无人过问这位大明功臣的生死。直到马千乘死讯传来，石柱当地上下悲愤难忍，一时间"造反报仇"的呼声甚嚣尘上。但身负家仇的秦良玉却格外冷静，她耐心劝导乡亲百姓，整顿当地军务，承袭了丈夫的土司一职，并很快安定了人心。此后，秦良玉兢兢业业治理地方，未生任何不满之言。

辽东浴血惊天下

马千乘含冤而死八年后，秦良玉及其麾下白杆兵再赴国难，而对手却变成了号称17世纪世界最强的骑兵劲旅——满洲八旗。

此时已是万历四十八年（1620），努尔哈赤的女真骑兵早已肆虐辽东。明朝先遭萨尔浒之败，接着又因辽东经略袁应泰瞎搞，被努尔哈赤采取反间计里应外合夺占沈阳。在溃败局面之下，明王朝想起了长期遭他们薄待的马家白杆兵精锐。辽东开战后，秦良玉先命其兄长秦邦平和弟弟秦民屏，率领三千精兵先行赶赴辽东。到辽东后还未及休息就被心急火燎的袁应泰派上了战场，他们与从浙江赶来的童仲揆部合兵，不顾鞍马劳顿一齐驰援沈阳。但他们赶到浑河时，沈阳却已沦陷，这支总数仅有六千人的川浙步兵一下子与努尔哈赤的六万主力骑兵遭遇。

强敌压境下，川浙精兵在浑河北岸扎营列阵，向兵力占绝对优势的满洲八旗铁骑"亮剑"。大战打响后，努尔哈赤先派扈卫精骑冲阵，被白杆兵击退。随后，努尔哈赤又以后军大攻，白杆兵结阵迎敌，火器齐发，战斗异常惨烈。占优势兵力的满洲八旗铁骑不但毫无进展，反而一上午就损失数千人。相持不下间，努尔哈赤紧急命令沈阳城刚刚投降的明朝炮手，以大炮向白杆兵猛轰，更集中五倍于白杆兵的精骑猛冲。敌众我寡之下，白杆兵终于不支，防线被满洲八旗铁骑陆续突破，但顽强的川兵们依然死战不退。直到日暮西沉时，除了秦民屏率少数部队突围而出外，两千白杆精兵壮烈殉国。与此同时，与白杆兵并肩战斗的童仲揆部浙兵也血战到最后一刻。童仲揆部浙兵在寡不敌众、阵线被突破的情况下，抱定必死之心向满洲八旗铁骑发动了最后一次反冲锋，最后全军一百多名将领和数千精兵皆慷慨捐躯。这支与白杆兵并肩作战的浙兵，就是戚家军最后的骨血。

浑河岸的这场悲壮厮杀，白杆兵与浙兵并肩战斗，以寡敌众。此战满洲八旗铁骑也伤亡惨重，清朝人魏源称之为"辽左用兵第一血战"。当然，战法独特的白杆兵，也让尝够了胜利滋味的满洲八旗铁骑第一次知道了厉害。浑河血战的慷慨壮烈震撼了明廷上下，当秦邦平殉国的噩耗传来后，天启帝朱由校称赞此战"凛凛有生气"，并加封秦良玉二品武官。但刚刚经历丧兄之痛的秦良玉，此时更难忍受的却是明朝正规军对她的排斥。明朝军队派系分化严重，尤其是北方边兵虽然打仗不行，但窝里斗却一点不差。秦良玉驰援山海关时就曾遭守关兵将刁难，嘲笑他们是"蛮夷军"。浑河血战时，受命支援白杆兵的原带风堡总兵李禀诚，眼见战事激烈却吓得拨马而逃，但其事后竟然还在秦良玉面前摆"正规军"的谱，态度极其傲慢。不过，秦良玉皆以国事为重而对这些丝毫不予计较，继续兢兢业业地守护国门。这期间，秦良玉还受命平定了四川永宁土司奢崇明的叛乱，稳定了明朝的西南大后方。

白杆兵与满洲八旗铁骑的再次交手，发生在明崇祯三年（1630）。此时已是"后金"政权的满洲八旗铁骑，绕过明朝重兵把守的辽东防线，经河北入寇北京地区。明王朝一时乱了手脚。秦良玉接到勤王命令后，马不停蹄地率五千白杆兵奔赴京城。这时，北京周边的救援部队多达二十万人，但慑于满洲八旗铁骑的兵锋竟无人敢战，仅在周边观望。秦良玉迎难而上，以五千精兵屯兵宣武门外，与满洲八旗精兵对峙。此时，北京的局势已糟得不能再糟。皇太极虽暂时后撤，但城外的遵化、永平、滦州、迁安四镇以及大明都城，俨然成了满洲八旗铁骑案板上的肉——随时想剁就剁。为挽救危局，明朝兵部尚书孙承宗决定发动反击收复四城，秦良玉再次主动请缨。是年二月，秦良玉和关宁铁骑名将祖大寿密切配合，先攻滦州。白杆兵再次发挥善于攀爬的优点，持白杆枪强登滦州城门，一举奇袭成功。次日，明军又攻迁安，再次攻克。为打退明军，留守四镇的后金将领阿敏主动出击，企图在遵化与明军决战，结果明军先用炮轰，再以白杆兵正面出击，辽东骑兵两翼包抄，数千满洲八旗铁骑一下子被白杆军长矛捅成了窟窿。阿敏不服，又在永平城下摆开了阵势，又被明军打得稀里哗啦。仅用五天的时间，沦陷的关内四镇全部收复，而骄横的满洲八旗铁骑在付出了惨重伤亡后狼狈逃回关外。在这五天中，秦良玉衣不解甲，屡屡冲锋在前与满洲八旗铁骑硬碰硬地厮杀。这场被称为"遵永大捷"的胜利，秦良玉居功至伟。

北京保卫战结束后，立下大功的秦良玉得到了崇祯帝朱由检极高的礼遇。崇祯帝朱由检在平台召见秦良玉并赠彩带等物，但比起协同作战的辽东军所得的大笔白银抚恤，秦良玉的封赏却可谓刻薄，而忠诚卫国的她却并无怨言。战后，崇祯帝朱由检命秦良玉守御川地，防备此时已然兴起的"流贼"张献忠。

保卫西南功业传

秦良玉与张献忠等各路造反农民军的血战，开始于崇祯七年（1634）。很长一段时间里，秦良玉率领的白杆兵都是农民军的噩梦。

从崇祯七年（1634）开始，秦良玉以数千白杆兵解夔州之围，杀退进犯四川的张献忠。之后几年里，秦良玉相继击败罗汝才、张献忠等农民军各部。但好景不长，崇祯十二年（1639），反复无常的张献忠在被明王朝"招安"两年后，趁明朝忙于辽东战事时再度造反。于是，崇祯帝朱由检派遣制订"四正六隅十面网"计划的杨嗣昌统兵南下征讨。杨嗣昌是个战略家，"四正六隅十面网"确为好计，但实施上却漏洞百出。双方先在荆襄地带鏖战，杨嗣昌起初旗开得胜，将张献忠赶入湖广地区。此后，急于求成的杨嗣昌一口气将四川精锐全部调到身边，准备全力搜杀张献忠，却导致了四川本地防务空虚。张献忠在捉了几天迷藏后，反而掉转枪口杀奔夔州。这时，秦良玉麾下白杆兵精锐已有数万人，闻讯后立刻驰援。但四川巡抚邵捷春无能，竟然荒唐地将秦良玉三万部队分成两部分，让其中一部分屯驻在夔州城内。结果，善打山地战的白杆兵虎落平阳，反而被张献忠趁机包围。对于邵捷春的瞎指挥，秦良玉颇有怨言，但素以服从命令为天职的她还是选择了执行命令。夔州一战，白杆兵失去了地势优势，以三万兵马抵挡张献忠数十万大军，被杀得全军覆没。这也是秦良玉戎马一生里的第一次惨痛败仗。最后，成都沦陷，秦良玉多年苦心经营的白杆精兵也几乎一战尽没。

随后，秦良玉回到家乡石柱，重新整顿兵马，以图恢复。不到几年的时间，一支近万人的新白杆兵重新建立起来。然而，崇祯十七年（1644）三月，李自成攻入北京，崇祯帝朱由检上吊煤山，明王朝灭亡。五月，福王朱由崧在南京称帝，年号"弘光"，南明政权就此开启。这时，已经占据荆楚大地的张献忠，又再次向四川杀来。但偏偏南明派来的四川巡抚陈士奇也是个草包，秦良玉苦心绘制了四川地图，建议陈士奇派重兵防御入川各隘口以阻止张献忠西进，却皆被陈士奇拒绝。这位根本不知兵的文官陈士奇偏偏爱瞎指挥，把全蜀境内的几万大军统统集中在成都城，自以为大军驻扎在身边就安全了，但结果事与愿违。张献忠率几十万大军一路杀来，在没有遇到任何抵抗的情况下直扑成都。秦良玉闻讯后，立刻亲率麾下一万多白杆兵在夔州阻击。一场恶战之后，秦良玉终于不支，退走。之后，张献忠乘胜追击，连下成都、重庆各重镇，尽占四川大地。那位瞎指挥的巡抚陈士奇，被张献忠俘虏后骂不绝口，最终英勇就义，却也还算有气节。然而，明朝的大好西蜀国土就是在陈士奇的荒唐指挥下断送的，而一同被断送的还有秦良玉的一颗救国之心。

慑于秦良玉的威名，张献忠在占有西蜀，甚至建立大西政权后，一直不敢染指秦良玉镇守的石柱地区。张献忠也曾着力拉拢，派人送去册封秦良玉的印玺，但秦良玉愤然拒绝，坚定地宣布："石柱有敢从贼者，皆族诛之。"随后，噩耗接踵而来，受命镇守湖北的秦良玉爱子马祥麟，在与张献忠血战后壮烈殉国，临终前给秦良玉留下遗书："勿以儿安危为念。"秦良玉得知后并未落泪，相反朗声大笑："好，真我好儿也！"之后，南明弘光、隆武、永历各政权皆曾派人册封秦良玉，而值得一提的是南明隆武政权在隆武二年（清顺治三年，1646）封秦良玉为"忠贞侯"，她也因此成为中国历史上第一个因战功封侯的女将。永历二年（清顺治五年，1648），秦良玉这位一生忠于国事的爱国将领，带着未能匡扶社稷的遗憾闭上了眼睛，而其孙马万年将祖母葬于龙山。此后，秦良玉生前所镇守的四川石柱地区一直坚决抵抗外来入侵，无论是张献忠的大西军，还是入关的清军，多次进攻皆不能讨得便宜。直到天下一统后的清朝顺治十八年（永历十五年，1661），在得悉南明永历政权业已灭亡后，秦良玉之孙马万年才宣布归顺了清王朝。对于秦良玉的非凡一生，即使是她的敌人清王朝也甚为敬佩。清军占领石柱后，曾为秦良玉举行了盛大的祭奠仪式。清朝康熙、乾隆两朝，还曾出资为秦良玉修建祠堂。在清朝人编修的《明史》中，秦良玉是唯一一个被列入将相传的女子，而秦良玉不但是《明史》中的唯一一个，更是中国历史上的唯一一个。

三十 / 只手擎天孙承宗

明朝辽东边事旷日持久，从万历朝晚期的万历四十七年（1619），一直打到崇祯帝朱由检煤山上吊的崇祯十七年（1644）。当然，打仗多了，走马换将的频率也就快了。在清朝人编修的《明史》里，清朝史官对这时期与满洲八旗骑兵交手的诸多将领皆褒贬不一，但唯独对一个人的评价却是出奇一致的赞叹："夫攻不足者守有余，度彼之才，恢复固未易言，令专任之，尤足以甚固封守。"这句的潜台词是，如果明王朝能够给予他无比的信任，那么清王朝是无法取明朝而代之的。

这个人就是宁锦防线的缔造者——孙承宗。

临危受命守辽东

明朝嘉靖四十二年（1563），孙承宗出生于河北高阳，而高阳位于明朝"九边"重镇蓟州，素来是战火纷飞之地。到孙承宗六岁的时候，高阳又被划为练兵基地。继而，明朝廷在当地招募乡民为兵，训练部队，如戚家军的北方车营中的好些士兵都来自于此。

在这样的环境下，孙承宗自幼就深受军事启蒙，读书之余更不忘习武练剑。孙承宗体魄健壮，生得"铁面剑眉，须髯戟张"，活脱脱的武士模样。不过，孙承宗的正经功课也没落下，十六岁的时候就高中了秀才。后来，孙承宗的人生经历格外丰富，既在国子监读过书，也在大同巡抚房守正家里做过家庭教师，更曾亲历过一次大同兵变，并在巡抚大人都吓得不行的时候挺身而出，竟然在一番慷慨陈词后从容化解危难。以上就是孙承宗四十岁以前的人生经历，他去过很多地方，做过很多事情，但绝大多数时间都和军旅生活有着不解之缘。

同样是在这期间，孙承宗的一项重要品质日益显露出来，就是敢于担当。在大同兵变的时候，别人躲，唯独孙承宗挺身而出；后来的辽东战局，依然是别人躲，他挺身而出。

万历三十二年（1604），四十一岁的孙承宗赴京赶考，一举考取榜眼（全国第二），从此步入大明官场。孙承宗先做翰林，又做詹事府谕德（太子府老师），深得彼时的太子朱常洛（后来的泰昌帝，明光宗）器重，后又被安排做朱常洛之子朱由校（后来的天启帝，明熹宗）的老师。在此期间，与杨涟、左光斗、叶向高等人交好，成为东林党一员。

这期间，孙承宗的人生基本是平淡而快乐的：能力不错，很得太子朱常洛父子的赏识；人缘也不错，东林党的朋友尤其多；官运也好得很，天启帝朱由校登基后，已经升任内阁大学士。但是接下来的事情就注定了孙承宗的人生不再平淡，彼时辽东战局日益吃紧，到了天启二年（1622）的时候，明王朝在辽东的屯兵重镇，包括六堡、抚顺、清河、沈阳、辽阳、广宁全都已丢失，仅有的控制区域只剩作为北京门户的山海关了。这种局面下，明朝兵部侍郎王在晋更提出了"放弃整个辽东，全数退守山海关"的方略，局面极其严峻。

然而，读到王在晋奏报的孙承宗，不等天启帝朱由校开口，就做出了自己的抉择——他要到前线去，以自己对于战争的理解，去面对这场大明朝开国以来最大的边防危机。明朝天启二年（1622），孙承宗以兵部尚书兼东阁大学士的身份督师蓟辽，成为手握辽东重兵的方面大员。当然，孙承宗权力重，压力也更重，他要面对的对手就是努尔哈赤。

在孙承宗到来以前，努尔哈赤这个对手与明朝已交手多次，从著名的萨尔浒战役开始就基本都是怎么打怎么赢，打一次赢一次，俨然是明军无法战胜的克星。

努尔哈赤之所以厉害，首先是他个人的本事，论军事才能，他是明末不世出的军事家，创建的满洲八旗制度奠定了后金军事的强大。值得一提的是，满洲八旗铁骑的战略战术，几乎专对着明军火器战法的弱点。当时，明军的火器战术基本沿袭自戚继光、俞大猷等人，但是戚继光等人的火器协同作战需要以训练和充足后勤为保证，对于后来训练松散的明军根本不现实。于是，明军原本严整的火器协同作战，就变成了遇到敌人不管三七二十一地用火器一通乱打。这种战术，对付以劫掠为主的鞑靼骑兵可能还奏效，但遇到战术纪律强的满洲八旗铁骑就完全抓瞎了。满洲八旗铁骑对付明军火器的招数，主要有二：一是用穿铁甲的死兵反复冲锋，消耗明军弹药；二是战车战术，特制坚硬的松木战车为掩体，掩护八旗铁骑冲锋。就这样，这几招却屡试不爽，多次击败明军。更严重的情况是，到了天启年间，满洲八旗铁骑使用火器的能力也在不断成熟，早在攻打沈阳之战和浑河之战时就已经开始以火器作为辅助手段了。

当然，最严重的情况，却是明朝自身的倾轧。明朝之前的方面大帅多无能之辈，如丢掉沈阳的辽东经略袁应泰，因在山东治水有功而名扬官场，但对打仗却一窍不通。努尔哈赤夺沈阳、辽阳之战，就因袁应泰部署有误，导致数万明军将士白白牺牲。之后的辽东巡抚王化贞更是天真到可笑，他妄图通过招降努尔哈赤的孙女婿李永芳而把努尔哈赤一举荡平，结果反被努尔哈赤用了反间计而一举丢了广宁。不过，这时期的辽东经略里也不是完全没有能人，如在萨尔浒之战后临危受命的熊廷弼。熊廷弼到任后，采取正面稳守和部署游击队四处骚扰的战略，一度遏制了努尔哈赤的势头。但熊廷弼是明朝文官集团里的楚党，东林党得势后就立刻把他排挤掉，换上了袁应泰。在袁应泰兵败自杀后，熊廷弼再度被起用，可这时候的他虽是辽东经略，但掌握辽东军务的却是东林党成员、辽东巡抚王化贞。然后，就是王化贞瞎指挥，导致辽东大半疆土尽落努尔哈赤之手。到了孙承宗接任的时候，辽东已是一个烂摊子。

从头收拾烂摊子

孙承宗到任后，先参考王在晋的方略，去山海关考察。继而，孙承宗就认定王在晋的方略太荒唐：在山海关外的八里铺屯兵驻守，表面互为掎角之势，但一旦敌军攻破八里铺，山海关就将不保，而努尔哈赤就将长驱直入。发现问题后，孙承宗二话不说，先在山海关当面痛骂了王在晋一顿，接着将其贬出辽东。之后，孙承宗开始实施他苦心谋划的战略——层层推进。

天启二年（1622）八月，孙承宗以蓟辽督师的身份，督管起山海关、蓟州、辽东、山东登州、莱州各地防务。孙承宗先是裁撤了大批残兵败将，从入关难民中选拔精壮，欲重建一支精兵。经过一年整顿后，终于在山海关以及登州、莱州，建立了一支强大的水师。次年八月起，孙承宗先命祖大寿重筑宁远城，从宁远推进到锦州，建立了宁远、锦州、山海关三位一体的防线，这就是著名的宁锦防线。在这个过程里，孙承宗更提出"以辽人守辽土，以辽土养辽人"的观点，遣散当地的"客兵"，选拔祖大寿、赵率教、满桂等善战将领，组成了一支战斗力强悍的辽东军。值得一提的是，在抵达山海关前，孙承宗从辽东边防的各类奏章中，发现了一封批评王在晋方略的奏疏，阅后大为赞赏。就任辽东后，孙承宗经过考察，更确认了此奏章的作者是不世出的将才，立刻将他提拔为宁前兵备道。之后很多年，他都是孙承宗整顿辽东的重要助手，而他就是后来争议颇多的袁崇焕。

在孙承宗的战术思想里，有一条也和戚继光等军事家一脉相承——以车克骑。

孙承宗的主要战术思路，是建立以战车作战为主的新式陆军。具体的部署是这样的：以战车承载火器，步兵保护，骑兵两翼冲击，攻防时先以火器攻击，根据敌军的不同距离分别发射不同性能的火器，持长短冷兵器的步兵配合保卫战车，骑兵保护侧翼，在敌人受挫后迅速发起反击，同时骑兵截断敌人后路，保证重创敌军。孙承宗的军阵采取散兵式的布阵，大的车营由不同的小营组成，根据作战任务的区别分成不同的"子营"。所谓"关宁铁骑"，只是这个战术体系中的一部分。关于车营的战术特色，孙承宗曾著有《车营答扣》完整论述了车营的作战特点和收复辽东的战略部署。

在孙承宗由山海关东进并逐步拓展领土的过程里，终于和努尔哈赤发生了小规模的军事冲突。天启三年（1623）五月，努尔哈赤命次子代善领军发动对锦州的试探性进攻，锦州守将马世龙以两千守军据城抵抗。孙承宗闻讯后，立即命令锦州周边的杏山、塔山守军从后路夹击代善。结果，代善在攻城受挫后又立即遭到明军的偷袭，被迫撤军回师。战后清点损失，满洲八旗铁骑被明军斩首六百多人。这场小规模的战斗让努尔哈赤见识到了关宁防线的可怕：无论攻击防线上的哪个点，都会遭到铁壁坚城的抵抗；而一旦攻击受挫，就很可能陷入明军的全面包围。

在意识到孙承宗的厉害后，努尔哈赤暂时选择了隐忍，只与明军进行小规模的冲突，不再发动大规模的进攻。当然，孙承宗不但能守，更能渗透。这时期的辽东，虽然大战没有，但小规模的战斗天天有，明军常常采取偷袭、屯田、推进的方式，一步步扎下根据地。到天启五年（1625）九月，原本只敢缩在山海关里的明军已经在山海关外拓地千里，不但拥有宁远、锦州等防御核心，前部更延伸到大凌河地区。

这时期孙承宗最主要的助手，就是后来立下击败努尔哈赤奇功的袁崇焕。在孙承宗身边，袁崇焕先做宁前兵备道，后做宁前道，管理驻军、招抚流民、编练军队等事务多由他经手办理。对袁崇焕本人，孙承宗更倾注了极大心血，常命他阅读兵书，更时常教授他带兵之道。在日常事务中，袁崇焕若出纰漏，常招来孙承宗的严厉批评。孙承宗另一个寄予希望的人，就是独守皮岛的毛文龙。在孙承宗主持下，明军陆续占领了从皮岛到登州之间的各大海岛，开通了从登州到皮岛的航线，从而使明军的物资补给可以源源不断地送到。孙承宗还向天启帝朱由校请旨，给予毛文龙尚方宝剑并赐一品都督，并多次告诫其"勿轻动，皮岛稳固，即汝大功"。通过水陆两面稳固辽东防御的战略布局，至此也彻底成形。

从孙承宗到任的天启二年（1622），一直到天启五年（1625），是辽东战事的一段"和平期"。除了努尔哈赤早期的试探进攻外，千人以上规模的战斗很少发生。这时期也是明朝辽东控制区域的扩充期，其控制范围从山海关一路向东渗透，坚城更是雨后春笋般拔地而起，径直在努尔哈赤的眼前渐渐立起一面冲不破的铁壁。当然，努尔哈赤不会甘心，他在明朝的这段扩充过程里也不断地派遣精锐骑兵，分成小队对明朝的屯垦驻军展开攻击。因此，小规模的战斗几乎每天都在发生，双方互有胜负，经常是今天明军扎下营盘，第二天却被后金端了，而第三天又被明军打回来了。就这样，在广阔的辽东大地上，双方展开犬牙交错的争夺战。但争夺战的结果却是，步步为营的明军在多次与后金的小规模战斗中经受了实战的演练，而其在野战里击败满洲八旗铁骑的信心就是从此开始的。

前线进展顺利，但孙承宗的后院却起火了。天启四年（1624），在与阉党魏忠贤的争斗中逐渐失势的东林党，决定发起殊死一击。是年六月，左副都御史杨涟上书弹劾魏忠贤大罪，东林党官员纷纷响应，掀起了轰轰烈烈的"倒魏"运动。结果，雷声虽大雨点却小，信任魏忠贤的天启帝朱由校并不采纳东林党的意见。"倒魏"风潮过后，是年十月，魏忠贤反戈一击，以"结党谋逆"为名大肆捕杀东林党人。东林党身份的高官叶向高、赵南星等人纷纷被罢官，杨涟、左光斗、魏大中等人下狱并被迫害致死。在扫清了朝堂障碍后，雄踞辽东的孙承宗也就成了魏忠贤的下一个眼中钉。不过，孙承宗不同于其他人，同为东林党，但他深受天启帝朱由校信任，更手握重兵，因此魏忠贤起初并不想与孙承宗为敌，反而极力拉拢。东林党遭清洗后，魏忠贤曾派亲信太监纪用去辽东"劳军"，私下送给孙承宗两万白银，但被孙承宗原封不动退回。这下惹恼了魏忠贤，先指使言官弹劾孙承宗，天启帝朱由校不听；后又诬陷孙承宗谋反，天启帝朱由校也不纳。其实，在这场斗争期间，曾有东林党人提出由孙承宗率兵入京"清君侧"，以诛杀魏忠贤。孙承宗拒绝了这个建议，决定面见天启帝朱由校揭发魏忠贤的罪恶。但魏忠贤一面利用自己的身份阻挠孙承宗觐见，又在京城暗下埋伏，企图趁孙承宗进京时将他逮捕。洞悉魏忠贤诡计的孙承宗，在行至北京半路后毅然返程。之后，东林党彻底倒台，势单力孤的孙承宗也无法支撑。天启五年（1625）九月，孙承宗的亲信部将马世龙在进抵柳河时，遭到后金满洲八旗铁骑伏击受挫。然而，这场小规模的战斗却招来了魏忠贤的亲信言官铺天盖地的谩骂，而魏忠贤更借此叫嚣要治孙承宗"贪战失地"之罪，并指使户部扣下了本应发放到辽东的二十四万两饷银。在无力挽救朝局的情形下，孙承宗只好选择"保身"。此事之后，孙承宗主动请辞。不过，天启帝朱由校虽然信用魏忠贤，但对孙承宗也同样关心。尽管孙承宗的请辞得到批准，但天启帝朱由校警告魏忠贤"若吾师有不测，即治汝之罪"。是年十月，孙承宗平安归乡。在这场血雨腥风的政治风暴里，孙承宗是东林党人中少有的全身而退者。

得意门生袁崇焕

孙承宗的去职，却成就了他一直悉心培养的袁崇焕。

孙承宗离开后，继任者是兵部侍郎高第。后世史书说高第是魏忠贤的爪牙，其实他不过是个胆小怕事的好好先生而已。例如，魏忠贤要高第接替孙承宗的职务，竟吓得他当场拼命磕头。到任辽东后，高第更加胆小怕事。天启五年（1625）十一月，高第下令，山海关以东明军所有的据点都要放弃，当地的部队、百姓尽数撤回关内。短短几月，明军浴血奋战打下的人领土几乎全部丢失，山海关外围仅留下孤城宁远以及镇守在当地拒绝从命的宁前道袁崇焕。

这样"送大礼"的行为，努尔哈赤当然笑纳。天启六年（1626）元月，努尔哈赤率领六万大军发动进攻，兵不血刃地把宁远以东孙承宗打下的所有人领土以及明军仓皇撤退时留下的几十万石军粮全数笑纳。然而，这却成了努尔哈赤身亡的前奏。是年元月二十三日，努尔哈赤发动了对宁远的猛攻，在外无援兵且兄弟部队尽撤的孤立无助情况下，袁崇焕率领一万军民决死抵抗。在三天的浴血奋战中，兵力处于劣势的明军数次挫败努尔哈赤的进攻，消灭后金满洲八旗铁骑数千人，并最终凭借火炮成功击伤了努尔哈赤。元月二十六日，身受重伤的努尔哈赤下令撤军。宁远之战以明军完胜而告终，"八旗不可战胜"的神话就此结束。八月一日，怒火攻心的努尔哈赤含恨而死，留下遗言："小小的宁远城竟攻不下来，这是命啊。"

宁远大捷后，袁崇焕一战成名，一跃成为主持辽东防务的辽东巡抚。袁崇焕继续了孙承宗的防务，恢复了被高第抛弃掉的领土，重建了宁远—锦州—山海关三位一体防线。天启七年（1627）五月六日，继努尔哈赤后成为后金大汗的皇太极率七万大军发动了对辽东的全面进攻，明军先凭锦州坚城挫败了后金攻势。五月三十日，在宁远城下，袁崇焕亲自率军和后金满洲八旗铁骑破天荒地打了场野战，而以战车、步兵、骑兵协同作战为方式的明军将之前野战无敌的满洲八旗铁骑杀得头破血流。仅一天会战，满洲八旗铁骑就伤亡五千多人。战败的皇太极又攻锦州，再次遭到重创。六月五日，打了一堆败仗的皇太极仓皇撤军。二十九天的连番大战，后金满洲八旗铁骑累计伤亡一万多人。战后，天启帝朱由校在诏书里大赞："十年之积弱，今日一旦挫其狂锋。"这场被历史上称为"宁锦大捷"的胜仗让明朝上下欣喜若狂，连魏忠贤的侄孙（时年四岁）都因此被赐封爵位，而指挥此战的袁崇焕更是被看作大明第一将星。但寻根究底，却可以说是"孙承宗栽树，袁崇焕乘凉"。

不过，"乘凉"的袁崇焕在之前就任辽东巡抚后，却做了一件看似微不足道的错事。恢复孙承宗的关宁防线时，袁崇焕抛弃了孙承宗早年占领的大凌河城。这座孙承宗曾苦心经营的要塞，在皇太极发动进攻时被满洲八旗铁骑拆毁，而谁都没有想到这座坚城将在四年之后成为孙承宗戎马生涯彻底的终点。

宁远、锦州之战胜利后，后金大受重创，暂时停止了对明朝的攻势。这时，失去了利用价值的袁崇焕也随即被魏忠贤扫地出门，落了和孙承宗一样的被罢官回乡的命运。随后，就任蓟辽总督的是当年被孙承宗赶走的阎鸣泰，而他在辽东做得最多的是给魏忠贤修了一大堆"生祠"。不过，好在关宁防线稳固，后金又在休养生息，辽东暂时无大战事。

天启七年（1627）八月，天启帝朱由校病故，其弟朱由检即位，次年改年号为"崇祯"。登基后的崇祯帝朱由检果断除掉了魏忠贤，将这位把持朝政多年的宦官流放，并在流放路上逼他自杀。之后就是拨乱反正，被魏忠贤迫害致死的东林党尽数平反，被罢官者大多复职，而辽东战事也成为这位力图振作的新君最关注的环节。魏忠贤垮台后，归养在家的孙承宗写下了《三十五忠诗》，悼念曾被魏忠贤迫害致死的东林党同僚，并表达了重新为国效力的愿望。当时，得到重新起用的东林党官员，如大学士韩爌等人，都极力主张重新起用孙承宗。但不巧的是，此时担任兵部尚书的正是早年在山海关被孙承宗痛骂的王在晋，正好趁机对孙承宗"下药"。于是，王在晋先翻出孙承宗柳河小败的老账，又指使亲信言官弹劾孙承宗，尤其缺德的是王在晋指责孙承宗在天启年间意欲率兵入京，并说这是"挟兵震主""居心叵测"。就这样，一句"意欲"便断送了孙承宗的"报国梦"，结果孙承宗不得不上书为自己申辩。至于担负守土之责的蓟辽督师一职，崇祯帝朱由检却选择了孙承宗最为看重的门生袁崇焕。之所以置孙承宗而不用，当然不仅因王在晋的污蔑，而是因为孙承宗毕竟是两代帝师，这样一个资历深厚且手握重兵的重臣自然是任何皇帝都会忌惮的，素来刚愎自用的崇祯帝尤其作如此想。

再度出山的袁崇焕很想"青出于蓝"，他先是在面见崇祯帝朱由检的时候夸口说要"五年复辽"，引得崇祯帝大为高兴。就任之后，除了整顿兵马、加强防务外，袁崇焕却偏偏开始"拆孙承宗的台"。其中，一件"拆台"的事是，袁崇焕先向崇祯帝朱由检请旨，撤销孙承宗原本设在登州、莱州两地的巡抚官职，将当地事权统归蓟辽督师一人调度。这两地巡抚原本的职责是主管对辽东诸海岛的海上航线以及管制诸岛屿，一经撤掉明朝在辽东的各岛屿顿失依托，陷入孤军作战。另一件"拆台"的事是，袁崇焕杀掉了镇守皮岛的毛文龙。事实上，毛文龙多年孤守皮岛，虽然有贪污等问题，但确不该死。毛文龙一死，皮岛防务名存实亡，无法再起到对皇太极的掣肘作用。

"拆台"的报应，在明朝崇祯二年（1629）就到了。是年十月，皇太极绕开关宁防线，从蒙古草原大迂回出人意料地攻破了明朝河北边镇。到十月底，皇太极已进抵到距离北京仅二百公里的遵化，明王朝上下大惊。闻讯后的袁崇焕慌忙回兵援救，先在遵化与皇太极接触，却被击败。随后，皇太极乘胜进兵，连克永平、迁安、滦州等城池，眼看就要兵临北京城下。盛怒的崇祯帝朱由检先追究责任，杀掉了原兵部尚书王洽，接着下令孙承宗起复担任兵部尚书兼东阁大学士。就这样，挽救危局的重任，再次落到了孙承宗身上。

崇祯帝朱由检此举虽然实在是"临时拉垫背"，但孙承宗毫无怨言，受命后立刻赶到通州主持防务。这时期的明朝虽然有二十万援军，但大多是战斗力低下的内地军队，无力与满洲八旗铁骑抗衡，而唯一能指望的就是火速驰援的袁崇焕。面对危局，孙承宗果断判定，皇太极在占领遵永四镇（指遵化、永平、滦州、迁安）后会绕开蓟州直扑北京。因此，孙承宗急命袁崇焕率军在京郊的三河一带布防，阻止皇太极南下。但是，孙承宗亲手培养出来的袁崇焕，这次已不买他的账了。对于孙承宗的调令，袁崇焕不但不听，反而自作主张跟在皇太极部队后面，企图在皇太极抵京后利用北京坚城来重创对手。结果，没有遭到任何抵抗的皇太极长驱南下，与袁崇焕在北京城下对峙，而临危受命的孙承宗却成了光杆司令。

自以为超越了"老师"孙承宗的袁崇焕，此后也付出了代价。十一月二十日开始，袁崇焕率军与皇太极在北京城下交战，在广渠门、左安门两度重创皇太极。至此，北京城岌岌可危的局势总算稳定下来。但十二月一日，恼火袁崇焕自作主张的崇祯帝朱由检却突然逮捕袁崇焕下狱，而跟随袁崇焕前来驰援的猛将祖大寿愤愤不平，竟带着辽东军回去了。于是，京城防务再度危急。关键时刻，作为"老上级"的孙承宗挺身而出，他先是恩威并施地劝说祖大寿，让这位平日骄横的猛将乖乖低头主动向崇祯帝朱由检请罪并顺从地把军队带回来，接着又集合了另一位爱将马世龙的兵力。在孙承宗的主持下，人心惶惶的明军再次众志成城。十二月十七日，皇太极集合所部八万兵马攻击永定门，发动了最强的一轮攻势。明军列阵城下殊死抵抗，在付出了沉重代价后再次击退皇太极，终于使得师老兵疲的皇太极泄气了。但北京城的"警报"并未解除，老谋深算的皇太极只是撤出京城外围，北京北面的四处重镇——遵化、永平、滦州、迁安依然掌握在他手里，由其二哥阿敏镇守。这样一来，遵永四镇就成了皇太极插入明朝境内的一颗毒牙，如果不拔掉，北京城就是皇太极案板上的肉。

在经过精心准备后，孙承宗开始"拔牙"了。崇祯三年（1630）五月，孙承宗以自己打造出的车营以及川军秦良玉部为主力，发动了收复遵永四镇的大战。这次，众志成城的明军以摧枯拉朽之势，仅用两天时间就打下了滦州和迁安。五月十二日，明军与阿敏部在遵化大战，明军先以火炮猛轰，再以重兵冲锋，孙承宗车营协同作战的优势发挥得淋漓尽致。在明军的攻势之下，阿敏仅支撑了一上午就仓皇而逃。次日，明军再克永平，已被杀得闻风丧胆的阿敏仓皇逃窜。不过，阿敏逃也没逃得利索，孙承宗早命马世龙在其逃路上设伏，一番截杀再次重创对手。至此，沦陷的遵永四镇全部收复，史称"遵永大捷"。这样，北京城的危急局势，在孙承宗的努力下终于转危为安。

在遵永之战胜利后，力挽狂澜的孙承宗的个人声望达到了最高点。此战三个月后，崇祯帝朱由检将袁崇焕判死刑，在北京被凌迟处死。孙承宗再次接任了蓟辽总督的职务。但比起当年天启帝朱由校对孙承宗的信任，甚至崇祯帝朱由检早期对袁崇焕的言听计从而言，此时孙承宗的处境大大地不如从前。这时，孙承宗昔日的辽东猛将黑云龙、赵率教、满桂等人在北京保卫战中战死，收复遵永四镇的功臣马世龙在战后病逝，曾经亲手打造的十二万辽东车营精兵在战后有近五万人被抽调，或移防蓟州、宣府地区，或调至镇压农民军的前线，甚至这些被抽调的部队皆是昔日辽东军的最精锐部队。缺兵少将还不算，崇祯帝朱由检在任命孙承宗为蓟辽总督的同时，又任命邱禾嘉为辽东巡抚，也正是这个任命让孙承宗重复了他的前任熊廷弼曾有过的遭遇——"经抚不和"。

痛彻心扉大凌河

说起最后一位和孙承宗搭档的巡抚——邱禾嘉，他在崇祯帝朱由检登基初期只是兵部一个六品主事，因上书分析兵事得到了崇祯帝的赏识。孙承宗收复遵永四镇时，邱禾嘉身先士卒立功颇多，并因功升为辽东巡抚。然而，就观察邱禾嘉就任辽东巡抚后的表现来看，却只能归结成两个字——"捣乱"。

崇祯四年（1631）正月，孙承宗到达辽东，然后开始了长达七个月的考察。其中，考察的目的只有一个：当后金已经开始采用绕开山海关过境蒙古袭扰中原的新战略时，明王朝应当怎样应对？孙承宗的态度是：明朝辽东防线必须再进一步，占领一个足够威胁后金首府盛京（今沈阳）的地盘，使后金不敢再轻举妄动。最终，孙承宗确定了目的地——大凌河。

在遏制后金的战略问题上，邱禾嘉总体上和孙承宗看法类似，也同意将地盘前推。但在具体地点上，邱禾嘉、孙承宗二人发生了分歧。邱禾嘉的主张是推进到广宁、右屯、义州三城，而其观点着实荒唐：广宁城距离海边有一百八十里，距离辽河一百六十里，远离关宁防线，水陆补给非常困难，而义州比广宁还远还偏僻，如果要在这两个城池站住脚，就必须先扎根义州。事实上，义州作为当年被袁崇焕放弃的重镇，原有的城墙早在当年就被努尔哈赤拆尽；广宁、右屯、义州这三个城池距离后金的主力部队太近，一旦遭到攻打，主力部队必将鞭长莫及，更何况同时修筑三城，力量必然分散。孙承宗的主张则是先修筑大凌河城，该城距离锦州仅四十里，与周边的杏山、松山等明朝控制区域遥相呼应，更直指后金的腹地以威慑后金的老巢盛京。这样，一旦明军站住脚，就可以对后金形成直接威胁。实际上，依明朝辽东军力的实际情况，这是一个相对稳妥的战略。

不过，目光短浅的邱禾嘉看不到这个，偏偏此人还恃才傲物，不但和孙承宗意见相左，更蔑视祖大寿这些他眼里的"大老粗"武将。到任没多久，邱禾嘉就和辽东诸将关系闹得很僵。但邱禾嘉确实是有"背景"，崇祯帝朱由检对他很赏识，并在他就任前曾嘱咐他可与孙承宗"各行其事"。明朝的官制，总督虽职权大于巡抚，但两个职务的职权是相对独立的。换言之，总督对巡抚只能"协调"，却无权直接发号施令，如果碰上关系不好的，就会相互拆台。如今，筑城的分歧发生后，总督、巡抚双方争执不下。由于袁崇焕事件，崇祯帝朱由检开始对地方督抚的权力非常制约，这时候的孙承宗既无天启时代的临机专断权，又受邱禾嘉这样自以为是的巡抚掣肘。无奈下，孙承宗只好就筑城问题向朝廷请示。对孙、邱二人的不同意见，明王朝几经讨论，还是同意了孙承宗的主张。崇祯四年（1631）五月，大凌河筑城工程正式开始。

孙承宗深知这次行动远难于当年宁远筑城，因此花了大心血。明朝命祖大寿、何可纲二将率四千精兵先行进占，调一万四千工匠奉命修筑，又派遣秦良玉麾下的一万川军前往护卫。七月中旬，大凌河筑城工程正式开始。但就在这关键时刻，邱禾嘉"捣乱"了，自作主张地私自从大凌河抽走了一半工匠前往修筑他自己一直主张的右屯卫，以致大凌河的工程进度一下子被拖下来。孙承宗上奏弹劾邱禾嘉，但崇祯帝朱由检却置之不理。与此同时，孙承宗、邱禾嘉二人的"对台戏"唱了没几天，朝里又横生出了枝节。八月，原本支持孙承宗的兵部尚书梁廷栋因得罪崇祯帝朱由检被罢官，崇祯帝居然迁怒于孙承宗，急忙下诏叫停所有筑城工程，同时负责护卫大凌河工程的上万川军精兵被调至蓟州，大凌河当地仅留下万余士兵和一万石粮草。眼见工期被人为地一拖再拖，孙承宗主张暂停筑城并将士兵撤回，因为此时的大凌河城防只筑了一半，又无强兵保护，一旦皇太极重兵来犯，局面将异常危险。邱禾嘉这次却又犯了倔劲，崇祯帝朱由检同意修的时候，他玩命"捣乱"，而现在不让修了，却又非要修下去。在北京保卫战后，崇祯帝朱由检规定辽东地区部队调度，必须要有总督、巡抚二人共同手令。因此，邱禾嘉不同意，大凌河当地留下的士兵当然调不回来。但是，皇太极却来了。八月初，洞悉明军意图的皇太极集合满洲八旗精兵，以及蒙古科尔沁等部落共合兵八万多人，兵分两路，一路插入锦州与大凌河之间断绝明军外围，一路直扑大凌河——包围。

八月二日，皇太极进抵大凌河。比起以往的惨烈攻坚战，这次皇太极使出围城打援的方法，他在大凌河四面挖壕修寨，将城池围得水泄不通，同时在周边部署重兵，迎击明朝援军。此时，负责大凌河防卫的正是辽东猛将祖大寿、何可纲，他们见皇太极压城毫不慌张，立刻组织防御。其实，大凌河城除了祖大寿、何二将带来的一万多士兵外，就只有没有作战经验的工匠，局势万分危急。但消息传来后，明朝方面却反应迟钝。崇祯帝朱由检虽然严令孙承宗、邱禾嘉二督抚不惜一切代价救援，但又严令"无兵部命令，关内驻军不得擅动"。孙承宗要调蓟州等地明军增援，结果根本调不动，接着朝中就有人主张放弃大凌河。辽东方面，虽然此时辽东驻军尚有数万但各有防区，能够第一时间投入使用的机动部队只有吴襄部的三万人，却多是毫无战斗经验的新兵。

在此危局下，孙承宗和邱禾嘉偏偏又生分歧。深知大凌河重要性的孙承宗主张不惜一切代价，集中辽东精锐出兵援救，里应外合地打垮皇太极。这时候，先前壮志满怀的邱禾嘉却又被吓破了胆，他主张辽东驻军不可轻动，最好由关内来的援军进行救援。总之，还是那个老问题，没有巡抚和总督二人命令，辽东驻军根本无法调动，说不服邱禾嘉，也就救不了大凌河。孙承宗几经力争，到了八月十日，邱禾嘉才象征性地同意派遣五百人；六天以后，又派出两千人；十天以后，又派出六千人。当然，这点兵力自然是救不了大凌河，反而是驱羊羔入虎口。其实，在这段时间里，后金军主力主要用于清除大凌河外围的防御工事，而祖大寿在大凌河的抵抗也甚为剧烈，不但多次击退后金军的进攻，更组织了几次反扑，险些突围成功。事实上，部署在锦州至大凌河道路上打援的后金军只有两万多人，正是救援的最好时期。但是，在邱禾嘉缩头乌龟式的战术下，战机就这样白白丧失了。

孙承宗并不甘心，既然说服不了邱禾嘉，那就另想办法。经过多方奔走，明王朝终于从关内调兵了。九月二十四日，由监军兵备道张春率领的三万多援军抵达锦州。然而，此时的大凌河早已弹尽粮绝，不仅一万石粮食全部吃光，部下伤亡过半，周围的堡垒工事皆被后金占领，而且祖大寿率领残部甚至到了要把筑城工匠杀掉吃人肉的地步。更重要的是，眼见大凌河只剩最后一口气，皇太极放心地把大部围城部队调出部署在明朝援军必经的长山口，而这时后金用来等待迎击明军的部队已有六万人之多。以张春的部队人数，解围是很难的，更何况其军队本身质量就参差不齐。

张春是孙承宗的老部下，他在北京保卫战中是孙承宗的得力助手。援救大凌河时，张春已是六十五岁高龄，其人虽有才能，但麾下的部队却五花八门，既有孙承宗亲手调教出的辽东车营，也有河北、河南、山东各地的地方军队。因此，孙承宗又命吴襄从辽东当地部队里选出七千精壮随行，却也是"矬子里面拔将军"。孙承宗本欲亲自带兵，但张春主动请缨，声称"督帅身负辽东重任，不可轻动"。孙承宗纳其言，行前更反复叮嘱，若遇后金军主力不可盲目冲击，必须以车阵逼之，伺机反击。九月二十七日黎明，张春率军进至大凌河外围的长山口，皇太极已亲率六万多精兵等候多时，决定大凌河会战命运的长山口之战就此打响了。

人数劣势，战斗力参差不齐，这样的战斗当然不能硬拼。幸好张春也是沙场老将，临阵部署得当，立刻排出了孙承宗部擅长的"车阵"：中军以战车火器构成防御体系，步兵列阵阻击，两翼分别部署了吴襄和宋伟的骑兵。皇太极也出手用猛招，亲率精锐冲击张春中军，并拿出了他刚刚组建的火炮部队——三十万火炮齐轰明军。战事异常惨烈，后金军先以他们惯用的"死兵"冲击，被明军打退；接着，以骑兵施放弓弩，明军也猛烈以枪炮还击，史载"弓矢如雨，炮声震天"。这些从内地二线部队抽来的明军，战斗意志却异常顽强，使得皇太极的中军冲锋连连碰壁：他的近臣绰和诺被明军打死；侄子富喀禅受重伤；攻打明军左翼的恩哥德尔更惨，不但进攻未果，更被明将宋伟发动反突击。打到最惨烈时，恩哥德尔部竟纷纷后撤（战后被皇太极集体处罚）。这时，皇太极的处境是危险的：后金军野战里最擅长的是速决战，一旦久攻不下，就很容易被对手反击得手。——之前的宁锦会战失败就是如此。

但意外在这时候发生了，负责明军右翼防御的是总兵吴襄，他率领的是几千从辽东蒙古部落招募的新兵，战斗力原本就不强。与吴襄对垒的后金军佟图赖部，却是皇太极麾下精锐。几次冲锋之后，明军虽打退敌人，但吴襄惧意渐成。比起后来吴襄闹出大动静的儿子吴三桂来，吴襄的军事才能只能说一般。偏偏在这时，一小股冲锋中被打散的后金骑兵，竟稀里糊涂地闯到了吴襄的面前。吴襄误以为其军阵已破，立刻拨马狂逃，把整个大军扔在原处。就这样，明军的右翼立刻被突破了，而左翼杀得性起的宋伟见吴襄逃命自己也不甘落后，倒比吴襄强点的是带着麾下部队一道脚底抹油——逃跑了。在长山口战场，张春的中军一下子陷入皇太极的合围中。绝境之下，张春决死一搏，使出了最后一招——火攻。明军立刻收缩阵线，四周战车环列，排成三角阵型，外围推出上百辆小型战车——油柜车（明朝的"火焰喷射器"）。张春一声令下，各战车喷出剧烈的火舌，前仆后继冲锋的后金骑兵立刻陷入一片火海。眼看着反扑有望，突然战场狂风大作，剧烈的北风朝着明军的战阵扑来，火势立刻转向，反而烧死了大批明军士兵。但即便倒霉如此，明军依旧死战。张春命大军继续收缩，集中所有的火器弹药，准备再向后金军打一场反冲锋。明军攻势还没打响，却突然天降大雨，倾盆的雨水将明朝军阵淋了个透心凉，先前猛烈发射的枪炮全成了"烧火棍"。于是，这场艰难的战事已无法扭转了。随后，后金军乘机全线突入。在战事的最后阶段，张春命部将率军先撤，自己亲领残兵阻击。在手刃了数名金兵之后，张春终因伤重被俘。是役，明军伤亡两万多人，张春及其麾下三十三名将领被俘。血战到最后的张春被俘后宁死不屈，皇太极敬佩他的才华气节一直未杀他，只将他囚禁在盛京三官庙。之后十年，张春身处囚笼，一直"着汉服""拒剃发"。崇祯十四年（1641），闻听松锦大战中明朝全军覆没的败讯后，深感希望破灭的张春愤然自尽。死前，张春留下诗句"苦节傲冰霜，至大而至刚"，以明自己身在敌营却气节不改的心志。

高阳殉难，英名流传

长山口之战的失败，标志着孙承宗援救大凌河的最后希望破灭。到十月，祖大寿决定投降，先杀死了拒绝投降的副将何可纲，接着在十月二十八日率整军投降，所部的数万军民和精良火器皆落入皇太极之手。对这位辽东名将的投诚，皇太极非常高兴，当场赏赐大批财物，而祖大寿趁机献计愿作为内应进入锦州，帮皇太极拿下锦州城。皇太极欣然允诺。但祖大寿到达锦州后立刻翻脸，反而在锦州整顿军马，对后金军严阵以待。值得一提的是，祖大寿虽然忠诚，但他的儿子（有说养子）祖可法却诚心归顺，后来成了皇太极身边的重要谋士。

但真正命运被逆转的，却是祖大寿的"老上级"孙承宗。筑城大凌河一事，战前就争议颇多，外加此时的兵部尚书梁廷栋早已被罢官，败讯传来后言官们弹劾孙承宗的奏章立刻连篇累牍。此时，心力交瘁的孙承宗再难支撑了，他无奈地再次辞官而去。大凌河，这场孙承宗戎马生涯里最大的"滑铁卢"，却实在是明王朝命运的一个关口：如果大凌河不失，不但宁锦防线多一道屏障，更可威胁后金腹地。这样，皇太极就很难不顾一切地劳师袭远、重兵绕道袭击。在之后的历史中，皇太极多次绕道入塞，大肆烧杀。与此同时，再加上中原各地农民军起义不断，明王朝长期陷入内外交困的境地。

然而，孙承宗本人却也最终承受了这个悲凉的结局：崇祯十一年（1638），即清崇德三年（皇太极于1636年将国号"后金"改为"清"，年号"崇德"），皇太极命其弟多尔衮率军故伎重演，从河北入寇中原。河北各边镇沦陷无数，其中就有孙承宗的家乡高阳。已经辞官归家的孙承宗率领全家十八口人上城抵抗，仅凭高阳县这些毫无作战经验的乡民，竟与多尔衮的精兵足足死磕了一天，直到次日城池才陷落。为这一个小县，清军竟付出了一千多人伤亡的代价。城破后，孙承宗的儿子、孙子十八人举家殉国，而孙承宗本人也拒绝投降并慨然自尽身亡，享年七十六岁。令人叹息的是，噩耗传开后，虽然明王朝举国悲痛，但崇祯帝朱由检只是轻描淡写地命令"复故官，予祭葬"。直到明朝灭亡后的清顺治二年（弘光元年，1645），才由南明弘光帝朱由崧给予追封谥号。崇祯帝朱由检如此对待这位功勋卓著的统帅，可谓刻薄到寒心。

三一 / 李自成的十次生死时刻

老话说得好,"大难不死,必有后福"。这句放在明末农民起义领袖李自成身上,是句实话。

虽说明朝最终被清朝取代,但直接灭亡明朝政权的却是这位与明王朝周旋了十五年的晚明枭雄李自成。在波澜壮阔的明末农民大起义中,李自成因生计所迫投奔农民军,从底层士兵做起,转投无数农民军势力后终成为一方枭雄。而后李自成几经起落,历经数战,越挫越勇,最终挥师东进占领北京,逼得崇祯帝朱由检煤山上吊,亲手终结了统治中国二百七十六年的大明王朝。在明王朝历史的末段,李自成是终结者。

这位终结者的战斗经历并不是一帆风顺,甚至可以说在大多数时期他都属于完全的劣势。事实上,明王朝有无数次机会可以一举将他完全"剿灭",但死亡的命运却一次次与他擦肩而过。在这些李自成人生的"大难"中,既有幸运,也有明王朝自己错失机会。然而,一次次机会的错失,最终让明王朝尝到了"天与不取,反受其咎"的代价——亡国。

且去看看李自成这位明王朝的掘墓人,究竟经历了哪些生死危难,又是怎样越挫越勇的?

两记昏招造乱局

说起明末农民起义的大爆发以及屡"剿"不平,现代史学界大多把原因归结到明末吏治腐败、政府财用匮乏以及天灾横行催化内部矛盾上。其实,明朝农民起义的愈演愈烈,却有两个看似微不足道的因素。

第一个因素,崇祯元年(1628)秋天,由于明朝财政紧张,新登基的崇祯帝朱由检取消了对北部的蒙古部落的赏赐。一个月之后,蒙古草原发生了严重自然灾害,北方各蒙古部落请求明朝援助,但被明朝拒绝。这时期,明朝国库空虚,财政花销当然是能省则省。这次的结果是省下了该年赏赐蒙古部落的白银二十万两，但实际上这时候花在蒙古部落身上的钱却是万万省不得的。在皇太极即位早期，与之相邻的大部分蒙古部落一直站在明朝一边，尤其是"黄金家族"末代可汗林丹汗在位时，虽早期曾与明朝发生战争，但因为努尔哈赤这个共同敌人的崛起，双方很快联合。从天启年间起，明朝就与林丹汗互市，并赏赐其大量白银。在崇祯时期之前明朝与努尔哈赤的大多数战争里，蒙古部落都曾出兵助战。努尔哈赤死后，即位的皇太极开始了对蒙古草原的渗透，尤其是宁锦之战败北后其随即将矛头对准了以林丹汗为主的蒙古各部。到崇祯帝朱由检登基时，明朝与皇太极双方互有胜负，明朝北部的蓟州、大同、宣化、陕西、宁夏等地也暂时平静，战火仅局限于辽东一地。然而，这次崇祯帝朱由检的一刀切，却造成了"多米诺骨牌效应"。由于明朝取消了对蒙古部落的赏赐，原本是明朝北部屏障的林丹汗随即与明朝反目，在是年就悍然发兵侵扰山西地区，双方兵戎相见；而失去明朝援助的林丹汗，也更难抵挡后金咄咄逼人的攻势，最终在败退青海后被杀。林丹汗的败亡，导致蒙古部落成为一盘散沙，无力对抗皇太极的侵入。随后，喀尔喀、科尔沁、察哈尔等蒙古部落相继归附后金，甚至就连早年被明朝封为"顺义王"的河套蒙古各部落也最终倒向了后金一边。明朝在之后对蒙古灾荒的置之不理，更给了后金以经济援助加通婚笼络蒙古部落的机会。就这样，不到两年的时间，明朝蓟州、宣化北面的蒙古部落尽成皇太极的势力范围，以致皇太极绕道蒙古侵扰中原已经是一马平川。所以，崇祯帝朱由检在位十七年间，每到"剿灭"农民军的战役打到关键时刻，皇太极破关南下的情景就出现，而原本局限于辽东一地的明朝与后金的战争，最终也演变成蔓延整个明朝北方的全面战争，大量的人力、物力被牵制。试想一下，若无皇太极在明朝北方点燃的战火，明朝平定农民起义恐怕会容易得多。就这样，崇祯帝朱由检省下的赏赐蒙古部落的二十万两白银，最终换来的却是明朝两线作战的困局和北方的战火满天。

第二个因素，即是后人提及较多的，崇祯二年（1629）四月，刑部给事中刘懋上奏，要求清理驿站。此举本意没错，明朝晚期的驿站早已经机构臃肿且滋生腐败，成为国家沉重的财政负担。刘懋的对策就是简单的裁撤，富余的官员罢官，多余的驿夫驿卒遣返回乡。但当时的兵部侍郎申用懋深谋远虑，认为一次性裁撤风险太大，应当以六年为期逐步进行，且不能一裁了之，对被裁的官员、驿夫要发足遣散费用，其中精壮的驿卒更可挑选编入各地驻军之中。这个方法可谓老成谋国，但心急的崇祯帝朱由检不听，觉得刘懋的建议简单实用，然后就贯彻实行了。这次明朝效率很高，用一年时间遣散了八万多驿卒，节省了白银六十八万两。在被遣散的驿卒中，其中一个就是银川驿站的李自成。从后来的事实看，明朝遣散驿卒节省的六十八万两白银，最后却换来了明王朝的终结者。

明王朝此起彼伏的农民起义，直接因素是天灾。在明朝天启七年（1627），山东就曾爆发白莲教起义。到了崇祯元年（1628），陕西爆发大旱，引发了大批农民暴动。农民起义最早的领导人多是当地地主、士绅，原因很简单：灾荒缺粮，饥民们开始哄抢当地地主、士绅，而地主、士绅们为保身就索性挑动农民去哄抢官府。为了避祸，这些地主、士绅也多取绰号，如"滚地龙""满天星"之类的诨名。其中，发生最早、影响最大的是崇祯元年（1628）陕西谷城的王喜胤起义和陕西宜川的王左贵起义，这两股势力在当时都各有数万人，麾下成员也多"明星阵容"。例如，王喜胤手下的偏将是后来的"闯王"高迎祥，大营门口站岗的一个哨兵就是后来的"大西皇帝"张献忠；而王左贵麾下的一个士兵就是李自成。

李自成是在崇祯三年（1630）投奔农民军的，而在此之前他刚与死神擦肩而过。驿站被裁撤后，李自成回到家乡陕西米脂，因生活困难欠下了当地士绅艾举人的债务。官司打到县衙后，李自成被官府"披重枷游街示众"。此时，正值酷夏，重刑在身且水米未进的李自成险些被"将置至死"，幸好亲友结伙和衙差们群殴与之相救，这才得以逃到外地。几个月后，李自成潜回家乡杀死士绅艾举人，后为避祸又逃到甘肃投军。在甘肃军中，李自成起初发展得不错，还被张掖驻军王国部提为把总。然而，此时明朝财政困难，军队多被欠饷。崇祯二年（1629）十二月，为领饷银问题，李自成遭王国责打，索性领着士兵发动兵变杀死王国后扬长而去，然后投奔到陕西农民军王左贵部开始了他的"造反"生涯。

临阵犹豫再铸错

对于西北农民的"造反"，崇祯帝朱由检犯了与在辽东问题上的相同错误。由于明朝廷各类政策的失当，导致原本局限于一地的战争，演变成蔓延全国的战火。

在崇祯元年（1628）陕西动乱初起时，在如何对待的问题上，明王朝就意见不一。起初，地方官为逃避责任对"造反"真相大力隐瞒，总幻想着来年天灾过了自然会偃旗息鼓，但天灾却年年持续。到崇祯三年（1630），陕西已经大乱四起，主要的农民军势力达十多股，总数三十多万人。这时候，明王朝刚刚经历过北京保卫战，京城周围正满目疮痍，自然不愿再启战端，所以"主抚"派占据上风。于是，一直主张招抚农民军的御史杨鹤被任命为陕西三边总督，赶赴陕西平乱。

杨鹤是个好官，在崇祯元年（1628）动乱初起时，他就提出"元气"说，认为老百姓是国家元气，不能轻易杀戮。之前在官场上，杨鹤也很"有清明"，是腐败官场上难得的廉洁人物。然而，应对动乱这样的事件，仅廉洁明显不够。杨鹤很认真，对农民军采取宽容政策，禁止官军任意杀戮；而且也很勇敢地多次不顾危险单独进入农民军大营，"晓之以理，动之以情"地劝说；更铁面无私地杀掉了陕西当地一批颇有民愤的官员。到崇祯四年（1631）初，陕西境内十多路农民军尽数接受招抚，共招降农民军十多万人。不过，这样看似成绩不错，但实际多表面文章。杨鹤的方式基本是"求人投降"，只要对方肯投诚，什么条件都答应，甚至允诺农民军可以保留军队武装留在原地驻扎。对于杨鹤这样的做法，显然治标不治本。当然，要招抚就要给钱，崇祯帝朱由检先后拨给杨鹤十五万两白银看似不少，但分摊到每个农民军手里也不过半两白银。同时，各路农民军虽接受"招安"，但实力并未受损，一旦杨鹤给的钱花完且大灾又不停，重新"造反"是迟早的。到当年八月，各路农民军纷纷"撕毁合约"，再扯反旗。就这样，明朝的十五万两白银打了水漂，而杨鹤本人也被充军流放。

招抚不行，就"剿灭"。这时候的主角，换成了洪承畴。

洪承畴，字彦演，福建南安人。杨鹤招抚陕西的时候，洪承畴是陕西参议，对杨鹤的招抚主张向来坚决反对。战事重起后，陕西当地大溃，官员纷纷逃命。洪承畴非但不跑，反而自己临时招募了一支千人的民兵团奔赴平乱前线。洪承畴的第一仗是在陕西韩城，击溃了攻打韩城的王左贵部，而李自成此时正是王左贵部的前锋将军。这一仗王左贵败得很惨，其部队几乎被打散，而李自成也因此与王左贵走散，之后的一段时间他只是陕西当地的一股散兵游勇。是年年底，被洪承畴追得走投无路的王左贵向洪承畴投降。但洪承畴不是杨鹤，接受王左贵投降后没几天就翻脸派兵偷袭，以致王左贵本人及身边部将皆被杀死，而李自成却是因祸得福了。试想一下，如果李自成还在王左贵麾下，恐怕其也难逃这场灭顶之灾。

王左贵覆灭之后，洪承畴得到重用。不到半年的时间，洪承畴就成了陕西三边总督。这时期，洪承畴的主要精力放在王喜胤和"神一魁"这两股最大势力上。崇祯四年（1631）十月起，洪承畴开始全力"围剿"王喜胤。这时，洪承畴手里最大的王牌，就是担任延绥副总兵的曹文诏。曹文诏是孙承宗的旧部，手中还有孙承宗练兵的骨血——一千名战斗力强悍的辽东骑兵。仅用两个月时间，曹文诏就在甘肃河曲击毙了王喜胤，而此时李自成正在王喜胤部将王自用麾下效力。又经过了三个月，另一股陕西最大的农民军势力"神一魁"也全军覆没。在这期间，李自成追随王自用，从曹文诏的追杀里逃脱出来，流窜到陕西、山西的交界地带，而这时各路农民军败兵陆续集结到此处的有二十多万人。这时，明王朝镇压农民起义的第一个拐点出现：此时洪承畴和曹文诏已平定陕西大部，如果与陕西交界的山西、河南两省可以配合作战封锁农民军进入的要道，那么这场声势浩大的农民起义就会戛然而止。

在这个关键时刻，崇祯五年（1632）十一月，王自用召集农民军各头领开会，而参加会议的有李自成，从此他开始有了自己的名号——"闯将"。李自成成为这次会议的三十六位头领之一，与他一道列席的还有著名的"闯王"高迎祥、"八大王"罗汝才。会议商谈的结果，就是王自用被推举为首领，二十万农民军兵分五路进入山西。这时担任山西巡抚的是许鼎臣，而在之前洪承畴已经上奏要求山西务必守住关口，即使不能阻挡农民军，也要尽可能地拖住，他自己则在后面夹击，这样必可大获全胜。许鼎臣也很积极，张口向崇祯帝朱由检要兵，而明王朝则一口气调来了贺人龙、李卑、艾万年三位总兵，他们都是能征善战的勇将。可偏偏许鼎臣无能，他最大的毛病就是朝令夕改——今日命部队驻甲地，第二天想想不对，又没来由地要其驻乙地。最后，许鼎臣还没等完全部署好，各路农民军就长驱直入了。结果，本是陕西一省的动乱，至此变成了中原大乱。之后，明朝虽然调曹文诏入山西一度重创农民军，但农民起义在中原的燎原之势已经不可阻挡。

李自成进入山西后，也迎来了他命运的又一转折。崇祯六年（1633），王自用病故，其麾下的两万兵马尽被李自成接管。但刚接管了没两天，曹文诏进入山西，各路农民军皆遭惨败。幸运的是，这时候曹文诏主要针对的是农民军中实力最强的紫金梁部，一直把紫金梁追到河北。此时，李自成却与张献忠、高迎祥等人合伙南下进入河南境内，而他又成了高迎祥麾下的干将。农民军在河南的行动进展得很顺利，不仅连战连捷，而且一直转战到河北武安。但就在武安当地，他们遭到明将左良玉部阻击。迟滞了数日后，他们却发现已身陷包围圈中——这是曹文诏精心设计的包围圈，武安四周会集了包括山西总兵曹文诏、京营总兵王朴在内的十万明军，封死了农民军突围的所有出路。在包围圈内，几乎云集了高迎祥、张献忠、罗汝才、李自成等所有明末农民起义军的头领，毕其功于一役的机会，似乎就在眼前。

但就在农民军要发动总攻前，设计这个包围圈的曹文诏却被调走了，职务从山西总兵平级调动为大同总兵。原因是曹文诏与河南御史刘令誉不睦，被回京述职的刘令誉告了黑状——罪名是"养寇自重"，即把曹文诏现在故意示弱诱引农民军武安会师的方略说成是"养寇"，而这正犯了崇祯帝朱由检的忌讳。就这样，曹文诏被调到暂无战事的大同边镇。但刚到任没三个月，曹文诏就赶上了皇太极绕道大同进犯，仅凭手中两千多兵马与皇太极八万精兵血战十五天，硬是保住了大同重镇，并迫使皇太极撤退。然而，崇祯帝朱由检却非抓住他失去边地县城的小错，非但不奖赏，反命他"戴罪立功"。同时，更要命的是，曹文诏原本精心设计的"河南包围圈"计划也破产了，因为曹文诏走后明军失去了最能征善战的将领，参与包围的各路部队谁都不敢出头冲锋。与农民军干耗到冬天后，代理曹文诏指挥的京营总兵王朴，在收受农民军贿赂后中了"诈降"计，主动在包围圈上让出一道口子并以为农民军会出来投降，结果十多万农民军趁机突围成功。这次的后果更严重：各路农民军突围后化整为零，分别去了不同的省份，山西、陕西、河南、湖广皆蔓延战火。中原大乱，从此开始。

李自成去的地方是陕西，他跟随高迎祥打了几场胜仗后，接着就遇上了主持陕西、山西、河南、湖广、四川五省军务的"五省总督"陈奇瑜。比起曹文诏的猛打猛冲，陈奇瑜的战略是"追而小打"。从崇祯七年（1634）二月起，陈奇瑜和农民军发生了二十三场战斗，全是小规模厮杀，打完了立刻收手，只尾随其后追击，而追击的结果就是迫使农民军再次进入了一个陷阱——陕西车厢峡。车厢峡是陕西南部长五十里的一个山谷，两面群山环绕，通道极其狭窄，只有南北两个出口且早被明军封死。高迎祥、李自成的八万农民军，就这样再次进入了死地。

但是，这次农民军再次使出了老办法——诈降和行贿。被困十几天后，农民军开始请求投降，而深知这个套路的陈奇瑜起先不肯，但农民军又贿赂他身边的将领。陈奇瑜虽是清官，却架不住身边属下的连番劝说，再加上此时明军兵力确实不足，就"准许"了农民军投降，然后撤出了对峡谷南口的封锁。结果，农民军在出谷后再次发动反击，并在重创陈奇瑜之后再次进入河南地界。

"闯王"覆灭，"闯将"接班

车厢峡突围后，李自成的实力大为增加，成了高迎祥麾下的实力派人物——手中拥有了数万军队。这一年恰是河南大旱，大批饥民加入农民军，河南当地的农民军总数一下破了四十万人。但河南是中原腹地，明军围困农民军却是正好方便。于是，崇祯帝朱由检立刻调集了十万大军，从东南西北四个方向齐向河南压来，再次施行"铁壁合围"战略。在明军的连续打击下，各路农民军损失惨重。到了崇祯八年（1635）五月，各路农民军被集体压制在河南洛阳地区。在严峻形势下，农民军齐集河南荥阳商议对策，在大多数主张撤出河南北进，甚至有人提出投降的时候，李自成却眼光独到地提出新战略：从明军包围的缝隙里冲出去，南下明朝的中都凤阳。这个疯狂的建议一出口就几乎遭到了集体反对，支持李自成的人只有两个：一个是他的"老上级"高迎祥；另一个是他的"老战友"张献忠。结果，当其他各路农民军或北逃山西，或东进湖广时，高迎祥、李自成、张献忠三人合兵一举攻克凤阳，不但将当地劫掠一空，更刨了朱元璋的祖坟，烧了朱元璋曾寄居的皇觉寺。就这样，明王朝皇家成了中国历史上唯一一个还没灭亡，就被人挖了祖坟的皇家。

如此奇耻大辱，崇祯帝朱由检当然愤怒。愤怒之后，崇祯帝朱由检就想起了之前被他"戴罪"的曹文诏。至于刨完朱元璋祖坟的李自成，早在明朝大军到来前就挥师北进又窜进了陕西境内，在他背后紧紧追赶的就是之前无数次陷其入死地的曹文诏。李自成一路北上狂奔，从陕西宁州一直跑到真宁，而曹文诏死追不放，为了夺"剿灭"李自成头功，他竟然抛下大部队仅带麾下三千精锐追赶。结果，正中李自成下怀，李自成以三万兵马在真宁伏击，并在付出六千多人的伤亡代价后终于全歼曹文诏部三千精锐。最后，全军覆没的曹文诏在李自成的包围下挥剑自刎，而这位将军一路走来却是先打努尔哈赤、又打皇太极、再打李自成。在曹文诏戎马半生间，这是他唯一的一场败仗，却要了他的命。

围殴曹文诏，是李自成军事生涯的一场辉煌杰作。但此时的农民起义正是低潮期，与李自成分兵后在湖广活动的高迎祥，遇到了明朝另一位名帅——主持江北、河南、湖广、四川、山东五省军务的又一个"五省总督"卢象昇。此时，卢象昇手里有一支他亲手训练的战斗力足够和满洲八旗铁骑相媲美的王牌军——天雄军。"刨祖坟"事件后，卢象昇先在郧阳击败高迎祥，之后连战十余次并相继给高迎祥、张献忠歼灭性打击。到了崇祯八年（1635）的汝阳之战，卢象昇在总兵力只有对手十分之一且断水断粮的绝境下，再度击破高迎祥。从崇祯八年（1635）五月到十一月，卢象昇在六个月里先后斩杀高迎祥部三万多人，以致作为农民军中最强一支的高迎祥部几乎被打残了。其时，在荥阳大会后进入山西、陕西、湖广地区的其他各路农民军也大部被明朝歼灭，整个中原地区主要的农民军势力就剩下高迎祥、张献忠、李自成三支。

到了次年，即崇祯九年（1636），农民军的处境更是雪上加霜。先是高迎祥继续战败，在滁州与七顶山连续被卢象昇重创，残存的十万人几乎被打光。接着李自成的部下高杰叛变投降了陕西总督洪承畴，与洪承畴合兵斩杀了李自成部上万人。不过，这时皇太极再次入寇山西，由于曹文诏已经战死，所以崇祯帝朱由检在抵抗皇太极的人选上就圈定了卢象昇。这样做的结果就是高迎祥成功地从湖广地区逃脱，继而开始了他最后的努力——北上与李自成会合。然而，明王朝又为高迎祥准备了一个新的圈套。是年七月，高迎祥从汉中入陕西，遭到了陕西巡抚孙传庭的阻击。受挫后的高迎祥企图从子午谷入陕西，却正中了孙传庭的埋伏。七月二十日，全军覆没的高迎祥被俘，随后被明王朝处死。当然，这场农民军巨大的挫折，却让在陕西苦苦等候高迎祥的李自成"上位"了。李自成被高迎祥的部下拥立，继承了高迎祥"闯王"的名号，也收编了高迎祥的残部。从这时候起，李自成成了明末农民起义的第一领袖。

"四正六隅十面网"，说来容易做来难

"上位"的李自成，首先遇到了一个他一直没有谋面的对手——杨嗣昌。

杨嗣昌是杨鹤的儿子，后者在崇祯三年（1630）招抚陕西失败。杨嗣昌的缺点很多，如心胸狭窄、嫉贤妒能，功勋卓著的明朝大帅卢象昇就是被他害死的；而擒杀高迎祥的孙传庭，因忍受不了他的诬陷，竟气到耳朵失聪。但杨嗣昌有一个优点——战略眼光卓越，他看出了先前明朝"剿杀"农民军的最大漏洞：各省政令不通，不能协调一致，作战各自为战，且私心甚重，多保存实力。所以，杨

嗣昌针对性地提出了一个新战略——"四正六隅十面网"。这个战略的主要部署,就是把全国划分成统一战区,各省协调一致行动,各负其责统一指挥,且责任落实到人。这个战略的实行后,农民军"流动作战"的难度从此就难上加难了。

从崇祯十年(1637)明朝实行"四正六隅十面网"的战略后,李自成就成了"最大受害者"。这时期,李自成多在陕西、山西两省活动,利用两省之间步调不一致的问题屡屡见缝插针地牵着明朝鼻子走,但实行"四正六隅十面网"后这一招就失效了——两省协同作战,配合默契,屡屡堵住李自成的逃路。其实,农民军打游击可以,摆开阵势的"正战"却不是官军的对手了。于是,屡遭重创的李自成拼死冲出合围,又杀进四川试图攻克成都,但又被明朝击退。退兵的过程里,李自成被明朝名将曹变蛟、祖大弼等人一路追杀五十里,又把李自成赶回了陕西。随后,李自成还没喘口气,陕西的孙传庭又杀了上来。在四面围堵之下,李自成决定南下,准备再去河南发展,但这一步战略早在明军的预料之中。是年十二月,在入河南必经之路的陕西潼关南原,李自成陷入了孙传庭、洪承畴等各路人马的夹击。实际上,明军这次动用了血本,布置了三万精兵铺天盖地压上来,誓要活捉李自成。战斗从早晨打到晚上,李自成终于趁明军麻痹率部冲了出来,之后藏进了陕西、河南交界的商洛山中,而其先前的几十万大军在此时只剩下了包括他在内的十八人。在同一时期,一直在湖广地区与明朝周旋的张献忠也在伤亡惨重下选择了投降,数千残兵被安置在了谷城。就这样,一度轰轰烈烈的明末农民起义,在这时彻底转入了低潮。

在李自成兵败后,孙传庭本希望包围商洛山重兵搜索李自成,但这时北方边警又起,他麾下的精锐部队多被东调拱卫京城;在次年抗击皇太极南侵的战斗中,孙传庭因得罪杨嗣昌,甚至一度遭下狱。至于投降的张献忠,他之前曾屡降屡叛,显然是不可靠的。其实,明王朝原本有官员上奏,要求在张献忠投降后把他除掉,但是招抚张献忠的湖广总督熊文灿力保,这才让张献忠逃过了一劫。李自成、张献忠这两颗微弱的"火种"就这样保留了下来,等他们再次燃烧时明王朝已经追悔莫及。

结果,仅仅过了一年多,崇祯十二年(1639)五月,反复无常的张献忠趁明王朝主力部队集中辽东的机会再次造反。是年九月,杨嗣昌亲自统兵镇压。然而,这位提出"四正六隅十面网"的战略家杨嗣昌,实战能力却近乎低能,最终在被张献忠牵着鼻子走了几个月后兵败自杀。次年五月,明王朝辽东再遭皇太极入侵。明朝由洪承畴领军十三万人，与皇太极在锦州、松山地区展开了长达一年的厮杀。在战事已获主动权的情况下，明军却因崇祯帝朱由检的瞎指挥而强令洪承畴盲目进兵，最终功亏一篑反被清军打得全军覆没。这一战明军伤亡五万多人，几乎折损了所有精锐部队。也是在这一年，河南发生了百年不遇的旱灾，李自成乘势而起，很快聚集了数万军队。李自成与张献忠遥相呼应，先取湖北孝感、汉阳，继而挥师北上，于次年正月占领洛阳，杀了"争国本"案的反派角色——福王朱常洵。继而两攻开封，最后通过掘开黄河堤坝引黄河水的方式，将开封彻底毁掉。这时候的明王朝，精兵良将多在两线作战中耗尽，唯一能与李自成抗衡的就是刚从牢狱里放出来的孙传庭。崇祯十六年（1643）夏，孙传庭在崇祯帝朱由检的几次催促下，率领新招募的十几万兵马出潼关与李自成决战。孙传庭本来看得很清楚，虽然李自成很生猛，但只要明军守住潼关阻止李自成入陕西，明王朝就可留有翻身的机会。然而，急功近利的崇祯帝朱由检再次断掉了这个机会，如他瞎指挥洪承畴打松锦之战一样，这次他又瞎指挥孙传庭。在君命难违下，孙传庭被迫出兵，但这些从没上过战场的新兵在野战里又哪里是李自成麾下虎狼之师的对手。到十月，孙传庭败绩连连，在渭南之战全军覆没后其以自尽的方式壮烈殉国。至此，李自成推翻大明王朝已经再无障碍。次年正月初一，李自成在长安建立大顺政权，继而挥师北进，明王朝再也无法抵挡。三月十八日，李自成兵不血刃占领北京，崇祯帝朱由检在煤山上吊自尽，明王朝覆亡。就这样，明王朝在经过十七年两线作战后，最终被李自成灭亡了。

腐化堕落，"闯王"不长

大难不死的李自成得到了做皇帝的"后福"，但这个"后福"只是暂时的。李自成自以为打下北京就夺取了天下，在进京后立刻就"放了羊"，其部队四处掠夺民财，农民军纪律日益败坏，将领迅速腐化。此时，南明政权尤在，北方清廷虎视眈眈，但李自成却天真地以为打下了北京就天下太平了。作为大顺政权的开国皇帝，李自成从始至终除了破坏，就是劫掠。然而，一个能开创王朝的英雄，首先应是一个建设者。因此，从这一点上说，无论是李自成还是张献忠，他们都不够格。当然，不够格的李自成自然也不会把此时已然镇守山海关的吴三桂当回事，最后吴三桂纠合清兵入关在山海关重创李自成，随后一路追杀至北京。

就这样，李自成这个大顺政权的皇帝只做了四十二天，就提前"下课"了。败出北京的李自成，接着又丢了西安，后溃逃到湖北九宫山一带。清顺治二年（南明弘光元年、隆武元年，1645）正月十二日，李自成在湖北当地民团的袭击下殒命，这个多少次在大风大浪里逃生的"闯王"最终在小河沟里翻了船。

三二 / "舜水先生"渡东洋

在正史记录中，崇祯十七年（1644）三月，李自成攻破北京，崇祯帝朱由检煤山上吊，而后清兵南下，李自成覆灭，也就意味着国祚二百七十六年的大明王朝已经黯然谢幕。

但是，在同时代诸多明朝人眼中，大明王朝只是遭受了一次重创，生命远未终止：北京沦陷，只是朝廷暂时歇息，而全国的大部分地区，特别是经济繁荣的东南地区，依然在明王朝治下。各地更有诸多明朝皇室藩王，陪都南京更有完备的中央机构，此外各地效忠于明王朝的军队的数目更多达百万以上。因此，明王朝抖擞精神收拾旧山河，再造社稷指日可待。

所以，这一年，崇祯帝朱由检三月吊死煤山，五月南明新政府就启动了：福王朱由崧在南京正式登基即位，宣告次年年号改为"弘光"。就这样，明王朝持续三十九年的沉重尾声——南明王朝时代，至此拉开大幕。

南明王朝多短命

事实上，南明王朝一开始就麻烦极大：先是崇祯帝朱由检上吊自杀前没有派太子朱慈烺南下，太子朱慈烺与定王朱慈炯、永王朱慈炤一起被李自成俘获，继而清军入关攻下北京后李自成覆亡，其后三人于战乱中不知所踪。如此一来，南明可谓是"群龙无首"。

按照《皇明祖训》的法统，福王朱由崧本该是最合法的继承人。但明末党争成风，大臣们拉帮结派，各执一词，即使到了南明时代也依然如此。因此，朱由崧虽然在凤阳总督马士英等人的拥戴下顺利登基建立了南明王朝，但内部非但不消停，反而闹得更厉害。

实际上，真干点正事的还是史可法。作为兵部尚书，史可法早早地就制订了防御计划：长江以北划分了四大军镇，由刘泽清、黄得功、高杰、刘良佐四大总兵坐镇，外加镇守武昌的"军阀"左良玉，组成铁壁防线以阻遏清军南下。

但真正做起来，却完全乱了套：江北四镇，大多是跋扈军头，基本不听调度。朝廷方面，有拥立大功的马士英与兵部尚书史可法互相挤对，最后把史可法挤对去了扬州。武昌左良玉在崇祯年间就是名将，但其也是出了名的会算计，当时朝廷派他打农民军时就常"出工不出力"。南明弘光政权建立后，马士英、阮大铖掌权，挟弘光帝朱由崧以令群臣，但忌惮东林党复社借左良玉报复。弘光元年（清顺治二年，1645）三月，左良玉打出"清君侧"旗号，发布檄文讨伐马士英，并悍然举兵东下。

这一闹的后果极其严重，虽说左良玉很快兵败并病死于军中，但已经覆灭了李自成的清王朝却紧跟着大举南下。这样，一盘散沙的南明弘光政权，顿时七零八落：忠心抗敌的高杰一招不慎，被身边叛徒杀害；刘泽清和刘良佐先后叛变投降；继而扬州沦陷，史可法壮烈殉难；左良玉的儿子左梦庚，也摇身一变投敌。五月十五日，清军兵不血刃地占领南京，南明弘光帝朱由崧出逃，钱谦益等重臣投降。七天之后，由黄得功保护逃亡芜湖的南明弘光帝朱由崧终被清军追上，黄得功力战殉难，朱由崧被俘，后被押至北京杀害。南明的第一个小朝廷——弘光王朝，就这样迅速败亡了。

值得一说的还有马士英，之前虽说和东林党掐得欢，但大难临头时别人不是跑就是投降，他却不屈不挠地一直藏身民间坚持组织抗清斗争。直到两年后，马士英才被清军俘获，壮烈就义。

弘光政权败亡后，南明的抗争却并未停止。各省的志士们纷纷拥戴藩王组建新政权，继续抗清大业。然而，新问题又来了：原先福王朱由崧登基总算符合法统，但在其之后是有皇室身份的就能出山，法统全乱套了。

更大的问题是，被拥戴成皇帝的藩王们手里大多没有实权，基本上都是当地名士甚至"军阀"拥戴的。朝廷内部的人物们更是各怀心思、鱼龙混杂，忠心为国的有，浑水摸鱼想捞好处的却也更多。因此，南明政权始终是力量拧不到一起，一旦清军压境，几乎都是作鸟兽散。

这样的后果就是，南明的诸多小朝廷昙花一现。鲁王朱以海以监国身份在浙江主持大局，六年后被灭。唐王朱聿键在福州称帝，建立隆武政权，却被海盗出身的郑芝龙挟持。两年后，清军攻打福建，郑芝龙火线叛变，隆武帝朱聿键逃亡未果，被清军俘获后绝食自尽。隆武帝朱聿键的弟弟朱聿鐭在广州组建绍武政权，仅四十一天就被清军平灭，满朝君臣自尽殉难。

这样一来，自从南明王朝开始后，抗清的政权是立一个被灭一个。同时，明王朝原有的国土更是相继沦陷，从华东到华南，各省相继落入清王朝之手。

永历政权最顽强

在南明王朝时代，真正给予清王朝重重一击且抗争最为顽强，并给天下明室忠臣希望的却是永历政权。

隆武帝朱聿键殉难后，即隆武二年（清顺治三年，1646）十一月十八日，桂王朱由榔在广东肇庆登基，次年改年号"永历"，正式创建永历政权。但朱由榔登基仅一个多月，就被清军打出广东而被迫到广西栖身。不过，借着此时各地风起云涌的抗清风暴，永历政权团结各路抗清力量，包括李自成和张献忠等农民军的余部，甚至还策反了清军中李成栋和金声桓等部队，最后终于站住了脚跟，甚至在实力最强大的时候更控制了云南、贵州、广西、广东、湖南、四川、江西七省。其时，永历政权与清王朝分庭抗礼，成为明王朝最后一面猎猎飘扬的旗帜。

尤其令南明王朝扬眉吐气的是，在张献忠义子孙可望和李定国归附后，永历政权的军事实力更是得以升级，一改早期被清军打得乱跑的狼狈形象，反而焕然一新地常把清军打得四处乱窜。特别是李定国苦心训练的一支三万人的虎师，在桂林和衡阳两场血战中先后将清王朝精锐孔有德部和尼堪部打得全军覆没。永历六年（清顺治九年，1652）衡阳一战，李定国部更是横挑强敌，力挫清朝敬谨亲王尼堪统率的满洲八旗劲旅并击毙了骄横的尼堪，一举粉碎了满洲八旗"满万不可敌"的神话。当时大捷之下，南明军将士群情激奋，齐声高唱《满江红》。捷报传开，南明王朝更是几乎沸腾，好多退居山野的明朝遗民更纷纷起事，抗清形势大好。

在东南沿海方面，永历政权更取得大突破。隆武二年（清顺治三年，1646），郑芝龙见隆武政权局面不利而变节降清，但他的儿子郑成功却一心忠于明室，并在厦门誓师抗清。永历三年（清顺治六年，1649），郑成功奉永历政权为正朔，永历帝朱由榔即册封其为"延平王"（郡王）。郑成功的实力同样迅速壮大，更练就了一支堪称东亚最强悍的海军，并多次在东南沿海发动军事行动重创清军。就这样，在东南、西南两线，永历政权打得清军应接不暇。

可惜好景不长，永历政权在战场上虽然节节胜利，但内部却出了问题。永历十年（1656），权臣孙可望野心膨胀，悍然发动叛乱。这次叛乱虽说在李定国的主持下迅速平定，但后果极其严重：孙可望兵败后降清，将永历政权的虚实和盘托出。经过这场内战，永历政权实力大衰。此后，主持政局的李定国虽然忠心耿耿，但执政水平一般，处理不了内部的复杂关系。结果，两年后清军进攻，永历政权终于崩盘，四川、云南各省先后沦陷。这一战，李定国虽然不屈不挠地在磨盘山设伏再度重创清军，打得清军伤亡惨重，伏尸二十多里，但明军同样死伤惨重，永历政权的大局更是难以挽回。永历帝朱由榔一行人退居缅甸，明朝山河终于全数归入清朝版图。

就在大厦将倾之时，坐镇东南的永历政权"延平郡王"郑成功，发动了最后一次强硬的逆袭。永历十二年（清顺治十五年，1658），趁清王朝精锐云集西南之机，郑成功以十七万大军、数百艘战舰的规模，与活动于浙东的抗清名将——永历政权兵部侍郎张煌言联合，水陆并进，准备攻打南京。在遭遇了飓风袭击等考验后，到次年四月，郑成功势如破竹地在定海、瓜洲、镇江等战役中接连给清军重创，尤其镇江野战更是一场硬碰硬的陆战较量，号称风驰电掣的四千满洲八旗骑兵竟被打得只剩下一百来人；张煌言也高歌猛进，陆续"收复"芜湖等地。七月，郑成功重兵压境南京，光复东南半壁江山遥遥在望。

眼看形势大好，在东南艰苦抗战十多年的郑成功更是热血满怀。七月十二日，郑成功命令全军白衣白甲在战船上举行盛大仪式，隆重祭奠明太祖朱元璋。当时，长江一线，南明军炮口林立、战旗招展，十多万大军哭声震天。郑成功更是豪情大发，当场挥剑赋诗"试看天堑投鞭渡，不信中原不姓朱"，场景十分震撼。

然而，豪情之下，郑成功却头脑发热了。当时，清军南京守将管效忠假装投诚，一番花言巧语竟然骗过了郑成功，使其在战局最有利的时刻反而放弃了大好攻城机会，就等着对方献城投降。结果，战机稍纵即逝，清军趁机调兵遣将，给郑成功来了个反包围：七月二十二日，清军反扑，从观音山后发动突袭，猝不及防的郑成功顿时大溃，被清军一路追杀。幸好南明军作战素质高，重围之下浴血突围，终于在清军沿江的铁壁合围中杀开了一条血路顺利退兵厦门，伤亡极其惨重。郑成功这支啸傲东南十多年的抗清力量，至此已无法与清廷争锋，而南明王朝最后一次翻盘的机会也因此无情错失。

此后，永历政权的局面再也无法挽救。避居缅甸的永历帝朱由榔一家，最终被缅甸国王送回，落入清王朝手中。永历十六年（1662），清朝平西王吴三桂在昆明将朱由榔一家二十五人处死。南明最后一位帝王，就此殉难。

不过，南明的历史，着实生命力顽强。郑成功败退厦门后，仍然奉"永历"旗号，虽然光复无望，却依然矢志不渝。永历十五年（1661）四月，郑成功挥师东进入澎湖列岛，收复被荷兰殖民者霸占三十九年的台湾岛，并在此继续建立抗清根据地。自此之后，继续奉永历政权为正朔的台湾郑氏家族，对内恩养南明皇室并厉兵秣马，对外则纵横东海而顽强抗清。更重要的意义是，台湾岛从此开始广泛推广儒学文教，同时郑氏家族拓展海路并发展"海上丝绸之路"，从而在17世纪的大航海时代里留下了浓墨重彩的一笔。

但无论怎样，随着郑成功攻打南京的失败，南明王朝最后一次光复的机会已然不复存在。随后，诸多追随南明王朝的仁人志士也相继做出了他们的选择，有人如顾炎武，终生不仕清廷；也有人如李定国，在永历政权覆灭后依然转战于边境，并最终留下叮嘱"宁可死在荒郊野外，也不可投降"。在这位几乎赢得了每一场对清王朝战争的胜利却难挽大局的铁血战将李定国溘然长逝后，他的数千部下一直繁衍生息于缅甸阿瓦河东并直至今天。

在大势已去的情况下，比起诸多明朝遗民所做出的沉默抗争，郑成功军中一位幕僚终于长叹一声，却在随后搭船出海踏上了离乡背井的路途。然而，或许连他自己都没想到，自此之后尽管"复国"之梦始终宛如泡影，但他杰出的思想成就和孜孜不倦的传道却在东洋日本开花结果，甚至深远地影响了大和民族的未来。这个人便是号称"明末清初五大学者"的思想家——"舜水先生"朱之瑜。

实学才俊初长成

朱之瑜，字鲁屿，号舜水，万历二十八年（1600）生于浙江余姚一个名门望族。

作为一个读书人，"舜水先生"这样的身世真可谓"生逢其势"，同时也生逢其时。

明朝万历年间，是中国古代史上一段著名的思想自由时代。这一时期，学术流派纵横，新思想层出不穷，且高度对外开放。同时，西方文艺复兴时代的科技成果大量传入，传统的礼教也遭到强烈冲击，普通百姓的生活观念、道德传统都发生了改变。当时，市民文化蓬勃繁兴，城市商业发达，民间奢靡风气日盛，士大夫热衷于享乐，同时文化成就也如雨后春笋般迭出，如从小说"三言二拍"到戏曲"临川四梦"，可谓成果极其丰硕。

士人阶层的理念发生了翻天巨变，出现了多种新型学术流派，且民间士人参与政事的热情更是空前高涨。地方上的生员学士们，话语权越发得大，甚至常为民请命。诸多士林名流，不但热衷传道讲学，更积极介入政事，在朝野覆雨翻云。例如，晚明东林党的诞生，党争加剧，这就是土壤。

正是在这样的风气下，明末的各色学术流派的名流极其多，不但精通学问，还擅长于政治，好些名流的知名度都"惊天动地"。不过，在这些名流中，有些人名头大、会作秀，正气凛然虽然出了名，可真大难临头时不是跑得比老鼠还快，就是变节比翻书还快。例如，投靠魏忠贤的陆万龄，以及清军入关时叛变投敌的钱谦益，他们都是这一类。

同样也有另一些人，论道德品质，从来表里如一，堪称"人中君子"，素来为民请命，大节不亏；可论行政水平，却是毫不接地气，外加眼光短浅，小事斤斤计较，虽说政绩不少，但大事面前败笔同样多。例如，东林党中的名臣们好些都是此一类，人品虽然铁骨铮铮，但好心办出的坏事却是一箩筐，直到把明王朝办"覆亡"。

除了上面这两类人，其实还有第三类人，但他们却是截然不同的：既有名士的风骨，更有务实的水平和卓越的眼光。在当时的明朝，这一类人属于"稀有品种"，以清末学问家梁启超的观点来说——满打满算只有五人，即"晚明五大思想家"。朱之瑜，便是其中之一。

与好些名流相同的是，朱之瑜也有不错的家学渊源，而他的家族则是浙江余姚当地的名门。仅说这个籍贯就极不简单，余姚在明朝号称"文献名邦"，以"文教昌盛"著称，其中科举的成绩出了名的强，状元出了好多位。同时，各行业的英杰更是荟萃一堂，如缔造"弘治中兴"的大学士谢迁，"阳明心学"的开山圣人王守仁，都是其中的杰出代表。

即使与这类名流比，朱之瑜的家世也毫不逊色。朱家从高祖父起就是知名的学问家，而且祖上三代的派头都相当大：高祖父龙山处士，不仕；曾祖父朱诏，累历显职，赠荣禄大夫；祖父朱孔孟，诰赠荣禄大夫。父亲朱正，累迁总督漕运军门（漕运总督）。

当然，朱家一向以学问和品德著称，倘若看到朝政腐败、国事不堪，即使天大的高官厚禄也绝不就范。同时，朱家世代传承下来的风骨，便是儒家的一个重要信条——"道不同不相为谋"。

按说朱家这样的家世，朱之瑜的成长环境理应很舒适，不说锦衣玉食，也该衣食无忧，但事实上却恰恰相反：从八岁起，朱之瑜的童年就变得异常惨淡，甚至一度生计无着，学业也难以为继。

之所以如此，就在朱之瑜八岁这年，即万历三十六年（1608），其父朱正还未到任漕运总督，就突发疾病过世了。朱家虽说名头响，却并不富裕，外加顶梁柱一塌，生活猝然艰辛起来：朱家兄弟三人，朱之瑜排行老三，两个兄弟也同样未成年。这下，寡母带着三个幼子，生活从此陷入贫寒。

于是，朱之瑜像许多穷人家的孩子一样也早当家，小小年纪就出来干活养家糊口。因此，朱之瑜是诸如种地屠宰之类的农活基本都接触过，甚至连城里的帮佣杂役也曾做过不少。可以说，各行业的民间疾苦，从此都感同身受。

但唯独好的是，朱之瑜的学业却没怎么落下。朱家虽然破落，但名声犹在，门生故交也多。因此，在多方关照下，朱家三兄弟的学问教育，总算是没耽误。特别是朱之瑜，在同乡李契玄门下求学，很快展现出不凡的天赋。后来，虽说李契玄病故，朱之瑜的学业一度中断，但其仍然手不释卷——一面做活一面自学，学业日益精进。

当然，朱家不止朱之瑜争气，兄弟三人都个个不差，无论生活怎样寒苦，都从不放弃自己的追求。特别是长兄朱启明，多年以来赡养家小、照料母弟，是家中的第一顶梁柱。同时，朱启明自身的学问也进步更快，不但书读得好，学业更是丰富，武功兵法也涉猎得多。到朱之瑜二十五岁这年，即天启五年（1625），这个家庭终于苦尽甘来：长兄朱启明考取武进士，官南京神武营总兵，家庭条件大大改善。

正是随着长兄朱启明得志，朱之瑜的求学也云开日出。随着朱启明就职松江府，朱之瑜也随同前去，拜于当地学问名家朱永佑门下。后来，朱启明官运亨通，崇祯年间还曾一度授漕运总督（未到任），因此朱之瑜的际遇也随之得到改善。与此同时，教授过朱之瑜学业的还有张肯堂和吴钟峦，二人都是当时名流。

在明朝，朱永佑、张肯堂和吴钟峦三位名流都大有来头。朱永佑，崇祯七年

（1634）进士，崇祯年间吏部左侍郎，南明鲁王朱以海政权工部尚书；张肯堂，天启五年（1625）进士，崇祯年间福建巡抚，南明鲁王朱以海政权东阁大学士兼吏户工三部尚书；吴钟峦，崇祯七年（1634）进士，崇祯年间知县，南明鲁王朱以海政权礼部尚书。在这三位老师中，最厉害的是吴钟峦，虽然其在崇祯年间官职不高，但背景非常深厚：他是东林党的干才，与东林党智囊高攀龙是好友，更是东林党干将李应升的座师。换言之，朱永佑、张肯堂和吴钟峦三人，都是当时声名显赫的人物。

这三位老师声名在外、品德高尚，仅就教书育人来说，虽然学问的细节有差别，但他们不约而同地传授给朱之瑜的都是明清历史上一门风格清新的学问——实学。

实学，是明清儒学的一大重要成就，源起于宋代的"事功学派"，反对务虚空谈，强调"经世致用"，即讲究学问的实际行政运用能力，以造福江山社稷。这门学问在明代已是空前繁荣，如隆庆、万历年间的内阁首辅高拱和张居正，都是实学的忠实信徒。到了晚明年间，实学更为包括东林党在内的诸多士大夫阶层追捧。

但这学问虽然好，却也难学。对于这门学问，不是学问好、理解能力强就能学得好，相反极其考验实际操作能力，既要有丰富的阅历和灵活的手段，更要有扎实的学问积累和牢固的道德底线。也就是说，学问好懂，用起来却难。事实上，很多晚明标榜有实学成就的名流，后来在真遇到了事情时也全现了形，不是昏招迭出，就是道德沦丧。

不过，这门学问放在朱之瑜身上，却变得驾轻就熟。一是朱之瑜出身名门，祖上的道德传统早已刻骨铭心；二是朱之瑜童年开始就生活贫寒，小小年纪就浮沉世事，尝尽世态炎凉，远非关门读书的书呆子可比；三是朱之瑜多年自学，其过程中累积的困惑很多，接触到这门全新学问后更好像找到了明灯般极其兴奋，学习过程好似如鱼得水一般。

从学习科目说，实学的学问最难学的。一是门类繁多，不但要学"四书五经"等传统学问，甚至诸如种地打柴、财政税收，乃至军事兵法，样样都要涉猎；二是操作性强，不光要死记硬背，更要求有独立的见解和观点，甚至还考查动手能力。所以，在当时，凡是学实学的淘汰率都极其高，好些人开始热情高涨，最后却学得灰头土脸。

在这点上，朱之瑜的表现却越发强大，学问基础好，天赋也不凡，"经史子集"烂熟于心，社会经验也丰富，讨论学问更能经常联系实际、举一反三。很快，朱之瑜声名鹊起，成为知名的青年俊才。日久天长，几位恩师都对朱之瑜满意不已。

对这时的朱之瑜来说，几位恩师中对他影响极大的当数吴钟峦。吴钟峦堪称实学界的翘楚，不但学问远播，行政水平更是高超。吴钟峦先是做教谕，把考生学业抓得好；后来任职长兴知县，治理地方更是井井有条。可以说，吴钟峦属于既有学问，又有行政能力的干才。然而，吴钟峦对朱之瑜影响最大的，却是信仰。

和诸多实学名家不同，吴钟峦虽说行政水平高，却对实学"经世致用"的主张有不同的看法，以他自己的话说："不明于生死，必不能忠孝，不能忠孝，虽有经济之才，何益哉。"也就是说，一个人要是没了道德底线，就算有再大的才能，也是没用的。

正是吴钟峦这番教诲给了朱之瑜极大的震撼，从而在其后来人生的关口中做出了重大的抉择。

当时，二十五岁才投身实学的朱之瑜却是"后来者居上"，不仅学问做得好，而且几位老师更是赏识有加。如此一来，在当时明朝的官场环境下，哪怕不走科举途径，仅凭名流关照也能有不错的前程。不过，朱之瑜自己也一度壮志满怀，各类学问更是精进，渴望着有报国的一天能够一展"经世致用"的才华，建功立业。

一眨眼十三年过去了，人近中年的朱之瑜已经娶妻生子、成家立业，不仅名声格外响亮，更成了以学问和品德著称的俊杰。对此，吴钟峦更给了朱之瑜一个极高的评价——"开国来第一"。就在这一年，即崇祯十一年（1638），苏松学政亓炜以"文武全才第一"的称誉将朱之瑜推荐至礼部。按照明朝的官场流程，朱之瑜只要接受征召，接下来就可以获得官职，大展宏图的机会就在眼前。

但比起早年的胸怀大志来，朱之瑜面对这天上掉下来的机会的反应，却是冷冷两个字——"不去"。

艰辛"复国"路

其实，朱之瑜"不去"的原因也很简单，就是"看透了"。

自从就学以来，朱之瑜的学问精进了很多，但官场的变迁震荡虽未亲历，却见识了太多。

首先，长兄朱启明的遭遇给了朱之瑜极大"震撼"。当时是天启年间，一直兢兢业业的兄长朱启明，只因不肯贿赂权贵阉党，最后却落得被黯然罢官回家。

其次，几位恩师的际遇也令人唏嘘。特别是吴钟峦，本来魏忠贤倒台后东林党得势其也大受信用，特别是在长兴知县任上更是政绩卓著，但因得罪了首辅周延儒，外加拒绝给百姓临时加派赋税，最后被整治而一度降到广西做推官。

如上的各色遭遇，朱之瑜求学的十多年来也一一见识了太多，而眼光不凡的他也早早地做出了一个判定——这个大明朝已经不可救药，即"然颠覆非一木所支，大川岂一人攸济"。正是朱之瑜的真知灼见让其相信再有能耐也救不了这大明朝，那么不如躲开——"不仕"。

尤其厉害的是，朱之瑜不但看到了明朝政局的黑暗，甚至对于黑暗中的细节都把握得一清二楚。对于明王朝的政局黑暗的细节，以朱之瑜这一年拒绝征召后给妻子的话说，就是"我要是出来做官，如果做知县，干满三年，肯定政绩卓越，然后官运亨通，能调任御史，接下来铁定就坏，因为以我的性子，当御史就会仗义执言，一直言就会获罪，而且肯定会是大罪，不但性命不保，家室更得连累。所以，绝不做官"。

就这样，三十八岁的朱之瑜成了一位眼光通透的人物，不管是朝局动荡、王朝命运乃至自身优劣都看得很清楚。于是，朱之瑜也从此重拾了余姚朱家的信条——"道不同不相为谋"。

在这样的信条下，朱之瑜的人生进入了捉迷藏的阶段：朝廷一征召，他就躲。从崇祯年间起，一直到南明永历年间，朝廷先后征召了十六次，朱之瑜就躲了十六次，始终隐居家乡静看风景。

这期间，明王朝的变迁正如朱之瑜断言的那样，国事日益败坏，政治、军事积重难返。崇祯帝朱由检更是急功近利，凡事操切，结果越急越麻烦：不但诸多能臣先后获罪，国事更越发不堪，李自成和皇太极更是来回地折腾。终于，在崇祯十七年（1644），崇祯帝朱由检上吊于煤山，明朝中央政府就此覆亡。

这期间的朱之瑜虽说躲躲藏藏，但生活也丰富多彩。朱之瑜隐居期间，除了种地读书、传道讲学外，还常从事商业贸易。由于朱之瑜本身就阅历丰富，外加"实学"的学问大多都是这些，这下朱之瑜更是学以致用了，效果一直很好。如此一来，朱之瑜不但将家业打理得井井有条，小日子过得有滋有味，而且交游也日益广泛，知识界的朋友多且甚至旁及三教九流，日本、越南都有不少交情，人脉越发广。

朱之瑜虽然绝意仕途，但其依然牵挂民生：除了在各地讲学传授知识，还经常利用声望站出来为民请命；遇到官民纠纷，也常站出来主持公道。于是，朱之瑜的名声更加响亮，遂成为浙东名人。

但到了南明弘光元年（1645），朱之瑜隐居乡野的舒适日子终于戛然而止了。

事情起因还是在于朱之瑜的眼光太通透。北京沦陷后，南明弘光政权建立，四处招揽英才。朱之瑜名声在外，也就入了弘光政权的法眼，一直极力请他出山，且官位也越许越大。特别是这年四月，弘光政权更封朱之瑜做"兵部职方司郎中兼浙江提刑按察司副使"，就是手握地方司法大权的高官。

但朱之瑜却看得明白，这个弘光小朝廷一建立就闹内斗，绝对没前途。因此，不管怎么征召，朱之瑜就是各种借口拒绝。但万没想到，这下惹恼了弘光政权的权臣马士英，立刻下令整治，给朱之瑜扣了个"不受朝命，无人臣礼"的罪名，并要将他逮捕法办。幸好朱之瑜提前得知消息，赶快星夜逃命，躲进了舟山群岛。

这事按往常说，不过是个小风波，等着风声过了也还能回来。可是，或许朱之瑜自己都没想到，这场匆匆的话别竟是他与家人的永诀。一个月后，清军大举南下，南明弘光小朝廷迅速沦亡，而浙江大地陷入一片战火中，唯独朱之瑜藏身的舟山群岛暂且还算太平，但家乡却是回不去了。

在此大难临头时，南明王朝兵败如山倒，弘光帝朱由崧被俘。至于先前斗得乌烟瘴气的弘光群臣们，有人像钱谦益一样变节，有人像史可法一样殉难，有人像马士英一样不屈不挠地奔走抗清。这时，小小的舟山群岛更成了一面新旗帜，因为当地地理位置险要，不习水战的清王朝暂时难以染指，鲁王朱以海也随后避难此地，并以"监国"的名义再度竖起了抗清大旗。

这时，朱之瑜一开始还是以行商的身份在当地隐居，虽然日常生活中常常自嘲说"大厦将倾，自己无能为力"，但随后眼见着明朝这座"大厦"已经到了倒塌的边缘，始终静眼旁观的他终于做出了人生一大重要抉择——"投身抗清，全力复国"。

朱之瑜之所以改变以往的态度，原因主要有两点：一是悉心辅导他学业的三位恩师——张肯堂、吴钟峦、朱永佑三人都先后投身在鲁王朱以海身边为抗清大业奔走；二是在他一直平静的外表下始终埋藏着燃烧的热血，这也是最重要的原因。对于南明王朝，朱之瑜纵然千般失望，却依旧有莫名的万般忠诚，因为在哪怕千难万险仍然百死不悔、义无反顾的身影下是儒家传统里明知不可为而为之的伟大情怀。

同样值得一说的是，朱之瑜虽然做出抉择，却依然拒绝官位。随后，朱之瑜以平民百姓的身份，放弃舒适的生活，甘愿忍受奔波的艰难和生死的一次次考验，毅然投身于抗清"复国"的事业。

从这时起，朱之瑜不再沉默，相反积极奔走，而他最重要的任务就是为南明小朝廷筹饷。

自从南明弘光政权灭亡后，鲁王朱以海政权的日子也极不好过。鲁王朱以海虽然是"监国"，但其地盘就几个岛，再外加大量军队集结，其政权的经济越发窘迫。

朱之瑜则挑起了这个担子：虽闲居多年，但常年行商，社会关系极广——沿海朋友多，海外也多知交。因此，朱之瑜临危受命后踏上了一条特殊的路途——"驾船出海，四处奔走，求钱求兵，力助复国"。

求饷的第一站，是与朱之瑜后半生结下不解之缘的日本。

选日本做第一站，还是因为朱之瑜的人脉。当时，日本已经进入德川家族的幕府统治时期，而且其从明末起就开始"闭关锁国"政策，只有长崎港对外开放，但其和明朝的渊源却一直极其深。明末海外贸易繁荣，长崎当地也是华商云集，好些名流与朱之瑜也多有交往。此时，南明王朝局面严峻，朱之瑜自然要先找老朋友帮忙了。

但这事一启动，朱之瑜就碰了满鼻子灰。当时，日本海禁条令严厉，朱之瑜一行人到了日本连岸都不让上，只得困守在船中被晒了好些天，最后只好无奈返程。

这次碰壁后，朱之瑜也不甘心，相反奔走的力度更大，而且范围也越来越广——从东南沿海到朝鲜日本，甚至南下安南。因此，凡是有交情的，打过交道的，能够求救的，基本全去了；甚至到后来，没什么交情但有实力的，也硬着头皮去求助。同时，朱之瑜还曾作为鲁王朱以海的特使，出面联络各地抗清力量，因此那些年里朱之瑜的人生基本上都是在海上度过的。

这段海上漂泊的过程想必是极度凶险的，暂不说当时的航海技术差，船行海上基本就是高危，遇到风暴就可能翻船，而且大乱之世海盗匪徒横行，外加清军步步南下常在海面上搜杀，因此行船海上的每一天都基本上是生死考验。

但这样的考验朱之瑜全然不惧，相反就在这艰苦的奔波中一次次展现出他过人的风采：在多少次大风大浪里，随行的人吓得不轻，他却谈笑自若。最危险的一次，朱之瑜再次启程去日本，不料半路遇到清军战船，一干人等惨遭俘虏。清兵如狼似虎，钢刀架在脖子上逼迫朱之瑜投降，结果朱之瑜面不改色地谈笑风生，甚至给面前的清兵讲起了忠孝之道。这一番风采连清军主将刘文高敬佩不已，于是将朱之瑜释放了。

类似的凶险，在朱之瑜的海上漂泊中几乎司空见惯。在历经多次挫折后，朱之瑜也找到了新的落脚点——安南会安。

安南会安，即今天的越南对外港口会安市。明末的时候，会安同样也是华商云集之地。朱之瑜利用朋友关系在会安筹措饷银，发展抗清力量，源源不断地援助鲁王朱以海政权。随后，朱之瑜多方求助，奔走各国，而会安港也是重要的中转站。会安港这个今人已不太熟悉的越南港口，当时却一度是海外遗民的抗清大本营。朱之瑜在当地定居十二年，一直尽心竭力地为抗清大业筹措饷银。

但沉重的打击接踵而至，先是永历五年（清顺治八年，1651），清军发动了对舟山群岛的大规模进攻。是年十月下旬，城墙被攻破，鲁王朱以海政权兵败如山倒，舟山各岛相继沦陷。朱之瑜的三位授业恩师——朱永佑、张肯堂、吴钟峦都先后力战不屈，死节殉难。闻听噩耗的朱之瑜悲愤不已，甚至因为自己立下规矩——"从此不再过中秋节"，以示对老师和故友的纪念。

这场战争之后，避之安南的朱之瑜与中原的联系好像断了线的风筝：鲁王朱以海如何，抗清大业如何，几乎都毫无音信。最乱的时候，朱之瑜甚至连回国的船只都找不到，彻底断了联系。但在近乎绝望的局面下，朱之瑜依旧没有放弃，相反仍然不屈不挠——一面四处打听，一面继续求助筹饷。几年下来，朱之瑜总算又筹措了一笔饷银，而他自己却一如既往地过得极其清苦。在最困难的时候，朱之瑜的仆人甚至都逃走了，只剩下他自己孤零零一个人，但无论怎样山穷水尽，他始终努力不息。

在历经五年绝望的努力后，即永历十一年（清顺治十四年，1657），一封迟滞了三年的书信终于送到了朱之瑜手中：这是舟山群岛沦陷后，鲁王朱以海写给他的征召书信。信中告诉朱之瑜：鲁王朱以海一行人已经到了厦门，寄住在抗清名将郑成功处，依然在为"复国"而战。读到此处，在绝望中奔走多年的朱之瑜，好似看到了微茫的曙光，顿时欣喜不已。

然而，朱之瑜再读下去，欣喜却化成了悲伤。对历经苦难的朱之瑜，鲁王朱以海非但毫无抚慰，反而严词指责朱之瑜只顾自己在安南过小日子，根本不知为国效力。读罢来信，朱之瑜这位孤苦的寒儒自然万分委屈，不但写了一封真诚的回书，详述了自己在安南期间的生活状况和救国赤诚，更为此改变了自己的一个规矩——破天荒的第一次接受了南明王朝授予的官职，不为荣华富贵，只为表白孤忠臣子的信念。事实上，早在永历六年（清顺治九年，1652）初，在鲁王朱以海一行被郑成功收留并在厦门岛定居下来后，鲁王便于次年放弃了监国地位。也就是说，此时南明王朝所存的政权只有永历政权一个了。

这封回书，便是著名的《上监国鲁王谢恩疏》。这篇记录了朱之瑜十二年（1646—1657）客居生涯的奏疏，文辞恳诚，记录详尽，不但写照了一位孤忠臣子满腔的热血，至今时更是后人研究明末清初安南历史的重要史料。

但朱之瑜没想到，抗清不容易，离开安南却更不容易。十几年来，朱之瑜在安南的活动虽然都是秘密进行的，一直十分低调，但他的名声到底传开了。这时候，安南打起了自己的算盘：当时统治安南的是阮氏王朝第五代国王阮福濒，他一看朱之瑜的声名如此显赫，便打算留其为自己所用。

结果，安南国王阮福濒一耍小聪明，朱之瑜的祸事就到了。永历十一年（1657），朱之瑜被强行带入安南官府并逼其就范做官，但朱之瑜毫无惧色，挥笔写下一段文字，大意是"我不甘心做亡国奴，才在你这里定居。生死都是大明的人，想让我给你们当官，那是做梦"。

安南国王阮福濒一看朱之瑜态度强硬，更来了兴趣。第二天，安南国王阮福濒更派人把朱之瑜带进了王宫，打算"亲切接见"。谁知一见面，朱之瑜又来了个下马威，始终梗着脖子就是不肯给安南国王下拜。阮福濒见状大怒，干脆使出强硬手段，恐吓说要杀朱之瑜，结果朱之瑜不慌不忙地说："你杀我可以，就拜托一件事，我死之后，我墓碑上要写'明徽君朱某之墓'。"如此一来，阮福濒被弄

三二／"舜水先生"渡东洋·315

得十分尴尬。之后几天，朱之瑜被软禁在安南王宫失去了人身自由，但他依然谈笑风生、吃喝照常，就是不把安南国王放在眼里。

这下阮福濒被惹得暴怒，然后做出了一件令人发指的暴行：每天派兵去朱之瑜家附近杀朱之瑜的邻居，一下连杀了好些人。谁知朱之瑜闻讯后，还是不肯就范。这下阮福濒没招了，硬的不行来软的，又好言相劝地说："你只要做官，就给你造豪华府邸，把你妻妾子女全接来，以后荣华富贵享不尽。"朱之瑜朗声大笑："我离开家乡十三年了，哪有什么小妾。"一番慨然高论，阮福濒也忍不住侧目了，最后又试探了一下——派大臣写了一个"确"字，以询问朱之瑜的打算。这下朱之瑜更加豪情大发，挥笔写下了一幅《坚确赋》，表达了自己奔走"复国"、摒弃荣华富贵的信念。无可奈何，阮福濒也终于服了——"你真是高人，走吧"。

历经五十多天的囚徒生涯后，不屈不挠的朱之瑜终于重获了自由。朱之瑜这番意外的遭遇，史称"供役之难"。在五十多天的折磨中，朱之瑜历经了富贵荣华的诱惑与死亡的考验而终不为之所动，以其高贵的品质令敌人也不禁心悦诚服。按梁启超的话说，"这场遭遇好比一场突然的飓风，却折射了朱之瑜至诚爱国的高尚人格"。

在这场灾难面前，一贯认真的朱之瑜也一如既往地认真，他在被囚禁的每一天里都坚持写日记。在五十多天的日记里，留下了随笔诗词等诸多作品，取名为《安南供役记事》。

永历十二年（清顺治十五年，1658）秋，历经坎坷的朱之瑜终于如愿返回故国，成为郑成功军中的一位文士。这时，朱之瑜奔走了十多年的抗清大业，已呈现出其最灿烂的曙光：郑成功以麾下十余万大军，与鲁王朱以海余部合兵，水陆并进地发动了对清朝东南地区的大规模讨伐。这次作战的计划，除了牵制清军主力，挽救西南的永历政权外，更重要的目标是攻克南京，光复大明东南半壁。

这个作战计划一启动，朱之瑜也热情高涨，除了作为幕僚参与战事外，也干起了老本行——外交。其间，朱之瑜再度"出使"日本寻求日本幕府的支持，虽然这次"出使"还是碰了一鼻子灰，却有了一个意外的小插曲：日本学者安东守约，在朱之瑜朋友陈明德的引荐下，主动给朱之瑜写信。信中除了以儒家弟子礼节向朱之瑜问好外，更恭恭敬敬地求教各类儒家学问。阅信后的朱之瑜欣喜不已，原来日本竟也有这样有见识的儒学弟子，于是立刻欣然回信并收下了这位日本学生。不过，或许连朱之瑜自己都没想到，这件不起眼的小事竟深深地影响了其后半生。

　　但在当时，朱之瑜还是热情满怀，积极建言，出谋划策。北伐的战事进展得也很顺利，虽然一开始遇到飓风，但郑成功凭借海军优势还是打开了局面。在浙江、江苏的各次水战中，郑成功部陆续重创清军主力。同时，张煌言的陆军也高歌猛进，攻城拔寨。到第二年夏天，郑成功已经打到南京城下，光复大明就在眼前。

　　然而，朱之瑜的心情却逐渐变凉了。当大家都兴高采烈时，朱之瑜唯独看得准：这个风光无限的郑成功，也不怎么靠谱！

　　郑成功的不靠谱，不是态度问题，而是能力问题。郑成功虽然治军严明，部队战力强悍，但有两大毛病——一是刚愎自用，二是优柔寡断，而这两大毛病更传染给了全军。当部队打进长江的时候，朱之瑜就发现不妙：人人都脑袋发热，不但对战局判断盲目乐观，而且毫无远见。例如，朱之瑜曾建议郑成功，每攻克一地都要设法招揽当地儒学文士，以稳定人心。但谁知就连这小小的建议，郑成功也弃之不听。

　　随后，战局的进行很快急转直下。七月，清军反扑，郑成功猝不及防，兵败如山倒，损失惨重后败退厦门。另一路大军张煌言部，也随后陷入孤军奋战中，不得不败退回来。而后永历政权失陷，郑成功困守厦门，虽然勉强支撑，但抗清的大业在划过这抹最灿烂的光辉后终于还是无情地熄灭了。

　　看得通透的朱之瑜，在经过十多年绝望的努力后，也终于心灰意懒。永历十四年（清顺治十七年，1660）春，六十一岁的朱之瑜放弃了已进绝路的抗清大业，做出了一个新的人生抉择——"乃次蹈海全节之志"，也就是再度漂泊海外而不事清朝。

　　朱之瑜再度漂泊海外的目的地，就是之前他已经去过六次的日本。

　　朱之瑜虽然前几次去日本都碰了不少壁，但他的名号在日本早就传开了，就连日本的诸多名流学士也仰慕他的为人。因此，春天抵日后，朱之瑜不但受到热情接待，而且为了他更破了日本一个四十年的规矩——"德川幕府厉行锁国法令，外国人不得在日本定居"。此次接待朱之瑜的是先前已拜其为师的安东守约，他是柳川藩士安东亲清的次子，更是柳川藩主立花忠茂的近侍，当地知名的重量级人物。在安东守约的上下奔走下，朱之瑜在日本定居的事情总算有了转圜之地——获准在长崎租屋定居。日本在"锁国令"以来，朱之瑜是唯一获得破例的外国人。

传道在东洋

初到日本的朱之瑜就受到了极多的关照，特别是安东守约更是在替朱之瑜办妥了定居和租屋的一系列杂事后，除了时常登门求教外，还生怕老师过得苦，竟把自己一半的俸禄都慷慨赠送。靠着这些帮助，朱之瑜的生活总算安顿下来。

然而，朱之瑜的内心却是极度痛苦的：永历帝朱由榔已经在昆明殉难了，永历政权覆亡；郑成功虽然挥师东进光复台湾，并继续敬奉"永历"年号（直至永历三十七年，即清康熙二十二年［1683］）再造抗清根据地，但旋即英年早逝病故于台湾。如此，抗清的大局，越发不可为。

坏消息一个个传来，朱之瑜的心头也接连伤悲不已。客居日本后，朱之瑜也始终以明朝衣冠示人，每当想起故国沦丧便常常在夜深人静时一次次流涕不已。此时，儿子写信给朱之瑜，告知因为生活困顿而开始在家乡开馆教书。朱之瑜回信谆谆教诲，"教书可以。实在穷得过不下去，干别的营生也行，种地、做买卖甚至屠宰都能养家糊口。就算哪行也过不下去了，饿死也不能做清朝的官"。

客居日本的几年里，除了和安东守约等人讨论学问外，朱之瑜基本都是深居简出。到了永历十九年（清康熙四年，1665），朱之瑜手头有了点积蓄，他打算买几亩地从此躬耕度日、不问世事。

但这时候的日本，恰好是个重大的思想演变期。经过德川幕府的统一后，日本传统的主流佛学思想已经日益衰退，相反明朝多元的儒学思想在进入17世纪后已经广泛传播至日本，更有诸多视儒学学问为正统而专心求道的杰出学者涌现，而先前为朱之瑜定居奔走的安东守约就是其中的杰出人物。

这时候的日本儒学也有大困扰，不仅学派多，而且思想杂。几个重要的学派，有官方的朱子学，即以朱熹理学为正宗的流派；还有古学派，即追奉春秋战国时期孔孟思想的学派；更有悄然崛起的阳明学派，即王阳明心学思想的忠实追随者们。这几个学派都标榜自己是正统且互相争论不休，虽说学习热情高，但水平实在是都有限。对中国儒学思想的探索，这些学派大多都是一知半解，更盼着有正宗的大学者来解惑，于是朱之瑜就成了为他们的及时雨。

当然，日本幕府也有自己的算盘：儒学虽然好，但眼下吵得乱哄哄，没一个主流思想，肯定不利于统治。如果要传播儒学，更得有公认的大学者来主持大局，而朱之瑜就是最好的人选。

所以，朱之瑜能够破例定居，除安东守约等人的殷勤接待与奔走外，上述情况才是根由。

也正是这样的背景，注定了朱之瑜的晚年绝不会平静：他不仅会卷入这场意外的日本文化变革洪流中，更将以其卓越的才学与执着的传道成为其中定海神针般的宗师人物，甚至决定着日本的历史走向。

如上情由，此时已经六十五岁的朱之瑜还未曾料想。正是这年，朱之瑜正一心一意地选购地皮的时候，一位重量级人物的邀约改变了他隐居的决定，并拉他进入这场洪流之中，而这个人就是德川光国。

比起藩士身份的安东守约来，德川光国的身份更加高贵：他是日本此时统治者大将军德川家纲的叔父，也是水户藩的藩主，在日本朝野属于绝对位高权重的大人物。

当时，德川光国也有一个宏大的追求——推广儒学。正是在德川光国的力主下，德川幕府在江户建立学堂，他自己的地盘水户更是儒学成风。但学校易建，老师难寻，因此对朱之瑜这样一个至宝自然也不会放过。于是，德川光国派儒臣小宅生顺为使，盛情邀请朱之瑜去江户讲学，更送他一个响亮的荣誉——"国师"。

对这个隆重邀请，朱之瑜一开始没什么兴趣。但作为日本儒学名流的小宅生顺极讲礼节，始终恭恭敬敬地游说，外加一直安东守约地热情劝说，特别是安东守约说德川光国尊敬儒学且更爱惜人才，于是朱之瑜为之动心了，顿时来了兴趣并决定去瞧瞧。

结果，朱之瑜这一瞧，就缔造了日本文化史上的经典一幕。次年六月，朱之瑜抵达江户。德川光国以弟子礼节恭恭敬敬地侍奉朱之瑜讲学，甚至为了表示尊敬连朱之瑜的名字都不直接称呼，建议其再取一个号。这一建议勾起了朱之瑜的思乡之情，他长叹一声后为自己取号"舜水"，学界史称"舜水先生"——一个光耀日本文化史的称呼。其实，舜水是朱之瑜故乡的河流名称，而一声"舜水"的背后正是这位海外遗民有家难归的酸楚。

这事传开后，日本几乎沸腾。从江户到水户，各路名流蜂拥而至，纷纷想睹这位儒学名师的风采。此后几年，朱之瑜游走在江户和水户两地讲学传道，所过之处无不听众云集，一开始还只是学界名流，后来就连各色藩幕的要人都纷纷登门拜访。特别是水户地区，朱之瑜好多次开课时，听讲的学生里竟还有白发苍苍的老者，场面极其热烈。

当然，朱之瑜也用自己的表现证明他的"国师"名号着实名不虚传。单从讲学的态度，朱之瑜就极其认真，不但将胸中学问倾囊相授，教学的每个环节更是督导严格。

最令日本学生们感慨的，就是朱之瑜的教学方法。听课的学生类型不同，资质不同，朱之瑜的讲课方法也就不同。例如，学生安积觉天赋好，但是耐心差，于是朱之瑜就对症下药，特意给他题写了一个作业本，让他把每天的学业学完后原原本本写下来。另一个学生服部其衷学习不认真且常耍小聪明，经常装病旷课并常拉同学出去玩，但朱之瑜很有耐心，每次都谆谆教导，甚至教导起来就是一整晚。结果，这位顽劣的学生从此态度大变，终生勤恳治学。如上美谈，在日本各色史料中，一直被人津津乐道。

尤其令学生们感动的是，朱之瑜不但关心学生的学业，更关心学生的生活。当学生家里发生变故经济有困难时，朱之瑜都尽量慷慨帮助，而最不容易的是他还耐心开解心情沉痛的学生，鼓励他们振作起来。所谓"抚之如慈母，督之如严父"，正是朱之瑜一直以来的光辉形象。

实学是朱之瑜一生最光辉的学问，讲学认真的他也将其毫无保留地传授出来，而这一条的贡献对于整个日本历史都是惠泽深远的。

如果说崇祯年间的朱之瑜是个出名的实学弟子，南明时期的朱之瑜是个出名的抗清义士，那么传道日本时他的角色更悄然转换——实学的传播者和创新者。这时，朱之瑜将几位恩师的学问不但融会贯通、完美继承，更大胆创新、自成一家，开创的独特思想体系甚至超越了他所生活的时代。

朱之瑜的实学思想归结下来有五条，而对当时日本影响最直接的正是其最有代表性的哲学思想——"践履论"。

所谓"践履论"，通俗地解释就是强调实践。细解起来，有如下内容：一是儒家宣传的"道"，不是空泛的讲义，而存在于实际生活之中。求"道"的过程，更要靠实践中的学习领悟。任何一种"道"都不止于理论，更要有实际的应用性。同时，人的品格形成、道德塑造，也来自实际生活行动的影响；获得崇高的道德，更需要人在后天勤奋的努力。

当时，这个观点不但放在日本是超前，就算对比明末也是风格一新。此时，程朱理学已经演变成空洞的伦理纲常，而朱之瑜却打破常规，将其中的"道"通俗化，变成摸得着的生活常识。阳明心学强调"良知"，认为"满街都是圣人"，人自身就有无尽的潜能，而朱之瑜表示部分同意，但又强调"想成为圣人可以，但要后天努力，再好的良知，你也要学习"。在行为方面，程朱理学和阳明心学观点对立，前者认为要先懂道理才能有行动，后者认为要知行合一，也就是知识和行为要统一。这两个观点都有偏差，朱之瑜在这条上却正好补上漏洞，认为行动不仅要靠知识，更是获取知识的过程。换句话说，对于几大儒学流派的主张，朱之瑜既有继承又有发展，其独立思想更是超越前人。

对当时的日本来说，朱之瑜的思想的一大作用就是包容性。在朱之瑜之前，日本几大儒学学派各执一端不说，观点更是针尖对麦芒，多年以来的学术争论斗成一团混沌。朱之瑜一讲学，这下混沌全开：朱之瑜的思想，既对几大儒学流派的成就有客观的认可，更逐一点出其不足，并提出全新求知思路。这样一来，几大学派求同存异、相互交流，从而使得日本的儒学水平一下子上了一个台阶。

比起思想的进步来，朱之瑜的政治观点更深远地影响了日本政治演进——"革新论"。

朱之瑜的实学源出宋代"事功学派"，这一学派在宋朝就是变法倡导者，传到朱之瑜这里后思想更进一步：不但宣扬革新，倡导仁政，而且对仁政的内容也做了大胆定义。朱之瑜的实学思想，除了要求统治者"爱民"外，更对"仁政"做了全新的定义：不只要求皇帝勤政爱民，更讲究"利民"，也就是要用实实在在的手段把国家的经济搞上去，让大多数老百姓得到好处，从而富国强民。原来的传统儒家观点讲究"小人喻于利"，而朱之瑜反而大大方方地讲"利"，不仅提倡且更把商品经济提到极高位置。由此可见，即使与同时代西方"重商主义"思潮比，朱之瑜的观念也毫不逊色。

在如何实现"利民"的问题上，朱之瑜更有创造——提出了"礼教"和"法治"并重的思想。在中国传统的法治观念里，偏儒学的就讲究"礼教"，也就是道德教育；偏法家的就强调"法治"，也就是法令约束。对这两方面的事，朱之瑜虽也分别认同，但他独创一家表示礼教和法治都重要：一个成熟的国家，道德教育和法制约束是两条腿走路，同时法律的进步与执行更要以保护道德为根本目标。如此主张，即使放在现代社会，也是振聋发聩的。

也正是这种革新思想的传播,在未来的二百年里默默地推动了日本社会的演进,甚至对19世纪日本的"明治维新"也是影响深远。

与"革新论"相辅相成的,是朱之瑜独特的经济思想——"致用论"。

如果说"革新论"还是针对国家的治国理念,那么"致用论"却提出了实实在在的利民手段,在如何发展生产、繁荣经济方面提出了诸多独到的见解。

特别的是,对于明朝的灭亡原因,朱之瑜在"致用论"里也做了痛苦的反思,甚至提出一个全新的答案——"明朝的灭亡,首先的原因正是经济的破产"。明朝长期以来的八股取士造就了大量无用的庸官,外加灾害横行、变故横生,朝廷的政策却依然呆板生硬。但在如此水深火热的局面下,明朝廷只知道添丁加税,好些官员空谈道德,却没有实际利民的本事,终于火上浇油地把这个王朝彻底败掉了。

正因为这样的历史教训,造就了朱之瑜"致用论"中不凡的思想。在"致用论"思想中,朱之瑜除了批评八股取士和儒家传统"轻利重义"的旧观念外,更对怎样繁荣经济总结出三条办法:第一条是执政者必须要懂经济,有实在的经济眼光;第二条是摈弃传统"重农抑商"理念,鼓励商品经济特别是民营经济发展;第三条更是大胆地颠覆了传统"鄙薄生产技术"的态度(孔子的态度),高度重视生产技术的革新,认为农业和手工业技术的进步是经济发展的源头,即使是士大夫阶层也该从中积极学习。这一条对日本的直接影响是:朱之瑜常年从事生产(经商),技术水平很高,到了日本后不但教书更教生产。

朱之瑜教生产这件事在日本极其有名,还衍生出了不少传说。在教生产方面,朱之瑜除了在课堂上讲生产理论,还经常带学生去实践,不是跑到农村教种地,就是到城里店铺里教手工技术,而且每次都亲自上阵手把手地示范。有一次,朱之瑜在油漆店里演示刷油漆时把围观群众看得叹服,还以为他是专业油漆工人。另外,包括种地、酿酒、屠宰,只要朱之瑜会的全都热情传授给学生。正如德川光国的深情回忆:"先生为一经济家,假今日旷野无人之地,士农工商各业,先生皆可兼之。"

当然,这件事对日本生产的冲击更是影响深远:一是明朝先进的生产技术,从此大范围在日本传播;二是日本传统的儒学鄙薄生产,但朱之瑜不但重视生产,更把生产的位置抬得极高,颠覆了传统观念,以至于后来日本的诸多儒学门生都有相当多的实干家。因此,19世纪日本维新时代的诸多精英,正是在这样的土壤里孕育。

朱之瑜知道，推广生产、传播实学的最直接的方式就是办教育。在这件事上，朱之瑜同样有独特的创造——"社会论"。

与经济思想的"致用论"相同，朱之瑜教育思想的"社会论"，同样来自对明朝灭亡的沉重反思。

在朱之瑜眼里，明朝的灭亡，首先是经济问题，然后就是教育问题。用朱之瑜自己的话说，明朝一直重视科举，但最后培养出来的要么是道貌岸然的伪君子，要么是毫无实际能力的书呆子，他们除了争权夺利、空谈学问，对国家大事半点贡献都没有。那么，明末为什么这种人多？说到底，还是教育出了问题。

怎么解决这个问题？这就是朱之瑜的"社会论"：一是学习目的要变，不是为了当官而学习，而是要为了造福社会而学习；二是学习内容要变，不但要学道德礼节，更要学对实际生活有用的知识，包括为人的智慧与经济生产的知识，学到了就要用得着，对国家和民族有好处；三是学习方法要变，不能关在学堂里闭门学，学生更要接触社会、了解社会，才能成为一个有作为的人；四是教学方法要变，不能教那些晦涩难懂的教条，再复杂的学问都应该用通俗易懂的方式教，最广泛地传播和普及。这一点，朱之瑜充分吸取了儒学大师陈白沙的经验，"四书五经"的学问被编成了朗朗上口的儿歌，三岁小孩都能传诵。

对日本教育甚至当代教育影响最大的，更有朱之瑜"社会论"中特殊的一条——教育普及。朱之瑜认为，国家应该重视教育，广设学堂，更应该让大多数人都有受教育的权利。这期间，朱之瑜还做了一件大事：永历二十四年（清康熙九年，1670），德川光国在水户设立儒学学宫，这是日本儒学发展史上又一件承前启后的大事。朱之瑜不但积极参与，更亲自设计了学宫的样式营造、工程设计。在学宫落成后，又制定了一套以中国儒家传统为基础的学宫礼仪。可以说，朱之瑜从头到尾都是这件大事的缔造者。

对德川幕府时代的文化，影响尤其大的就是朱之瑜的史学思想——"尊史论"。

早从青年时代起，朱之瑜就以史学见长，他所植根的"事功学派"同样也以治史著称。在客居日本之后，朱之瑜也把自己卓越的史学思想带给了日本人。

朱之瑜"尊史论"的核心有两条：一是"尊史"，也就是尊重历史的事实。这条也解决了日本人修史的一个头疼问题：日本之前常年战乱，史料驳杂，同一件事的说法更是五花八门。因此，在德川幕府统治时期，他们想编修一部日本历史，却常年办不成。当朱之瑜的"尊史论"出来后，这个问题就解决了：他认为修史首先要有明确的历史观念，即强调正统，也就是国家统一，尊奉正朔，并以这样的观念来博采众家之长，辨析各种史料。这样一来正合了德川幕府的想法。在修史目的上，朱之瑜的"尊史论"的目标更现实——"致用"，就是历史的教训要对现实有反思和启迪作用，也就是一直说的"经以史佐"。在这样的观念影响下，朱之瑜的几位日本弟子启动了著名的修史运动。这样，以德川光国主持、朱之瑜弟子安积觉担任主编的《大日本史》，终于修撰完成。这部史书对日本的影响和意义超越了学术本身，它倡导的五大思想——"尊王、抑藩、忠君、爱国、大一统"，更成为后来"倒幕运动"和"明治维新"的思想源头。

特别值得一说的是，对于朱之瑜的史学思想，日本人虽然仰慕，但也是有选择性的继承。朱之瑜"尊史论"中的另一思想在日本就重视不多，但这一思想即使对于今天来说也有极大意义：在历史演进问题上，朱之瑜的"尊史论"中还有这样惊人的观点——"百姓者，分而听之则愚，合而听之则神。其心既变，川决天崩"，通俗地说就是人民群众才是历史前进的动力。

就这样，朱之瑜人生的最后二十年时光，仿佛一抹浓重的晚霞在日本的国土上绽放出了片片动人的华彩。朱之瑜一直潜心治学，门下弟子遍布东瀛，最亲近的五大弟子即安积觉、今井弘济、五十川刚伯、服部其忠、下川三省在其后都学业大进，成为日本历史上影响深远的精英名流。特别是安积觉，他与朱之瑜的另一弟子德川光国一起开辟了日本近代儒学的重大流派——水户学派。

永历三十七年（清康熙二十二年，1683）四月，八十三岁的朱之瑜在卧病一年多后，终于溘然长逝于日本大阪。噩耗传开，日本举国悲痛，德川光国亲自率领诸多贵族名流为之送葬。临终前，朱之瑜留遗嘱要求——"墓碑之上，一定要写上'故明人朱之瑜墓'几个字"。特别值得一提的是，享誉日本的朱之瑜虽然一生都过得十分清苦，但临终的时候其家产却积攒了三千多两黄金，而这是他省吃俭用二十年筹措的"反清复明"经费。对于故国的沦丧，朱之瑜一生念念不忘。

朱之瑜的离世，更成了他诸多日本弟子的痛事。几个亲近弟子为朱之瑜撰写祭文，文中更是情真意切。送葬当日，许多弟子更是当场失声痛哭。特别是朱之瑜最早的学生安东守约，在朱之瑜周年祭奠的时候仍然泣不成声："您这样离开了，以后我的学问有了疑惑，还能向谁求教呢？"

朱之瑜去世后，他的日本弟子们做得最重要的一件事就是整理他的文集，其中最为著名的就是《舜水先生文集》。这部共二十八卷的巨著，不但记录了朱之瑜诸多学术思想，甚至更包括经济和政论思想。一直到日本近代，诸多日本倒幕和维新时代的精英人物，依然对此书敬慕不已。日本明治维新时代，诸多影响深远的经济和政治政策，其实都脱胎于朱之瑜的哲学。诚如安东守约的感慨："对于朱之瑜这位杰出的哲人，几百年间，日本人一直求教不息。"

朱之瑜去世八个月后，清王朝发动了征伐台湾的战争，南明王朝最后一个政权——台湾明郑政权终于降旗投降，而朱之瑜临终前念念不忘的"复明"大业就此彻底如梦。至此，大明王朝三十九年沉重的余波——南明王朝，彻底画上了句号。

大事年表

公元 1368 年 明太祖洪武元年

正月，朱元璋在应天（今南京）称帝，国号大明，年号洪武。

八月，实行两京一都，以应天为南京，以开封为北京。

公元 1369 年 明太祖洪武二年

九月，诏临濠（今凤阳，朱元璋出生地）为中都。

公元 1370 年 明太祖洪武三年

二月，恢复科举制度。

四月，分封诸王，诏封皇子朱樉为秦王、朱棡为晋王、朱棣为燕王、朱橚为吴王、朱桢为楚王、朱槫为齐王、朱梓为潭王、朱杞为赵王、朱檀为鲁王，后有改封。

十一月，推行户帖制度。

公元 1374 年 明太祖洪武七年

八月，建立卫所制度。

设宝钞提举司，掌宝钞印造及出入，印造的纸币称"大明通行宝钞"，简称"大明宝钞"。

公元 1375 明太祖洪武八年

三月，"大明宝钞"在全国正式发行。

公元 1376 年 明太祖洪武九年

六月，撤销行中书省，改设三司：承宣布政使司，通称"藩司"，长官为左、右布政使，负责民政和财政（"行省"名称沿用，代指地方区划）；提刑按察使司，通称"臬司"，掌管司法；都指挥使司，通称"都司"，掌管军政。全国共设置十三个布政使司，布政使司又下设府（直隶州）、县，最高长官称知府（知州）、知县。

公元 1377 年 明太祖洪武十年

七月，设通政使司，简称"通政司"，别称"银台"，负责出纳王命、处理各种章奏，仅次于六部和都察院。

公元1380年　明太祖洪武十三年

正月，以谋反诛左丞相胡惟庸，并兴"胡党"之狱，株连者一万五千余人，是为"胡惟庸案"。"胡惟庸案"后，裁撤中书省，废除丞相制，权力高度集中。

公元1381年　明太祖洪武十四年

设立黄册制度，以里为单位、以户为主详细填写本户男女年龄、田土房屋以及赋役情况，成为征发赋役的主要依据，又被称为"赋役黄册"。

公元1382年　明太祖洪武十五年

取消亲军都督府，设锦衣卫。锦衣卫是皇帝的侍从军事特务机构，有侦查、缉捕、审讯、处罚犯人等大权，以及独立监狱（又称"诏狱"）。

公元1385年　明太祖洪武十八年

十一月，朱元璋亲自编撰并颁布《大诰》74条，成为与《大明律》并行的司法依据。

公元1386年　明太祖洪武十九年

改革匠户制度，实行轮班匠和住坐匠制，入匠籍的工匠轮班入京师服役。

公元1387年　明太祖洪武二十年

鱼鳞图册编制完成，与黄册制度互补，是官府征税的依据，也是土地纠纷的凭证。鱼鳞图册以税粮万石作为一区，每区土地丈量后分户绘其土地面积、方圆四至、土地类别以及田主姓名等内容。

公元1392年　明太祖洪武二十五年

四月，太子朱标卒，时年三十九岁。

九月，立朱标次子朱允炆为皇太孙。

公元1393年　明太祖洪武二十六年

锦衣卫指挥使蒋瓛控告蓝玉谋反，经查证后蓝玉一族被灭，又牵连不少功臣宿将，被诛者达一万五千余人，史称"蓝玉案"。"蓝玉案"与"胡惟庸案"并称"胡蓝之狱"。经此两案，共计诛杀四万五千余人，史称"元功宿将相继尽矣"。

公元1397年　明太祖洪武三十年

兴"南北榜案"，又称"春夏榜案"，是明初科举考试中的重大事件，开明朝取士分南北之先例。

公元 1398 年 明太祖洪武三十一年

闰五月，明太祖朱元璋病逝，皇太孙朱允炆即位，次年改年号为建文，是为建文帝。

六月，建文帝采纳大臣黄子澄建议议定削藩，先削废势力较弱的周、代、齐、湘、岷五王。燕王朱棣拥兵十万镇守北平，亦在削藩之列。

公元 1399 年 明惠宗建文元年

七月，燕王朱棣正式起兵北平，指斥齐泰、黄子澄、方孝孺等为奸臣，以"清君侧"的名义南下开始夺位之战，史称"靖难之役"。

公元 1400 年 明惠宗建文二年

夏，曹国公李景隆与燕军激战于白沟河，官军大败。之后，燕军围攻济南城，三月而不下。

十二月，燕军攻入山东。盛庸代李景隆为大将军，率明军与燕军大战于东昌，官军大胜，燕王朱棣被围。在燕将朱能的救援下，燕王朱棣得以突围。之后，官军与燕军多次交战互有胜负，局面呈胶着状态，燕军始终不能南下。

公元 1402 年 明惠宗建文四年

四月，燕军战胜于灵璧。

六月，燕王率军渡江，进逼京师金川门。谷王朱橞、曹国公李景隆开门迎降，燕军顺利进入南京。建文帝朱允炆在宫中自焚，不知所终。

七月，燕王朱棣于南京奉天殿即位，次年改年号为永乐，是为明成祖。

公元 1403 年 明成祖永乐元年

正月，立北平布政司为京师，改北平为北京。

七月，令解缙、姚广孝等人着手编辑大型类书，次年书成后赐名《文献大成》。

公元 1404 年 明成祖永乐二年

立世子朱高炽为皇太子，封朱高煦为汉王、朱高燧为赵王。

公元 1405 年 明成祖永乐三年

六月，遣中官郑和、王景弘等出使西洋诸国。郑和共奉命前后出海七次，横跨亚、非两洲，最远到达赤道以南的非洲东海岸。

公元 1406 年 明成祖永乐四年

七月，派张辅、沐晟等人随成国公朱能率军南征安南。

公元 1407 年 明成祖永乐五年

六月，改安南为交趾，置交趾布政使司，由明王朝派官员管理。

十一月，重修《文献大成》成，更名《永乐大典》，凡二万二千九百三十七卷。《永乐大典》是我国规模最大的第一部百科全书式的类书，收录图书七八千种。

公元 1409 年 明成祖永乐七年

设立奴儿干都司，全称"奴儿干都指挥使司"，其前身是奴儿干卫。奴儿干都司所辖地区东至大海，西起斡难河，北至外兴安岭，南接图们江，是明朝管辖黑龙江、乌苏里江流域的地方最高行政机构。

公元 1410 年 明成祖永乐八年

二月 命皇长孙朱瞻基留守北京，永乐帝亲征塞外，获胜。

公元 1411 年 明成祖永乐九年

十一月 立皇长孙朱瞻基为皇太孙。

公元 1417 年 明成祖永乐十二年

六月，永乐帝大败瓦剌，追至图拉河。

公元 1417 年 明成祖永乐十五年

四月，北京西宫成。

公元 1420 年 明成祖永乐十八年

八月，设东厂，直接听命于皇帝。东厂可以任意缉拿官民，手段极其残酷。

十一月，诏告天下迁都北京。

十二月，北京新宫成，包括奉天、华盖、谨身三殿。

公元 1424 年 明成祖永乐二十二年

七月，永乐帝病逝，年六十五岁。

八月，太子朱高炽奉诏即位，次年改年号为洪熙，是为明仁宗。

公元 1425 年 明仁宗洪熙元年

六月，明仁宗朱高炽病逝，太子朱瞻基奉诏即位，次年改年号为宣德，是为明宣宗。

公元 1426 年 明宣宗宣德元年

八月初一，汉王朱高煦在乐安起兵，意欲夺位。初十，宣德帝朱瞻基决定亲征汉王。二十一日，汉王被擒获并解回京师羁押，"汉王之乱"被平定。

公元 1429 年 明宣宗宣德四年

改在北运河沿岸设立关卡征收船税，因其必须以宝钞纳税，故又称"钞关"。钞关共有七处：漷县关（在今通州东南，正统十一年移至河西务）、临清关、济宁关、徐州关、淮安关（在今江苏淮安）、扬州关（在今江苏江都）、上新河关（在今江苏南京）。

公元 1433 年 明宣宗宣德八年

江南巡抚周忱在苏州、松江府一带创行"平米法"，即通过加耗均征、统一斛器标准、减少粮长等措施缓解赋税不均的矛盾。

公元 1435 年 明宣宗宣德十年

正月，宣德帝朱瞻基病逝，九岁的太子朱祁镇奉诏即位，次年改年号为正统，是为明英宗。

二月，尊明仁宗后张氏为太皇太后，母亲孙氏为皇太后。

公元 1436 年 明英宗正统元年

二月，张太皇太后命英国公张辅知经筵事，大学士杨士奇、杨荣和学士杨溥同知经筵事，开启"三杨"辅政局面。

公元 1442 年 明英宗正统七年

二月，明朝廷从建州左卫分置建州右卫。这样，建州就包括建州卫、建州左卫、建州右卫，合称"建州三卫"。

公元 1449 年 明英宗正统十四年

七月，瓦剌部首领也先以明廷减少赏赐为由率军进犯大同。明英宗朱祁镇在太监王振的煽动下率军亲征，命郕王朱祁钰留守京师。

八月十四日，明军失利后撤退至土木堡，也先军将明军合围，明军精锐几乎损失殆尽，官军死伤者数十万，明英宗朱祁镇被俘，史称"土木堡之变"。消息传回北京，城内人心惶惶。十七日，为安定人心，孙皇太后下诏，命郕王朱祁钰监国总国政。时任兵部侍郎于谦极力主张抗战被起用，升任兵部尚书，部署北京保卫战。二十二日，立明英宗朱祁镇两岁的儿子朱见深为皇太子，仍命郕王朱祁钰监国总国政。

九月，明英宗之弟郕王朱祁钰即帝位，次年改年号为景泰，是为明代宗，遥尊明英宗为太上皇。

十月，也先挟持明英宗进逼京师，被于谦率军击退，北京保卫战取得胜利。

公元 1450 年 明代宗景泰元年

八月，明英宗朱祁镇被释放回京，居皇城南宫。

公元 1452 年 明代宗景泰三年

五月，景泰帝朱祁钰废皇太子朱见深为沂王，立皇子朱见济为皇太子。

公元 1453 年 明代宗景泰四年

十一月，皇太子朱见济卒，谥怀宪。

公元 1457 年 明代宗景泰八年

正月，景泰帝朱祁钰病重，宦官曹吉祥及其党羽石亨等人迎太上皇明英宗朱祁镇复位，改元天顺，史称"夺门之变"。

公元 1457 年 明英宗天顺元年

二月，废景泰帝朱祁钰仍为郕王，病逝后丧葬依亲王例。

三月，复立朱见深为皇太子。

公元 1461 年 明英宗天顺五年

七月，曹吉祥造反，被杀。

公元 1463 年 明英宗天顺七年

十二月，废除殉葬制度。

公元 1464 年 明英宗天顺八年

正月，明英宗朱祁镇病逝，太子朱见深奉诏即位，次年改年号为成化，是为明宪宗。

公元 1477 年 明宪宗成化十三年

正月，置西厂。西厂与东厂类似，是皇帝的私人侦缉机构，太监汪直为首任提督。西厂势力远超东厂，"自京师及天下，旁午侦事，虽王府不免"，活动范围遍及天下。

公元 1487 年 明宪宗成化二十三年

九月，明宪宗朱见深病逝，太子朱祐樘奉诏即位，次年改年号为弘治，是为明孝宗。

公元 1497 年 明孝宗弘治十年

十月，令阁臣徐溥、李东阳等人编纂《大明会典》，要求以六部官制为纲，以事为目，据事系年。

公元 1502 年 明孝宗弘治十五年

十二月,《大明会典》修成,凡一百八十卷。

公元1505年 明孝宗弘治十八年

五月,弘治帝朱祐樘病逝,太子朱厚照奉诏即位,次年改年号为正德,是为明武宗。

公元1507年 明武宗正德二年

三月,由大太监刘瑾专权矫旨,列刘健、谢迁等重臣为奸党榜示朝堂,凡未加罪者由吏部查令致仕。

八月,西安门豹房成。

公元1508年 明武宗正德三年

八月,置内行厂,与东厂、西厂、锦衣卫合称"厂卫",别名大内行厂,由大太监刘瑾执掌。内行厂存续前后五年,其为害程度远超东、西二厂及锦衣卫。

公元1510年 明武宗正德五年

八月,驻宁夏的安化王朱寘鐇借御史清理屯田而历数刘瑾罪状,以"清君侧"之名乘机起兵夺位。明廷得知叛乱消息,派前右都御史杨一清领兵平叛,但大军尚未到达已被游击仇钺带人平定,史称"安化王之乱"。"安化王之乱"前后不过十九天,最终失败,但刘瑾罪状暴露,后谋反事发伏诛。

公元1519年 明武宗正德十四年

六月,驻南昌的宁王朱宸濠率军攻打安庆,欲取南京。时任汀赣巡抚、佥都御史王守仁(王阳明)得知后传檄各州府县军兵勤王,后于七月攻克南昌,宁王闻讯后回救南昌大败,被俘。史称"宁王之乱",又称"宸濠之乱"。

公元1521年 明武宗正德十六年

三月,正德帝朱厚照病逝于豹房,无子嗣。

四月,议定由兴献王朱祐杬世子朱厚熜入京即帝位,次年改年号为嘉靖,是为明世宗。

五月,议定兴献王主祀及封号的"大礼议"之争开始,嘉靖帝欲尊生父为帝,首辅杨廷和等人主张应尊明孝宗朱祐樘为"皇考"、尊兴献王为"皇叔考",但观政进士张璁、南京刑部主事桂萼等人迎合帝心主张尊兴献王为"皇考",双方争执激烈,前后翻覆数十年。

公元1523年 明世宗嘉靖三年

四月,追尊生父母兴献王夫妇为"本生皇考恭穆献皇帝""本生圣母章圣皇太后"。

七月，又采纳张璁、桂萼二人建议去掉"本生"二字，群臣哗然。吏部左侍郎何孟春、状元杨慎等二百余名官员跪于左顺门前请求撤回诏令。嘉靖帝大怒，下令逮捕为首者八人下诏狱，四品以上官员八十六人停俸，五品以下官员一百三十四人当廷杖责，其中十六人因廷杖而死。史称"左顺门事件"。

公元1538年 明世宗嘉靖十七年

九月，改兴献王"献皇帝"庙号为睿宗，"大礼议"之争彻底结束。实际上，"大礼议"之争隐含着大臣之间以及首辅与皇帝之间的权力斗争，对嘉靖朝的政治产生了重要影响。

公元1539年 明世宗嘉靖十八年

二月，立皇次子朱载壡为皇太子，封皇三子朱载垕为裕王、皇四子朱载圳为景王。

公元1542年 明世宗嘉靖二十一年

十月，宫女杨金英等十余人谋弑嘉靖帝未果，皆被凌迟。嘉靖帝移御西苑万寿宫，不复回大内。

公元1544年 明世宗嘉靖二十一年

十月，蒙古土默特部首领俺答汗滋扰明朝边境，京师戒严。

公元1548年 明世宗嘉靖二十七年

正月 首辅严嵩开始执掌国政，长达近二十年之久。

公元1550年 明世宗嘉靖二十九年

六月，蒙古土默特部首领俺答汗大举进攻明朝边境。围攻大同时，总兵仇鸾重贿俺答汗，请求绕过大同移攻别处。八月，俺答汗至通州，威逼北京。明朝军队守城不出，俺答汗在城外纵兵抢掠八日后西退。史称"庚戌之变"。

公元1557年 明世宗嘉靖三十六年

四月 宫中奉天、华盖、谨身三殿意外失火，《永乐大典》幸被抢救出来。

公元1561年 明世宗嘉靖四十一年

正式开始重抄《永乐大典》，由高拱、张居正等人负责，格式完全按照旧本。

公元1561年 明世宗嘉靖四十年

十一月，戚继光陆续平定倭寇，浙东倭患渐平。此后，在戚继光与刘显、俞大猷等努力下，福建、广东倭患渐平。

公元 1562 年 明世宗嘉靖四十一年

十月，蒙古土默特部首领俺答汗再次侵扰京畿，京师再次戒严。

公元 1564 年 明世宗嘉靖四十三年

东南沿海长达数年的抗倭斗争，终于胜利结束。

公元 1565 年 明世宗嘉靖四十四年

三月，严嵩削籍抄家，其子严世蕃以谋反诛杀。

公元 1566 年 明世宗嘉靖四十五年

十二月，嘉靖帝朱厚熜病逝，皇三子裕王朱载垕奉诏即位，次年改年号为隆庆，是为明穆宗。

公元 1567 年 明穆宗隆庆元年

废除海禁，调整海外贸易政策，允许民间私人远贩东、西二洋，史称"隆庆开关"。

公元 1568 年 明穆宗隆庆二年

三月，立皇子朱翊钧为皇太子。

公元 1570 年 明穆宗隆庆四年

在张居正和高拱等朝臣的积极推动下，利用蒙古鞑靼内部纷争结束了明帝国与蒙古部落长达二百余年的军事对峙，其首领俺答汗归顺明朝，"封贡互市"，史称"俺答封贡"。

公元 1572 年 明穆宗隆庆六年

五月，隆庆帝病逝，皇太子朱翊钧奉遗诏即位，次年改年号为万历，是为明神宗。

公元 1573 年 明神宗万历元年

十一月，张居正请行"考成法"，对官员所办之事设定期限，延误期限者受到惩罚；选拔人才，注重才能，裁撤大批冗官，吏治有所改善。

公元 1578 年 明神宗万历六年

工部侍郎潘季驯总理河漕治理黄河水患，以"筑堤束水，以水攻沙"为原则提出"治河六策"，效果显著。

公元 1579 年 明神宗万历七年

十月，潘季驯主持的黄河治理工程顺利结束，河、淮分流，此后数年河道再无大患。

公元 1581 年 明神宗万历九年

首辅张居正在全国范围内推行"一条鞭法"改革赋役制度，即将田赋、徭役和杂税合并为一"按亩征银"，并取消力役改由丁银代替。"一条鞭法"体现了"摊丁入亩"的趋势，相对减轻了民众负担，适应了商品经济的发展规律，使明朝的财政状况有所好转。

公元 1586 年 明神宗万历十四年

二月，首辅申时行请立皇长子朱常洛为皇太子，不准，"国本之争"自此始。

公元 1592 明神宗万历二十年

三月，日本在丰臣秀吉统治下发动侵略朝鲜的战争。次月，日军在釜山登陆，到六月汉城、平壤均沦陷，朝鲜丧失大片土地并向明朝求援。十二月，明朝廷派宋应昌、李如松等人率四万大军进入朝鲜作战，于次年（1593 年）正月取得平壤大捷，从而扭转了朝鲜战争的局势，并在碧蹄馆之战后双方开始议和，日军退出朝鲜。这是第一次万历朝鲜战争。四年后（1597 年）的正月，日本再次率大军侵略朝鲜。朝鲜再次向明朝求助，明朝廷派刑部尚书邢玠率七万大军入朝作战。日军在丰臣秀吉死后难以为继，遂准备从朝鲜撤军，后在露梁海战中大败。这是第二次万历朝鲜战争。这两次战争合称"万历朝鲜战争"，又称"万历朝鲜之役"。

公元 1594 年 明神宗万历二十二年

吏部考功主事顾宪成被革职后回到家乡无锡建东林书院，经常与胞弟顾允成、好友高攀龙等八人聚众讲学，讽议朝政，评论人物，被称为"东林八君子"。之后，因东林人士与朝中官员相互结交，又被称为"东林党"。

公元 1598 年 明神宗万历二十六年

十一月，播州（今贵州遵义）宣慰使杨应龙正式起兵，攻打贵州、湖广等地。次年，明廷派兵部侍郎李化龙节制湖广、四川、贵州三省兵事，又就近征调军队前往平叛。第三年（1600 年）春，各路大军集合完毕，共分八路会战杨龙老巢并轮番攻城，六月城破后杨应龙自杀，"杨氏之乱"平定。史称"播州之役"。"播州之役"后，明朝实行"改土归流"，置遵义、平越二府，下设二州八县，分属四川、贵州两省，由明廷直接派官员统治。

公元 1601 年 明神宗万历二十九年

宦官孙隆受派以税监的身份到苏州增税，私设关卡向商人和手工业者征税。

在遭到苏州市民反抗后，孙隆又针对行商在城内设立"五关"，要求丝绸、布匹进出关卡都要缴纳重税。孙隆还向机户征税，规定每台织机收税银三钱，每匹绸缎收税银五分。此举导致交不起税的商贩没法进城做买卖，织造品无法外销，机户停工破产，机工失业。当地民众不堪忍受，在机工葛成（葛贤）领导下终于爆发了"不杀棍（税），不逐孙不休"的斗争，税监被打，孙隆逃回杭州。史称"苏州税监事件"。

十月，立皇长子朱常洛为太子，封朱常洵为福王。

公元1607年　明神宗万历三十五年

徐光启与利玛窦两人合作翻译的古希腊数学家欧几里得著作《原本》的几何部分出版，定名为《几何原本》。《几何原本》文字精美，后世梁启超评价此书是"千古不朽之作"。

公元1612　明神宗万历四十年

八月，万历帝久不理政，内阁只叶向高一人，六部大臣唯有赵焕在任。

公元1615年　明神宗万历四十三年

女真人努尔哈赤在建州正式建立八旗制度，包括黄、白、红、蓝四旗和镶黄、镶白、镶红、镶蓝四旗。

公元1616年　明神宗万历四十四年（后金天命元年）

建州女真首领努尔哈赤于赫图阿拉正式即位称汗，国号大金，建元天命，史称"后金"。

公元1619年　明神宗万历四十七年（后金天命四年）

正月，努尔哈赤率骑兵二万进犯明朝，兵部右侍郎、辽东经略杨镐奉命迎战。二月，杨镐率领大军四十七万，兵分四路围攻赫图阿拉。三月，因明军轻敌冒进，大败于萨尔浒。史称"萨尔浒之战"。萨尔浒之战是一个以少胜多的典型战例，也是明朝走向衰亡的一个重要的转折点。

公元1620年，明神宗万历四十八年（后金天命五年）

七月，万历帝病逝，皇太子朱常洛即帝位，次年改年号为泰昌，是为明光宗。

公元1620年　明光宗泰昌元年（后金天命五年）

八月，泰昌帝即位仅十天便患重病，鸿胪寺丞李可灼主动进呈"红丸"，病危，不久死去，是为"红丸案"。"红丸案"与"梃击案""移宫案"，合称"三案"，对晚明政局有重要影响。

九月，泰昌帝病逝，皇长子朱由校即帝位，次年改年号为天启，是为明熹宗。

公元1621年 明熹宗天启元年（后金天命六年）

三月，努尔哈赤率军攻陷沈阳、辽阳，后又夺取辽东七十余城。辽东经略袁应泰自缢而死。

十月，叶向高入阁为首辅。

公元1622年 明熹宗天启二年（后金天命七年）

五月，山东白莲教起义爆发，起义军头裹红巾，实力不断壮大，扩展到十几万人，后遭镇压失败。

公元1623年 明熹宗天启三年（后金天命八年）

十二月，太监魏忠贤提督东厂，专权更甚。

公元1625年 明熹宗天启五年（后金天命十年）

三月，太监魏忠贤派人兴大狱，逮捕杨涟、左光斗、魏大中等人施以酷刑，三人同日而死。是月，后金迁都沈阳，改称盛京。

十月，辽东经略孙承宗去职由高第继任，下令放弃山海关外各城撤入关内防守即可，袁崇焕不从。

公元1626年 明熹宗天启六年（后金天命十一年）

正月，努尔哈赤率军十万攻占辽东重镇宁远，明军将领袁崇焕、满桂、祖大寿等誓死抵抗，后努尔哈赤久攻不下负伤而退。

三月，魏忠贤一党在苏州逮捕东林党人周顺昌激起民变，逮捕并杀害颜佩韦、马杰、杨念如、周文元、沈扬五人，后葬于虎丘，称"五人墓"。

八月，下诏毁东林书院。是月，努尔哈赤病死，次月其四子皇太极即位，次年改年号为天聪。

公元1627年 明熹宗天启七年（后金天聪元年）

三月，陕西澄城农民率众起义，打响了明末陕西农民起义第一枪。次年，陕西干旱异常，民不聊生，地方官仍征收苛捐杂税，导致各地饥民起义不断。王嘉胤在陕西谷县发动农民起义，之后势力不断壮大并转战各地，"闯王"高迎祥投靠王嘉胤。

五月，皇太极率兵攻宁远、锦州，被袁崇焕击退。

六月，皇太极败退沈阳，明军大胜，时人称"宁锦大捷"。这是明朝与后金交战以来的首次大获全胜。

八月，天启帝朱由校病逝，其弟信王朱由检即位，次年改年号为崇祯，是为明思宗。

公元1628年 明思宗崇祯元年（后金天聪二年）

四月，袁崇焕升任兵部尚书，总督蓟辽。

八月，袁崇焕到宁远赴任，整顿军务，辽东军事有振兴之象。

公元1629年 明思宗崇祯二年（后金天聪三年）

复社在吴江成立，次年在金陵集会，后又在虎丘召集大会，势力不断扩展，影响遍及江西、福建、湖广、贵州、山东、山西，成员多达二千余人，代表成员有吴伟业、陈子龙等。

公元1630年 明思宗崇祯三年（后金天聪四年）

九月，张献忠发动陕西米脂十八寨农民起义，自号"八大王""黄虎"。

十一月，李自成投靠农民起义军，之后他又投靠"闯王"高迎祥。

是年，明朝廷为解决辽东军事问题，又增亩税三厘，称为"辽饷"，共计税银一百六十五万两。

公元1633年 明思宗崇祯六年（后金天聪七年）

冬，高迎祥、李自成、张献忠等人冲破明军重围，渡黄河南下进入豫西，队伍不断壮大，达到二三十万人。次年年底，明朝廷任命洪承畴为兵部尚书，指挥剿灭起义军。

公元1635年 明思宗崇祯八年（后金天聪九年）

高迎祥、张献忠等起义军联合抗明，接连攻下淮河上游，直捣明中都凤阳。

皇太极废除女真名，正式定名为"满洲"。

公元1636年 明思宗崇祯九年（清崇德元年）

四月，皇太极称帝，国号大清，年号崇德。

七月，"闯王"高迎祥被俘而亡，李自成代"闯王"继续领导农民起义。

公元1638年 明思宗崇祯十一年（清崇德三年）

四月，张献忠在谷城接受明朝"招抚"，投降。

八月，多尔衮率清军大举攻打明朝，于次月攻入长城。

十月，李自成起义军在陕西潼关陷入洪承畴和孙传庭的埋伏，伤亡惨重。

公元 1639 年 明思宗崇祯十二年（清崇德四年）

五月，张献忠在谷城再次起兵，此举宣告明廷招抚政策失败。

徐光启《农政全书》由其门人陈子龙整理刊刻出版，凡六十卷，分农本、田制、农事、水利等十二门。

公元 1640 年 明思宗崇祯十三年（清崇德五年）

李自成转战河南收拢起义军，从者数十万，声势大振，并明确提出"均田免粮"的战斗口号。

公元 1641 年 明思宗崇祯十四年（清崇德六年）

正月，张献忠东进，大败明军于川东开县黄陵城，并于二月破襄阳、杀襄王，发放库银赈济灾民。是月，李自成攻入洛阳，杀福王朱常洵，发放粮草、金银救济饥民。

三月，清济尔哈朗率军围攻锦州外城，守将祖大寿畏惧不敢应战。

七月，松锦大战爆发，皇太极到锦州指挥攻城并驻军松山城。蓟辽总督洪承畴等人被困松山，突围失败后不少明军降清。

公元 1642 年 明思宗崇祯十五年（清崇德七年）

二月，清军攻陷松山城，洪承畴被俘，后在范文程的劝导下降清。松锦之战后，明朝失掉重镇锦州，山海关外的防线全盘瓦解，清军得以自由入关。

十一月，李自成在河南大获全胜，后于次月攻下湖北重镇襄樊并占据湖广地区。

公元 1643 年 明思宗崇祯十六年（清崇德八年）

正月，李自成攻下承天府，自称"奉天倡义文武大元帅"。

三月，李自成创立新顺政权，自称"新顺王"，以襄阳为都城。

五月，张献忠攻克武昌，建立大西政权，自称"大西王"。

八月，清太宗皇太极病逝，皇子福临即位，年号顺治，是为清世祖。郑亲王济尔哈朗、睿亲王多尔衮辅政。

公元 1644 年 明思宗崇祯十七年（清顺治元年）

正月，李自成攻陷西安称王，改西安为长安，国号"大顺"。

三月，李自成率大顺军攻占北京，崇祯帝朱由检于煤山自缢，统治长达二百七十六年的明王朝至此覆灭。

四月，李自成称帝，大顺军撤离北京，焚毁明朝宫殿。

五月，多尔衮率清军顺利进入北京，明文武诸臣士庶郊迎清军入城。凤阳总督马士英在南京拥立福王朱由崧，改年号为弘光。次年五月，南京被多铎攻破，福王朱由崧被俘，弘光政权失败。弘光政权之后，明廷官员又陆续拥立鲁王、唐王、桂王，占据两广、福建，宣布"反清复明"，史称"南明"。

九月，顺治帝福临由沈阳进京，于十月初一在武英殿举行登基典礼，成为清入关后的第一位皇帝。